U0513942

歷史文獻

上海圖書館歷史文獻研究所 編

第二十一輯

上海古籍出版社

編纂委員會

顧　　問　王鶴鳴　王世偉

主　　編　黃顯功　陳建華

委　　員　（以姓氏筆劃為序）

　　　　　　王　宏　胡　堅　高洪興

　　　　　　陳先行　陳建華　張　偉

　　　　　　梁　穎　黃顯功

執行編委　梁　穎

《窓齋公家書》書影

錢基博致陳瀟一手札

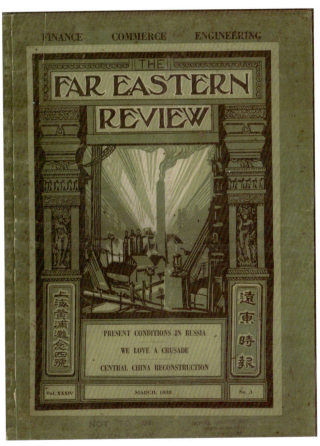

FINANCE   COMMERCE   ENGINEERING

THE
FAR EASTERN
REVIEW

上海黃浦灘金四號

遠東時報

PRESENT CONDITIONS IN RUSSIA

WE LOVE A CRUSADE

CENTRAL CHINA RECONSTRUCTION

Vol. XXXIV   MARCH, 1938   No. 3

《遠東時報》

LIBRARY

BULLETIN
DE
L'UNIVERSITÉ L'AURORE
ANNÉE SCOLAIRE 1934-1935

SOMMAIRE

29

《震旦雜誌》

目　　録

李文忠公尺牘

□ 劉聲木編録　劉圍生點注

　　劉聲木家藏《李文忠公尺牘》,收録李鴻章致劉秉璋信函五十五封,首頁題"此册稿本未曾刊印,抄録原割合訂一册",筆跡與正文同,應爲劉聲木本人抄録簽注。

　　劉聲木,本名劉體信,字述之,又名聲木、十枝,劉秉璋第三子,1878年生,1959年逝世。有《桐城文學源流考》《寰宇訪碑録》《萇楚齋隨筆》等著作傳世,此爲其未刊手稿之一。

　　原稿編序與信函日期先後並不完全一致,保持原樣而不作更改,僅稍作考證。人名、地點隨文以括號標出,原稿旁注、眉批以"劉聲木案"標出,整理者注釋以"圍生注"標出。

李文忠公尺牘序

　　李文忠公[一]勳業不僅在剿平粵捻已也,尤在於與各國交涉以奠安中外,當時人稱之爲"辦洋務"。文忠平日亦以此自憙爲前古所未有。自道咸以來,非復往日之天下矣,實有類於春秋時,固不知孰爲周室,然必須修好睦鄰則一也。先文莊公[二]於道光丁未(1847年)文忠初入詞館時,即以應試文字受業,每月出題課試詩文各九篇，爲之批改，至文忠出京時爲止，十年於茲矣，世俗稱之爲及門受業，非如他人僅以保舉爲師生也。文忠調赴江蘇軍營，奏疏中故稱爲“與之爲道義交者十餘年”，師生之誼素篤，惓惓之意溢於言表。夙昔來書不計其數，悉爲某甲有意遺棄殆盡[三]，已詳見□□□□筆卷□。茲編所錄係已失而復購得者，皆屬宦蜀時所寄，按之仍多所缺佚，首尾不能聯貫，爰取而錄之，其中頗有關於國事者，可以略窺當日朝政之一端，亦掌故之資也，若以此爲二人私誼，則亦淺之乎其言之矣。己巳（1929年）五月小門生廬江劉聲木十枝原名體信字述之序。

[一] 園生注：李鴻章，字少荃，諡文忠，安徽合肥人，道光三年（1823）生。道光二十七年進士。咸豐末年入曾國藩幕，奉命組建淮軍。同治元年任江蘇巡撫，四年署兩江總督，任欽差大臣節制各軍。同治七年消滅捻軍，九年任直隸總督兼北洋大臣，授武英殿大學士、文華殿大學士。李鴻章是清末洋務派的領袖，曾領導設立江南製造局、輪船招商局、開平煤礦、天津電報局、上海機器織布局，建立北洋海軍，對中國的現代化建設有過重要的作用。1894年因中日甲午戰爭失敗而被免職，1901年去世。

[二] 園生注：劉秉璋，字仲良，諡文莊。安徽廬江人，道光六年（1826）生。咸豐五年投筆從戎，入皖南張帶軍幕府。咸豐十年成進士，選翰林院庶吉士，授編修。同治元年隨李鴻章組建淮軍，身經道、咸、同、光四朝，轉戰蘇、魯、鄂、豫、皖、浙、贛七省。光緒元年任江西巡撫，八年任浙江巡撫，十二年任四川總督。光緒廿一年因四川教案被免職，光緒卅一年（1905）去世。

[三] 園生注：“某甲有意遺棄殆盡，已詳見……”劉聲木認爲李鴻章與劉秉璋當年往來的書信曾被“某甲”有意“遺棄”，並在本人的著述中已有披露。查《萇楚齋隨筆》並無此記載。

光緒十二年（1886）五月十三日

仲良仁弟親家大人閣下（劉聲木案：以下省此）：

　　前復寸緘，昨聞特簡川督之喜[一]，已飛電馳賀。昔咸豐己未（咸豐九年，1859），曾文正[二]奉詔入蜀未果，胡文忠[三]函集杜句云："西蜀地形天下險，東川節度兵馬雄。"茲可移贈執事矣。（原注：蜀線新設，以後要事仍用密碼通報，以省筆墨。）兄己巳使蜀[四]，留滯半年，略識其風土人情，加以近日所聞，輒欲一貢其愚。駱、吳[五]治尚寬，丁繼以嚴，裁夫馬局，改官運鹽，尤卓卓者。蜀人每訾鹽局虧空累累，奏報不實，或怨家之口。歲增鉅款，挪墊有賬，洵公家之利，應循舊章，得人整頓。易笏山[六]謂利孔搜索無遺，民窮財盡，恐丁去而大亂起，自是仁言。蜀民浮動易亂，訟盜極多，自須留營彈壓。稚帥（丁文誠）所部將領或有浮誇，錢玉興、楊岐珍[七]似宜酌調一人隨往，或隨後奏調。其餘在浙者，靜瀾[八]接任，當尚水乳，勿紛紛求去也。聞滇黔多賴蜀濟，黔苦尤甚，稚璜[九]黔人，固應偏厚（原注：四川月協黔餉五萬兩），公當照舊籌濟，勿失黔人之望。英屢欲通商西藏，番僧堅持，雖游歷亦不准行，稚帥附和，至擬以兵相拒。川藏兵皆非英敵，設竟蹈緬甸覆轍，爲禍更大。英實無犯藏意，但求先游歷後通商而已，剛克不如柔克，鴻章可保無事，否則早遲恐被蠶食耳。朱少桐[一○]守嘉定，缺苦累重，乞設法量移調濟，才雖不長，尚有守也。川陝夏漲，須督施宜山路，逶迤而進。瀛眷能否暫寓宜昌，俟九月潮平，一帆抵省？同鄉後起無人，望實兼隆，惟公是賴！復賀大喜，惟長途保衛，不一一。五月十三日。

　　[一]劉聲木案：丙戌十二年抵川。

　　圉生注：劉秉璋於光緒十二年（1886）由浙江巡撫調任四川總督。

　　[二]圉生注：曾國藩，字伯涵，號滌生，謚文正，湖南湘鄉人，

道光十八年進士。咸豐二年(1853)奉旨組建湘軍,鎮壓太平天國。咸豐十年升任兩江總督,授欽差大臣,節制蘇、皖、贛、浙四省軍務。同治三年攻陷天京,同治十一年病逝於南京。

[三]劉聲木案:胡林翼,字貺生,號潤芝,湖南益陽人,湖北巡撫。

園生注:胡林翼,道光十六年進士。湘軍重要領導人,與曾國藩並稱曾胡。咸豐四年率黔勇征戰湖北、湖南,六年授湖北巡撫,十一年薨於武昌,贈總督,謚文忠,入祀賢良祠。

[四]劉聲木案:李於同治八年(1869)奉清廷命入川,調查川督吳棠被參案。

園生注:李鴻章時任湖廣總督。

[五]劉聲木案:駱文忠秉章、吳勤惠棠、丁文誠寶楨三人皆前任川督。

園生注:駱秉章同治元年至六年、吳棠同治六年至光緒元年任川督。李瀚章光緒元年至三年任川督,未就任。丁寶楨字稚璜,謚文誠,光緒三年至十二年(1877—1886)任四川總督,爲劉秉璋之前任。

[六]劉聲木案:易佩紳,字笏山,由川藩調任寧藩。蓋遷官陛見過津時所云。

[七]劉聲木案:錢後簡重慶鎮總兵,楊後簡廈門水師提督,皆先公舊部,時在浙。

園生注:錢玉興,字榮山,安徽壽州人,太平軍降將,同治二年入淮軍,官至四川提督。楊岐珍,字西園,安徽壽州人,同治元年入淮軍,官至福建水師提督,光緒廿九年十月卒。

[八]劉聲木案:衛榮光,字靜瀾,繼爲浙撫。

[九]劉聲木案:"滇黔一角,惟蜀是賴",見《翁鬆禪墨蹟第四集》致劉仲良函。

劉聲木案：稚璜，丁寶楨字稚璜，諡文誠。

［一〇］劉聲木案：朱名其暄，爲朱文端公之子，時爲嘉定府知府，後仕至魯藩，其女嫁文忠子。

圃生注：朱其暄，字少桐，署兵部、禮部尚書朱嶟之子。時爲嘉定（四川省中部，今樂山市）知府，後仕至山東布政使，其女嫁李鴻章之子李經述。

光緒十二年（1886）六月廿一日

連奉五月初五、廿四、廿八、九日手書，敬悉一一，並蒙惠寄金腿、龍井茶多件，臨去秋波，尚爾惓戀，感謝曷任。就審潯暑遄征，錦衣誓墓，轉眴秋涼，當即鼓輪西上，惟挈家遠役，諸郎年幼[一]，無老成得力之次丁照料伴送，未免瑣屑操勞耳。昨因重慶民教滋事，案情較重，電奏請飭游子岱[二]設法妥辦，並催執事刻日履新。聞已有寄諭分飭知照，嗣聞該鎮道派兵彈壓，事已寢息。然民教釁隙已深，此次洋房焚燬殆盡，恐非空言所能息爭。子岱向未辦過洋務，操縱未必合宜，須公速去，乃有主張。計乘輪至宜昌即沿途小有耽擱，不過旬餘，過施南至夔、萬（今恩施、奉節、萬縣）而川北，又須月餘。若由萬縣登舟，泝江進省，順過渝郡（今重慶），一查實在情形，籌辦更有把握，且可過瀘州[三]查核鹽局底蘊。或檄司送印至渝接篆，雖遲數月，亦無損而有益。望途次相機酌辦，自決進止，内廷必不遥制。總之王鶴樵[四]、游子岱皆非能了事之人，所倚重者惟公耳。法人近於教務不甚關切，兄商請羅馬教皇派員來華管理天主教交涉，已有專使前來。法新派使臣孔士敦八月初到津，雖有饒舌，諒難越俎，能於秋間議結，更省葛藤矣。鹽局虧空若據電報八十餘萬，業經奏明，以後自易清理。貴藩曾摯民[五]過津，聞樞廷云，俟執事蒞任，當有廷旨飭照章經理鹽務，接濟黔、滇月餉也。振軒[六]本籍建祠，咨請江皖奏辦，竟各諉卸，比已奏奉明諭,恰如人意所欲出。蒯禮卿求薦昔在夔州子範[七]幕之周成甫,聞其人甚可靠,子範故後虧累皆伊代爲清理,兄曾薦與後任者,過夔時諮訪何如? 名條附呈。初十忽奉旨於明正親政[八],王大臣連日籲懇,始俯允訓政數年,時局恐將小變。稚璜(丁寶楨)身後蕭然,署內日用須屬員餽送,廉吏果可爲耶! 復頌行祺,餘不具。少桐官聲想無疵謬。六月廿一夜。

[一]園生注:劉秉璋得子較遲,時長子體乾十三,作者體信年僅八歲。

[二]劉聲木案:游智開,字子岱,時爲川臬,護督篆。前任州縣時,爲曾(國藩)、李(鴻章)所賞。

園生注:游智開,號藏園,湖南新化人,時爲四川省按察使。

[三]劉聲木案:四川官鹽局設在瀘州,爲川鹽井出産必經之處,猶淮鹽之揚州、瓜鎮也。

園生注:瀘州,四川南部,長江沿岸城市,今四川省瀘州市。

[四]劉聲木案:王鶴樵在先公(劉秉璋)贛撫任內補道缺,又在先公浙撫任內簡浙臬(按察使),未幾病故,時簡川藩(布政使)缺而未到任。

[五]劉園生注:曾紀鳳,字摯民,湖南邵陽人,湘軍將領。光緒元年授貴西道,擢按察使,晉布政使。光緒十二年調雲南布政使,十五年乞歸,尋卒。

[六]劉聲木案:張樹聲,字振軒,謚靖達。淮部樹軍創始之人,與弟樹珊(謚勇烈)同時率鄉勇至滬。靖達善謀,勇烈善戰。靖達簡徐州道,建臬開藩,洊升至粵督。值法越之役,請開缺帶勇,卒於軍。勇烈追捻至鄂之倒樹灣,陣亡。

園生注:張樹聲,安徽合肥人,淮軍初創者之一。官至兩廣總督,署直隸總督北洋大臣,署兩江總督南洋大臣。光緒十年卒於廣州。

〔七〕劉聲木案：蒯子範，名德模，蒯禮卿尊人。

園生注：蒯德模，字子範，安徽合肥人，同治元年入淮軍幕府，歷任夔州知府，署江寧知府。光緒三年卒。李鴻章爲其子蒯禮卿求薦。

〔八〕園生注："明正親政"，明年（光緒十三年）正月十五日光緒帝親政。

光緒十二年（1886）十二月十九日

冬月念五日復緘後僅通一電報，連接冬月初四、臘月初二日手書，敬審履端輯祜、新政宣猷爲慰。整頓大略一疏，推戴文誠（丁寶楨）者尚謂不留餘地，豈知含意未伸之處尚多耶。然即改辦官運、撤夫馬局二事，能舉其大，魄力過人，實由唐鄂生霸才助之。名高而謗亦隨，今但率循其舊、磨礲入細而已。稚老[一]惟治軍最劣，故流弊最多。李培榮[二]想有密陳，乃移肅鎮接統，爲吾淮宿將，果能振作暮氣，旌旗一變耶！渝案賠銀廿餘萬，殊駭人聽。子岱（游智開）及司道爲廷寄所懾，急求了事，不知今日教會氣焰已衰，公使把持已少，即丁道（丁寶楨）所見教案皆前廿年事也，法越戰後此等大有轉機矣。西藏番僧輕言用武，祇要洋人游歷入境嚴禁劫殺，必可無事。英據緬勾當不了，斷無他圖，別國更無深入之意。保甲治盜恐尟實效，懸賞購線勒緝較易見功。直賑萬五仟金已到，須彙奏請優敘酬答，仍盼續捐接濟。汪曉潭[三]謂夔郡易勸，有成數否？黔中官紳均慮鹽餉不肯照舊籌撥，務希留意。品蓮[四]仍管機器局，心明事練，止可做兩司，才短志衰，絕非出使之選，然又無地可冀光復耳。琴軒[五]開邊釁而遽潰退，又士心不附，輿論不孚，子青[六]欲起之而無敢進言，鄙人係舉主，更有嫌疑。獻夫[七]遵輪署資深，其才祇可地方，不善洋務，姑待至夏秋再看。手此布復，敬賀年禧，餘不一一。嘉平十九夜。

再,前復竹珊[八]函内,過計者又有蒙古附俄之疑宜如何定約設防等語,蓋因俄人銳意經營西域[九],前屢派員由西寧青海入藏查探,近聞印兵交戰,又派多人由青海赴藏。俄報謂恐英深入,將乘機與議通商,不欲英獨占先著也。將來定議准英通商,難保俄不援例要請。然各國條約有一體均霑之例,我似難以峻拒,但防俄員暗中賄結藏番耳。總之藏既通商,多一國則增一國之牽制,英俄猜忌素深,自不能獨圖占踞,此鷸蚌相持之説,於我亦無大損,若以兵設防,恐無此力也。

[一] 劉聲木案:前函謂丁爲廉吏,此忽云爾文誠鹽局不實不盡處,頗爲川人所嗆也。

園生注:文誠、稚老:即丁寶楨。

[二] 劉聲木案:李培榮爲丁文誠舊部,時署提督。奉旨調肅州鎮,接署者錢玉興。

[三] 園生注:汪鑑,字曉潭,安徽六安人,同治七年進士。歷任禮部主事,陝西道監察御史,四川夔州、成都知府。光緒十四年九月捐銀一萬兩開修夔、巫峽路二百里(督署撥閑款捐銀二萬八千餘兩,官商樂捐銀二萬二千餘兩等),於十六年九月竣工。

[四] 劉聲木案:品蓮是沈保靖,號品蓮,常州人,任閩藩,因送眷回籍,正當法人兵臨城下之時,爲御史所糾,降調。

園生注:沈保靖,舉人,李鴻章之友湖北宜昌通判沈燿鋆之子,道光廿六年與劉秉璋、潘鼎新、周沐三等寓京城東單觀音寺就學於李侍御文安(李鴻章之父),"蕭然古廟之中,遂有四友"。同治元年入淮軍幕府,曾任福建布政使。

[五] 劉聲木案:潘琴軒,名鼎新,廬江人,領一部有功。法越之役任廣西巡撫,失守鎮南關,奪職。

園生注:劉秉璋總角之交,淮軍初創者之一。

[六]劉聲木案：張之萬,號子青,諡文達。

園生注：直隸南皮人,道光廿七年狀元,曾任河道、漕運總督,江蘇巡撫,浙閩總督。光緒廿二年卒,贈太傅,諡文達。

[七]劉聲木案：獻夫名汝翼,於先公(劉秉璋)爲胞姪,先公去函,蓋爲請求補署關道。

園生注：劉汝翼,監生,劉秉璋兄劉贊之子。同治元年入淮軍幕府,曾任職江蘇釐局與津海關道。劉秉璋有函致李鴻章,請求補署關道。李鴻章評語：廉明篤實,心細才長。

[八]劉聲木案：竹珊爲駐藏大臣升泰。

園生注：升泰,字竹珊,卓特氏,蒙古正黃旗人,時任駐藏幫辦大臣、駐藏大臣,光緒十八年卒於西藏仁進岡。

[九]劉聲木案：先文莊(劉秉璋)督蜀時,常有俄人持總署函領護照赴藏,無歲無之。

光緒十三年(1887)二月初七日

迭奉臘月十六、正月廿一日手書,敬悉宜春多福,凡百清嘉爲慰。獨脊嶺[一]既爲英之屬地,與藏衛尚隔數百里,究非緬約所云印藏交界通商者,名似實非,無怪總署駁斥。近閱西國新報,英人謂西藏不允通商,轉要占出英界,將來祇有用兵戰爭,或即指獨脊嶺爲通商口岸,訛傳耶？此等哄騙小兒伎倆斷不可施於強鄰,況聞哲孟雄、布魯克巴[二]等番部均已陰附於英。藏界實有與印度毗連之處,須早籌定一實在印藏通商交界之地,庶免爭端。藏番既私往獨脊嶺貿易,必亦知通商無甚害事,當局宜設法開導也。羅姓之子赴京逐處訟冤,法使及教主皆發慈悲,多方饒舌,業經正法,足懲囂陵,何必以梟示逞威耶！春霆之子赴省否？總望善爲完結,勿做過火。春霆在咸同間戰功甚大,其子不肖,雖弗克家,若必令破家沒產,既非朝廷保全功臣之道,亦非我輩自殘同類之思。省三[三]

劾劉鰲過分,物議滋紛,劼剛[四]謂左相因此事恚死,閣下何故又蹈之也。楊西園不願留浙,昨又調補定海鎮,静瀾未必放手。獻夫人固結實,惟洋務太生,天分亦笨,不足贊助,當可多署數月。吾不畏强有力者,但冀得人分勞耳。日内開凍,即赴津料理一切,再進京展覲,隨扈陵差。匆匆,復頌勳祉,不一一。二月初七夜。

[一] 園生注: 獨脊嶺,又名大吉嶺,哲孟雄(錫金)與印度交界處。錫金地名常有多種語言表述,時有誤解。

[二] 園生注: 哲孟雄、布魯克巴: 即錫金、不丹國。

[三] 園生注: 劉銘傳,字省三,號大潛山人,安徽合肥人。鹽販出身,以千總入淮軍,爲淮軍初創者之一。官至福建、臺灣巡撫,封一等男,光緒廿一年卒,謚壯肅。

[四] 劉聲木案: 曾惠敏,字劼剛。李文忠(李鴻章)聞曾文正(曾國藩)云其性未臻於剛,故勉之。昔年與曾敬治同見李文忠,問其字訖,曰: 何謂敬治,不通文理。劼剛字汝乎? 抑栗誠字汝乎? 對曰: 恐出於先祖。文忠曰: 殊不可索解,吾但聞劼剛之字於文正,文正言勉之以剛云。

園生注: 曾紀澤,字劼剛,謚慧敏,曾國藩之子。歷任駐英、法、俄國公使,總理各國事務衙門行走,兵、户、刑、吏部侍郎,光緒十六年卒。

光緒十三年(1887)三月廿五日

十月初三函計早到。冬月八日奉十月十七日手書,敬悉蒞政維新,濕疥大作,蜀地高燥,當已大愈。鹽務無虧,極是幸事。文淑南[一]冒充清流,膽怯好事,奏停增兵,節無形之糜費,可謂識大體矣。獨脊嶺是否在西藏通印度之界? 此路貿易本難永禁,通商實於彼此生計有益,但須妥爲彈壓調停耳。升竹珊人較明白,抵藏後或有辦法。川民浮動,盗源難戢,勇營惰窳積習須加整頓,使軍威足恃，莠民自不敢生心。丁公治事專騖虛名^[二]，治軍尤爲外教，執事當稍內行。子岱奏於鹽務平餘酌提成數，旨戶部知道。成數二字太渾，恐尚查詰。丹老最佩服丁，必更訾後不逮前，誰能以鹽局巧立名目、空額勇等上聞耶？聞朱少桐官聲尚好，應若何調劑之？崧藩到後，子岱回臬，可謂魯多君子。賑捐想不易集勸，來春尚盼接濟，但不可破慳囊也。兄於廿三日回省，不來保陽竟已五年，蕩子無家，觸緒增慨。吳清卿^[三]授粵撫。詢星叔，云親政須進賀摺兩份（原注：一太后，一皇上），遠處或不盡知，祈先期繕發勿誤。劉六如^[四]近況若何？伍崧生^[五]品學純粹，仍主講否？希道念。手此，復頌勳祺，餘不一一。三月廿五日。

[一] 圜生注：文碩，字淑南，滿族。光緒十一年十一月至十四年正月任駐藏辦事大臣。

[二] 劉聲木案：夏岜爲丁（丁寶楨）取鹽局公款十萬，仍存局生息，年息六厘，及先公（劉秉璋）蒞任，夏以情告，蓋以言餂。先公曰：前事吾不過問，當吾任內，錙銖不可再予也。丁氏子孫言貲爲川扣，即此事。丁又有類此者，有餉餘一項，每年解交督署六千金，名爲修理衙署之用。先公改交首縣，自後成都縣由瘠缺變爲優缺。空額一節蓋丁與李培榮狼狽爲奸之事，當時難免有人責言，傳入公耳。

劉圜生注：光緒十四年有劉秉璋保奏夏岜片：自光緒八年夏岜接辦川省鹽局局務，精明老練，興利除弊。鹽務每年收款接濟滇黔，並添濟甘餉，爲數甚鉅，勤勞卓著。惟該道係試用人員，補缺無期，可否仰邀鴻慈，敕交軍機處存記，逾格擢用。

[三] 圜生注：吳大澂，字清卿，號恒軒、愙齋，江蘇吳縣人，金石學家、文字學家。同治六年進士授編修。光緒四年授河北道，十年遷左副都御史，十四年授河道總督，十八年任湖南巡撫。中日甲午戰爭督湘軍出關，兵敗，二十四年降旨革職永不敘用，二十八

年卒。

　　[四]劉聲木案：劉士奇，字六如，時爲建昌鎮總兵。

　　圍生注：劉士奇，湖南鳳凰人。行伍出身，同治元年入淮軍，屢有戰功，光緒二十年十月卒於四川任所。

　　[五]劉聲木案：伍崧生，名肇齡，丁未翰林，時爲錦江、尊經兩書院山長。俞曲園暮年自以爲科第老前輩，及其孫陛雲放四川試差歸，始知尚有伍在，因鎸章曰“天下翰林第二”。伍號翰屏，道光廿七年進士。

光緒十三年(1887)四月十六日

　　前奉三月十二日手書，知履候多嘉爲慰。英人繪刻圖志，兄處尚有多張，印藏邊界似在西哲孟雄之處。哲部雖尚進貢，實已兩屬，尊論藏地不與英接壤，英不認也，宜囑文淑南預派妥員前往印界查勘明確，以備將來辨論，未便臆度武斷。法使謂羅教董首級並未掩埋，教黨銜怨甚深[一]，論者以羅平日未始無過，此次實被株累，似尚持平。執事初政，示威梟示，總嫌太猛耳，府縣劾罷可爲公允。爲今日臣子，斷不可以不知洋務爲高，望遇事細心體察爲要。鮑家之案[二]，物議頗衆，須查是否侵蝕庫款證據，不得迎合農部部文，一味刻霸，政體要存寬大也。楊(少)[紹]銘[三]眷屬回川否？其弟姪則多不才。吳(小)[筱]軒[四]夫人送其十九齡之子作京官，殊不解事。兄隨扈差竣回津，塵牘擾煩。手此，復頌勳祺，餘不一一。四月十六日。

　　[一]劉聲木案：十二年重慶教案，亂民石匯等與教民械鬪，致傷十餘命，事定經派員訊問，教紳羅元藝與亂民石匯等皆斬首梟示。

　　[二]劉聲木案：鮑武襄舊部，捻軍肅清後已奏請解甲歸農，法越之役，武襄奉詔重募新軍，領部款十二萬。未幾，武襄病故，未

及報銷，其族人鮑昌壽呈部控其侵吞公款，部行文川督（劉秉璋）追究。

　　園生注：鮑超，字春霆，四川奉節人，湘軍驍將，領兵十餘年，大小七百餘戰，官至浙江、湖南提督，封子爵，謚忠壯。劉聲木稱其謚號"武襄"，不知所出。

　　［三］劉聲木案：楊鼎勳，字少（紹）銘，湖南提督，華陽人，鮑超舊部。李文忠率淮軍往蘇，求將於鮑超。超薦之往，領一軍八營。卒，謚忠勤。

　　［四］園生注：吳長慶，字筱軒，謚武壯，安徽廬江人。同治元年率鄉勇入淮軍，七年劉秉璋卸勇後繼統親慶軍，後留衛畿輔。光緒初年駐紮淮揚，六年率部赴山東海防，八年率師東援朝鮮平亂，十年二月回國，五月卒於遼東金州防次。"十九齡之子"爲次子葆初，自稱北山者也。

光緒十三年[一]（1887）五月十四日

　　昨奉閏月十六日手書，敬審履候多福爲頌。獨脊嶺現屬英地，僅在此處通商，英國不願，亦無庸曉諭藏番。若如來示藏哲交界日納、老郎之間擇地互市，藏番亦難越境相爭。英欲通商，非急切能辦之事，執事與藏帥逐漸設法開導，或不至遽開釁端。何應鍾[二]本非善類，開呈清摺即非子虛，然在鮑帥已故之後誰爲質證？川人切齒恨其昧良，何以遂據爲典要？春霆貪冒固可鄙，而屬員於身後背叛陷害，尤大義所不能容也。鮑家尚能繳十一萬否？似須責令何應鍾代辦報銷，否則必應參懲，以彰公道。舍姪經義援海防例報捐道員，本非鄙意所願，聞今竟選授永寧，得依仁宇，秋後赴蜀，望隨事嚴切訓誨。季弟[三]苦戰得一官而未履任，其子忽得之意外，或亦冥報使然。此子心地明敏，文章亦暢，近日舉止稍見老成。趙梓芳[四]謂官能管人，公當能約束之，俾無墜家聲。兄餂其回籍後須將嗜好戒淨再之官,勿爲延少山之續。琴軒(潘鼎新)乃郎亦捐萬金,海署奏奉懿旨,歸部即選,不日可望得缺。張靄卿[五]僅分省候補,不免违遛。前調楊西園,藉新進以阻斥老臣,無他故也。復頌台祺。五月十四日。

[一]園生注:原稿無紀年,按劉聲木序號,應插入光緒十三年。

[二]園生注:何應鍾,四川資中(今資州)人,鮑超舊部,任營務總辦。

[三]園生注:李鴻章三弟李鶴章。

[四]園生注:趙繼元,字梓芳,安徽太湖人,同治初入淮軍襄辦營務,同治二年進士,江蘇候補道。

[五]園生注:張華奎,字靄卿,安徽合肥人,淮軍名將張樹聲長子。

光緒十三年(1887)七月廿四日

再接六月十九日手書,欣悉一一。春霆(鮑超)諸子豚犬,念其苦戰大功,不欲傷我同類,前□(原稿空格)呼籲不得不直言極諫,亦天下公義也。嗣來電已爲妥結,不使押賣田宅償公款,殊爲慰佩。何應鍾實非善類,汪小潭興風浪而内多欲,亦非佳士,尚希留意。義姪年幼無歷練,偏要作官,幸隸仁幙,隨時切實教誨,"少管事"三字尤望提撕。渠嗜好未除[一],永寧無事,正當藉此戒斷,方能做人。克齋既調揚局,薪資較優,可養餘年,無再令潯卿回原差之理。黃孝廉(良煇)[二]文采甚麗,煙癮不小,眷屬在川,懼將流落,求爲先容,或令校閲經古試卷,略籌津貼,俾文士得所依歸,於願足矣。朱少桐何以久未遷調?才具雖不甚大,品節當有可取。欠款七萬七千餘,部追甚緊。敝處專捐還洋債務,挪別項匯解至海軍衙門,從緩補欠可也。畿境各河潰溢,又要辦賑。再頌勳綏,不一一。七月廿四日。

　　[一]園生注：李鴻章之姪李經羲有煙癮。

　　[二]園生注：黃良煇：字燿庭，湖北漢川人，同治舉人。善書法，長楹聯，有文名，終生未仕，光緒三十年卒。湖廣總督張之洞曾爲其題詞"五百年必有名士，十三省祇此秀才"。

光緒十三年（1887）八月三十日

　　七月廿四復緘到否？昨奉八月初一日手書，知政躬納祜爲慰。鮑案尚未見明發，所繳實止四萬二千，連虛賬亦算在內，其幼子祖恩[一]踉蹌來津訴苦，云將田契交汪守押變局週道銀三萬，尅期難還，田必賤賣。田鎮子尚未過門，鮑亞婦交存提歸繳款並非回吞者，如此辦結亦可謂淋漓盡致。總之，祖齡[一]本不才，祖恩兄弟伶俜可憐，此後兄弟糾纏訟費，必至傾家破產。若帶兵大員皆如是結局，吾爲世道人心憂矣。何應鍾一節尚屬差強人意。藏番西金之卡能否撤去？英印未便即日動兵，將來必不能免，文淑南（文碩）果肯實力督責否？黃河決於鄭州，全淄入淮，正河斷流，汴、陳、穎、鳳、淮、揚汪洋一片，民其爲魚，焉有巨款數百萬籌辦工賑，朝野鼎沸，天意難知。海防捐僅請部分，撥五萬仍不足以濟急需，望再設法補足，海署尚可緩議也。醇邸病久不愈，係關格之症，甚屬可危。張靄卿（張華奎）赴都，云將引見入蜀，聞錢玉興署提頗有招搖請托，務切囑其勿與文員往來親密，免蹈李培榮故轍。或謂宜令專統營，不必署提，亦遠嫌之道。令郎輩病後調理極要細心。鄙狀輎平。手此，復頌秋祺，惟心照不一一。八月卅日。

　　[一]園生注：祖齡、祖恩：鮑超之子，同父異母兄弟。

光緒十三年（1887）九月廿九日

　　連接九月初三、初六等日手書，敬悉一一。船價五萬不徑解津,請由戶部轉撥,又欲向海署商回二萬餘,此等巧爲説辭,竊所不取,部文令銀號自解津。昨廖委員過此,已飭赴京兑取下欠二萬,部議仍令川中解交,未知何時報撥耶。至謂欠海署捐項,醇邸[一]頗有責言,閣相[二]爲之解説,此則道路無稽之談。醇與閣齟齬已久,終年不見,何從解説。張藹卿(張華奎)自京回,云沈絜齋事當路咸抱不平,徐小雲、許星叔[三]尤爲怫鬱。李培榮雖從旁公論,絜齋有應得之咎,武夫言不足信也,此節中毒已深。鮑案尤物議所騰,汪小潭(汪鑑)乃真小人冒充君子,公爲所愚,尚代鳴冤。適閲新聞紙,弱出一條附覽。中外遠近傳播惡聲,不信老人言,能毋悔乎。小潭到處飛書,鈔尊處催追電報,令人不忍卒讀,而外做好人,爲鮑家訴屈。彼在京時拜門,到夔後卻未通一信,願公以後具隻眼觀人,毋信刻薄小人爲君子耳。少桐(朱其煊,字少桐)署成都;□(原稿空格,劉聲木案:一本作強字,恐譌)臺日上,黄君未必即升,調補恐亦無望。藏番築卡,哲界情形當徑達總署,終須撤回,庶免後患。鄭州河決,奪淄入淮,朝野震動,羅掘工款百計千方,明春必難堵合,大局堪虞。直境水災真如疥癬,不敢仰累藎籌矣。匆匆手復,順頌勳祺,不一一。九月廿九日。

新選青神縣王樹枬,直之名士,詩文詞妙絶,乞加意拂拭之。

[一]園生注:醇邸,醇親王愛新覺羅·奕譞。

[二]園生注:閣敬銘,字丹初,號約庵,謚文介,陝西朝邑人。道光廿五年進士,選庶吉士,改戶部主事。咸豐十年授湖北按察使。同治元年署湖北布政使,署山東鹽運使,三年授山東巡撫,四年督師東昌抵禦捻軍,六年因病辭職,講學中條山。光緒三年奉命視察山西賑務,八年任戶部尚書,九年任兵部尚書,十年任軍機大臣、總理各國事務大臣、協辦大學士,十二年奏請開缺。光緒十五年卒。

[三]園生注:許庚身,字吉珊、星叔,浙江仁和人。同治元年

進士,曾任江蘇按察使、兵部尚書、軍機大臣、大學士。

光緒十三年(1887)十月初三日[一]

前得八月初四環翰,關節不到居然第二,包老盛氣尤覺陵人,便擬從此絕交矣。嗣得八月十二、廿三日手書,似又委婉求全,或漸臻平易近情之候。適醇邸以前事相諉,意在粤江,而以川楚等省附益之。香濤(張之洞)手筆絕大而慳吝不予人,此次或思有以仰答慈聖知遇。沅老[二]擁虛名而尠實濟。蜀中鹽局似尚有閒款挪湊,幸竭力爲之,勿徒告窘。目昏筋搐,不能多書。手此,再頌勳祺,不一一。十月初三日。

[一] 劉聲木案:此函及前函均屬再啓,原件無上款。

[二] 圉生注:曾國荃,字沅甫。

光緒十三年(1887)十一月初八日

昨得十月初三日手書,爲鮑府事囑汪守(汪鑑)助葬費二千金,可謂仁至義盡。春霆(鮑超)子原不才,而我輩昔共患難,不忍親見地方官吏之淩逼,設有人以此加諸我,能毋寒心? 此鄙人斷斷力爭之微意,非有愛於鮑公子也。執事前函武斷偏護,拒人千里之外,寧願絕交不出惡聲而已,今既知悔,深服進德之猛,又何嗛焉。

獻夫(劉汝翼)出示來電,協助萬壽山工程廿萬,諒有詳函在途。醇邸(醇親王奕譞)甚盼復音,各省確數尚未盡知,不敢遽復。家兄(李瀚章)瀕行見邸,謂皇上以天下養,亦宜敕農部添籌若干,將來或不惧祝嘏耶。游子岱久有退志,忽升粤藩,香濤(張之洞)不易從事,進止若何? 鴻章九月間感受風寒,頭面筋絡拘攣,多方醫治,目蒙腮滯口渴,尚未大愈。先請假廿日,昨又續假一月,衰憊真不堪事,卅餘年所未有也。復頌勳祺。附幼樵函,劉祺祥[一]乞我說項,不贅及。十一月初八日。

　　[一]園生注:劉祺祥,光緒廿一年(1895)任上海道。

光緒十三年(1887)十一月廿六日

　　冬月初八復緘後旋接十月廿三手書,滿紙窘狀而猶勉認廿萬,以塞興獻之命,雖係正項,當與應解京協各餉無礙。昨將覆電轉致,蓋謝粤東百萬,南洋八十萬,並株及鄂川也。裕壽山[一]認四十萬,奎樂山[二]斷斷力持,仍不能不畫諾,實非有餘。直雖貧瘠,亦勉湊廿萬,與富强之蜀同數矣。邸允奏以海軍備用之款爲詞,本存津,息解京辦工,能早一年掃數,可早生一年之息,望留意爲幸。川中大稔,政成民和之象。王樹枏簾差竣仍飭回任,來書告苦累,如官聲尚好,宜先調署一缺以勵廉隅。原函呈覽,其情亦可憫也。鄙恙續假一月,延西醫調治,漸覺輕減。臘中擬即銷假,以慰朝廷廑念,仍須避風静養,乃可全愈。頑軀雖健,今歲屢病,轉自危矣。升竹珊(升泰)赴印邊當有成議。匆泐,復頌勳祺,不一一。冬月廿六日。

　　[一]園生注:裕禄,字壽山,喜塔臘氏,滿族,時任湖廣總督。

　　[二]園生注:奎斌,字樂山,蒙鑲白旗,時任湖北巡撫。

光緒十三年(1887)十一月十一日[一]

　　連接十月初十日、廿日手書,知履候勝常爲慰。船價貳萬餘蒙已掃解。鮑祖恩因汪守(汪鑑)帶人抄搜家産,黄夜偷走來津避火,事定乃歸,並非打網。瀕行兄贈以百元,再辭而後受。此外除唐沅圃[二]外,無一拜往,所論何太酷也。此案勒索過急,火氣過重,無怪人言嘖嘖,收尾卻尚從寬,嚴劾何應鍾尤合情理。事已辦過,奚足追論。沈絜齋署藩[三],實有應得之咎。子岱(游智開)才短望輕(原注:若乞退可准),不能操縱,有以致之。額裕如(原注:勒精額),川旗正人也,頃過保定,極言其短,到京必爲當道證明

（原注：都人一陣風議論，境過則滅，勿少灰心）。至徐小雲[四]兒
女至親，自護其私，不足以撓公論，然絜齋仍以道員即選，足見奧援
之得力。錢玉興往事即係絜齋道及，或鑽營不得有爲而言，令其少
與文員交接，浮言自息矣。藏番絜卡賴劉芝田（劉瑞芬）與英外部
緩煩，始允待自正月再驅逐。升竹珊（升泰）能否撤退？即在哲孟
雄界内，難保印督不派兵。彼但覬覦通商，因此與中國開釁則未
也。閱家報，黃姨奶奶[五]病篤，小兒女無人照料，心緒煩惡可知，
切勿常發肝氣。畢東河[六]云，人過六十一年一改樣子，過七十則
一月一改樣子，真過來人語。鄙不知憂愁而老態日增，如公之褊
激，尤要善自養耳。家兄函稱義姪（李經義）已起程赴川，煙已戒
淨，此差可慰。黃守升建昌道，合例成都簡放遺缺。少桐（朱其
煊）承乏各省，多此成樣，渠當不再憂貧。醇邸病漸危，時局可患，
不獨鄭州決口難合也。復頌勳祺，不一一。王樹枏才筆爲北學之
魁，祈加意。長至前一夕[一]。

　[一] 圜生注：本函結尾有"長至前一夕"，古人稱夏至或冬至
爲"長至"，首句有"連接十月初十日、廿日手書"，故推論此函應在
冬至前一日，即農曆十一月十一日。

　[二] 圜生注：唐仁廉，字沅（元）圃，湖南東安人。太平軍降
將，湘軍鮑超舊部，同治六年入淮軍，位至廣東陸路提督。光緒廿
一年病故。

　[三] 圜生注：沈絜齋，浙江海鹽人，曾"署藩"。

　[四] 圜生注：徐用儀，字筱雲，浙江海鹽人，咸豐舉人。官至
總理衙門大臣、軍機大臣。

　[五] 圜生注：劉秉璋側室。劉秉璋原配夫人無出，黃宜人子
五：體乾、體仁、體信、體智、體道。母以子貴，贈一品夫人。光緒
十三年病逝於川署，年三十三歲。

　[六] 圜生注：畢道遠，字東河，淄川人，道光進士，官至禮部

尚書。

光緒十四年(1888)[一]二月三日

　　電音往復中適奉上元日手書,惟春韶介祉爲慰。藏番固執,淑南(文碩)以用武附和之,可謂不識時務。其不容藏帥委員往勘,儘可給賚,令委員自雇騎駝,何敢公然拒阻。前接文咨,是日納貢在哲境,《海國圖志》已稱哲孟雄[二]歸附英人,藏中尚謂哲爲華屬,何憒憒也。英謂藏派員往議,似僧番自派者,或可遷就成交,若再齟齬,諒不過驅逐藏卡,勿遽深入。迭次電旨誥戒甚明,未知能遵辦否。英商豔羨藏産羊毛柔細,早遲必求辦到通商而後已,非必欲占其地,倘兵爭不已則難言矣。英商雖立川河輪船公司,僅造一小輪即銳意上駛,當被礛灘碰壞而返,官民但不保護,幸無藉端攻阻,致惹口舌。煙臺之約本非得已,鄙意西藏通商何礙大局。川江輪船萬不能行,終是口惠,事後論之或以爲過,亦孔子作《春秋》罪我而已。鄭口春夏恐難遽合,洪湖久如側金,北高南下,周文忠[三]舊説斷不可行。義侄(李經羲)明敏而欠沉實,尊諭謹飭少管事、踏實務正,可爲萬金良藥,乞時以此誨迪之,勿存客氣。黃良煇煙癮太大,前已聲明,稚璜(丁寶楨)寵任太過,惟執事素有輕文士之目,因人轉托,乃爲先容,卻難交卷,有用文墨處能否位置,不然祇聽其潦倒,吾亦非愛文人也。王令志趣尚好,每以操守規之。《畿輔通志》當交獻夫轉寄。初五赴津,倚裝手此,復頌勳祉,不一一。二月三日。

　　[一]圜生注:原稿無紀年,按劉聲木排序和信中藏印邊界糾紛事,應爲光緒十四年函。

　　[二]圜生注:哲孟雄即錫金,中國舊稱哲孟雄,位於亞洲南部喜馬拉雅山南麓,世襲君主國,首都甘托克。1890年成爲英國保護國,1950年爲印度保護國,1975年並入印度。

　　〔三〕園生注：周天爵，字敬修，諡文忠，山東東阿人。嘉慶十六年進士，曾任漕運總督，閩浙、湖廣總督。咸豐年匪亂辭官，專任兵事，以疾卒於軍。

光緒十四年（1888）二月初七日

　　正杪奉初四手書，以懸弧之辰尚蒙記憶，吉語繽紛，可勝感喟。衰齡多病，苟活人間，未知何時能大解脫也。歸政慶典遍賞生死行間舊人，生者獨遺執事，豈不若楊石泉〔一〕之戰功？死者則遺沈幼丹（沈葆楨）、潘琴軒（潘鼎新），豈不若丁文誠（丁寶楨）之戰功耶？是有命數存焉，抑曾文正所謂運氣。獻夫（劉汝翼）乃謂嚴劾沈、丁，得罪要路，遂爾忘事，然身外浮榮，儘可置之勿論矣。英輪上駛川江，總署復書，深以收買爲是，久未得復電，果定議否？升竹珊（升泰）議阻通商，聞因雪大暫止，日來有續報否？如番僧可設法開導，妥立章程，通商未必不可行，否則英人斷不甘心，兵端尚在。認款經言路捕風捉影，大受申斥，擬四年分解，更爲踴躍，祈於覆奏內聲明。鮑府事曲蒙保護，紉佩莫名，其長子游蕩不歸，真豚犬也。王令官聲尚好，甚盼量移。茲又有編修楊崇伊〔二〕爲伊弟乞恩，崇伊爲濱石〔三〕太常之胞姪，記濱石係吾弟房師，是否另有緘托，其人究可造就否？原函呈覽，希留意。游子岱早有退意，聞尚欲赴粵東，粵藩不易，帥府尤難伺應，豈欲自投羅網歟！鄙患大愈，仍藉避風爲避人避世計。獻夫現補關道，當可竭蹷從事，其子管束太嚴，遂至一往而莫可羈勒，乃悟孟氏所云"養不中"，其味深長。復頌勛祺，不一一。二月初七日。

　　〔一〕園生注：楊昌濬，字石泉，湘軍將領，湖南湘鄉人，官至閩浙總督、陝甘總督。

　　〔二〕園生注：楊崇伊，字莘伯，江蘇常熟人，光緒六年進士。

　　〔三〕園生注：楊泗孫，字濱石，江蘇常熟人，咸豐榜眼，官至太常寺卿。

光緒十四年(1888)三月八日

二月初七復緘去後,旋接二月朔(初一)手書,因無要事,尚未及答。頃又奉二月望日(十五)來緘,藉諗政祉多嘉爲慰。歸政恩旨係正月廿二日發,何以電報逾兩旬始見? 執事竟落孫山[一],本甚駭怪,故前書長言咏歎之,仍歸於曾文正(曾國藩)所謂運氣二字。此次詔旨外間傳爲興獻秉筆,殆臆度之詞。興獻久病未銷假,至廿二始由神武門進內一次,是日恩命已下,或事前樞廷開單前往請示,稍有增減,亦未可知,然必謂浙、川餉案開罪興獻,恐以告者過也。興獻雖不滿意於閣,亦無深仇,更無因閣(閣敬銘)波及執事之理,其秉政已遲,於從前粤捻積功舊人都不了了,又無一面之緣,或有從旁傾蔽者,遂至遺珠。川中政事修明,遠近共聞,惟鮑、沈兩事過火,未愜衆論,祇可付之既往不咎之列。至通榜無名,宮保有無身外虛榮,何足介意,奚爲悻悻然求去,爲小丈夫然哉! 親政伊始,疆寄重臣非有大故不可乞身,尊意不慣忍辱,此非甚辱之事,願益忍氣而已。即使三四上,未必得請,徒惹煩惱,公私亦多牽制。前詢方兒(李經方),伊孀母送親赴川[三]之説本未定議,現其母子商妥,仍請尊處派人送令郎回無爲就婚,庶爲兩便。鄙人久不過問家事,但囑方等妥辦耳。幼橋(張佩綸)才氣過人,落拓至此,每與閒話,方謂足下一路順風,未受磨折,此等小晦氣於做人做官絲毫無關輕重。尊函並未轉告,或貽褊急之誚,然褊急之病惟寬緩可醫,望以寬緩養其天和爲幸。方兒外洋生子,旋即殤逝,舉止歷練,漸進老成,是可喜也。渠兄弟現正入闈應試,甚盼有一捷音,聊慰暮景。手此,復頌勛祺,餘不一一。三月八日。

[一] 圈生注:"執事竟落孫山",指劉秉璋未被邀請赴京參加十五年光緒帝大婚和親政慶典。

[二] 園生注:"孀母送親赴川",指李鴻章六弟李昭慶夫人送女入川,與劉秉璋長子劉體乾成婚。

光緒十四年(1888)四月廿七日

前奉二月廿七日手書,尚未及會,又奉三月廿八日惠函,就審履候多嘉爲慰。孫山雖落,來信識解超曠,日久淡忘,具徵進德之猛。頌閣[一]書云,樞廷辦理恩典舛誤遺漏甚多,未必另有深意。子岱(游智開)自京回,稱樞中多詢沈道委曲健忘,或由此耶。課題擬作磊落英多,興復不淺,想爲令郎改詩文[二],雕蟲小技尚未就荒,非老夫所能及矣。舍弟婦送親一事爲難之處甚多,方兒在此與獻夫(劉汝翼)商議難定,兄直謂獻夫幫助方易就緒,總之幼弟(李昭慶)與執事至交至戚,今祇有合嫁娶爲一事,勿庸分別名目而已。方兒又薦不售,頃回肥省親後徑回英倫,補滿差期,年内外可歸。崔惠人、薛叔耘[三]苦留,未便再允。英使執定入峽輪船,一二日未妥,總署電令芝田(劉瑞芬,字芝田)與外部商辦,未知能就範否。印藏分界通商亦難定議。藹卿(張華奎)三甲似須歸原班也。匆匆手復,順頌勳祺。王令宜早量移,何畏人言。四月廿七日。

[一] 園生注:徐郙,字壽蘅,號頌閣。江蘇嘉定人,同治元年恩科狀元,官至禮部尚書、協辦大學士。子徐迪詳娶劉秉璋次女。

[二] 園生注:美國駐天津領事畢德格(Pethick William,?—1902)辭官入李鴻章幕府,兼授子弟英語。應李鴻章函招,劉秉璋長子體乾、四子體智進京,入李氏家塾從習英語,故有"想爲令郎改詩文"之説。

[三] 園生注:薛叔耘,名薛福成,字叔耘,江蘇無錫人。同治間參曾國藩幕府,曾任駐英法意比大使、左副都御史。

光緒十四年(1888)五月初十

　　前奉三月廿二日手書,倥傯未復。又奉正月廿六日李委員寄到惠函,并土儀多珍,感謝奚似,就諗履福咸宜、公私多吉爲頌。藏番事屢反覆,廷旨曲意調停,未知升竹珊(升泰)能了此勾當否。倘竟連兵不解,恐引入藏地,更難收拾矣。鄭口工已大半,所喜水未大漲,五月杪或望合龍。然料缺堤單,汛漲一至,仍恐無法搶護。直北盼雨縈切,爲河工計則又不願速得甘霖也。義姪(李經義)更事少而議論多,每切誡之,昨又電飭其少管事,少條陳,正與尊論老成持重吻合。游子岱函稱屢經乞退未允,似年老智昏,可徇其請,時望必難再升,奚爲久留不放耶。新授成都遺缺守恩壽,麟梅谷[一]協揆之子,進士到部,昨寶佩蘅[二]令其來謁,明練勤穩,無旗員貴介浮氣,已告以須坐補嘉定,渠擬七月啓程入川,祈善遇之。潘子謙(潘鼎新之子)過津,云琴軒(潘鼎新)又自捐萬金,由青相(張之萬)介紹醇邸(醇親王奕譞)報效海署,得旨賞還原銜翎枝。圖此虛榮,空擔富名,深爲琴軒父子惜之。黃良煇無賴行爲,祇可敷衍過去,奚足計較。六弟婦(李鴻章六弟李昭慶遺孀,李鴻章繼子李經方之生母)信謂邵小村[三]爲子求婚,尊處又欲娶媳,萬辦不起。邵媳較長,應分次第,且皆須親家幫貼,新婦乃得入門也。手此,復頌勳祺,不一一。五月初十日。

　　[一]圜生注:麟魁,字梅谷,索綽羅氏,滿洲鑲白旗人,道光六年進士。同治元年授協辦大學士,同年卒。其子恩壽,賜舉人,同治十三年進士,曾任成都將軍,官至陝西巡撫。

　　[二]圜生注:寶鋆,字佩蘅,滿洲鑲白旗人,道光十八年進士。咸豐五年擢禮部侍郎,十年任總管內務府大臣、戶部右侍郎兼總理各國事務衙門大臣。同治元年擢戶部尚書,十一年轉吏部尚書,十三年轉兵部尚書。光緒三年晉武英殿大學士,五年晉太子太傅,十年退休,十七年卒,謚文靖。

〔三〕園生注：邵友濂，字筱村，浙江餘姚人，同治舉人。光緒四年署駐俄欽差大臣，八年補授江蘇蘇松泰道。歷任河南按察使、臺灣布政使、湖南巡撫、臺灣巡撫。光緒廿七年卒。

光緒十四年（1888）[一]六月十八日

　　昨奉五月十九日手書，惟政祉多嘉爲頌。西報云印督因藏番弄兵，欲乘機入藏，圖攻達賴，與英使在總署所言少異。彼欲無厭，本不可測，升竹珊能勾當否？ 涼山夷匪以防爲剿，果多就撫，奚爲鋪張揚厲，仍嚴飭沿邊文武妥愼駕馭爲要。少桐調補成都，諒可勝任。夔州汪守[二]仍常磨折春霆之子，亦殊無謂，希加訓飭，免滋物議。琴軒抑鬱以死，良可痛傷[一]，近謀奏請開復，適楊石泉[三]爲張友山[四]身後請恤，大碰南皮[五]，謂宜少緩，俟醇邸[六]銷假緩頰再陳。數奇之人，死亦不得其時也。家兄[七]精力尚健，自行赴闕，姑盡臣子之禮。督缺少而難，恐須別有差遣。鄭工敗於垂成，大局可憂。戴令作基人尚明練勤愼，甚感拂拭之恩，無須豐干饒舌[八]矣。茲托帶呈《畿輔通志》，希察收。匆匆手復，順頌勳祺，餘不一一。六月十八日。

　　〔一〕園生注：原稿不署紀年，據"琴軒抑鬱以死，良可痛傷"句推算，應在光緒十四年，潘鼎新殁於光緒十四年五月十三日。劉聲木排列第八無誤。

　　〔二〕園生注：汪守即汪鑑，字筱潭，安徽六安人，同治七年進士。歷任禮部主事，江西、陝西道監察御史，四川夔州、成都知府。鮑超，夔州奉節人，鮑案發，汪鑑時任夔州知府。

　　〔三〕園生注：楊昌濬，字石泉，湖南湘鄉人，以諸生治團練，入湘軍，轉戰鄂、贛、浙、閩。光緒四年，起佐新疆軍事，數遷至漕運總督，閩浙、陝甘總督。光緒廿三年卒。

　　〔四〕園生注：張兆棟，字友山，山東濰縣人，道光廿五年進士。咸豐四年任廣東布政使，九年擢漕運總督。光緒四年起福建巡撫，以馬尾失守被褫職。光緒十三年卒於閩。

　　[五]園生注：南皮即張之洞。張之洞字孝達，號香濤，直隸南皮人。光緒十年升任兩廣總督，十五年調任湖廣總督，卅三年任軍機大臣。宣統元年卒。

　　[六]園生注：醇邸即醇親王愛新覺羅·奕譞。

　　[七]園生注：李鴻章長兄李瀚章。

　　[八]劉聲木案：《傳燈録》：豐幹禪師居天臺國清寺，初閭邱公牧丹陽，乞一言示此去安民，曰到任謁文殊普賢。在國清執爨洗器者寒山拾得也，閭邱訪之，見二人不覺致拜，寒山笑曰，豐幹饒舌。

光緒十四年（1888）六月廿三日

　　月初迭奉五月十二、十九日手書，知勳福駢臻爲慰。薇垣既言歸於好，自應大度包容。閱文房賡韻，未免劉四[一]罵人神鋒太儁，於今日世道殊不相宜。處不能退遂之境，總以含忍爲是。聞滇督缺出，初頗擬議就近調移，繼以夒石[二]心氣和平，久在樞譯交涉通商事宜，較爲練達，故應擢升。邵小村一時未能抵湘，交卸尚無期也。叔耘（薛福成）謂慶典未得宮保，樞廷謂偶遺忘，並非有意。星叔[三]並云留作北洋替人，則退志亦係空談，可不作是想矣。唐鄂生[四]五月間來書節略呈覽，林君似曾見過一面而未深知。子岜（游智開）過津，頗言甄劾之誣，爲夏觀察讒言所中。名臣之後，何相煎太急耶。能否就案開復，希核奪。藹卿已引見，不日出都，特旨歸候補班，旁人遂以實缺相待，聞花費至數竿矣。手復，順頌台祺，不一一。六月廿三日。

　　[一]園生注：劉四，指劉秉璋第四子劉體智，時年十歲。

　　[二]園生注：王文韶，字夒石，浙江仁和人，咸豐進士，官至軍機大臣、武英殿大學士。

　　[三]劉聲木案：先公撫贛，許恭愼爲學政。

　　圓生注：許庚身，字星叔，咸豐舉人，浙江仁和人，官至軍機大臣、總理衙門大臣，謚恭愼。

　　[四]圓生注：唐炯，字鄂生，號成山老人，貴州遵義人。道光舉人，官至雲南布政使。

光緒十四年(1888)七月初三日

　　六月廿三日復緘到否？昨奉六月初十日手書，敬審勳福咸宜爲慰。前接四月廿一日信，頗爲疑慮，因藹卿(張華奎)素相關切，榜後與當軸綢繆甚殷，因將原函封寄，俾得從旁確探。頃得來書，詳述一切，乃知近事多出鄙人臆料之外，尊處距京數千里，傳聞轉較真切。南皮(張之洞)老師向所未知，而本人親供如此，似評論尚有公道。即太上(慈禧太后)見惡之由，亦自今夏始得之。薛叔耘(薛福成)謂丹老[一]自稱一力擁護張、許，實未贊同，而張、許則皆引爲己力也。然素知太上喜怒無常，其力亦僅能駁去慶典之賞。此外黜陟權在樞廷，不及一一商謀。向來面談無話不說，初未及執事一語，自不必因此微嫌引避也。薇垣果否量移，且看下文有無印證。打邊鼓者並無伎倆，許、孫左右親藩或稍得勁耶。星叔(許庚身)近於敝處亦不通手書。南皮所托不遂，亦甚魚雁稀疏矣。柘農已請歸休，本太難堪。秋試又入闈監臨，接連武場，殊形忙碌。六弟婦計將束行裝。復頌勳祺，不一。藹(張華奎)函附閱，明春乃可赴川。七月初三日。

　　[一]圓生注：閻敬銘，字丹初，陝西朝邑人，曾任戶部尚書，官至軍機大臣。

光緒十四年(1888)十月二十日

　　連奉八月卅日、九月廿七日手書，敬聆一一。川東伊道貪昏難任,亟應遴員往署,德靜山[一]過津曾囑面商稟辦,今委藹卿(張華奎),恰如人意所欲出。渝釐向由官紳濫支,鄙人同治八年駐渝一月,頗知其詳,彼時則借教案開消,久遂沿爲例。但通商伊始,斷無再令劣員回任之理。藹卿尚爲樞府所知,似須便中加一密保存記,俟伊某開缺,可望真除,此亦後進之英異也。前執事開罪樞要者,一丁介蕃耳,濟寧[二]護之尤力,屢囑舍姪等求兄爲渝雪,以未隨當差不便上達,乃展轉托家兄,已奉旨送部引見,宿憾可少釋矣,閣下亦可從此放手辦事矣。何梅生[三]名士氣重,於洋務未甚精深,聞不願西行。藹卿細心綜覈,約章可期妥協。土藥加釐一事,萊山[二]奉赫德[四]如神明,力主其説,慶邸(慶親王奕劻)、叔平(翁同龢)輩覬覦可發大財,群附和之。川土本賤,歲增津貼數十萬,裨益軍國,即由准種罌粟之故。前與嚴渭春[五]、薛鏡唐極論其事,近世知者鮮矣。今若加重釐税,種植日稀,津貼必繳不足,片稿何未申明此層耶?末請統一全局,酌定劃一章程,是理法清真之作,將來必求辦到。春間在京,樞、農商及,鄙見甚不謂然,至今亦未及覆奏也。香濤(張之洞)初欲於川鹽設法掊克,兹先從川土下手,強鄰固未易抵制耳。做官辦事免不得淘氣,要在以柔克剛,勿逞氣矜之爲得也。内痔帶血多少不等,無足爲患。蜀中官紳彙請移獎最妥,應令捐户各具移獎銜名履歷册,咨送核辦竟,不必專奏。順捐或可並辦,但須另奏明也。方兒(李經方)昨已由津回皖料理家事,臘初當可出洋。直屬冬賑賴各省協助,約可勉敷。明春接濟專盼新捐集事,潘伯寅[六]耽耽虎視,欲作博施濟衆之堯舜,不知海内財力之困窮,此等人才皆因氣運而生。復頌勳祺,不一一。十月廿日。

　　[一]園生注:德壽,字靜山,滿洲鑲紅旗。官至江蘇巡撫、兩廣總督。

　　[二]園生注:孫毓汶,字萊山,山東濟寧人,咸豐六年榜眼。

官至工部右侍郎，軍機大臣兼總理各國事務衙門大臣，授太子少保，十五年遷刑部尚書、兵部尚書。光緒廿五年卒，諡文恪。

　　〔三〕圜生注：何嗣焜，字梅生，號定庵，江蘇武進人，入張樹聲幕府二十年，決策出師東渡朝鮮，平東學黨之亂。光緒廿一年，受盛宣懷之托任南洋公學（交通大學前身）首任校長。

　　〔四〕圜生注：赫德（Robert Hart），英國人，咸豐四年來中國，在中國居住五十餘年，同治二年任中國海關總稅務司達四十八年。

　　〔五〕圜生注：嚴樹森，字渭春，四川新繁人。道光舉人，由知縣累遷至河南巡撫，咸豐十一年任湖北巡撫，光緒元年任廣西巡撫，二年卒。

　　〔六〕圜生注：潘祖蔭，字伯寅，號東鏞，諡文勤，江蘇吳縣人。咸豐二年探花，授編修，同治三年授左副都御史。光緒元年授大理寺卿，補禮部右侍郎、遷工部尚書、加太子少保。六年入直軍機處。十六年卒，贈太子太傅。嗜學，通經史，好收藏，儲金石甚富。

光緒十五年（1889）正月初九日

　　冬月念六函到否？歲杪奉臘朔手書，獻歲發春，惟福履駢蕃爲慰。鄙恙延西醫調治，日見輕減，臘中已即銷假，年頭可冀復元。公務煩猥，猶能自理，其關係重要者間與幼樵（張佩綸）商榷，渠尚遜謝不居，其才識文筆固超越流輩，但恐一蹶不起，以云衣鉢，尚未定何人能傳耳。升竹珊（升泰）籌辦印藏，披卻導窾，能任艱苦，的未易才。現由印度傳電，難得消息，不知已劃界定議、可免通商深入否？宜昌會議輪船入渝章程，保護鹽船當可辦到。皖旱、蘇災分籌捐賑，蜀力亦竭矣。義姪（李經義）報丁母艱，急於匍奔，想已速派替人。前接來稟，做官似頗要好，不應出而出，竟至抱憾終天，可爲躁進者戒。方兒（李經方）信告十月廿日張媳生一子，可喜。臘月十二已由英倫起程回京應試，知念附及。廿萬奏報須抱定海署原奏立言,不背題旨。復頌春祺,餘不一一。己丑正月初九日。

光緒十五年(1889)五月十六日

　　四月廿七覆緘計已達到,頃奉廿一、二日手書,敬悉一一。閱竹珊來函,藏番既遵諭通商,衹候約明地方、日期即可晤商定議,似尚順手。印兵未退,想因番情反覆,藉此要挾,爲深入通商之計耳。輪船議如何賠法,便有歸宿。英廷絕無開釁之意,不過開擴商路,只宜相機迎拒。崧藩[一]巧滑,洵非正人,義姪[二]在瀘曾稟稱意見不甚和洽,但藩無抗督之理,今以知府補缺請假不挂牌,公然齟齬,若因此告病,似宜曲意慰留,仍不准換用旁人,則剛柔悉協,若再三乞退,只有上陳,所謂好結好散也。伊與其兄鎮青[三](原注:鎮青較平正)皆李蘭孫(李鴻藻,字蘭蓀,咸豐進士,同治帝師,官至軍機大臣、協辦大學士)受業門人,故兩人升遷甚速,並未聞子青(張之萬)是其老師,青翁濫交好貨,或曾拜門亦未可知。若自告病,即云不合而去,固於執事無礙。子青袁浦之隙[四]當久忘之,否則從前不應升川督也,且子青老邁,樞廷無所建白,亦不至以此嫌怨,可勿過慮。兄與子青雖同年至交,近又爲長孫太岳,然素易視其人,見面則多深談,寫信每存客氣,自不值轉達也。乞身虛有此説,吾恐滇督將就近量移,則更難辦矣。手此,復頌勳祺。五月十六日。

　　[一]園生注:崧藩,字錫侯,瓜爾佳氏,滿洲鑲藍旗人,時任四川布政使。官至貴州、雲南巡撫,雲貴、陝甘總督。光緒卅一年卒。

　　[二]園生注:義姪:李經義,字虛生,李鴻章三弟李鶴章之子。曾任廣西、雲南巡撫,雲貴總督,兼任雲南講武堂總辦。民國(北洋)時期一度任財政總長和國務總理,1925年去世。

　　[三]園生注:鎮青:崧駿,字鎮青,崧藩之兄,歷任漕運總督,

江蘇、浙江巡撫,光緒十七年卒。

　　[四] 劉聲木案:文達(張之萬)任漕督時,議守六塘河以阻捻軍南潰,先公(劉秉璋)不可,以河狹水淺容易竄過,不任其咎。李文忠調停,分段扼守。捻卒由浙將汛地潰圍出走,文達以爲愧,是袁浦之隙也。

光緒十五年(1889)十月初八日

　　前迭奉七月廿五、八月廿八日手書,敬悉一切。尊患感冒轉痢便血,旋即康復,纏綿兩月,血氣就衰之人,何以堪此。然闈中擬作猶能興高采烈,雖稍粗豪,氣格蒼老,迴非時手所及矣。六弟婦[一]計過宜昌,是否由水道前進,細弱未出遠方之人毫無閱歷,尊處所派員役當妥爲迎護導引。孫女掌珠聞亦隨其祖母省視外家,俟喜事過後應令明正隨同東歸。方兒[一]歲底參贊報滿,可偕芝田[二]回華(原注:薛叔耘月內啓行,芝田須臘中交替),[三]兄囑其挈眷來津,約在閏二月初旬,屆時掌孫女能趕及同伴北上否?望爲留意。前月醇邸五十正壽,與鄙處向有來往,去弁回稱面奉邸諭,尊送禮物因尚未見過,照例奉璧,非岐將軍[四]本家素識可比,然亦僅收受兩色,囑兄代致謝云云,曾經電達,似其意尚殷勤。昨獻夫(劉汝翼)呈閱竹報,擬俟藹卿(張華奎)到後再商進退。精力尚可支持,何必作此高蹈之想,藹卿亦必勸阻也。川中水漲被災,鄂省秋霖暴溢,浙蘇霪雨四十餘日,至九月杪未霽,時艱若此,補救良難。香濤(張之洞)忽倡盧漢三千里鐵路之議,懿旨及醇邸交贊,牽率老夫會籌辦理。無鉅款,如何開辦?家兄(李瀚章)乘機量移,粤事狼藉,接手者清理不易,殊代焦□。崧鎮青函稱伊弟其心無他,乞轉致優容,近當更水乳矣。輪船上駛歸巫險灘,必先碰碎,儘可任其試行,興盡自返,若明准改用民船通商,口舌尤多。印度無求款意,升竹珊(升泰)窮邊久羈,如何了局?少桐(朱其煊)

領郡鬱鬱，求步黃道後塵，倘有機會，幸勿惄置。手此，復頌勛祺，不一一。十月初八日。

　　鮑春霆兩子爭產口角，已令唐沅圃[五]往蕪會同汪小潭（汪鑑）調處。

　　[一]圃生注：六弟婦，李鴻章六弟李昭慶之遺孀。方兒：李經方，字伯行，生父李昭慶，過繼李鴻章。

　　[二]圃生注：劉瑞芬，字芝田，安徽貴池人，同治元年以生員入淮軍幕府，官至駐英法大使、廣東巡撫，光緒十八年三月卒於任內。

　　[三]圃生注：薛福成，字叔耘，江蘇無錫人。初入曾國藩幕府，後隨李鴻章辦洋務，光緒十年中法戰爭期間任浙江寧紹道台，十五年出使英、法、比、意四國，二十年卒。著《庸庵全集》。

　　[四]圃生注：岐元，字子惠，滿族正紅旗人，清宗室。光緒五年任盛京將軍，七年調成都將軍，十七年解職。

　　[五]劉圃生注：唐仁廉，字沅圃（元圃），湖南東安人，太平軍降將，鮑超舊部。同治六年入淮軍，官至廣東陸路提督，光緒廿一年病故。

光緒十五年（1889）十二月初四日

　　十月杪接月朔手書，昨又奉冬月初七日來函，敬悉履候多嘉。六弟婦送女赴蜀[一]，照護款洽，禮意優隆，殊深感謝。比審吉期已過，佳兒佳婦鞠跽承歡，真暮年難得之境。訓子四律，情真語摯，首章自道艱苦，足為富貴醍醾鍼砭，末章悱惻敦厚，詩人遺意。有好題斯有好詩，較前寄各作可謂曲終奏雅矣。弟婦擬明春何時東歸？此番長途辛苦，叨擾尊府備至，愚兄弟遠宦照料不及，未免負慚耳。兩函論鐵路事，雖不深知洋務，談言亦有微中。香帥（張之洞）自知商股難集，洋債難還，亦請緩，俟鐵礦開成再行勘路開工。

照西法開採,非五七年後不能就緒,海署奏令户部歲籌二百萬,須俟十年集有二千萬,乃可動手。彼時我輩計已就木,而二千萬亦未必能齊,或因他項要事動用,衹存此一篇空文,以待後之談洋務者矣。周沐三[二]之子在機器局數月病故,飭夫資送回(蕪)[無]。品蓮相待甚厚,臆料太差,品老而失志,當有以慰藉之。督撫無請覲例,限嚴置重任,尤難遠離,自可無庸多瀆,來春東陵差必晤,政府諸公當爲婉達。鄙狀犒平,只因避風仍不回省。匆匆敬賀大喜,順頌歲釐,附寄敍姪[三]家言希飭交。嘉平初四日。

[一]園生注:"六弟婦送女赴蜀",李昭慶遺孀送女赴蜀,與劉秉璋長子劉體乾完婚,體乾時年十七。

[二]園生注:周沐三,安徽巢縣人,道光廿六年與劉秉璋、潘鼎新、沈品蓮等居京城東單觀音寺就學。

[三]園生注:李經敍,李鴻章六弟李昭慶之次子。

光緒十六年(1890)正月十八日

去臘四日復函計早入覽,年前奉初六手書,敬審新韶介福、履候多嘉爲慰。頃得敍姪電,於十八日起程,二月内必可抵蕪湖。方兒(李經方)去冬差期已滿,芝田(劉瑞芬)奏保道員二品銜,迭函飭即回華,昨電二月朔始由英啓行,不知因何就延。其文筆蓬勃,可冀倖中,乃輕視甲科,各省候補道如蟻聚,江、粤皆應回避,何處可插足耶。藹卿(張華奎)日内到省,聞鹽局已有位置,補缺本極難事,朱、張用舍更多躊躇,少桐(朱其煊)家累甚重,首府稍優,尚無餘貲,即升道員亦不敷用,僅較卑府體制略好。邸於師門關切,而世兄不甚期許,因其文學淺也,閏月陵差赴京當再説及。聞督撫、將軍、都統等缺多,其參謀以下則由政府不復預聞,不卜肯爲力否。執事現處地位不告不請覲未必討嫌,衹可老氣橫秋,做一日是一日。重慶通商,准英商自製華船,現正訂約,擬三月間開辦。藏界計亦將定議,以後川中交涉益繁矣。復頌春祺,餘不一一。正月十八日。

光緒十六年(1890)五月十九日

連奉四月十二、廿四日手書,敬悉一是。開缺疏上,必係賞假兩月調理,毋庸開缺,來示但望一發而中,可謂想入非非。向來巡撫請退尚須慰留,況提封數千里之制府耶。游子岱(游智開)劾孫駕航[一]得罪要人,又劾香濤(張之洞)信任數人不會督銜,香濤大放厥詞,爲之鳴冤,有不得不退之勢,且已七十五老翁矣,亦不可不退之時。公尚未耄,又非真病,雖曾劾沈、丁(沈葆楨、丁寶楨),不爲當路所喜,卻無深仇大怨,雖再三瀆,未必能行。作官辦事先要志定心一,若首鼠兩端,欲退而不得退,辦事轉難放手。奉勸屆期銷假不可則止,毋自尋煩惱也。四弟婦[二]素不甚知大體,前書早經内子駁覆,因係至戚,姑令獻夫(劉汝翼)轉陳,付之一笑可也,乃復動此大氣,足見毫無涵養。續電視捐賑建坊如此鄭重,目光如豆,今各省建坊何止千百,幾人真建? 所謂民不可使知也。所最要者,令郎得子後,必須過繼詒壻[三],一切口舌可免矣。手復,順頌痊祺,不一一。五月十九日。

[一] 園生注:孫楫,字駕航,山東濟寧人,官至順天府尹。

[二] 園生注:四弟婦:李鴻章四弟李蘊章之妻寧氏。

[三] 園生注:詒壻,即劉詒孫。劉秉璋得子晚,先過繼劉秉鈞之子劉詒孫爲嗣。劉詒孫娶李鴻章四弟李蘊章之女,卻不久去世,寧氏要求夫家爲之建坊(貞節牌坊)。李鴻章從中斡旋。

光緒十六年(1890)八月初二日

前奉六月十一日手書,敬悉一一。"樂善好施"部文已咨尊處,建坊與否聽之,將來或於節孝坊上添此四字,姑存其名,高卑大小,四弟婦(李蘊章妻寧氏)必不過問也。前摺是否賞假兩月?似可戛然而止。昨德靜山(德壽,字靜山,滿洲鑲紅旗)廉訪過此,謂樞廷公論不願即退,親政之初,大臣去就必宜審慎,渝郡開辦通商,轉疑有托而逃。便血症加意調理,必可痊復,奚必汲汲耶。省三(劉銘傳)初有退志,經賞假三月聞又趑趄,二劉並作,於淮人局面有礙,當以鄙人夜行不休爲法。畿輔奇災,賴公一呼而得七萬,爲各省之冠,畢竟休戚相關,於此更不忍把袂送歸矣。靜山(德壽)可謂能吏,亦知輕重,是好幫手。川北道恩佑邸府奔走甚勤,王順、長息之流幸善待之。方兒(李經方)倖使東洋,須十月出京,能不辱命否?畿境工賑尚未就緒,全仗集腋成裘。手此,復頌勳祺,餘不一一。八月初二日。

光緒十六年(1890)八月初六日

　　初二甫復一緘,又接七月初九手書,慰悉一一。雷波[一]夷蠢動,三營能就了否?渝郡(重慶)開辦通商,民船載貨究較輪船爲少,創辦之始貿易無多,須俟年餘察看洋商幾何,釐釐暗減若干,再酌請將洋稅留抵釐稅。否則空言虧損,部中拘執文法,必不准行,致開各關效尤之端。甘餉改撥亦多窒礙,關道尤要得人,能細覈約章無誤,即可稱職。蜀中秋成不至減色否?津災藩、臬各捐壹萬,諸將亦勉集巨資,欣感無似。順災近水樓臺,易於呼籲,發帑撥漕層見迭出。直則無可控訴,幸各省竭力援助,冬賑或可勉支。報捐諸君本身萬無可再獎,自應移獎子弟,是否由川自請,抑須直局彙請,乞詢商司道見示爲荷。假滿後擬即銷假,直截了當,正與前緘勸駕之意相符,願以後勿再輕作此想。至便血常發,老年人大不相宜,適程從周文炳[二]過津,談及渠便血舊症甚劇,經人傳示單方,一服即愈,係用黑木耳半碗,沸湯泡三次(原注:不須煮),早晚服之,以血止爲度,平易近人而有奇效,盍嘗試之?戒酒戒生氣,即不便血亦當禁止,用心或無甚礙也。幼樵(張佩綸)著書自娛,無用

世之志,得罪要人太多,亦難起用,尊意已代致矣。方兒(李經方)
俟領到國書,約九月出京,冬月起程。手此布復,順賀秋禧,諸惟心
照,不儩。八月初六日。

　　[一] 圜生注:雷波,四川南部,屬敘州府,今西昌市雷波縣。

　　[二] 圜生注:周文炳:字善夫,河北人。時任北洋督練處提
調。民國後任陸軍第六師旅長、師長,1916年病逝。

光緒十六年(1890)十二月初九日

　　連奉冬月初十、十二日手書,敬諗勳福駢臻,以亟盼抱孫之年,
賦慰情勝無之句,諺云先花後果,殆其徵兆歟!川省津貼捐實爲鉅
款,而津貼實出自土藥[一],廷臣無知此義者,覆疏內若明白痛快
言之,可免加徵,即因此停廣額之獎,亦甚值得。今日衹患舉人、進
士太多,無用有害,每科多數舉人即少數秋風之客,何所顧忌。至
斤斤較量兩議,竊照各省意見歧出,情形不同,部、署諸公依違其
詞,終辦不動而止。請減津貼改撥甘餉,雖可備抵制後著,然部文
何曾講理,請改不撥,又將若何覆?香濤電語令人噴飯[二],此君
自命不凡,尚未遇著此等嘻笑怒罵之前輩,有此手筆,可當訟師,必
無意外風波也。頃令姪(劉汝翼)送閱《習靜園記》,大可散步怡
神。鄙人宦直廿年,非不欲窺園,竟無尺寸隙地可供眺玩。醇邸
(醇親王奕譞)前詢,知保、津署內無小園,謂其邸寓別墅三四處,
享用太過,今遂溘逝,無園林之樂者或得長生,即僅一園尚不足以
祈福,且可藉此終老矣。藹卿(張華奎)蒞渝,剔弊興利,頗著成
效,風采太峻,忌者或多,甚盼其久於任,從容治理。崧藩想須過浙
度歲,覲後升調必速,氣類與蜣蠅爲近,不患不騰上也。王樹
柟[三]果調缺否?朱少桐(朱其煊)苦求道缺,聞襄陽歲入僅四竿,
其何能支乎?此復,賀年禧,餘不一一。嘉平九日。

　　[一] 圜生注:土藥即本土出產之鴉片。

〔二〕劉聲木案：張香濤請加川鹽釐。

〔三〕園生注：王樹枬，字晉卿，直隸新城人，生於咸豐元年，民國廿五年卒。

光緒十七年（1891）正月十六日

昨奉臘杪廿六日手書，敬審新韶納祜爲頌。獻夫送閲十一日電報，知親母夫人〔一〕仙逝，暮年喪偶，内助乏人，不如意事常八九，傷悼何如。靈櫬當暫寄厝，待諸郎成立回鄉時再行扶送，尚希曠懷自玉爲幸。蜀官捐順、直賑獎册已飭局核辦，内惟黃、延二道請頭品頂戴，欲援任筱園〔二〕之例。任曾作巡撫，本有頭品頂戴，前奏聲請開復。頂戴且不提，降選道員一層，以道員無加頭品者。薛福良出自懿旨特恩，未可援引。汪鑑等請補道員後加二品銜，此係勞績保案而非捐賑例也，俟局妥擬，再行奉聞。其餘均合例，先填實收，咨送伊道案奏結。該道已否自稟退抑即開缺？藹卿電稟廿一開關，頗合總署之意。新京察及内外保關道者甚多，即難遽得此席，他處或有望耳。鐵路於軍國商民有益，執事懵然不知，乃亦隨迂儒腐吏之後妄加訾議，嘗慨中國無豪傑，其信然矣。興獻識力不定，此事獨爲士夫所撓，可爲太息。香濤（張之洞）專做空文字〔三〕，亦非能任事者。盧漢之舉中止，關東之議未息，以待後之君子卒業而已。手此奉慰，復頌春祺，餘不一一。正月十六日。

〔一〕園生注：劉秉璋原配夫人程氏，同治九年封一品誥命夫人，相濡以沫四十餘年，光緒十七年正月歿於四川督署。

〔二〕園生注：任道鎔，字勵甫，號筱園，江蘇宜興人。咸豐中在籍襄辦團練，晉秩知縣，同治二年擢順德知府。光緒元年授江西按察使，四年遷浙江布政使，七年擢山東巡撫，以失察被劾而褫職，降道員。廿一年起河道總督，廿七年調浙江巡撫，卅二年卒。

〔三〕劉聲木案：張文襄請修鐵路。

光緒十七年(1891)二月十二日

　　正月十六復函並唁弟夫人(劉秉璋夫人程氏)之喪,計早達到。初七日奉上元手書,備述閫德柔嘉,老年失此賢助,可勝悼歎。前具幛聯交獻夫寄呈,幸付達觀,以和天倪,至禱至禱。崧錫侯(崧蕃)過談,頗服海量之宏,從前芥蒂似已冰釋,土藥一事,囑其謁政府時照鄙議詳切陳之,當不再爲楚氛所惑矣。爭舉額衹是沽名,有何實際? 進士人才有限,捐班、勞績略同,實緣取士之法未備耳。伊道開缺,覬覦孔多,藹卿資淺,未必能得綿力,無從扶助。宋祝三[一]老健,一時尚難讓位,榮山積資坐升固意中事。醇邸[二]薨後,慶邸[二]接辦一切,聖眷極隆,頃函稱嘉定守恩壽係其至戚,在任已久,政績卓然,囑轉致隨時培植。恩守[三]係麟梅谷協揆之子,人尚能幹,祈加意。與慶通問或道及要人,須聯絡也(原注:不過年節二百而已)。復頌勳祺,不一一。二月十二日。

　　[一] 圜生注:宋慶,字祝三,山東蓬萊人,行伍出身,官至總兵、提督。中日甲午戰爭期間喪失遼東,八國聯軍進犯期間兵敗北倉,光緒廿八年卒。

　　[二] 圜生注:醇親王愛新覺羅·奕譞,慶親王愛新覺羅·奕劻。

　　[三] 圜生注:即恩壽,號藝棠,愛新覺羅·載振妻父。

光緒十七年(1891)三月廿七日

　　月內連奉二月廿三、三月四日手書並鈔摺,敬悉一一。土藥加釐之事,萊山(孫毓汶)寫信赫德[一]條陳,倡爲此論,樞、農、譯各堂群起附和,爲開利源之計。香濤(張之洞)[二]內中消息甚靈,故請加稅百卅兩。萊山平日頗詆香帥(張之洞),獨於此事針芥相合,毅然欲行。旁人謂須函詢北洋,惹出鄙人絕大議論,甚爲阻興。讀尊疏痛快淋漓,似與香濤有宿怨者,微覺火氣過重,未免不留香與萊公餘地，無怪其不合時宜矣。然爲民請命，大聲疾呼，分所應爾，或疑及鄙人幫訟，所不恤也。部、署經我等攪鬧，迄今會議未定，斷無初議之堅執，稅釐當少減輕，亦大局之幸。伊道開缺已出奏否？夾片聲敍功效，不請簡授，措辭要極有分寸，免致碰釘。都人函稱樞中擬及藹卿（張華奎），或可倖獲。前復慶邸函已答應結實，渠有函道謝。土釐非伊主持，僅在附和之列，然亦無獨持之實力。年終通函致敬亦妥，調濟其親家知固不易。省三（劉銘傳）勇退可惜（原注：況賢臣補中軍行否），同鄉又少一人。復頌勳祺。三月廿七日。

〔一〕園生注：赫德（Sir Robert Hart, 1835—1911），英國人，任中國海關總稅務司達四十五年。

〔二〕劉聲木案：張文襄請加土稅。

園生注："讀尊疏痛快淋漓"，見《劉文莊公奏議》卷六《川省土藥礙難加徵稅釐疏》。

光緒十七年（1891）五月十七日

威海衛舟次奉三月十五日手書，五月初三回津晤錢榮山[一]，細詢起居一切，迺以明正賤辰過蒙摯念，寵錫多儀，情文週到，浣讀華翰，感愧曷任。蜀中諸將領復公醵厚禮，尤令跼蹐不寧，自覺苟活人間，百般苦趣，遍告親友勿循稱觴俗例，重增咎□，而公竟率先破費，能毋顏汗耶！崧錫侯昨過津，謂樞部議減川土釐稅，能照鄙人前函之說，不日當見明文。禮、慶邸簽云，大疏爭之誠是，但火氣過重，非睦鄰和衷之道，將來鄂帥（張之洞）若聞知，定訾其唐突也。錫侯途中或得黔撫遺缺，計潘偉如[二]一月假滿必即揭曉。親家太太靈櫬[三]計期早抵無爲，卜葬已定期？尊患便血之症，總須設法醫痊，老年何堪此漏卮。令郎輩獎案仍照部定減成章爲妥，已由獻夫劃補。兄四月十六出海，會閱海軍及各口礮臺，往返十八

日,屢過霧迷風暴,幸尚無恙。臺工未竣,諭旨方令精益求精,部章
乃要停購船械,的款又減一成,實相鑿枘,恐期期不能奉詔矣。黎
蒓齋[四]資勞極深,洋務精熟,川東可資臂助,藹青未免觖望。江、
皖、鄂教堂迭毀,適久旱不雨,人心惶惑。蜀中尚貼服,足見控馭有
方。手肅布謝,即頌勳祺,不一一。五月十七日。

[一]園生注:錢玉興,字榮山,安徽壽州人,太平軍降將,同
治二年入慶軍。

[二]園生注:潘爵,字廥縈,號偉如,江蘇吳縣人。

[三]園生注:劉秉璋夫人程氏,光緒十七年正月歿於四川督
署,擬四月出殯,回里安葬。

[四]園生注:黎庶昌,字蒓齋,貴州遵義人。同治初入曾國
藩幕府,"曾門四弟子"之一。歷任英、德、法、日四國參贊。出使
日本六年,搜集宋元古籍,刻《古逸叢書》二十六種。官至川東道,
光緒廿三年卒。

光緒十七年(1891)八月初五日

昨奉六月杪手書,知動福勝常爲慰。大足教案[一]頗爲從旁
著力,執事乃徇藹青(張華奎)硜硜立名之意,不爲認真查究,藹
青閱事未深,此等沽名亦甚無謂。彭教士聞鄙處力持撤退之說,
聞甚驚懼,何不趁此圓成其事耶。川東雖失,永寧、建昌兩缺必
得其一,建樹正無窮期。鍰路五萬迄今未見報解,豈以其事爲不
經,惜未縱觀六合,墨守方隅之見也。前綿州張嵩生持孫變
臣[二]、鹿滋軒[三]及乃翁寶卿觀察函來謁,求援恩詔爲請送部
引見,既非直官直紳,礙難措詞。執事爲本管上司,如原參冤抑,
應援案昭雪。游子岱(游智開)參劾示威本不足信,丁文誠(丁寶
楨)用人失實,亦非全不可用。寶卿窮老流落蜀中,情尤可憫,玆
將孫、鹿、張三函附呈。聞張嵩生與錢玉興近鄰,曾令隨勦番軍,

中爲徐道所阻，未能列保。現各省援恩詔請送引者紛紛，何爲固執成見，不一援手也。六弟婦[四]遠道入川，竟罹血疾歿於金陵，方兒應守制期年，迺蒙特恩賞假，穿孝百日，仍令回任，未敢固辭。秋節前起程内渡，擬令扶櫬歸里，料理喪葬畢後，再行出山。承念附及。裁勇擬即頂奏，並籌鹽捐十萬矣。手復，順頌秋福，不一一。八月初五日。

　　[一]園生注：光緒十六年，第三次大足教案，法國傳教士重修教堂，激起民變。大足屬川東，今重慶市大足縣。

　　[二]園生注：孫家鼐，字燮臣，謚文正，安徽壽州人。咸豐九年狀元，授修撰，入直上書房。光緒四年命毓慶宮行走，累遷内閣學士，擢工部侍郎。十六年授都察院左都御史、工部尚書。廿六年拜體仁閣大學士，歷轉東閣、文淵閣、武英殿，三十四年賞太子太傅。宣統元年卒，年八十二。

　　[三]園生注：鹿傳霖，字滋軒，謚文端，直隸定興人。同治元年成進士，歷任河南巡撫、西安將軍、四川總督、兩江總督、兩廣總督。宣統元年晉太子太保，拜體仁閣、東閣大學士。二年卒，年七十五。

　　[四]園生注：李鴻章六弟李昭慶夫人，李經方生母，光緒十七年病歿，李經方"應守制期年"。

光緒十七年（1891）九月廿四日

　　昨接八月廿三、廿七手書，敬審一一。大足案日久不了，法國李使[一]過晤，謂白主教病退，有代辦教士可商，而張道故與磨難。頃邵小邨自京回，謂孫萊山（孫毓汶）囑轉致敝處寄語執事暨藹青設法速結，勝於總署一紙書，且以張出示各屬詆毀彼教徒惹責，言五月初通行各省將上諭照鈔出示，而川中獨不張貼，未知劉、張等是何意見，然則藹卿爲政府嫌怨可知已。蒓齋（黎庶昌）何時抵任，能速辦結否？張直牧蒙允湔雪送引，已奉准否？方兒（李經方）到籍治喪，冬月杪假滿擬即赴差。獻夫（劉汝翼）又奉母諱，尊府家運近頗不順。銕路款已將解到，謝謝。肥鄉旱荒，長江多故，南望增憂。川中秋收尚稔，長少白函當即緘復。汪小潭（汪鑑）開缺何往？日内已奏保二品頂戴矣。匆匆，復頌勳祺，餘不一一。九月廿四日。

　　［一］園生注：光緒十三年至二十年，法國駐華公使李梅。

光緒十八年（1892）正月十五日

　　除日奉臘初手書，敬審頤福多綏、孫枝秀擢，欣慰曷任。晚歲多男苦壯已屬難事，抱孫更早（罕），後福無涯。鄙人已有六孫，去冬病中夭折其最小者。正月六日幼子經進將十六歲，暴疾而殤，苦乏意興，適逢正壽［一］，賀客盈門，尤非佳讖，然素性豁達，視之泊如也。大足教案藹卿（張華奎）竟能妥結，賠款頗少，能者固不可測。熱河教匪蔓延四州縣，都下震驚，葉曙卿［二］督剿四旬而滅，深得快槍之力，是知利器不可假人。龔仰遽［三］在津候開河南下。自崧錫侯（崧蕃）入覲，痛詆執事暴躁難與從事，故以同鄉素識易之，可見眷倚尚隆，欲求如昔年卸勇閒居，不可得矣。今春無陵差，籍得休息，老馬戀棧，衣錦夜行，殊自笑自疚也。手此，復頌春禧，不一一。正月望日。

　　［一］園生注：是年正月初五日，李鴻章七十壽辰。

　　［二］園生注：葉志超，字曙青，安徽合肥人。同治元年以團勇入淮軍，劉秉璋舊部，官至直隸提督，中日甲午戰爭兵敗朝鮮。光緒廿八年卒。

　　［三］園生注：龔照瑗，字仰遽，號衛卿，安徽合肥人。光緒十一年任上海道，十七年任浙江按察使，後任四川布政使，駐英、法、意、比公使，廿一年年因病回國，廿二年病逝上海。

光緒十八年(1892)三月廿八日

昨奉上巳手書，敬悉履候勝長爲慰。獻夫(劉汝翼)回籍後聞葬地尚未卜定，何時奄窆告成，尚望北來相助。前以長孫女于歸，尚蒙代致奩資，曷任感謝，業於廿四日由伊母送京遣嫁成禮矣。仰遽(龔照瑗)已過宜昌，計四月中下旬可抵省接篆。渠極誠厚可靠，惟情形過生，一切奉令承教，當無齟齬。新授川北道張成勳[一]刑部出身，政刑諳練，張青翁(張之萬)函囑轉致，將來到省幸飭履新，以試其能。品蓮(沈保靖)去冬假旋，有一去不返之意，曾密片湔雪，冀得一缺，渺無消息，其不合時宜可知，老而愈窮困而更介，恐槁餓空山矣。何成鰲[二]尚是健將，如能調署川東，可鎮浮嚚。芝田作古，吾皖遂無專圻，似潘、龔得氣猶早也。都人嘖嘖，議徐道春榮迎合招搖，未能認真襄理營務。以候選而參預機密，本易招謗，祈密防以保全之。鄙狀恂平，懸車之年，夜行不休，蒿目可懼。復頌勳祺，不一一。三月廿八日。

[一] 園生注：張成勳，字麟閣，陝西漢陰人。光緒三年進士，曾任刑部主事。光緒廿二年調川北兵備道，廿七年任鳳、潁、六、泗道台。

[二] 園生注：即何乘鰲，淮軍將領，官至記名提督，川北鎮總兵。

光緒十八年(1892)六月初五日

月杪奉初九日手書，欣諗履祺佳暢。品蓮(沈保靖)稟請銷差，恐不復返，故欲獻夫(劉汝翼)復出。前管機局，上下交孚，居憂時不妨奏調。頃見伊致幼樵[一]書，葬事必須躬親，不欲重違仁孝，而品蓮次子赴引過津，謂若翁夏間可北來也。仰遽(龔照瑗)敦厚有餘，精明不足，當無掣肘之處。都中訾議徐道或由崧某媒孽居多，然沈、丁輩亦不能無言，但記富順新孝廉蕭氏兄弟過談省試時間，人言嘖嘖，議徐某蒙蔽招搖。又廣西試差宋某假歸，謂富順令官聲平常，而徐函屬幫岐將軍（岐元）奠分過優，祇要紳民不上控，可勿去任，甚至頌執事之察史精嚴，每爲左右所誤。今僅令徐道專管營務，勿倚爲地方耳目，即善處全交之道矣。吳春泉世榮來求爲開復，惜在朝陽保案以後，無法可設。渠又不肯加倍捐，復因夙受知愛，仍擬赴川投效，或有邊功可倖獲，非欲得官，欲洗褫職之辱。閩粤鬭氣，乃禍及屬吏，甚矣氣性之不可呈也。六郎[二]鋠政尚未就緒，斷無量移之日。壽文雖恭維鄙人，實以洋務自命替人，鄙事豈伊所能替、所能幫哉！閩浙必推文卿[三]，以該省楚軍須人控馭。貴部亦多淮將，試問誰可替者？雖不甚合時宜，究竟老羆當道。昨囑勿續假，徒惹閒氣，似有味乎？其言之。復頌勳福，不一一。六月初五日。

　　[一] 園生注：張佩綸，字幼樵，河北豐潤人，同治進士。中法戰爭期間任福建會辦海疆大臣，光緒十年法軍入侵馬尾，因指揮失誤，致使福建水師全軍覆没而革職充軍，獲釋後入李鴻章幕府。

　　[二] 劉聲木案：六郎，張文襄（即張之洞）。

　　[三] 劉聲木案：譚文卿。

　　園生注：譚鍾麟，字雲覲，號文卿，湖南茶陵人，咸豐進士。官至閩浙總督、四川總督、兩廣總督。光緒廿四年因病免職，卅一年卒。

光緒十八年（1892）閏六月十四日

　　昨接六月初九日手書並乞退述懷四律，旋閱邸鈔，知已賞假兩月，毋庸開缺，足見眷倚之重，實非自知之明。時宰雖不水乳，何至遂成冰炭。所云見險知難，蜀中駕輕就熟，並無險難也，幸勿以求退爲得計，徒爲再三之瀆。大著第三首憂憤太過，第四首放曠太高，鄙人祇知做分內事，身外之毀譽榮辱、世路之夷險臧否，全不措意。以視執事憂患猜疑，大有青出於藍之象矣。內子[一]助我三十年，忽爾撒手，暮年苦境，心緒煩惡，轉而思之，逆來順受，亦無過不去之事。六月間連旬陰雨，各河漫決，□□（當是畿輔二字，劉聲木案）又被重災，天之阨我，如不我克，而我自坦然，不敢呼籲求救。方兒（李經方）須七月受代後再行北旋，大約明年乃能扶櫬歸葬，知念附及。手此，復頌勳祺，不一一。閏月十四日。

［一］內子：指李鴻章繼配夫人趙小蓮，光緒十八年六月初十卒於天津，享年五十五。李鴻章原配周氏歿於咸豐十年。

光緒十八年（1892）七月十四日[一]

再，接閏月朔日手書，足見肝氣之旺，既明知閒是閒非無關損益，何必輕動肝腸？涵養未熟，深恐於德量有礙耳。浮言固未可盡信，微聞親交如瞿子玖[二]亦有規諷，曷不平心靜氣體察之？去官之志與此無涉，亦無決計拂衣之理。囑勿勸阻，更未便苦口勸諫。風縐一池春水，干卿何事耶！順頌痊祺。七月十四日。

［一］園生注：此函入選《李鴻章全集》，具款為七月十三日。
［二］園生注：瞿鴻禨，字子玖，湖南善化人。同治十年進士，授編修。光緒元年遷詹事，晉內閣學士，督河南、浙江、四川、江蘇學政，加太子太保，協辦大學士。民國七年卒。

光緒十八年（1892）九月十二日

八月初奉七月初九日手書，知決意乞退，無可勸阻，遂姑置之。廿五又得初六手示，並鈔疏稿，謂當斷送一官，飄然遠去，更置之不論不議矣。中朝移動置吏，從無偶降密諮之事，不知何處得此傳言耶？但於公之乞身不阻亦不勸而已。連日於邸報中得見硃批，又

有人函告,樞廷既搜索枯腸,無人能代,而老佛(慈禧太后)於二三
老臣知之已深,不欲竟罷,此豈尊疏捏報病狀,痛切呼籲,奚能動
聽? 蜀非易治,試問見在督撫中文武才略、歷練精能有勝於仲良,
抑有略可幾及者,則轉移固在意中。政府平日贊揚擁戴,大半委靡
闒茸之儔,一旦臨事易人,宜其不敢推擇,吾知求調求升此席實不
乏人,然必其不勝任也。今仍堅留執事,尚有一息之明,何必執拗,
奴奴不休也。至七月初九函內自矢各節,以琴軒(潘鼎新)、振軒
(張樹聲)為戒,琴軒等皆躓於海疆洋務,川非其地,土匪毛賊易
治,何至有此下場? 令郎[一]詩文,重價聘一名師,可無曠誤,取科
名真如土芥,不應以此齟齬敗乃公事,此正文可駁也。清濁貪廉,
久而自明,年例酬應即甚豐,未必即得佳處,當路或因此牢籠鼠輩,
豈為我等設耶。患難諸君年命多促,鄙人尚老健苟活,德靜山[二]
謂執事起居無恙,或天不欲遽斬淮部命脈,一日尚存,此志不容少
懈。身後榮名與否,祇宜聽其自然,更不必打穿後壁,此間文之可
駁也。兩告不准,斯亦已矣,願仍抖擻精神,支持末路。徐道果假
歸否? 避嫌疑即是避謗之道,然於執事無損也。書至此方兒遵卜
歸,匆匆,復頌勳祺,餘不一一。九月十二日夜。

　　[一] 園生注:"令郎"指在李氏家塾就學之劉秉璋長子劉體
乾、四子劉體智。

　　[二] 園生注: 德壽,字靜山,曾任江西、江蘇、廣東巡撫。

光緒十八年(1892)十月廿三日

　　九月十二詳布一緘,計早達覽。廿六奉九月朔手書,為梓
芳[一]鳴冤摺,淋漓盡致,足吐積年不平之氣,固知必可昭雪。旋
電囑伯遠探明見示,而伯遠因末疾纏綿不覆。十月十二始見鈔報,
執事頂上圓光本無霉氣,何得更添三尺,足見平日小心太過,臨去
仍恐碰釘耳。老彭[二]把戲甚多,尊函並推廣各戲,殊令發笑。我

輩老實人不知變戲法，但學老僧入定，不聞不見而已。峴莊[三]乘時得志，習爲巧滑，前允會奏爲洪琴西[四]請開復，旋即反齒。梓芳有案可援，亦不願爲，試問何以爲向未嘗差之王定安送引開復耶？湘人胸有鱗甲，大都如是，獨惜梓芳衰老多病，家事煩累，久無進取之志，未必能遠行也。然有此一奏，即不赴引，亦是公道。大、二令郎[五]聞已回里，有令三弟[六]及獻夫（劉汝翼）照料，再延請名師督課，當可放心，幸勿爲此仍作歸計，前函論之詳矣。卞頌臣[七]在家作古，其子專足赴京游説，求爲表揚，而所奉諭旨簡淡如此，同一死而在家在官判若天壤，人臣致身之義自昔已然，無怪朝廷勢利。執事於身後微名固早看破，但既不准退，亦祇可混到蓋棺時。假滿務即銷假，以力疾視事作歸宿最妙。前電雅寧（四川省西部，雅州府、寧遠府，今雅安市、西昌市）開礦，現仍照章開採，似專指銅礦。頃資州人候選郎中周維緗[八]挾策赴都遍干當路，遂有函致敝處，囑請委派。閲其所呈籌辦雅寧金銀礦務，確有所見詢，已集有股本，盍不札令試辦，而以建昌道張藹卿（張華奎）就近督率？藹卿近日識見當已開擴，如就地興利，極是應盡之職。周郎中條呈一本附呈（原注：據云在蜀呈過，以將告病婉謝之），望詳細繙閲酌辦爲要。手此，復頌勛祺，不一一。十月廿三日。

[一] 圜生注：趙繼元，字梓芳，安徽太湖人。同治二年進士，同治元年入淮軍幕府襄辦營務。

[二] 圜生注：彭玉麐，字雪琴，謚剛直，湖南衡陽人。咸豐三年隨曾國藩組建湘軍水師，攻九江、安慶、天京，屢建戰功。光緒九年任兵部尚書，十四年扶病巡閲長江水師，十六年卒，年七十五，贈太子太保。

[三] 圜生注：劉坤一，字峴莊，謚忠誠，湖南新寧人。廩生出身，初入湘軍劉長佑幕，歷任江西巡撫、兩廣、兩江總督。光緒廿八年卒。

〔四〕園生注：洪汝奎，字蓮舫，號琴西，湖北沔陽人。道光
廿四年舉人，咸豐初以知縣用，參曾國藩軍事。同治初保江南道
員，光緒五年擢廣東鹽運使，調兩淮，後撤職遣戍，未幾赦歸，
病卒。

〔五〕劉聲木案：十八年健、慰返里。

園生注：劉聲木原稿結尾有大事記，"健、慰返里"，健即長子
劉體乾，字健之；次子劉體仁，字慰之。

〔六〕園生注：劉秉璋三弟劉秉鈞，字介如。

〔七〕園生注：卞寶第，字頌臣，江蘇儀征人。咸豐舉人，歷任
浙江道監察御史、順天府尹，官至福建、湖南巡撫，署湖廣總督、閩
浙總督。光緒十八年卒於家。

〔八〕園生注：周維綸：四川富紳，候選郎中，請開川礦。

光緒十八年(1892)十一月十六日

連接十月初六、十六日手書，敬悉一一。琴軒(潘鼎新)天津
建祠，各紳董詳請至再而後辦，辦則暢所欲言，足吐胸中塊壘，琴亦
可瞑目矣。近日各省奏准建祠者兩奉諭旨，收回成命，皆由將吏飾
稟，爲言者所糾。嘉湖之功，與筱軒(吳長慶)合祠名實相稱，但無
聯名公稟，未便自我發端。昨浦東各屬紳士欲爲琴軒請建祠於奉
賢，俟其稟到，或併爐及嘉禾合祠耶。然無詳呈，仍未敢屢瀆也。
先君潛德幽光，藉仲復一言而闡發，此不肖孤所最愜心之事。中廟
祠宇計須兩年後蕆役，屆時扁舟幅巾就便展拜爲幸。鄙人夜行不
休，徒增望雲之痛而已。假滿仍擬詳陳，何決絕乃爾。聞樞廷前方
擬以夔石[一]作替人，懿旨未允，若再三告，似須斷送此官，既爲琴
軒(潘鼎新)乞恩，又擬遺屬無求於人，是以卞頌臣(卞寶第)爲鑒。
儂今葬花人笑癡，它年葬儂知是誰，爲之發一大笑。惠人使期已
滿，電旨調蕪湖道，楊儒赴召，即是替人，藹卿(張華奎)無望，兄亦

不妄作曹邱。無論新督何人，藹之才品必能自立，可勿過患。原函附繳。子芳（趙繼元，字梓芳）老不能用，有此一奏，少彌吾憾乎。手此，復頌勳祺，不一一。冬月十六日呵凍。

[一] 圜生注：王文韶，字夔石，謚文勤，浙江仁和人。咸豐二年進士，光緒廿四年入贊軍機，以戶部尚書協辦大學士，廿六年晉體仁閣大學士，廿七年署全權大臣，卅一年轉文淵閣，晉武英殿，卅四年卒。

光緒十八年（1892）十一月廿七日

十月廿三、冬月十六函計已達到。頃奉冬月初三手書，前兩緘均尚未到。然前函退志決絕，固不便阻，阻亦無益。昨楊西園（楊岐珍）入覲過津，諄求勸駕，閱來書爲之憮然，戀棧懼禍，固不可不存是心，但處今日混沌世界，福既烏有，禍亦子虛。吳丁查辦，一則鄰畺多事，一則川政多霸，有以致之。今執事勵精圖治，四境晏然，即曰邊遠變故孔多，勁旅如林，訓練不懈，小有蠢動，立張撻伐，斷不致意外之虞，何必小心過慮。至謂眷屬回里，心隨俱往，身豈願留此，則實情實景，自詡時文真傳，渺乎小矣。科第在今日爛賤極矣，取科名不必真傳，即真傳豈足命世，因此願作老教書匠，可謂大材小用。明知欲爲川督者多人，彼我兩願，誠爲快論，然何勿長作攬人碑耶。戲曲陶情，直可追南皮閣老（張之洞），則又出鄙人意料之外矣。徐道閉門謝客，早應如此，復長公書何必奚落太過。前家信方怪我不勸阻，可知並非假言，或措語不盡切當耳。保丁（丁寶楨）乃受孫（孫毓汶）托，劾吳（吳傑）亦爲卞（卞寶第）牽，揆厥由來，尚可曲諒。至氣死芝田（劉瑞芬）之説，蒯禮卿倡言之，似不可信。芝田海外歸來，病憊殊甚，粵中督權偏重，積習已然，長公尚稍紆徐，惟不如執事之勇退，晚節亦殊可憂。此番口舌並未提及，亦可知其德量矣。成綿道承厚懼爲密考所糾，幸留意。復頌歲禧，匆匆,不一一。冬月廿七夜。

光緒十九年(1893)二月十一日

燈節前奉去臘十六日手書,知乞身之疏又上,謂須少待絨復送行,得電告又給假兩月,固出執事意料之外,亦鄙人所願望而不敢遽必者也。近世達官率以將順逢迎爲無上妙義,公獨以强項固執爲能,真不合時宜者,然揆諸宣聖用之則行、舍之則藏之訓,毋乃大相刺謬耶。前有友人致書,私議閣下再請開缺爲不然,况於三請,今既不得告,亦可以中止矣。兄老拙無能,火氣退盡,每誦來書火氣滿紙,不覺失笑。昨家兄(李瀚章)函告前函勸留,復書可發一笑,殆以不入耳之言來相勸勉,不妨恣肆答之云云。笑者固不可測,然愚兄弟之笑皆火氣退盡之明徵,非作僞也。徐季和[二]劼香濤(張之洞)率多空話,分交兩江及粤督查復,不過一帖肆物湯,惟銕政、織布、槍礮各局糜費多而接濟少。彼正欲退不能,豈若公之進退綽然,而亦不能退哉。吾守不聞不見要訣,來函亦謂此爲上乘禪,當永爲撞鐘之和尚,不復作還俗退院想耳。梓芳(趙繼元)擬三月間赴引,可謂畫蛇添足,華宗力豈足致青雲,梓亦非任重道遠時矣。承道非素識,有人謂係明將軍子,忠節之後,故樂道之。復頌春祺,不一一。儀叟其別號也。附幼樵(張佩綸)復書,箴規頗切。二月十一日。

[一] 圍生注:原稿無紀年,但四十八、四十九函均有"梓芳擬三月間赴引"與"梓芳擬於三月起程"句。而四十九函有"來年慶典恩詔"句,故此函應在光緒十九年二月十一日。

《李鴻章全集》以光緒廿一年選入,有誤。《清實録》([56]581頁)記載,光緒二十年十月劉秉璋五次籲請開缺,獲准,"來京另候簡用"。

[二] 圍生注:徐致祥,字季和,江蘇嘉定人。咸豐十年劉秉璋同科進士。

光緒十九年[一]（1893）四月二日

連奉二月十五，三月初六、十一手書，知四月初旬銷假，極慰衆望。三疏給假，近日臣僚罕見之事，在公自疑，知止不殆，而人皆謂渥眷殊常，不必深問由來。廷推輿論概可知已，此後直須實做鞠躬盡瘁四字，與鄙人白首相望而已。梓芳（趙繼元）擬於三月起程，至今杳然懶散迷逳。宗公即有意援引，恐亦爲難，況並無意。江南特旨班道員已四人，又多密保關道者，又有鄉誼關切者，無怪推諉，然逢人輒語，此舉由伊轉囑執事週旋，故舊一片婆心，則感佩無已時也。川中五金礦産甚饒，但患人不善取，即徇其請，紳富或至毀家傾産，於庫款何涉？萬一得利，未必非救時切務。六郎（張之洞）全資庫款鋪張門面，致無成功，似未便一切比擬，因噎廢食。姑准其試辦，嚴防流弊，乃執中之道，必先頂駁，於屢詔諮詢之意過相刺謬矣。秣陵覆奏虛與委蛇，羊城肆物湯亦對症之藥，夫己氏不待人攻，銕廠已成不了之局，試問誰敢接手耶？長公不須討饒，已自末減，可知閱歷深醇。語云常愧爲人所容，公之德量當亦老而愈進。頌臣不忍小忿，波及吳道，亦緣頌臣藉以修怨，不盡由粵留川差委，何至碰釘。惟六十老翁何所求，來年慶典恩詔[一]未必即能開復耳。徐道假歸，可免是非之口，此才可惜，尚思分省候補否？鄉試補點捷法，俟奎樂峰監臨時，當以持贈。直賑續解多金，仰遽（龔照瑗）極爲出力，惜特獎已停。匆匆，復頌勳祺，不一一。四月二日。

[一] 圖生注：原稿無紀年，但有"來年慶典恩詔"句，即指慈禧太后六十壽辰，故此函應在光緒十九年四月二日，劉聲木排序第四十九。

光緒十九年[一]（1893）六月初一日

頃奉四月廿九日手書，遲至一月始到，驛遞愈遲，設有軍務如何赴機，無怪西人專尚電線矣。就讅履候增嘉爲慰。英、法本擬胡芸楣[二]出使，臨時易以龔仰蘧（龔照瑗），出人意表。果於何時交卸啓程，計沿途躭閣，到京須在秋末。乃見明文，遺缺當調鄰省，尊處暫失臂助，或更來一好手耶。梓芳（趙繼元）謝恩竟蒙召對，寄來"恭紀"一紙，附呈詧覽。似有薦主揄揚之力，或因鄙人諄托，青相（張之萬）連類及之，略伸彭郎（彭玉麐）冤氣，至於補署，恐其年力不逮（原注：已六十六，衰弱甚）。華宗又本非欣賞，即奉高帽一頂，亦空戴耳。鞠躬盡瘁，即非武侯，義所當然，況執事實居武侯之地。内顧諸郎應於試後回川，歸田之想便應割斷。聞藹青甚以建昌礦務爲可辦，見調署桌，正宜商榷，主持紳捐紳辦，禁其藉端滋擾，似亦無甚流弊。南皮（張之洞）參案，聞慈諭：其人其事不可廢，姑藉一查以儆戒之。然季和（徐致祥，字季和）一疏已淋漓盡致矣。楊莘伯（楊崇伊）之弟已遄奔否？明歲慶典[一]聞須令各省報效經費，屆時如何辦法，希籌示。物力之艱，容有知者。手泐，復頌暑祺，不一一。六月朔。

　　〔一〕園生注：原稿無紀年，但有"明歲慶典"句，是指慈禧六十壽辰事，故應爲光緒十九年六月初一日函，劉聲木排序第五十。

　　〔二〕園生注：胡燏棻，字芸楣，安徽泗州人。同治十三年進士，開小站練兵之始，成十營，號定武軍。

光緒十九年[一]（1893）七月十七日

　　六月初三接五月初十來書，七月十四又奉六月廿日來書，均在兩旬以外。近來驛站疲玩，不關直、川兩督，然記丁文誠（丁寶楨）作督時來書半月必到，即此一端，世變日降可知焉。得廢棄驛站而全用電報之爲快，腐儒必又怪用夷變夏，要知中夏竟成積弊，無一事愜心貴當也。昨閱覆礦務疏，淋漓痛快。同光之交辦礦者誠不免此病，近祇開平煤礦、黑龍江漠河金礦皆有成效。利民即以利國,未便一概抹煞。川礦非不可辦,但難其人,如周某鑽營要路,鋪張門面,必無實際,固宜痛駁耳。藹卿(張華奎)濡染洋務,陳言未敢力闢礦説,尚係略識時務者,必謂其求速化,亦過矣。仰蘧(龔照瑗)庸爛好人,心術正派,執事相需如此之殷,使事已如鋗鑄,乃猶欲解鈴,猶望旋轉,可云癡人説夢。替任如得胡芸楣(胡燏棻)即是好幫手,但嫌圓通,尚不奸險,此外則不可知。慶典扣廉作景亭已見明文[一],近臣謂督撫宜屆期呈獻,可備土物十六色,内須略有壽意者,尚不爲禑□福,先祈酌辦。楊令久未報丁,可怪,渠家習氣如是。歸田之計應早斷,黄澤臣述楊蓉浦言,川人謂今冬當再申前請,尊意豈已外洩,但亦徒費詞[二]。賑捐尚有可設法否? 復頌秋祺,不一一。七月十七日。

　　[一] 園生注:原稿無紀年,但有"慶典扣廉作景亭已見明文"句,指光緒十九年慈禧六十壽辰之事。劉聲木排序第五十一。

　　[二] 劉聲木案:詞費疑應作"費詞"。

光緒十九年[一] (1893) 八月廿七日

　　七月十七復緘後連奉七月初八、八月初二日手書,敬諗瑣院秋清,想更有程墨擬作,老子興復不淺,不必誦"枯樹何堪"之句矣。直賑[二]得鹽道、夔府、保寧等各捐巨款,可彌補濟順之一半,佩慰莫名。但求咨明(原注:竟作順賑[二]可也),以便行局備案,並請將捐萬金及五千者咨商京兆奏獎,或可略得實在好處也。仰蘧(龔照瑗)電稱九月初由滬來津,途次暑疾體弱,聞欲請假,而叔耘電催中旨速駕。事□中止,若真告病,不但元旋無期,便當終身罷廢,亦殊可惜。品蓮舊案無能援照。王魯薌[三]方伯(原注:毓藻)知川藩出缺,先期起復進京,替人必屬此君,老練廉幹,可倚臂助,藹卿便須回任。道員升臬,古諺鯉魚跳龍門,談何容易,況思爲仰蘧替人耶。爕臣(孫家鼐)函告王公,合進祝嘏[一]萬金,已蒙賞收。部

院九卿亦仿照公進萬金，詢外省若何辦法。攤扣二成五養廉爲綵
亭之費，已內外同之，此項萬金京僚則可，外吏似不成樣，仍擬屆期
各備進土物以獻祝，未知當否。都人注意慶典^[一]，水災籌賑亦置
度外矣。建昌夷務，六如^[四]當能妥辦。復頌秋祺，不一一。八月
廿七日。

［一］園生注：原稿無紀年，但"慶典""祝嘏"，乃光緒廿年事。
劉聲木排序第五十二。

［二］園生注：直賑、順賑，指直隸與順天府賑災。

［三］園生注：王毓藻，字采其，號魯薌，湖北黄岡人。同治二
年進士，曾任廣東按察使、山東布政使、貴州巡撫，光緒廿六年殁
於任。

［四］園生注：劉士奇，字六如，湖南鳳凰廳人。同治元年入
淮軍，官至署貴州提督、四川建昌總兵，光緒二十年卒於任所。

約光緒十九年（1893）十月十六日

連奉八月十三、九月廿三日（原注：均不過廿餘日）手書，敬審
試院煎茶，不擬墨而和詩，興復不淺。徐君乃吾之年孫，與黄口乳
臭爭工拙，抑何可笑，舐犢而失之意外。四弟三子經鈺^[二]竟汗顏
登科，微名得失，無足介意也。仰蓮（龔照瑗）過津，詢悉近狀。入
覲遂得侍郎銜出使，天心向用，執事猶妄作猜疑。王魯香（王毓
藻）方伯心地操守尚好，但議論風生，不似黄澤臣之循謹，尚可駕馭
用之，已令仰蓮將蜀事詳告，想出京必速。祝嘏備土儀是臨朝之
事，中外臣工扣二成五養廉外，王公與閣部九卿又各報效萬餘金。
燮臣（孫家鼐）函稱置吏亦當踵行，峴莊（劉坤一）則緘請鄙人會列
各督撫銜奏請，內外交逼而來，勢不能以扣廉了事。頃擬仿照乾隆
廿六年成案，各省督撫各交銀三萬兩，專疏請自隗始，俟奉旨允，通
咨各省，若各願照案辦理甚善，倘以多金獻媚，亦聽其便，未便由直

會銜。直雖大邦，貧瘠實甚，未敢越成規以貽笑柄耳。蜀鹽務另有報效否？官捐似亦以三萬爲妥，不日鈔摺馳咨，祈早籌辦。復頌勳祺，不一一。十月十六夜。

　　[一] 圜生注：原稿無紀年，劉聲木排序第五十三，應在光緒十九年至光緒廿二年之間。

　　[二] 圜生注：李經鈺，李鴻章四弟李蘊章之第三子。

光緒廿三年（1897）[一]四月五日

　　自倭事[二]起後，心緒煩劣，遂闕音問。昨得三月十六日手書並四姪女來京，詢悉起居康泰、潭第清娛爲慰。蜀中變態多端，實初料所不及，悔勸駕之已非。吾淮厄運竟與國運相推移，此豈一人一家之關係耶。兄早應拂衣，徒戀慈聖覆庇之恩，適值時事艱虞，未忍言退。海外之游[三]，譯署之任，皆不得已，惟內顧政事，外察疆吏，均無幹濟轉旋之望，只賫恨以待歿世而已。兩郎[四]斐然有文，舉止端謹，足徵庭訓之善。俗情改變不足計較，獻夫（劉汝翼）素爲篤厚，想尚無逾初終。昨閱抄宜昌通判報丁憂，似品蓮（沈保靖）亦作古，不獨錢榮山，可痛也。燮臣（孫家鼐）朝夕相見，鎮靜可愛，聞杜門不出，未免寂悶，何不駕言出游，一察時變而寄胸懷。手泐，復頌時祺，不一一。丁酉四月五日。

　　[一] 圜生注：原稿結尾有年款“丁酉四月五日”，即光緒廿三年（1897）四月五日。

　　[二] 圜生注：“倭事起後”指1894年中日甲午戰爭之後。

　　[三] 圜生注：“海外之游”指光緒廿二年（1896）李鴻章“以二百日歷九萬里”訪問歐美各國，當年九月回京。

　　[四] 圜生注：指劉秉璋長子體乾、四子體智。翁同龢光緒廿二年（1896）九月廿三日記：“訪劉世兄於盧州館，仲良之子也，皆恂恂，小者佳。”自注：“一行大，一行四。”證實體乾、體智尚在京

城,受到李鴻章的關注。

光緒廿五年[一](1899)九月廿七日

健之[二]回,得九月朔手書,詢悉履候康娱、動定多福爲慰。夏日長律足見胸懷灑落,勘透世情,欣佩曷已。校書不用花鏡,燈下能作細字,較之鄙人終日花鏡不去目,擘窠書久不作,相去殆已天壤。然如家兄腰腳之健,眠食之佳,八旬尚欠一歲[一],脩短竟無定矣。昔之崎嶇兵間,文武從事,屈指已無幾人。頃沈彤來見,云其父雖手顫不書,而步行如飛,尚思納妾,興復不淺。又不如吾弟常演八段錦[三],鄙人常年獨宿,爲卻老養心方也。前勸應詔北來,別有用意,迨閱電奏,老當不支,内意亦戞然而止,可見向用不誠。近如李秉衡[四]者,獲咎原案較蜀事爲重,而自城北偽道學一流群相推重,三徵九召而來,不敢復任疆寄。按其政積遠不如公,悠悠毁譽,何足論哉。時事日艱,欲退不敢,金門大隱,俯仰因時,望公如天半朱霞、雲中白鶴耳。健之[二]昆仲,英英露角,篤行勤學,可爲後來之秀。惟值兹時勢迥非道咸年間風氣,更非同治初元光景,洵不易出一頭地也。《淡園瑣録》[五]如係自著,宜早發刻,先睹爲快,即有傷時語,亦似無妨。昨見滬刻鄙人《歷聘歐美記》,附呈一部,可作閒書觀也。手泐,復頌起居,不一一。九月廿七日。

[一] 圜生注:原稿無紀年,但有李瀚章“八旬尚欠一歲”句,李瀚章生於1821年,故本函應在1899年,即光緒廿五年。

[二] 圜生注:劉體乾,字健之,劉秉璋長子,民國期間曾任四川督軍。

[三] 圜生注:中國古代民間健身操之一種,此處或另有所指。

[四] 圜生注:李秉衡,字鑒堂,奉天海城人,捐資縣丞出身。

光緒二十年任山東巡撫,廿三年因巨野教案被免職,廿六年屯守楊村抗擊八國聯軍,戰敗自殺。

[五]園生注:即《澹園瑣録》,劉秉璋退休之後編纂的一部類書。計四十萬言,二十一卷,未付梓刊刻。

(整理者單位:上海戲劇學院)

愙齋公家書

□ 吳大澂撰　李軍整理

　　吳大澂（1835—1902）《愙齋公家書》四卷，以致兄長吳大根、侄子吳本善爲主，夾雜致表弟、妹夫汪鳴鑾以及甲午中日戰争期間電報底稿若干通。民國間，吳湖帆重新編次，裝成四册。第一册封面吳湖帆題“愙齋公家書第一册”，書前副葉記目録如下：“辛未年一通。在京供職翰林院時”，“壬申年四通附函三通。仝上”，“癸酉年五通附函一通。仝上，將赴陝甘學政時”，“己卯年八通附函二通。在河南河北道任所”，“庚辰年六通附函一通。在吉林屯墾事宜”，“壬午年一通。在寧古塔時”，“癸未年二通，仝上”，“共計四十一葉，前附信封書五葉”。第二册封面吳湖帆題“愙齋公家書第二册”，目録如下：“乙酉一通。會辦北洋時”，“丙戌五通附函二通。在琿春勘界時”，“丁亥十五通附函一通。在粤撫時”，“戊子十通附函四通。仝上，及河督任合龍時”，“己丑二通附函一通。河督任所”，“辛卯三通。丁韓太夫人憂時在常熟養痾於曾氏虚廓園”，“計五十四葉”。第三册封面吳湖帆題“愙齋公家書第三册”，目録如下：“壬辰年四通附函一通。自壬辰七月授任湘撫至甲午冬日赴山海關爲止”，“癸巳年廿一通附函三通。仝上”，“甲午年十六通附函五通。仝上”，“計七十四葉”。第四册封面吳湖帆題“愙齋公家書第四冊",目錄如下:"乙未年十九通附函四通。自湘撫回任至回籍止","戊戌年十通。在上海龍門書院爲山長時","計四十葉"。其中,全書卷首所裝信封,有附注者如:"訥士大姪手啓。外四王惲畫十軸、喜容一軸(未裝一軸)。""訥士賢姪手啓。外訃二百分,又廖訃一分。"皆係卷四内致吳本善札之封,殆爲孑遺之物,故置於卷首,未與原函合裝一處。

卷四尾有吳湖帆、潘静淑夫婦題記云:"愙齋公自三十七歲至六十四歲,先後凡廿七年之家書,專寄致澹人公及先府君者,都一百三十三通,附箋二十七通。尚有五通因箋幅至巨,另裝一册。又寄上韓太夫人書一百十二通,亦另裝一册云。今一百六十通,分訂四册,爲子子孫孫永寶之。"按:致吳大根家書五通一册、致韓太夫人家書一册,下落不明。而歷年所見公私所藏吳大澂信札中,偶有致吳大根函,足見家書有零星流散於外。吳湖帆批注亦言及,重裝時已發現散失,並有搜訪、添補之舉。然此爲《吳愙齋家書》之最大一宗,則毋庸置疑。更可貴者,吳湖帆於《家書》中涉及之人物,以及發信時間、地點等,均加注於裱邊,實便於今之讀者,因一並移録,而冠以"吳湖帆"三字,以示區别。辛卯歲寓滬時,據上海圖書館藏稿本整理。越七載,校閲一過。附函内容與前文相聯綴者,合并作一號,共得一百五十二通。丁酉小雪節,李軍並識於吳門聲聞室。

一　辛未一通　公三十七歲

大兄大人尊前:

弟婦到京,接誦初五日手書,詳悉一切。此次山東輪船雖在大沽阻淺兩日,尚未遇風,一路均極平順,由津到通,船尚寬大,弟婦、侄女輩並不覺苦。鳳林尤嬉笑如常,均堪告慰。弟於十九日赴通,守至廿一日午後始到,廿二日一同進城,寓中部署一切,頗形歷碌。

日內公車陸續到京,酬應漸繁,又有會課、約課之期,親友中應復各信,稍遲再寫。《弟子箴言》二十部已收到。朗翁處當作書募之,芸皋借款係萬分情面,潤之弟賀分僅留十元,能否湊足大衍? 此間租屋後事事創始,共費百數十金,尚多不備,日用一切,均照柳門處所定,包飯每桌七百文,煤火每日九百文,飯米每人十二兩,至為省儉,每月總須四十金外,目前僅餘三百餘金,且至秋間再行設法,殊不能預先打算也。韻初亦住寓中,鶴叔即在廂房內讀書,所租菱舫之屋,恰好夠住,其勢不能再小。李勝暫令看門,擬為轉薦出京之人,然煙霞氣太重,作事荒唐,種種不得法,一時恐難脫手。或俟榜後有南旋之便,令其搭伴回去可耳。文卿與吾兄弟情同骨肉,無話不可説,並非幕中乏人。曉蒼叔前往,不過以罪人待之,且學幕本不體面,亦無多出息,往來閱文又極辛苦,皆吾蘇地人所不慣。想曉叔不久亦將束歸。投營一舉,弟前信已詳復之。數者兼權,尚以驗看到省為上策,究竟佐雜謀差較易,上游得有熟人照呼,亦不費力。一官雞肋,且試嘗之。此外則一無生色之處,便中可與熟計之。菱舫處祠匾已請他人另書,須求子貞先生書聯二副,便可托救聞丈轉求,須代備對紙送去。緝庭信附上。托備禮物,如不及送,即為寄去。書局已奉飭知,敏翁處當作書謝之。迭接兩信,尚未泐復。三弟前月有書來,云去冬在蘇曾寄一函,此信並未收到。手復,敬請福安。弟期大澂頓首。二月廿九日。

　　吳湖帆:同治十年辛未春二月廿九日。是年公三十七歲,散館一等第三名,授職編修。上年庚午七月朔日,公繼祖母周太夫人去世,由京歸蘇。十月北上,至保定,踐李文忠直督之約,臘月入都銷假。是函為祖母陸太夫人等到京後所發家書也。嗣考鳳林公生甫半歲。外祖韻初沈公同住京寓。柳門為汪太姑丈鳴鑾。文卿為洪殿撰鈞,戊辰狀元,與公同科。子貞為道州何太史紹基。救聞為潘玉泉方伯曾瑋,静淑之叔祖也。敏翁為應敏齋方伯寶時。三弟則運齋叔祖也。

二

大兄大人如晤：

　　崧孫弟回沙，帶奉一函。同時廣盦兄有新河鎮之便，又托帶回衣箱等件，諒先後達覽矣。居停本定月初赴泰，嗣因軍政羈滯，不能前去，當俟來春再辦矣。茲於初九日同居停來松公幹，尚有十餘日耽擱，歸期恐不能早，特托柳門帶去衣箱一隻、外洋四枚，並乞查收。所需挑費，並望算還柳門。餘不多及，草此布遠。即請日安。弟大澂頓首。臘月十二日，松江西門外蘆席灣舟次。

三

　　[前原缺]不過三日可到，不由通海界，此路最捷。臘月望間，兄當由泰回沙，吾弟屆時想必歸省，定可圖晤。五叔於前月望前到崇，住在堡鎮周公正，其時兄適臥病，不及作書奉達，吾弟如欲渡江，可到小竪河鎮馬萬順雜貨店托王一亭先生搭船到新港，最爲妥當，一帆可渡，到港口喚車，至常樂鎮三十里。或由常圈灣、青龍鎮，俱可到鎮，不過十餘里，看何處有便船耳。前聞吾弟進城曾見曾俊三世叔，未識陸魯巖先生亦曾見及否？此時又得幾輩新交，每一念及，未嘗不神往。左右俱坐疏懶之病，加以案頭筆墨冗雜，座客常滿，以致來兩月之久，不通一字，吾弟諒不見責也。吾輩在外，當此時勢，每到一處，得幾個良友，最是要著，擇交固要嚴，而泛愛亦不可少，即田夫車僕，亦當以禮相待，方得到處不吃虧，自己便宜。吾弟和平樂易，自能交人，人亦樂與吾弟交。惟不審近日起居何如，深以爲念。兄此次渡江，別無他想，亦不過要認得幾個人，打開一步，便展得一步。寧波於初八日失守，此間唇齒相依，斷難支拄。將來場面總在江北，所謂不可久留豺虎亂，南方實有未招魂。

想吾弟亦以爲然也。手此布復，即候近佳。大澂頓首。

培卿家兄之局此時尚難預定，俟到泰後看光景如何。如果定見年內必須前去，姨夫現在常樂，毫無所事，以後如有機會，衹好盡力圖之。若上海則並無可圖之處矣。曾俊三處一信，如去吾弟處相近，可自帶去，或有便人進城送去亦可。如迢隔甚遠，不便往來，即付之浮沉，亦不要緊也。大澂又頓首。

四

柳門賢妹丈如手：

初九別後登舟，至初十日申刻，尚未達得勝卡。適輪船趕到，附尾而行，頃刻到松。昨今兩日，泊西門外蘆席灣，居停日與曾提臺、李藹堂商議密舉，定於明早開至關王廟、泖塔一帶，靜候消息。昨接方伯來信，云徐老八得家信，知陷杭之賊欲大舉撲犯松、滬，所事當於望前趕辦，是以徐老八由內河趕回永昌。中丞並咨都將軍、黃統領、馮督辦偵探舉動，會合夾攻，又派湯臬臺至福山口設行營糧臺，想此舉已傳遍滬城，勢難中止矣。唯杭城陷已十餘日，難保其不圖回竄，寶山、松江均有官兵嚴防，或可堵截，而浦東南門戶洞開，防不勝防，堵不勝堵，最爲可慮。此間若一動手，恐上海及浦東必有緊信。兄隨居停到此，日內斷難脫身。吾弟欲回江北，務於望間搭定船隻，設有吃緊信息，不致臨時局促。兄若年內回申，有船可趁，另圖歸計，不必相待。江姑夫係極膽小人，可勸其暫回江北，並將此信與看。訂伴同歸，亦不寂寞，到沙後但說兄與居停因公赴松，歲暮當歸，不必細述，恐家人知兄在此，致勞遠念耳。另有懇者，兄有竹箱一隻在戴禮翁處，中有不值錢之書本及畫具、破紙等件，望吾弟帶回江北，下船時添一挑夫，到港後添雇一車，數百文之費，望代給之，歸時面謝。種種奉瀆，乞亮不情。戴禮翁處有英洋四枚，望交家兄（挑載等費，即在內取用），聊助拮據，因手頭不便，未能多寄。兄以孑然一身，進退自如，即有風鶴，亦不足危矣。手此，即問研祺。兄大澂頓首。十二日申刻，松江舟次。

五　壬申四通附片二通　公三十八歲

大兄大人尊前：

初七日接八月廿四日手書，並趙樸齋信，其世兄到京，可爲閱文。弟明年欲考差，自己亦欲重理舊業，都中並無從學之人，一二生徒尚易照料。惟寓中無留宿之地，或就近借寓廟宇，亦無不可。蓋三弟到京，須留一榻待之耳。十三日又接廿九日來函，並香嚴匯到善舉銀，如數收訖。今年製辦棉衣，都中未能踴躍，僅得千餘金，正在設法廣募，得此可助一臂，至爲欣幸。頃作一函復之，乞即飭送。杏生前月有信來，云俟到蘇後即以百金交五叔轉寄，此款留在南中劃算，各帳不必匯來。朱壽人托辦請旌事，已於禮部遞呈，須實缺京官出名用印結一紙，共費銀一兩餘，將來復查，祇要縣中略復數語，不必詳細開列，其回信總未得寫，隨後再寄。縣試案已見過，爲之悵然。雀叔今年從望雲看文，亦少進境。此事實不甚難，總係不能專心之故。十四、十八兩次朝賀，弟俱進內行禮，並宿禁城，竟夕觀燈，恭逢盛典，亦大喜事。明年正月親政，已有詔旨矣。手此布復，敬請福安。弟大澂頓首。九月十九日。

吳湖帆：同治十一年壬申九月十九日京中所發。香嚴爲中江李眉生鴻裔。

伯寅師寄敉閩丈信，又綏老一函，均即飭送。如有復信交到，望托皁康寄來，最速最妥。日內有彭壽臣回南之便，購得灰鼠披風統一件、狐皮馬甲統一件，均呈母親收用。又寄退樓丈二册，香嚴托購舊墨一包，俱交壽臣矣。大約十月望前可到，晤香嚴時先告之。均初病究係若何，至爲繫念，便中乞詳示爲要。弟又頓首。

吳湖帆：伯寅時爲潘文勤公祖蔭。綬老即文勤公之父綬庭先生曾綬，静淑之祖也。

再天津棉衣捐歸入咨案，月内計可到京。兄之實收已領到，將來由部核准再换部照，銀數俱已細核無誤，當不致有挑剔也。都中傳言李相密保四人，有弟在内，新放九江道之沈品蓮（保靖）亦在四人中。弟有“才堪大用”等語，此係樞府中傳出，或非無因。然弟自入詞林，不欲遽做外官，明年尚擬得一試差，此味不可不嘗。若放一府道，爲風塵俗吏，殊非所願也。此事能不發動最妙，況外官實不易做，未敢自信也。此説幸勿告人爲禱。弟又頓首。

吳湖帆：此附中一信，據《年譜》載爲九月初七日。

六

大兄大人如晤：

昨復一緘，并寄香嚴信，均由阜康轉寄，計已達到。兹托壽臣兄帶去灰鼠統一件、狐皮馬甲統一件，請母親收用。阿膠一包，係友人所送，未知好否。又墨一包，係香嚴托購者。書一册、拓本一册並信，均送退樓丈處。又潘處托寄書森信兩件、玉泉丈信一件、碩卿信一件，均乞餉送。餘容續布。手此，敬請福安。弟大澂頓首。九月廿一日鐙下。

吳湖帆：壬申九月廿一日都中發。

七

大兄大人尊前：

彭壽臣兄南旋，帶去一函，並衣包一個，又交阜康轉寄一信，計已達到。近日朝鮮使者入賀，其人頗好文墨，與之酬酢，詩酒之會，幾無虚日，頗形碌碌。樸齋、受人信均尚未復，先爲致意。兹乘咏仙叔南旋之便，寄去各種，另單開明，乞分别呈送可耳。九月十三日手書已接到，八月十七日交殷小譜一函，昨亦送來。篋簏尚未檢出，明後日往取。均初病情久而益憊，殊以爲念。今冬喜事，想不能遽辦，祇好從緩耳。笙魚所得小匜已見拓本（書森寄潘司農看），的係贗品（一小鐙亦不真），無須問價。南中古器更少佳者，價亦更貴。如有拓本寄來一閱，即向來至名之器，其值不可問，司農先生亦不能出此重價。都中有出售者，其價較廉也。請封一節，誥軸今冬尚不能領，須俟南中織就解來，明年歲底方能領出，可請五叔先換五品頂戴矣。時卿喜事，祈爲酌送，如杏生款到，留下對帳可也。手復，敬請福安。弟大澂頓首。十月初七日。

吳湖帆：壬申十月初七日都中發。朝鮮使臣朴瓛卿（瑾壽）官禮曹判書，即禮部尚書也。著有《說文翼微》。笙魚爲李嘉福。司農即潘文勤公，時官戶部侍郎。五叔爲景和曾叔祖（立芳），公之胞叔也。杏生爲盛宣懷。

八

大兄大人如晤：

月朔交阜康寄去一椷，計已達到。弟於初二日赴龐各莊，攜帶棉衣四千餘件，偕緝庭諸君逐日分路散給衣票，幸天氣晴暖，無風無雪，七八日即散畢。又於榆垡、趙邨兩處設立粥廠，附近災民均堪就食，延請司事在彼照料。弟等布置妥貼，即於初十日回京矣。均初寄到書箱二隻、一小包，已轉交伯寅師。尚有書價五十金，俟交到即行匯南，恐年內均初需用，先爲設法一墊亦可，或廣盦、柳門匯京之款扣留大衍，省一週折。春叔寄來湘平銀（九七平）貳拾兩，屬爲代匯吾兄，封就送去，並無信件。曾於八月內交杏生家人沈姓（春叔自交）帶去二十金，久未送到，春叔屬代詢。如杏生到蘇，可往一查。再需用紫毫，望屬貝松泉精選紫穎二十枝，每枝三百五十文者，年內購定，明春交阜康寄下。璞臣同年諒已回蘇，渠有家信一函，望即交還。柳門屬詢姨母請旌一事，禮部均歸年終彙奏，雖已議准，尚未定稿，須臞月望後始能抄出復稿也。晤時乞先致意。嵐坡、均初二信，即交去。琬卿弟書，有便寄達。餘容續布，敬請福安。弟大澂頓首。冬月十九日。

吳湖帆：壬申十一月十九日都中發。廣盦爲吳退樓先生子承潞，後官江蘇按察使。璞臣爲王進士炳燮。春叔爲春亭曾叔祖（立鎬）。

九　癸酉五通附片一通　公三十九歲

大兄大人如晤：

月朔曾發一函，交阜康速寄，想初十左右必可達到。弟本與謝麐伯、費芸舫兩前輩約定，初三日謝恩。旋於初二日接內閣知會，改遲一日、兩日。各學使進見時，清問不過數語。昨日台見，忽及洋務，弟意中並未計及，所對未能暢達，幸尚稱旨，堪以告慰。自念薄植，事事均不如人，同館人才濟濟，學問淹通者亦尚不少。迺蒙帝心簡在，諄諄垂問，此非尋常知遇之恩，五中銜感，且喜且懼。許仙屏前輩到任後，甘肅各屬均已按臨，兩省遍歷，三年無休暇之日。弟初次考差，遽得學政一席，敢憚勞苦，氣體雖不十分結實，似尚耐苦，究與從軍不同，一切起居服用，總可自適。惟學政所賴者幕友，所難者亦惟幕友，同鄉在京下場者，皆願赴豫，不願赴陝，大約九月望前必得啓行，無一可靠之朋友，即到任亦無事可做，現將緊要事擬出數條，望斟酌示復爲要。手泐，敬請福安。弟大澂頓首。八月初五日。

吳湖帆：癸酉八月初五日都中發。謝麐伯維藩，巴陵人，壬戌進士。費芸舫延釐，吳江人，乙丑進士。許仙屏振祥，江西奉新人，癸亥進士。

一、請潘子昭先生，子昭品學兼優，爲常、昭兩邑之望，今年赴試,想可高捷。萬一落孫山之外,在家亦以硯田爲生活。弟與子昭氣誼相投,或可惠然肯來。八月二十後想必回常熟,望得弟信,先行寄去,並爲代寫關書一封,聘金銀十兩,盤費銀五十兩,專人送去。其住址問書局張仁卿兄或袁錦孫皆知之。

一、請華星同。星同曾在子實處教讀,品學兼優,並工篆隸,弟所欽佩,屢在學幕中。應備關書、聘金、盤費,與潘子昭同。

一、請徐篆香。弟意擬請小豁兄,專看經解。有人傳言,小豁已歸道山。弟卻兩年未通音問,篆香亦無信來,似乎此言未必確。如小豁尚在,擬請柳門爲弟起一信稿,結實請小豁,不來再請。篆香關書、聘金、盤費均與潘、華二公同。

一、請硯田二叔。計弟到陝,終年在外,署中須有人招應。去冬硯田叔曾有信來(托弟謀一天津局務),因事煩未復,陝西雖遠,至親或可見允,將來銀錢一切,非有結實可靠之人,不能代爲照料,猶柳門之有我庚二叔也。

一、請琬卿弟。琬卿雖有信來,預約此席,或以弟得學差,未必再陝甘。現在適與柳門同一地位,琬卿嘗此辛苦,未免躊躇顧慮,但弟處書啓一席不可少。琬卿能當之,又係熟游之地,望與一商示復,肯去最妙。束脩必可從豐也。

向例學政幕友每年脩金秦關之數,若陝甘地遠而事煩,脩少斷不肯去,至少須二十金一月。計弟一任,廉俸及棚費所餘,未必能多,然應用不能不用。譬得試差能剩三四千金,亦不爲少也。

一、眷屬不能不帶。聞許仙屏前輩另租公館,如可援以爲例,不住衙署亦好。弟婦決計同去,都寓仍不退租,留與柳門、誼卿,所用家具大半柳門之物,今冬來京,有現成房屋,亦屬省事,將來不毂住,或另招房,可徐徐圖之。

一、《皇清經解》一書必得帶去。如硯田二叔肯來,即將此書裝小木板箱兩隻(用洋貨箱改做),易於攜取。若裝一箱,書本甚重,恐輪船上下,諸多不便耳。

一、《弟子箴言》須印二百部,用白紙爲妙。從前所印竹紙不甚少,看如潘子昭、徐篆香諸君來陝,可以托帶。

一、此次應備聘金、川資三分,又硯田二叔及琬卿盤費,約需三百金,連印書等費,均即需用,擬向香嚴挪銀五百兩,想無不可。一兩日内即有信去,如香嚴送來,即將此款留之家中,以備零星用度。

一、曉滄叔今年如不得意,擬即納粟出山,州縣所費太大,佐雜又不甘心,意欲指通判分發直隸。因此間熟人尚多,弟可照應,得差使尚易爲力,他省絶無可靠,陝西又不願去。捐費不敷,欲弟代籌毛詩一部,此亦題中應有之義,俟揭曉再爲酌辦。

一、寓中舊僕連打雜人等,共有六人,許宏亦同去,連日有人薦來,已留定六七人。以後所薦,概爲辭卻。家中舊僕如華福、沈桂、李福等,未必能喫此辛苦,如不願來亦好。將來有出息,必可略爲分潤。李福所欲太奢,倘欲來,早阻之爲妙。弟到任後,署中家人不能不嚴加約束,不比在家時可以款待也。

吳湖帆:曉滄爲曾叔祖(中彦),後官直隸廣平知府。

初二日内閣知會,軍機大臣面奉諭旨,除本日錢寶廉、張緒楷、章鋆、馮驥業已召見外,謝維藩、費延釐、顧肇臣若於初三日遞摺,預備召見。吳大澂、吳華年著於初四日遞摺,預備召見,欽此。初四丑初,至東華門,與吳峻峰同年同至朝房少坐,奏事處官將摺子收去。卯正蘇拉關照,本日召見六起,第五起吳華年,第六起吳大澂。隨即有太監導進乾清門,在乾清宮東首小屋内少坐,惇王、魁華峰師、楊總兵(長春)、梁同年(僧寶)均至,依次上見。辰正,太監引至乾清宮東屋内,掀簾而入,太監引至氈墊下跪,去帽叩頭,言臣吳大澂叩謝皇上天恩。上問汝何處人,對言江蘇人。又問何科進士,對言戊辰科進士。又問年幾何,對言三十九歲。又問放過差否,對言第一次考差。上又問,汝爲洋人事遞摺,汝再言之。對言,臣當時因慮洋人見面後常常要見,因此遞一對奏,臣在外省作幕友多年,每見公事有涉洋務者,深知洋人性情狡猾,用意不可測。此次見面,幸皇上天福,彼有畏心,以後或不致屢屢請見也。上問何時赴任,對言向來陝甘學政約在九月中旬,臣今年擬早數日,現在甘肅軍務已平,可考地方甚大。今冬到任,擬先趕考一棚。上云八月內可去,對言臣須斟酌,請幾個朋友。上問何友,對言看文章朋友最要緊,臣今尚未請定,俟請到即行前往。言畢而出。初四日召見溫語録出附呈,退樓丈、香嚴諸君可與閱之,他處不必提及。弟所致潘、華各函及關書式樣,俱請潛泉一閱。盤費每人五十金,能否彀用,或須酌加之處,均與潛泉商之。弟尚有諸事欲詳細函詢潛泉,連日碌碌不得暇,亦緩一兩日再寄,並先致意。劉年伯分房後,永詩回避。又有伯寅師之姨甥王荇卿兄,文字實可操券,亦在回避之列,均極可惜。弟欲請永詩同去,尚未能定,亦以道遠之故。荇卿肯去則更妙,托曉滄叔致意,想未必允也。弟大澂又頓首。八月初六日。

吳湖帆:癸酉八月初六日。潛泉爲汪柳門別號。劉年伯爲叔濤太史(廷枚),子永詩孝廉(傳祁)。太史亦戊辰同科進士,因其子雅賓太史(傳福)爲甲子舉人同年,故稱年伯。王荇卿部郎(頌蔚),丙子進士,皆吳人。

一〇

大兄大人如晤:

初一日一函計早達到。前日詳布一切,並致潘、華、徐及硯田二叔、琬卿弟各函,想亦覽及矣。此間訂友,惟王荇卿學問最優,文字、雜作無一不擅塲。始因道遠,似有難色。現因回避伯寅師,頗作壯游之想。或可同去,當與徐商之。潘、華諸君,聘金、盤費經飭妥人送去，索取回信，兄能撥冗一往，藉作虞山之游，尤可與諸君面懇一切。弟之要事，以幕友爲第一着，幕中得人，自己省費許多心力，否則往來數千里，以文字耗此精神，亦恐支持不下。至道途之跋涉，弟不畏難，愈勞則愈健也。頃者致香嚴一函，望即飭送，如香嚴已赴白門，或與退樓丈商之，當可暫挪一用。柳門處前款六十金，尚短三十，即於此款内提出交去。外致退樓丈二函、救闇丈二函、敏翁二函、潛泉一函，均即飭送。硯田二叔如肯北來，乞先示及。《皇請經解》即托帶京，須趕重陽前到此爲妙。恐望前須啓程，今年尚擬趕考兩棚耳。梅先托呈明一節，本不合例。兹托友人設法，需費二十金，祇得代爲墊去，户部已咨吏部存案，至爲妥當，咨稿望轉交之。手此，敬請福安，餘容續布。弟大澂頓首。八月初九日。

吳湖帆：癸酉八月初九日。

————

大兄大人尊前：

望前送發三函，望後叫曾君麟、胡友笙帶去二函。昨發弟六號信，交阜康轉寄，計可先後達到。未識香嚴在蘇否？潘、華、徐諸君諒須二十後回家，計廿四、五必有復書，此間專盼重陽前信到，各友可以定局。硯田二叔、琬卿弟如皆願來則甚妙，可資一臂之助。《皇清經解》如何寄來，乞與潛泉商之。弟擬送向妹奩助五十金，潛泉喜分三十金，全妹喜分二十金。如香嚴款内有餘，可即取用，否則俟後續寄，乞暫挪墊可耳。兹有復廣盦一信，復潛泉一信，均祈飭送。餘詳前信，不贅。手泐，敬請福安。弟大澂頓首。廿四日巳刻。

母親大人膝前敬請金安。

兄之實收擬加捐免保舉一層，即可換領部照，所費不過數十金,辦妥即交曉滄叔轉寄,否則僅一實收,終未了當也。

吳湖帆:癸酉八月廿四日。向妹爲守約叔祖女,汪柳門繼配也。

<h1 style="text-align:center">一二</h1>

大兄大人如晤:

前月共發八函,計已次第達覽。此間大約十一日揭曉,弟准於十三日束裝就道,南中所訂友人尚無信到,殊切盼望。連日困於酒食,碌碌奔馳,未得少息,幸精神尚能耐勞,堪以告慰。茲托錢朗山兄帶去壽屏十二幅,其文係陳培之所集《千文》,真是一縷心血結撰而成,殊非易易也。餘容續布,不盡。敬請福安。弟大澂頓首。九月初二日,弟九號。

吳湖帆:癸酉九月初二日。以上數函,皆都中發。十三日即請訓出京,蒞陝甘學政任。是歲十月廿二日,爲曾祖母韓太夫人六旬正壽。

<h2 style="text-align:center">一三　己卯八通附片二通　公四十五歲</h2>

大兄大人尊前:

三月中旬交日昇昌寄去一緘,未知何時達到。前日接奉手書,知汴梁寄函已邀鑒及,所示修譜一節,極應早辦,酌訂數人,分任其事,藉資津貼,一舉而兩善。將來付梓後,校對錯字,最爲緊要,可屬俊卿、潤之互相參酌,須校兩三遍,舛誤或可略少也。經費先捐貳百金,擬於月內交日昇昌匯去。三弟想已赴白門,家中經理事繁,務請愛惜精神,勿稍勉強。吾輩中年以後,精力總形不足,節省用之,不令過勞,斯不致受病,寒暖飲食,均須調護,而用心尤易耗損也。弟到任後,時赴沁工查閱工程,署中公牘甚簡,故帳房、碪墨等事皆一身兼之。所請友人不少,實無所事,正庫儲汪石香、副庫儲汪葆田(向例兩席,不能裁減),刑錢屠時齋(歷任不問地方公事,不請刑錢。弟因詞訟案件亦須斟酌,添此一席),書啓康達夫,又請趙印澤、陳子振二人(皆去年同至山西辦賑之人,樸實耐勞,現有沁工事宜,派令在工照料一切,工竣後即無事矣)。內委四人,向不送脩,三節各屬有規禮。同知華帽山(由京官改捐,在京訂定,尚未到署)辦理書啓,通判孫博菴幫辦膳清(前任所薦),從九何金聲(在京約定,係何鐵生胞弟)、姜遇寅(省中同寅公薦,留此一人),兩人中擬請一人教讀。向例內委有多至五六人者,弟祇用四人,然署中房屋已有人滿之患矣。每月提用公費千金,署內約須用七八百金,四廳節壽照常致送,三府各縣均未開徵,不能不量加體恤。弟不欲居裁減之名,而於公事有礙之陋規,亦須核汰,於心稍安。約計都中用款及去年積欠,五六月間均可清理。以後節省用度,略有贏餘,擬置義田五百畝,爲建莊之本,大約秋冬之間此願可償。再籌三四竿,置一莊房,小小規模,立定基址,俟光景稍裕,再爲擴充。吾兄預留意,次第布置,以承先志。其款當於七八月間陸續匯寄,趁健帥任內代爲奏定,可省一切零費。此亦吾兄弟平日心願,急欲辦理之第一事也。河北各屬,前月均得透雨,麥秋可望豐收,天心或可稍轉。各縣差徭以武陟爲最苦,每畝派至三百餘文,書差中飽,積弊甚深,荒旱之年,停徵而不免差,貧民何以堪此。弟於前月議定章程,改歸紳辦,每畝派錢五十文,減去十分之八,已屬有餘,酌提一款津貼書差,書差各無異言。中丞初以積重難返爲慮,數日之間,不動聲色而行之,數十年錮弊一旦祛除,人心大快,此事甚爲熨貼,不爲州縣挾制,將來遇有便民之政,不怕辦不動也(近處易於照料,稍遠即多隔膜,僅憑公牘往來,便成紙上空譚矣)。弟於地方公事仍與各州縣婉商,令其自行裁改,絕不占他面子。惟事在必行,不任從中阻撓,不准以空文了事,辦得一件是一件,苦於民間疾苦不能盡知耳(延津、封丘兩縣百姓甚苦,支差甚重,如須改章,非熟思審處不能妥善也。如藩臬兩司皆以恤民爲重，即不難和衷辦理）。河北四廳所管工段，例應查勘一次，初六由署启程，初七往荊隆工（即衛糧廳署），初八閲衛糧各段，迤東至祥河廳，午後由祥河至下北廳，一路查勘河勢情形。惟下北尚有要工，即屬認真廂埽，此外各堤與河身相去六七里，均不喫緊。向來伏秋大汛，本道住工一月有餘，河帥亦須臨工，略住數日。近年因無險要，前任不過到工一次，三五日即歸。弟意今年伏汛，擬在工次住十餘日，照料防險事宜，較爲近便（公館在祥河廳，與下北廳相去祇數里）。公館高爽，夏月甚涼，一年之中，祇有伏汛、秋汛兩次公事稍緊，霜降以後，奏報安瀾，一無所事矣。歷任往來，輿從甚繁，用車至一二十輛。弟此次到工，祇幕友一人、隨員一人、跟僕兩人，用車四輛，向無如此輕簡者。其實體恤屬員，即體恤百姓，供應出自四廳，車馬出自民間，何必以此爲體面耶？手復，敬請福安。弟大澂頓首。閏三月初九日荊隆工次泐，計十一日可回署矣。

吳湖帆：光緒五年赴河南河北道任，時閏三月初九荊隆工次發。俊卿（大彬）、潤之（大澤）皆公堂弟，皆邑附生。健帥爲吳子健中丞（元炳），官江蘇巡撫，河南固始人，道光甲辰進士。

一四

大兄大人尊前：

六月十七日在華陰廟泐寄一函，未知何時達到。弟隨帥節阻雨華麓，十日中惟以看山、拓碑爲事。廿七日始抵西安，所住行轅極爲寬展，有園林花木之勝。弟據一椽，係北窗靜室，簾外樹陰瓜架，碧雲如幕，正擬添種秋色，略爲點綴，助我清興，孰意此福不可久享耶！初三日接曾相來函，知津事棘手，法使欲以府縣抵罪，萬難允從。節相正深焦灼，適於次日接奉寄諭，命帶各軍馳赴直境，在近畿駐紥，以備不虞。此事關係重大，又萬分緊急，勢不能遲。

今日即已覆稟，定於初七日啓節，至潼關渡河，由晉達燕，所帶郭子美、周薪如兩軍分作二起，次第前進，後路各局所均須變章。北山土匪潰勇，經薪如屢剿，方可掃除淨盡。此次撤軍東去，一切松動，秦民不免失望，即左帥金積堡之役，亦恐因此弛緩，賊勢又張。然移緩就急，亦不然大約月內可以抵直，如津事無甚要緊，或在保定接替曾侯一席亦未可知。弟到直後，擬先到京一轉，將來就近在帥府處館，不拘何月，均可入都，甚爲便捷。所望法使不致決裂，敷衍了局，或可以玉帛易兵戎。如實在無可轉圜，節相亦預備對仗，已稟請劉省三爲幫辦矣。雨生中丞赴津，何人權篆，滬上民情尚不搖動否？此後寄信，祇須由都轉寄，無須遠遞也。手泐，敬請福安。弟其大澂頓首。七月初五日燈下。

一五

大兄大人如晤：

　　前月寄書計已達覽。茲托日昇昌匯去蘇曹平銀一千兩，係還香嚴處借款，望即察收轉交。又有四百兩一款，適有寄津之便，另托阜康匯交念劬，可省匯費也。都中借款均已清理，尚有各科團拜費及喜助善擧，未盡繳清耳。中秋節後，約可湊寄四竿，爲莊田之用。手泐，即請福安。弟恒軒頓首。五月初七日。

　　又匯去蘇漕平銀八十兩，係下人分帳提出，內給藍寶二十兩，餘兩即請酌量分給可也。弟又啓。

　　弟擬於六月初赴工，須住二十餘日，過伏汛後再行回署。此間近亦盼雨，連日天氣甚躁，或可大沛甘霖矣。

一六

大兄大人尊前：

　　初八日在荊隆工泐復一椷。次日接奉五月二十、廿一日手書二函,莊規及呈稿細讀數過,均極妥協,當由驛遞寄上。茲托日昇昌匯去庫平足紋二千兩,乞先收入,餘俟中秋前再寄。弟昨日午刻回署,今晚又須出城三十里接河帥,殊形忙碌也。手泐,即請台安。弟大澂頓首。六月十一日辰刻。

吳湖帆:光緒五年河北道任所,接閏三月荊隆工次一函。

一七

大兄大人如手:

初七日泐布一函,由驛遞去,計已早達覽。初十日由工回署,連接五月二十、廿一日兩次手書,當即托日昇昌匯去兩竿,未知七月初能否寄到。廿三日續接初六日手書,藉悉種種。河帥於十二日到武,十三日盤庫,往來迎送,勞勞數日。望後料理積牘及詞訟案件,刻不得閒。廿一日仍由武陟啓程,查看各工。廿三日行抵祥河工次,聞南岸黑堈拋去埽段塌堤六十餘丈,情形至爲喫重,河帥焦急萬分,來調北岸弁兵一百名,前往幫同工作。中丞、方伯均赴工所,派員幫辦,省城糧價頓長。距此一河之隔,往返不過百二十里,因於廿五日渡河謁見河帥,察看彼處河溜稍松,是晚仍趕回祥河。此間各工均尚平穩,惟下北廳屬之祥符下汛有新廂埽工十餘段,被溜撞擊,同時蟄下數尺,連日加廂,均已穩固,幸稭料、雜料早已寬爲預備,未雨綢繆,不致措手不及。今早溜勢外移,各埽一律廂高,可無他慮。正交秋汛,河水長落無常,不能不駐工防守,擬至七月初十邊再行回署。義莊規條及呈稿詳細閱過,即可趕辦。昨接曉滄叔來信,言及義莊供奉慎菴公,後殿應祀企泉公以下,爲繼曾祖小宗,另建宗祠奉祀始祖彥行公。凡始祖以下,忠義、孝悌、名宦及有功德於族中者,祔祀於左旁,貞孝、節烈祔祀於右旁。彥行公下大宗已絕,春秋祭祀,由族長主祭,以義莊與宗祠分而爲二。所議似尚妥協,不無可採,乞參酌用之。古市巷基地索價若干,如尚寬展,不妨購定,多籌一二千金,尚不十分竭蹶。中秋節前,當屬日昇昌匯寄五竿,年內總可湊足一草,購定地址,將來逐漸興工,較爲容易。潤之弟婦能否無恙?念念。茲有陸振之家信一函,屬匯五十金,其款當交日昇昌寄去,如能先爲墊付尤妙。手泐布復,敬請福安。弟大澂頓首。六月廿九日祥河工次泐。

復退樓丈信乞即飭送。

吳湖帆:己卯六月廿九日。河帥是時李鶴年爲河督。李字子和,奉天義州人。咸豐壬子進士。河南巡撫涂家瀛,字朗軒,安徽六安人,舉人。

一八

大兄大人如手:

前月望前托日昇昌匯去二竿,未知七月初能否寄到,又由驛遞附去一緘,並莊規呈稿等件,想已達覽。弟仍駐祥河工次。初八渡河,赴黑堽謁見河帥,並至省城一宿。中丞精神雖好,似較春間略瘦,七十老人,用心過度。此間公事處處不能放松,肩其任者,甚爲喫力也。昨與日昇昌郝躋五言明,八月節前匯銀三竿,托其先將家信寄南。據云中秋可到,其信由漢口轉寄,未免週折,恐不能迅速耳。五月內所寄一竿,及阜康轉匯四百,至今未接收條,想均未能速達,因囑先期寄信,由此間連續付去,不致遲誤。弟擬於十三日由工回署。北岸河流平順,堪以告慰。手泐,敬請福安。弟大澂頓首。七月初十日祥河工次泐。

一九

大兄大人如晤:

七月十五日回署後,詞訟日繁,每日收呈數十起,手不停批,目

不暇給。又爲瘧疾纏繞，精神不無稍損，是以久未寄書。接七月初
九日手書，知建莊一節已請中丞入告。弟於中秋賀稟內，手繕夾
單，先爲道謝矣。前月托日莊匯去三數，未知節前能到否？九月初
進省，即將前款清結，再托先匯三數，均十月望前可到，年內還去一
總數，以後便可稍松，不致久累。省中來信，因德曉峰升授浙藩，需
人署理，中丞有虛左之意。惟豫東屏由山左進京，來回不過兩月，
即可履新，權篆之日無幾，徒勞跋涉，殊非所願。如果到省後不即
交卸，擬即迎養母親大人於十月內來汴，由濟寧到省，陸路不過五
日，並請兄嫂同來，路不甚遠，途中不致辛苦，或由運齋在家照料一
切，吾兄暫作大梁之游。或運齋伴送母親到署，在此過年，由豫入
都，亦極便也。郎亭得洗馬後，再轉侍讀，又得試、學聯差，可謂天
從人願，姨丈病體必可就痊。惟都寓無人照料，接眷回南，亦非易
易。運齋何時赴鄂，想必順道至豫章一轉，望致書屬其早日回蘇，
以弟迎養之意告之。餘容續布，手泐，敬請台安。弟大澂頓首。八
月廿七日。

二〇

大雄大人尊前：

　　頃布一緘，交德曉峰方伯帶去，未知何時達覽。茲寄上蘇漕平
足紋銀三千兩，又下人分帳壹百六十兩（內給藍寶三十兩），望即
察收。以後須年底再寄都中用款，約須三數年內，未能寬裕也。手
泐，敬請台安。弟大澂頓首。九月十七日汴省寓次泐。

　　日莊匯款須由漢口轉蘇，非一月不能到也。

二一

　　前月托德曉翁帶去山藥、熟地一包，未知何時可到。陶俶南事
已面托之，必爲留意。以後通信時，再爲一提可也。曉翁於九月廿

六日動身,至鎮江後須赴皖省一行,如至蘇城,或有一二日勾留,吾兄可往一拜。同寅中與弟最爲要好,人亦明練穩當,不久亦即開府矣。

<h1 style="text-align:center">二二</h1>

大兄大人尊前:

　　前月初托日號寄去兩竿,又振之寄還五十金,計冬月中旬必可達到。廿五日接初四日手書,廿七日又接十四日一函,均悉壹是。母親大人因天寒怕風,年内未能來豫,明春二三月間,風和日暖,屆時豐倉,無甚要事,兄亦可作大梁之游。此間上下和洽,民情甚好。署中房屋亦尚寬展,大嫂與桂林姪均可同來,如在濟寧起岸,到汴有五日之程,或換小船至周家口,不過三日可達,弟當在省城迎候。近又添置一轎,當飭本署轎班先期迎接,乞於二月初寄示一音,可爲預備也。弟在山西賑案内陸續捐過七百餘金,由天津賑局詳請核獎花翎,蒙伯相咨達中丞,於八月内奉到飭知霜清保案,於九月杪接奉河帥轉行恩旨。惟本年覃恩衹能照四品請封,擬再加捐一品封典,未知需銀若干,嘗托鶴巢代辦也。運齋由鄂中轉至豫章,諒須歲莫回家。明春入都,可至河朔一轉。同寅僚屬要好者,亦尚不少(本年四廳發款甚寬,又別無攤捐之項),即不送卷,亦可略爲潤色(總在千金以外)。小樵姨丈得有轉機,聞之甚慰,當即作函覆之。此間席面,惟庫儲出息最好,各有師承,歷任不甚更換。刑錢一席,大爲減色。至書啓局面更小,遠不如學幕之豐潤也。陶俶南事已面托德曉翁,交一名條,當可得力,將來通信時,再爲一提。俞蔭甫師處擬送一分,俟年底再爲寄去。今年用款較繁,一切未能寬裕,家中年敬擬托日號匯寄五百金,乞爲換洋分送。運齋入都盤費,俟來汴再爲布置,不另寄去矣。署中公事略簡,上下均安。手復，敬請福安。弟大澂頓首。十月廿八日。銀款均交日號矣。

吳湖帆：光緒五年己卯河北道任時。

二三　庚辰六通附片一通　公四十六歲

大兄大人尊前：

吉林之役，想家中早見邸報，此間直至初十日始接中丞行知。昨已具呈，請中丞代奏謝恩，尚未委人署事，大約月內必當交卸。擬於廿八日挈眷進省，令弟婦輩由清江一路南歸，弟則靜候批摺，如不進京，當赴天津小住數日，再行前去。茲托日昇昌匯去蘇漕平銀叁千兩，以了莊田一款。刻下尚有養廉二季公費（未領），一月盤費之外，略有盈餘，亦尚從容也。手泐，敬請福安。弟大澂頓首。二月十三日辰刻。

二四

大兄大人如晤：

前月泐復存緘，計已達覽。辛芝同年於廿六日到武。弟即於初一日交卸，初四到省，弟婦等先赴道口雇船，擬由水路同至津門，即令許宏、吳彬二僕護送回南，振之亦暫行旋里，氣體甚弱，亟宜調養也。茲托日昇昌寄去蘇漕平銀二千兩，以五百歸還莊田尾款。其餘千五百金，望交五叔父存典生息，以此息銀爲弟婦等月費，爲數雖屬無多，恐將來緩急，所需不能不稍留餘地也。前請中丞代奏謝恩，有傳知來京，豫備召見之旨。定於初九日由汴起程，計二十前可抵津門，月杪到京，至多不過半月之留，一切應酬，概從刪減。托日昇昌匯京二竿，作爲都門用度，想師友同鄉亦必見諒。此次不敢過費，恐有虧累，無從彌補也。手泐，敬請福安。弟大澂頓首。三月初八日卯刻。

吳湖帆：光緒六年庚辰三月初八日。

<h1 style="text-align:center">二五</h1>

大兄大人尊前：

　　二月中泐復一函，日前在省，又托日昇昌匯去二千金，計可先後達覽。前懇中丞代奏謝恩，奉旨傳知：吳大澂即行來京，預備召見，欽此。當即於初一日交卸道篆，初四到省報明，初九日起程進京。此次入都，擬與政府商之，請先開去道缺一切體制，方無窒礙，至吉林防務，祇能就現有之餉略為布置，規模未能過大，稍行開展，恐將來難以收束。各省協餉，雖經部中派定二百萬，未必可靠，總以寬籌緊用為宜。如秋冬之間，俄約議定，局面必有更動，弟亦未必久於防所也。家眷由武陟徑赴道口，弟於初九出省，十一至道口鎮，因長笏翁回京用船甚多，濬縣代雇之船尚不敷用，直至昨日始行雇齊。弟在道口小住四日，料理筆墨，較覺從容。今日午後解維，頃抵濬，計八九日即可到津，月初入覲。擬俟三弟留館後，再行就道。都門酬應，祇能一概從簡。前托日昇昌匯京平二竿，盡此用之，實有不敷。不過再借數百金，恐一虧累，難以彌補耳。前寄兩竿內，以五百金歸還莊田尾款，其餘擬托五叔父存典生息，俟到津後，再於盤費內提出五百金，湊足兩竿，以此息銀為弟婦等月費，恐至吉林，未能源源接濟耳。手泐，敬請福安。弟大澂頓首。三月十六日濬縣舟次泐。

　　家中用款，仍托日昇昌按月匯寄百二十金。現在道缺未開，尚可支領全廉，每季可領六百餘金，春季已先支用。四月以後，即托辛芝代領，交日昇昌以抵匯款。如將來開缺，養廉不能支領，當再設法劃還日昇昌可耳。偉如、柳門兩處奠分，擬各送五十金，五妹處甥女喜分亦送五十，均托阜康寄去，先此布聞。

　　姜典史寄虎生叔祖信，乞轉交之。

二六

大兄大人尊前：

　　廿二日在通州泐布一緘，計已鑒及。昨早三弟送弟登車後，即回京城。一路天氣清爽，尚不甚熱。昨晚宿薊州之邦均店，今日申刻行抵玉田縣，明日可至豐潤矣。咏皋叔祖傳未及謄正，誥敕四字，一并寄上，乞察收。餘容續布。手泐敬問加餐。弟大澂頓首。四月廿四日玉田泐。

　　吳湖帆：光緒六年庚辰四月廿四日。

二七

大兄大人如晤：

　　昨接九月十七日手書，藉悉一切。所需八竿之數，前月在省已先匯去三竿，想十月望後必可寄到。茲又托日昇昌匯去兩竿，計須出月始到。餘俟明春再寄，因年節一款，尚須留作都門炭費，約在三竿左右也。陸振之所借五十金，一并匯去，乞詧收。手泐，敬請福安。容再續布，不盡。弟大澂頓首。十月初五日。

二八

大兄大人如晤：

　　日前由馬遞寄去一緘，托許心臺廉訪飭送，計可早達。茲特交日號寄上蘇漕平銀六百兩（內有弟婦附寄銀壹百兩），約於年內可到，望即檢收。所送年敬，前已開單，乞將名世換洋，代爲分送。所購莊田一款，先後寄去一數，想均達到，尾欠三數，明春即可湊齊。刻譜之資，先爲墊付，隨後寄繳。昨接運齋書，屬於明年月寄四十金，以資家用，已托日號關照矣。手泐，敬賀年禧。弟大澂頓首。冬月十一日。

二九　壬午一通　公四十八歲

大兄大人尊前:

去臘初四日曾布一緘,並有寄念劬書一函附入敍初中丞信內,由驛排遞,計年前當可達覽。初九日接十一月十四日手書,歲暮忽忙,未及裁答。元旦又接臘月初五日寄緘,藉悉一切。母親大人因天氣和暖,眠食照常,殊爲欣慰。二叔母因跌受傷,自非中風可比,服藥調治,當即就痊。弟自旋省以來,料理積牘,並京外各處年信,事必躬親,殊形碌碌。委員亦不少,竟無能司筆札之人,尋常書啓,每稿必須删改,頗以爲苦。曉峰、穀士久未通函,附去兩信,爲倓南說項,當可有濟(德信未便自投,統交倓南封呈穀士處轉呈)。惟海運一差,恐已定局,此信到時,已在正月杪,未必能添派矣。此間公事,均尚順手,各局皆有得力之人相助爲理,無向來軍營習氣,機器、鐵礦、屯田、礮台今年皆須開辦,夏秋以後,當有眉目。東北邊防,一時尚難脱卸,惟有竭力經營,視官事一如家事,逐漸圖之,他日必有成效。區區之所以上答聖明者,亦恃此一點愚忱耳。三弟到京後,自可專心用功,考差伊邇,惟盼其得一試差,爲門庭生色,足以仰慰慈懷,是所幸也。雨香索撰碑記,今春得暇必有以報之。手復,敬頌春禧。弟大澂頓首。壬午人日。

吳湖帆:光緒八年,督辦寧古塔時。

三〇　癸未二通　公四十九歲

大兄大人尊前:

昨泐一緘,由津轉遞,計可先此達到。去年九月,弟赴寧古塔時,因陳媽性情不平,本地所用王媽老實忠厚,受其欺侮,時加申斥,臨行又諄諄屬付,似覺稍好,不意其自弟出門後,肆無忌憚,小妾不能約束,反致破口辱罵,振之屢諭不聽,亦無可如何。

三月之中，幾無一日不鬧，及弟旋省後，頗知收斂，然十日半月，必發一次，若弟不在省，必不能安然無事。現有轉運委員前赴營口之便，擬即送至營口，附輪回南，其工錢本給每月三兩。去臘弟與小妾各給銀四兩，當日頗覺喜歡，三日以後，強悍如故。此次資遣回家，除盤費外，另給三月工錢，計其積蓄約有五十金，亦不虛此行矣。惟恐陳媽到蘇後，母親聞之，不免生氣，望屬門口，不許其進門，免得簸弄口實也。手此密布，敬請福安。弟大澂頓首。新正初九日。

吳湖帆：光緒九年正月。

<h2 style="text-align:center">三一</h2>

大兄大人如手：

七月廿七日，泐寄一緘，由津海關道轉寄，計中秋左右必可達到。初三日接五月廿五日手書，查宋祝三外封係六月廿日發，仍係各驛站延擱。同時接到七月十一日來緘，由劉芝翁轉寄營口山海關道續觀察處，係七月二十日發，由蘇到此，不過廿二日。是營口來信，亦甚便捷也。順之年伯、龐芸皋各信，均已接到。運齋想已到家也。濬淮河之議，想必奏派鄂中之館，未必能就，同一辦事，健帥必有挽留之意。偉如中丞何事入都，或爲調停俄約耶？彼族意在伯都訥通商，以稱兵爲挾制之計。弟與鼎帥力持不可允許之議，總署不免爲難。此事能否轉圜，殊無把握也。弟於廿七日前赴巴彥通相度形勢，南岸山上可紮數營，取土汲水均不甚遠，以地勢而論，極爲險要，大可扼守。連日挑選勇丁，尚不滿三百人。旗民窮苦而弱，見之惻然可憫，平日放餉，折扣過多，不足自給，非另籌公款，不能免扣，非招墾荒地，別無籌款之法。三姓所轄向無客民種地，故荒地獨多也。手復，即請台安。弟大澂頓首。八月初九日三姓行館泐。

吳湖帆:光緒九年八月。

三二　乙酉一通　公五十一歲

大兄大人如晤:

去騰奉到御賜"福"字,擬做一袜漆横匾,約三尺長,四面畫描金龍(或用金地黑漆字,不必畫龍),懸之大廳前,寫"光緒十年十一月二十八日"一行十一字,後寫"賜(賜字擡高,下空一格)會辦北洋事宜都察院左副都御史臣吳大澂"一行十九字。因鈞出一紙寄呈,原本俟裝裱後遇有妥便再寄。手泐,敬請福安。弟大澂頓首。新正十六日。

吳湖帆:光緒十一年乙酉正月十六日發於煙臺鎮海樓。據《年譜》,光緒十年十二月廿六日,由馬山浦上船,維沿海各口冰凍甚堅,未能駛抵山海關。又云廿八日,抵煙臺,登陸,即於鎮海樓暫住,明春開凍,再行回津。十一年正月十九日,由煙臺乘輪至津。奉命查辦朝鮮事宜大臣。

三三　丙戌五通附片二通　公五十二歲

大兄大人如晤:

廿七日在錦州途次,曾發一緘,遞津轉寄,當不甚遲。今日巳初抵瀋陽,小住半日。晤硯生前輩,知初十日啓程至營口,乘輪南下,月內當可到蘇。粵中有無消息,運齋行止如何?念甚。手泐,敬請福安。弟大澂頓首。二月初三日。

附致廣盒一書。

吳湖帆:光緒十二年丙戌二月初三日。丙戌二月初三日發於奉天西門外關帝廟東勝寺,住南門內同陞店。是歲爲中俄勘界大臣。正月十七日自天津啓程。硯生爲崑山朱硯生太史(以增),乙丑進士,後官奉天府丞。

三四

大兄大人尊前：

四月十八、廿五日，五月初九日迭寄各函，當可次第達覽。弟與俄使巴啦諾伏所議各條，電報合肥相國，轉電總署，昨日奉到電旨，着照所議畫押。茲定於十六日先赴圖門江，與巴使勘定地方，補立"土"字界牌。此案即便完結，俟回巖杵河畫押蓋印，即可出奏。此外尚有添設界牌等事，本無須親自經理，巴使欲留弟多住一月，俟諸事完竣，再行回津，如此則須六月杪方可脫身也。茲有戈什由海參崴乘輪至滬，帶去老山葠四小匣，共九苗，重不過三兩餘，係出八十金購得，顏色做得乾淨。此吉林省城之貨，他人送來者，皆不及此。又寧古塔都統送十苗一匣，內有一苗似樹根者，皮肉堅結，力量必足，可請母親大人服之。手泐，敬請福安。弟大澂頓首。五月十四日。

吳湖帆：光緒十二年丙戌中俄勘界時發於琿春城。

又帶去葠膏一罐，係韓邊外所送，的係老山葠原湯所熬，服之甚有益也。每年葠枝出山時，必先煮去原湯，再用白糖收入葠枝內，方見飽滿結實。凡葠無不用糖煮者，糖有多少，故有甜有不甜耳。本用油紙包來，天暖膏化，改裝瓦罐，內尚有油紙片粘住去不盡者，開水調化時去之可也。秧子葠熬膏，不可服，此膏非秧葠，可放心耳。

吳湖帆：附前函（五月十四日）。韓邊外名韓效忠，向在吉林以掘參淘金爲事，素目之爲匪首。光緒辛巳，公屯墾吉林時收服，受順後匪跡遂清。

三五

大兄大人尊前：

五月初九日曾布一書，由津轉寄。十四日，又交戈什孫德林帶去一緘，並葠枝四匣、葠膏半罐，交念劬轉寄，必可早到。惟海參崴

赴滬輪船甚少，每月不過一次，否則寄信甚便也。昨由津門寄到母
親大人慈諭，知守愚二叔已於三月底去世，聞之不勝悲惋。老年窘
況，身後蕭條，喪葬一切費用必然竭蹶。茲屬念劬寄去奠分百兩，
乞爲代送。弟於五月十八日由琿春啓行，次日至圖門江邊，會同俄
使巴啦諾伏於二十日豎立界牌，此案即算了結。惟補作記文一篇，
以漢文繙滿文，再由滿文繙俄文，甚爲費事，明後日方可繕齊，畫押
鈐印後即可出奏矣。手泐，敬請福安。弟大澂頓首。五月廿八日。

吳湖帆：光緒十二年丙戌五月廿八日。

丙戌五月廿八日。據《年譜》五月廿九回琿春，此正與依克唐阿
勘界立銅柱時也。王念劬名卡蕃，爲上海招商局總辦，同邑東山人。

三六

大兄大人如晤：

五月廿六、廿七日迭寄兩緘，一交李海帆帶蘇，一由王念劬轉
寄，並先後寄去篆聯廿副、篆屏兩堂，不知何日可到。茲屬馬眉叔
帶去高麗餋八斤，計兩匣，熟地黃十斤，乞呈母親大人收用，此朝鮮
國王所送，交潘子靜帶回者。念劬之事，已屬眉叔與杏蓀共商位
置，當此需才孔亟之時，如念劬之精細穩練，亦在必用之列。本月
廿一日，商局當接辦矣。致廣盒書，爲鶴叔圖館，乞爲飭送。手泐，
敬請福安。弟大澂頓首。六月初六日。

苔牋帶綠色文雅可愛，惜無大幅，不能書聯語。

吳湖帆：丙戌六月初六日，據《年譜》初七日與俄使同至摩
澗崴。

三七

大兄大人尊前：

廿四日在煙臺寄去一緘，諒已鑒及。弟於廿五日由煙臺展

輪,廿六日申刻到津。始得接讀中秋及九月初四日手書兩緘,欣悉訥士姪於本月廿八日合卺之喜。頃由招商局發電叩賀母親大人及大兄、大嫂大人榮喜。念劬處電匯喜敬,聊備酒席之費,未知何日達覽。弟定於月朔啓程入都,計初四日可以覆命,或蒙聖恩另簡,或留京到任,均未可知,數日內必有消息也。運齋得粵中密保,可望外放,然非樞廷有關切之人,亦不甚靈驗。茲乘伯尹弟回蘇之便,手泐布復,敬賀大喜。並請福安。弟大澂頓首。九月廿八日。

吳湖帆:光緒十二年丙戌中俄勘界時,十月初三日入都,十一月初十日奉授廣東巡撫之命。是歲九月廿八日,先府君完姻十九歲,先妣沈太夫人十六歲。

前在三岔口購得鹿茸壹架,係雪中所長,俗名雪花角,千百架中難得壹架。大凡鹿茸五月始長,故頭顱毛短,此則兩角之間毛厚未蛻,知爲冬臘所長之茸,力量甚大,想吳中藥鋪未曾見過之品,弟以百五十金得之(此角可值二百數十金),請母親與吾兄留以自用可也。弟大澂頓首。

三八 丁亥十通附片一通　公年五十三歲

大兄大人如晤:

昨日接奉正月廿五日手書,藉悉種種。春寒料峭,想起居多吉,餐衛攸宜,爲頌無量。粵中天氣甚暖,此時衣服已換單夾,偶一拜跪,汗出不止。公事幸皆平順,新正事簡,稍清筆墨之債。柳門旋省,間日往還,其精神較弟尤勝,約計初十可以出棚。因肇慶尚有數縣未經府試,未能早日按臨。肇郡風氣,各縣士子陸續而來,隨到隨考,往往離府較遠者,俟學院到時始來府考,以省川資,相沿成習,此他省所未有也。運齋管理廂白旗官學事務較忙,今秋望其得一學差,稍展鬱抱。穀士親家諒須三月中出京,黔中之行,殊覺

跋涉。晉卿同年館事當爲留意，此間位置亦頗不易也。手復，敬請
福安。弟大澂頓首。二月初六日。

　　吳湖帆：光緒十四年丁亥廣東巡撫抵任時。穀士爲廖壽豐，
是年授貴州臬司。趙晉卿，戊辰進士，曾官江寧教授。

三九

訥士賢姪足下：

　　滬濱握別，倏已五旬。下車以來，諸務蝟集，晝夜不得稍閒。
近日酬應甚簡，專心公牘，一日料理之事，尚覺從容。柳門學使
出棚後，留葉菊裳在署，愚將篋中所攜碑刻陸續檢送菊裳處，屬
其續編《關中金石記》。尚有六朝唐刻數種，遍檢不得，望吾姪於
樓上書架、書廚内代爲檢點，將舊存拓本零星各種封寄上海，交
念劬寄來（除《十三經》及《閣帖》一包、粗紙拓漢碑各包、五色拓
條幅，毋庸寄粵外），趁此菊裳無事之時，尚可助我一臂之力。數
月以後，當可成書。愚則本無著作之才，一握節符，并幡閱亦無
暇矣。《積古齋鐘鼎款識》一部，即交沈貴帶去，内有添注數條，
乞察入。任阜長畫《集古圖》如送來，亦交念劬轉寄（潤筆已送，
尚有全形拓本手卷存阜長處）。手泐，即頌文祺。愚叔大澂頓
首。三月二十日。

　　吳湖帆：丁亥三月二十日。葉菊裳（昌熾）太史時在舉人於汪
柳門學使幕中。公所藏《吉金集古圖》兩卷，皆拓全形，一卷任阜
長畫引首圖，一卷陸廉夫畫，皆藏家中。

四〇

大兄大人如晤：

　　義莊之款，久未得寄。兹托日昇昌匯去漕平銀一千兩，并母親
節用銀二百兩，乞即察收轉呈。此款約於節前匯到，餘俟節後續匯

可也。手泐，敬頌午禧，弟大澂頓首。四月廿三日。

吳湖帆：光緒十三年丁亥四月廿三日粵撫署。

四一

訥士賢姪如面：

　　四月廿四日接誦手書，且癸尊拓六紙，已收到。閏月初十日由沈貴帶來六朝唐刻一包，均已點收。任阜長畫卷便中托翰卿一催，尚有全形拓本手卷存在彼處，亦須收回也。翰卿新得鼎，敦先寄拓本一閱，問一實價，可定留否。若攜器而來，未知能否合意。粵中古緣絕無可觀也。手復，即問加餐。愚叔大澂頓首。閏四月十六日。

吳湖帆：光緒十三年丁亥閏四月十六日粵撫署。翰卿爲徐熙號。翰卿，徐子晉子，善刻印及竹木，爲王石香高弟。時以經售古物爲業，故人皆呼之曰徐骨董云。

四二

大兄大人尊前：

　　五月中接奉手書，知前匯一竿已收到。端陽節後本可再寄一竿，適翰卿來粵，帶到銅器數種，及零星字畫，擇其佳者留之，已費不貲矣。義莊之款，擬於望後再匯一竿，屬崧孫交票號寄去可也。弟患痔瘡，起坐費力，半月不出門。今日至學署拜壽，略坐片刻即歸，亦甚勉強。柳門須二十後始可旋省。運齋考差甚得意，能得一近省試差最妙。團扇一柄，托仲平帶上。敬請福安。弟大澂頓首。六月朔日。

吳湖帆：光緒十三年丁亥粵撫任所。六月朔日，汪柳門太姑丈六月朔日生，時年四十九歲。仲平爲陶子春先生子，名惟坦，邑附生。

四三

大兄大人尊前：

　　程明甫來，接奉五月廿九日手書。藉悉種種，義莊地基恰好轂用，與住宅相近，尤爲合式。莊內附祀神位，均可於宗祠之左右添設兩龕，或於兩廂房內分列數龕，皆可至小花廳前一進，預備帳房地步。蓋春秋祭祀時，兩處花廳均須占用，不能不留一帳房也。吉如表弟，天阨其年，聞之惻然。茲寄去漕平紋銀二千，乞代交典中存息（龐芸臯處如可存最好，數目自不多，想易安置）。建莊之款，八月再寄。手復，敬請福安。弟大澂頓首。十月初九日。

　　吳湖帆：光緒十三年丁亥七月初九日。程明甫，同邑人，官廣東知縣。龐芸臯爲萊臣之父，吳興富商也。趙吉如亦韓履卿外孫，與公爲姨表兄弟。

四四

大兄大人如晤：

　　前日交日昇昌寄去一緘，并匯款兩竿，想二十前必可到也。昨接六月廿八日手書，藉悉種種。莊屋地基又歸入數丈，可逐漸擴充，祇要祭莊時得有三四處坐落，族中人多，不致擁擠，規模不大不小，好在陸續籌款，即可陸續布置也。卓臣喜用前由京號劃去一竿，如不敷用，由兄處酌量墊付，念劬處尚存五百餘金，留備緩急取用耳。申之三太爺酌送百元。手復，敬請福安。弟大澂頓首。七月十一日。

　　吳湖帆：光緒十三年丁亥七月十一日。卓臣從伯名本齋，運齋叔祖子，公之胞姪。

四五

大兄大人尊前：

八月中接七月廿八日手書，費屺懷索觀莽印二拓本，茲特寄去數紙，乞轉交。惟辟非射魃印，筆畫細而難拓，如有考據，便中寄下。前日又奉八月廿一日手書，知弟婦已平安到家。卓臣喜事，甚爲簡便。十六日小女於歸，一切布置，大費清神，遙想日內家中熱鬧異常，如新貴得采芹之報，尤爲雙喜也。穀士親家升授黔臬，將來如須挈眷同行，二小女遠行萬里，不無挂念耳。伯尹弟忽辭威海衛一席，而欲赴粵別圖就緒，殊不知時世艱難。弟已復書止之。如毅然來粵，不留亦不見，毋貽後悔。吾兄晤時，從直告之。手復，敬請福安。弟大澂頓首。九月初四日。

吳湖帆：丁亥九月初四日粵撫署。費屺懷名念慈，武進人，己丑進士，後官浙江副主考。收藏甚富，鑒別亦精，家藏新莽玉印壽成與辟非射魃，均至精。伯尹名大樑，與公爲從堂兄弟行。二姑母適嘉定廖樾衢（世蔭），穀士中丞子。

四六

大兄大人如晤：

月初曾復一緘，由念劬處轉寄，此時想已鑒及。小女喜事，大費清神，不知日來如何忙碌，如何熱鬧。弟兩次嫁女，均未能躬親料理，二小女將有黔中之行，數年未見一面，頗爲繫念。順老精神想益矍鑠，三松遺澤正長。新婿器宇必佳，功名遲早有定，固不急急也。三邑院試未見全案，訥士功夫已到爐火純青之候，盼之甚切。弟因足疾久不愈，延一西醫治之，數日而霍然，已於十三日出門。柳門亦已旋省，今日扃試廣府，須二十餘日考畢也。茲托票莊匯去千金，備義莊工程之用，即乞詧收。手泐，敬請福安。弟大澂頓首。九月望日。

　　聞文卿明日可抵香港矣。

　　吳湖帆：丁亥九月十五日。三姑母適同邑潘季孺(睦先)，潘西圃太史子。順老即西圃也。

四七

大兄大人如晤：

　　前日接初八日手書，謹悉一一。義莊之款先交松孫匯過一千，俟十月有餘款，再行匯上。香翁出月請覲，聞年內即須啓程，大約有兼署數月之局。幸腳氣、痔瘡均已全愈，精神尚可支持耳。喜用不敷之款，容再匯上，念劬處已無存項矣。前有致伯尹弟書，屬其不必來粵，來亦無益耳。鍾應魁薦一釐局事，月僅四金，甚悔津局司事之辭去也。手復，敬請福安。弟大澂頓首。九月廿二日。

　　吳湖帆：光緒十三年丁亥粵撫任所，九月廿二日。松孫爲陸太夫人胞弟，名保安。香翁則張香濤制軍也。

四八

大兄大人如晤：

　　九月十八日接奉初八日手書，昨日又由信局寄到九月廿七日所發一函，并秦、廖各信，均悉一一。致柳門一緘，當即送去。今日尚未開門，明晨簪花後可出拜客矣。順老以八十壽翁，精神矍鑠，尤爲難得。穀士親家遠赴黔中，二小女一時未能回蘇，則弟婦出月未必旋粵，如月內二小女可以歸省，總可留住二十餘日。萬里遠行，母女不無繫戀之情，約計冬月下旬，弟婦當可啓程，屆時再行派弁赴滬迎候也。念劬處取用之款已有信來，大約存數已透用矣。月之十三日，爲母親壽辰，粵海有例送祝敬，想未必裁，俟有餘款，當寄作修莊之用。都門送炭，力不能週遍，衹可略爲點綴矣。柳門望後即須出棚，年內不能回省度歲，辛苦之至。手復，敬請福安。
弟大澂頓首。十月初八日。

吳湖帆：光緒十三年丁亥十月。

前與香翁譚及柳門毋庸回避一節，香翁云柳門之姻親已有明
文，尚有未奉明文之姻親，則人不知也。何日不同省，便認親戚後，
又命其世兄出見，其意殷殷，仍執前議，此時似未便與之說明。入
覲之期，大約在明春。香翁意在挈眷而行，如調他省，即可屬運齋
在京執柯（其意不願回粵），倘不諧卜，再擇他婿，亦不遲也。總
之，婚姻前定，弟亦不能自主耳。并以附聞。

吳湖帆：附上函。汪柳門侍郎與公爲中表，又爲妹婿，同官一
省，爲巡撫、學使。五姑母適南皮張蘇卿（仁頲），香濤制軍之子。
其時正在說親也。張香帥官兩廣總督。

四九

大兄大人如晤：

十三日母親壽辰，海關送來祝敬二竿，照例受之。兹屬票號匯
去，請以一竿呈請母親收用，以一竿歸入修理義莊之用。尊意想亦
以爲然也。手泐，敬請福安，弟大澂頓首。十月十八日。

吳湖帆：丁亥十月十八日。廿二日爲韓太夫人七十四歲
壽誕。

五〇

大兄大人尊前：

昨接十月廿八日手書，藉悉一一。二小女回蘇小住半月，今年
須回嘉定過年。穀士親家到任之期，約在三四月間，如能調至近
省，則更妙矣。弟婦定於冬至後啓程來粵，檢閱黃曆，十五、十九均
係吉日，已由中軍派差弁二人赴滬迎接，另派戈什張清元同去，如

未動身,即屬張清元赴蘇照料一切,帶去川資百金,即交弟婦收用。弟有需用書本各件,另函致訥士矣。莊屋已有五六分工程,甚爲欣慰。約計年底尚可勻寄一竿。海關每節二數,現已照送,總可用一存一,因撫署每節送將軍、都統亦須五百金,署中節敬節賞約需四百餘金,全賴海關一款爲之把注也。肖韻爲益吾宗師所賞,可望補廩,不勝欣慰之至。手泐,敬請福安。弟大澂頓首。冬月初七日。

吳湖帆:丁亥十一月初七日。肖韻爲川沙沈肖韻母舅(毓慶),外祖韻初公子也。外祖母吳太夫人即吾祖姑母,故與公爲甥舅。母舅從公學《說文》小學,學問甚好。公甚愛之,惜不永年,祇一廩生而終云。丁亥年時,僅二十歲。益吾爲長沙王祭酒先謙,時官江蘇學政,與公最相深契。《權衡度量實驗考》即王氏撰序文。

五一

訥士賢姪如晤:

前接手書,藉悉一一。任阜長交來拓本手卷,即交許鋐帶粤,其圖如已畫好更妙。刻下署中有委員陶鍾福能畫彝器圖,甚爲精工,已畫成數十葉。家中所留古銅器,望屬許鋐酌帶十餘件。大廳上所供大商尊,原來有匣,一并帶下,俟畫好後,即可交摺差帶至上海,年内仍可寄回也。《金石萃編》八套,在樓上書架,亦望檢出帶來。《說文古籀補》此間已送完,如有印好者,酌帶一二十部。《恒軒吉金圖》有印好者否?翰卿兄寄示拓本四種,均好。如價值不甚昂,皆可留之。太貴則不必也。玉押大約四十金以内,鬲在五六十金左右,簋蓋至多六十金,鼎文字多可出百金。此等皆非必要之物,特酌中給價,或可脫手矣。致翰卿一函,乞轉交之。手復,即頌近佳。愚叔大澂手泐。冬月初七日。

吳湖帆:丁亥十一月初七日,與前函同時。陶鍾福,廣東人,善畫界畫樓臺及博古等畫,曾爲公畫粤中花果册二百種。

五二

大兄大人尊前：

初四日弟婦來署，帶到手書，藉悉種種。曾發一電，先報平安，計已鑒及。寄來銅器、書籍均已照收。翰卿來此，留住署中過年，夜闌事閒，剪燭而談金石，頗不寂寞。仲翁粵西一席，所入大減，每月不過一竿，有入不敷出之虞，似無暇留心博古矣。吾吳亢旱日久，急盼祥霙，早占三白。來歲麥收，或無妨礙，未知近日得雨雪否？茲屬崧孫交票莊匯去銀一千兩，乞收入義莊款。如年底開發工作，尚有不敷，望將前存之兩竿先行提用，本以備緩急之需，非圖此區區生息也。又銀二百兩，轉呈母親大人年敬，以資零用。外四百兩，乞代換洋，以五百圓為饋歲之需，亦請母親大人酌量分送，或增或減，皆無不可，愧不能豐耳。小坪曾叔祖曾有書來，應否於歲暮送三十元，乞酌之。今年署中用度較費，又有意外之捐款。明年當設法撙節，稍有贏餘，為退耕之誤，所願不奢，當亦易償也。都門炭敬僅寄千五百金，師門及三邑同鄉，略為點綴而已。僕人節賞五十金，又賞沈貴十金，一并寄去。手復，敬請福安。順賀年禧。弟大澂頓首。臘月十四日。

　　吳湖帆：光緒十三年丁亥十二月十四日。仲翁為沈仲復制軍（秉成），吳興人。時官廣西巡撫。小坪名繼昌，直隸通州人，為吾宗遠族，長公三輩，故稱曾叔祖。道光庚子科順天副榜，內閣中書，能畫山水，宗婁東一派，頗有渾穆氣度。

五三　戊子十通附片四通　公五十四歲

訥士賢姪如晤：

新年公牘稍閒，略得靜趣。從友人處借得華新羅山水軸，澹雅可喜，興之所至，作一小幅寄去。不與時手爭妍，但取不俗而已。

許鋐回粵時,乞檢字畫數種寄來。香帥來署,輒索觀名人書畫,無以應之也。手泐,即頌近佳。叔大澂頓首。二月初九日。

　　查二瞻立軸

　　董東山立軸(雲山飛瀑,畫筆蒼老者)

　　吳讓之杜鵑花立軸

　　王伯伸先生(引之)對(綠色)

　　桂未谷對

　　吳湖帆:戊子二月初九日粵撫署中。

五四

大兄大人如晤:

　　昨日崧孫內弟來粵,帶到初八日手書,謹悉一一。母親大人安健如常,老山葠似須常服。近日由吉林寄到六苗,遇有妥便,即行寄回。承惠鹽腿,甚佳。近來每飯必思鄉味,覺粵中食物無可口者。惜天氣太熱,久則易於變味,糟魚鹹肉之類,尚可耐久耳。御賜“福”字,已於正月中領到,容將鈎本寄上。晉卿同年薦一書院,尚無復信。手泐,敬請福安。弟大澂頓首。二月廿六日。

　　吳湖帆:戊子二月廿六日書。

五五

訥士賢姪如晤:

　　前交許鋐帶去一緘,又寄小畫一幅,當已達到。崧孫來粵,接誦手書,并《唐書》一部,均已照收。翰卿此次寄來一匜,尚佳,壺則偽刻,已寄還之,可見金石賞鑑之不易也。吳中如有湯雨生先生(謚貞愍)畫,屬翰卿代爲留意。舊藏趙松雪竹石卷,望爲檢出,交許鋐帶來。手復,即候文祺。愚叔大澂頓首。二月廿七日。

　　趙畫未必真,香翁欲索觀耳。

吳湖帆：戊子二月廿七日。與前函同時發。

五六

大兄大人尊前：

　　二月中交許鈜帶去一緘，續由念劬處轉寄一書，諒均鑒及。遙想起居安善，定如心祝。粵省陰雨兼旬，東江之水驟長數丈，惠州府城及河源、博羅被災最重，城內水與簷齊，有漫過屋脊者，四鄉圍基多被沖決，下游泛濫無歸，東莞縣屬數十邨莊幾成澤國。弟初五日得信，初六即坐輪船趕赴石龍（東莞所屬），並帶委員數人，分投查勘，酌量撫恤。次日迎流而上，徑抵惠州，與李守面商辦法。初八日趕回省城，與達帥籌購白米二千石，分運災區，又定購洋米萬石，以備平糶之用。幸出九以後，天氣已晴，水勢即可消退，然民間元氣大傷，貧戶存糧一經漂没，饔飧不給矣。省城附近民情安謐，堪以告慰。趙晉卿同年薦與新任揭陽魏令，送來關書聘金，乞轉交，如不到館，亦可聽其自便。送夏禮扇、書、畫配齊，並吉葆一匣、鹿茸一架，均交念劬轉寄。手泐，敬請福安。弟大澂頓首。三月十五日。

　　吳湖帆：戊子三月十五日。時廣東惠州水災極重，公有《惠州勘災詩》一卷，刊入詩集中。達帥即張孝達制軍。

五七

大兄大人如晤：

　　許鈜來粵，帶到手書，謹悉一一。欣稔起居安善，福與時新，至以爲慰。鎮帥所詢之《天下郡國利病書》，乃弟在京時以三百金購得顧亭林先生稿本，每卷有先生手補數頁，小行書，甚精。其中改字及每本題簽，皆先生真跡。本係黄蕘圃所藏，未識與近來刻本有無異同，從未校過，弟恐被人抽換墨跡，不敢輕借。如江蘇書局欲刻此書，衹可將它刻本在吾家校對，或屬俊卿專司其事，否則不肯借出也。程耕雲在惠州幫辦賑務，並有臬司委審歸善、博羅積案，節前未必能回省。弟現派太平關差，此係常局，可以二三年不換。俟其旋省，再令赴韶。又沈玉生之世兄沈毅，亦派太平關差，此係弟所自委，不由藩臬給札，每年更換兩三人，此差亦不易得。如晤鳳石兄，乞轉致之。狄海清屢有信來，求助館事，實不易圖，衹好濟其家用，每節送二十番，此書到時乞爲飭送，隨後寄還。三十年舊交，不能不略爲點綴也。手泐，敬賀年午禧不具。弟大澂頓首。四月廿四日。

　　吳湖帆：光緒十四年四月粵撫任，惠州水災時。鎮帥爲江蘇巡撫崧駿，號鎮青，滿洲鑲藍旗人，筆帖式。丙戌五月授任蘇撫，戊子十月調浙撫。顧亭林《天下郡國利病書》原稿本，於民國初年崑山方唯一先生經手，先府君捐贈亭林祠中。

五八

訥士賢姪足下：

　　許鉉旋粵，帶到手書并字畫各種，均照收。桂未谷、王念孫對聯均已重裝矣。拙作畫卷屈指已十有三年，略加點墨，並繫以詩，交摺差帶至滬上，由念劬寄覽。任阜長所畫圖，便中一催，屬其隨意爲之，不必過於求工也。聞翰卿有來粵之信，此次古器未必能盡留，不免有桂林之行矣。手泐，即候近履。愚叔大澂頓首。四月廿五日。

　　吳湖帆：光緒十四年戊子四月廿五日。

五九

大兄大人如晤：

　　仲平帶去一緘，并寄呈紈扇，想達覽矣。月之十七日，接初三

日手書,藉悉一一。郋亭須七月初旋省,覓屋本非易易,布置一切
尤非它人可能代謀。嚴衙前舊居價不甚大,想修理之費亦必不小。
如定此屋,正與我家結近鄰,朝夕往來,甚便也。試差衹有數省未
放,關中士子與吾蘇緣分最深,未知運齋能得否。聞卓臣與肖韻同
赴金陵,弟有元卷十金,已交叔才帶交卓臣矣。弟望前患泄瀉,服
藥不甚效。偶以芙蓉膏試一二次,脾泄即愈,有升提消導之功,但
不敢常服耳。拓本三幅,乞轉交三小女。手復,敬請福安。弟大澂
頓首。六月廿四日。

　　正封函閒,聞李芍農學士放江南主考,肖韻《説文》之學必有
用處,二三場不可草率。金石一門,亦須預備。弟之《字説》當寄
一本與卓臣,三場總以實對爲宜。官卷必多佳卷,尤不可不認
真也。

　　吳湖帆:戊子六月廿四日書。順德李芍農侍郎文田,是年爲
江南正主考。郋亭即汪柳門侍郎也。

六〇

大兄大人如晤:

　　前月由驛遞去一緘,未知何時達到。遥想起居康勝,定如所
頌。弟到任以來,體察河勢,不能專顧大工,一切善後事宜即須預
爲籌畫。今年各廳領款無多,本無辦工之費,然有不能辦之要工,
不能待至合龍以後,上流榮澤堤身單薄,沙土松浮,前月聞之,頗以
爲慮。因於中秋後即派員前往設廠收料(大工購料定於廿二日開
廠,此處於十八日已先收買矣),不意廿五六日,即報險工。弟於廿
七日往堪一次,情形甚屬可危,立刻發銀三千,即飭上南廳查丞趕
集人夫,晝夜搶護,幸料垛、石方均已齊備,乃玄廂旋蟄,至初六日
大堤忽裂,塌去三丈餘,僅存後戧兩丈(此處即紹葛民所築榮澤口
合龍之金門,當年本不堅實,葛民告曼伯此段堤身切須留意)。初

七日弟親往督搶，多抛碎石，雖溜勢尚未松勁，而殘堤可不再塌。若非早備稭料，逼令該廳動工（弟手書伯促查丞，責以有料有石有錢，何以人夫祇有數十人，並不看緊，若再疲玩，惟有撤任聽參而已），此堤決難守住。弟之兼程到汴，造物若有心催迫，令我趕來保守此堤，遲到半月，已不及布置，且移鄭工之款撥作他用，稍一拘泥，必致誤事。手泐布聞，敬請福安。弟大澂頓首。九月十一日。

榮壩搶險半月，已用四萬餘金，高陽諸公必不肯放手也。

此間議論去年鄭工之險，若能如此辦理，決不開口，雖曰天數，豈非人事哉。鄭堤本有一浪窩甚大（此非一年之事，河堤如此大意，上司亦可謂聾聵矣），該廳以木板蓋之，上覆泥土，中空如橋（後來開口即在此橋洞沖出大溜），一切用款，令外工朋友李姓包辦，後來堤潰，鄉民專捉李姓投之河（李姓坐車而逃，百姓於車中捉出，將其手足分裂）。

事前有人告李姓，此處有大窩，亟須填土，李姓答以不要緊。

吳湖帆：光緒十四年戊子九月總督河工時。是年七月初十日奉命公署河東河道總督，十八日即卸粵撫篆，廿三日回蘇，廿六日即啓程。八月初五即到汴，接印視事，晝夜趕督決口，於十二月十七日合龍成功。

六一

鄭工紀事詩示兩壩在工各員

帝命河臣汝往欽，才疏德薄恐難任。九重宵旰憂勤切，億萬生靈陷溺深。欲挽狂瀾循地脈，但憑忠悃格天心。清香一炷虔誠祝，三尺神明在上臨。（大澂派員赴偃師縣黃大王家祠恭請大王檀木神像，迎至來童寨，虔誠供奉，從此河流日順，咸稱神異。）

進攻退守計無他，試把行軍比治河。掃可護堤防險易，壩能挑溜戰功多。不留空穴難容蟻，安用爲梁更駕黿。築石堅於抛石散，頂衝何患水盈科。（向來河工拋石爲壩，用石多而易於衝塌，近派陸守襄鉞在黑岡築壩六道，皆用灰漿砌築，外包西洋塞門德土，斂散爲整，其堅如鐵，水浸不壞，無年久塌裂之患。）

河不流冰浪不驚，波澄如鏡靜無聲。料知天意回春早，祇願人心似水平。千萬帑金容易盡，百年柱石力圖成。諸君勉竭涓埃報，鑒此區區爲國誠。

燈光十里照河濆，徹夜人聲力作勤。兩壩經營成不日，萬夫奔走聚如雲。小寒已近天猶暖，大溜終微勢漸分。臣本無功資衆策，飛章及早慰吾君。

光緒戊子仲冬，吳大澂呈稿。

吳湖帆：此鄭工合龍詩四首，係友人所贈，不知當時書與何人者，一并裝入此書中，以符一時事實云。湖帆敬記於梅影書屋。

六二

訥士賢姪如晤：

昨接家書，知縣試高列前茅，不勝欣慰。想今冬府試，文字功夫與日俱進，來歲春融，芹香滿袖，定可操券。此間金門愈收愈窄，幸河勢極爲平順，親督員弁兵夫晝夜趕進，小寒節後定可合龍。已派戈什田玉泉附儆南之便，回蘇接眷。明春動身，時望檢出印譜二部、《説文古籀補》三四十部，裝一小箱帶下。手泐，即問加餐。愚叔大澂頓首。冬月廿五日。

吳湖帆：戊子十一月廿五日鄭工時書。儆南爲周莊陶子春先生子名惟□，仲平之兄。

六三

訥士賢姪如見：

前寄一函想已達到。今年府試想必高列前茅，明春學院何時按臨小考，文字不外圓熟，多讀多做，自然機圓調熟，入泮之喜，必可操券。來歲恩科聯鑣直上，亦意中事也。鄭工不日告竣，初十開放引河，十七合龍，諸事已預備矣。手泐，即賀年禧。愚叔大澂頓首。臘月十四日。

吳湖帆：戊子十二月十四日，鄭工將合龍矣。

近作七律四首、古風二首、七絕二十首，附寄一覽。如申報館索刻近事，亦可付之。或有畫報，乞寄數本。此間無善畫者耳。

吳湖帆：附上函。七律四首，見前友人所贈詩箋，古詩二首、絕句二十首，則已失傳錄矣。容再搜覓以彌遺憾。

六四 己丑二通附片一通　公五十五歲

大兄大人尊前：

二月初三日接奉正月廿一日手書，敬悉一一。適因赴北岸各廳勘工，未即泐復。弟婦輩於初三日行抵袁江，正值公車北上之時，車少價昂，候至初七日始得發軔，十八日到汴。翰卿出示手書，承惠山谷先生石刻小像，當瓣香祀之。涪翁有靈，覬我心法，書學或有進益。鹽腋十肘，風味絕美，足供大嚼，日更加餐。寓中上下均托庇平安。旁落零院閒屋甚多，崧孫家眷，尚可位置，自起廚竈，所費無幾。棟臣弟留之幕中，令其學畫，他日必可有成。紫瀾叔祖平生忠厚樸誠，後起當可食報，造就成材，吾輩之責，亦視其本人之家運何如耳。翰卿攜來山谷墨跡手卷及古玉大鉢，皆難得之品。楊椒山先生、周忠介公遺墨亦可遇不可求。惲、王畫軸，名人卷册，無一不精，擇其精而又精者留之案頭，已成鉅富。惟價值祇可分期匯還，三兩月內亦可清償。義莊公費，遲至春莫，必可匯寄一竿。西號拖延，或屬電匯較爲迅速，歲暮一款，竟至燈節後始到，殊出意料外也。潤卿弟捐貲，助以百金，甚善甚善，暇當寄還。《印譜》東紙及《説文古籀補》、《金石録》、盂鼎拓本均已收到，約計院試屆

期,甚盼訥士喜信也。卓臣夫婦想已到京。手復,敬請福安。弟大
澂頓首。二月廿五日。

吳湖帆:己丑二月廿五日汴中。棟臣名大楨,籍湖南長沙,
能畫,工人物,曾爲公畫《古玉圖考》一書,即成於是時也。其祖
名經炳,號紫瀾,以監生巡檢分發湖南。咸豐六年,補瀘溪縣知
縣,遂籍湘中。古玉大鉢,即將渠玉鉢,鉢中最大之品,以諸女方
尊易得之。

去年臘月十七日,奉到御賜"福"字,屬陶仲平鉤出一紙寄上,
廣東帶回"福"字二軸(一立軸,一橫匾)此次未帶來豫,大約與拓
本各軸捆在一卷,望屬訥士收好之。

吳湖帆:附上函。

六五

大兄大人如晤:

五月初七日,曾由官封遞去一緘,諒早達覽。望日接奉端午前
一日手書,欣慰一一。運齋今年盼望得差之意,較去年稍淡,無心
插柳之成陰,天下事往往如此。若得豫省試差,亦是佳話,恐不能
如此湊巧耳。翰卿到蘇,當可述悉一切。棟臣來此,畫學大進,恰
好爲弟繪成《古玉圖》一書,近又繪就《孔門七十二弟子像》一本
(衍聖公處借來,手卷改成冊頁),亦可寄滬付之石印。現爲捐一
從九銜,將來成就小功名,亦不難也。趙晉卿同年來此,札委文案,
暫可敷衍。書院則不易圖,慎思已爲揄揚,復書極爲許可,當有好
消息也。德曉峰信手加數紙,未必有益,總可保其無意外之事。伯
尹弟捐事已屬曉滄叔助其二百金,作爲償款。手復,敬請暑安,弟
大澂頓首。五月廿四日。

請假廿日,爲杜門避暑計,所患痔瘡尚不甚重。

吳湖帆:己丑五月廿四日汴中。德曉峰(德馨),滿洲廂紅旗

人,時官江西巡撫。

六六　辛卯三通　公五十七歲

訥士賢姪如見:

昨日寄到高麗參二枝,今日已煎服一枝。日來病體全愈,惟覺氣弱,日服補中益氣湯,頗有效也。即頌文祺。愚叔制大澂手白。荷花生日。

擬於廿八晚間上船,次早即到城矣。西瓜四十枚,附去。

吳湖帆:光緒十七年六月廿四日,發於常熟曾氏虛廓園。十六年庚寅正月,丁韓太夫人憂回籍,辛卯五月下旬游常熟,住曾氏虛廓園消夏。是時為園主人曾君表先生之撰題虛廓園十六景詩(刻入集中),此函為將回蘇時先四日所發也。

六七

大兄大人如晤:

昨早解維,行至楓橋,遇綏靖輪船,係馬都司得勝管帶,即屬趕緊回城裝煤。弟在滸關候至三點鐘,輪船始到,三鼓後至奔牛停泊,今晨拖至石橋。頃刻即可登岸,神速之至。吾兄感冒已清,即可屬俊卿與陸方石商一調補方,以培元氣。手泐,即請福安。弟制大澂頓首。十月朔日。

吳湖帆:辛卯十月朔日,奔牛舟中。是年夏在虛廓園養病消夏之後,七月游廬山,八月游焦山,秋季則痔疾大發,至孟河馬培之醫生家就醫。陸方石,吳中名醫,住帶城橋。

六八

訥士賢姪如見:

昨日綏靖輪船拖至奔牛,今午即可登岸。篋中僅帶小對一聯,望於花廳後軒檢取七言對二副,交念劬帶來,或交信局亦可。愙齋手泐。十月朔。

吳湖帆:附上函。

六九　壬辰四通附片一通　公五十八歲

訥士賢姪如見:

前在潞河寄去留別詩中,有"聖恩若許游南嶽,還作圖南萬里鵬"之句,不意竟償所願。擬在滬上勾留兩三日,即奉雙親同至湘中作岳陽、洞庭之游,亦生平之樂事。留吾姪在家照料一切,好在七、八兩月家中並無要事,天氣亦不甚冷。長江輪船最爲舒服,由湘還蘇,六日即到,至爲便捷也。叔定於十五日出京,廿五、六可抵滬上,家眷可擇廿二日啓程最吉。鄉省祇有養廉折實銀七千兩,幕友不能多請,已訂定楚卿叔專辦錢席,厚甫教讀兼書啓,約送每月八兩。姚荷卿屢言願就外館,邀之同去,亦送八金,令其學習書札,如有閱卷等事,兩人皆可加脩也。胡子英亦願隨行,京官中多爲推轂,祇好位置帳房一席,兼管書畫金石,最相宜耳。手泐,即頌文祺。愚叔大澂手白。七月八日。

七〇

訥士賢姪如晤:

前月接誦手書,知翰卿來贖九龍山人卷,日內有陳養源觀察赴滬之便,當屬其帶去交源豐潤寄蘇,不致失誤,其銀即劃還。吾姪墊付親族津貼月費,以後按月寄上也。乞代購九單老礬面二十張,寄滬源豐潤陳連城處轉寄最妥。徐頌閣屬廉夫畫扇面八張,年前必須寄去,此間扇面竟不可用。手此,敬頌文祺,愚叔大澂手白。重陽日。

吳湖帆:光緒十八年壬辰九月初九日。

七一

訥士賢姪如見：

　　重陽交摺差帶去一械，想早達到。茲派江玉懷赴滬管帶湘帆輪船來湘，屬其到蘇搬取古銅器十二件，開單附覽。又乞代檢瓦當文新奇者十六種，如有小木箱裝作一箱，交江玉懷帶來，甚便也。胡子英在署無事，大可屬其拓瓦當條幅，前次僅帶四瓦耳。吾姪所存九十八鏡內，有辟雍明堂鏡一匣，一并帶下可也。手泐，即頌文祺，愚叔大澂頓首。九月十三日。

　　吳湖帆：光緒十八年壬辰九月廿三日。

　　九龍山人卷臨出一本，真是忙裏偷閒，特將原本交江玉懷帶去，乞交還翰卿，臨本亦托翰卿付裝，續購舊錦一方，吾姪代爲付價。扇面十七頁，并交翰卿付欣賞齋。

　　再乞代購何烏丸二十兩，上房用草紙買洋二元，統交江弁。

七二

訥士賢姪如面：

　　初八日接誦手書，并扇面二十，已收到矣。茲擬自十月爲始，每月屬票莊匯銀百兩，乞代換洋，以三十元交卓臣，爲按月代付各款，以五十元存吾姪處，津貼親族月費。吾姪與卓臣代爲經理，月各送脩金十元，除百元外，餘歸火食帳內。吾姪處墊用不敷之款，隨時續寄。觀瀾每月有乾館洋八元，功甫叔之子亦有乾脩八元，均自十月起按月匯寄可也。手復，即頌侍福。愚叔大澂手泐。十月初十日。

　　如有麟喜，乞即賜示。

　　吳湖帆：光緒十八年壬辰十月初十日。

七三 癸巳廿一通附片三通　公五十九歲

大兄大人如晤：

三月朔日鎮篁閱操事畢，次日啓程，舟行八日而旋省。初九日得讀季孺帶來二月廿五日手書，藉悉種種。承寄鹽腿，以新筍煮之，風味劇佳。菜花頭亦極鮮美，湘中蔬菜總與吾吳不同，蠶豆雖嫩而味薄，惟白筍尚好耳。此次西巡，沿途供應祇有蒸鴨一品、蔬菜數簋，真是家常便飯，一變官場酒席風氣，從來所未有。弟之飯量稍增，四十餘日脾健如故，每州縣不過費三四百金，而辦差家人則甚苦矣。常德、澧州、辰州、沅州及桃源縣分設保節堂五處，多者百名，少者五十名，每名月給錢六百文，按月領錢，而不住堂。即交各處育嬰堂董事兼管。通省九府四直隸州，擬一律籌辦保節，此願甚奢而居然辦到。署沅州府沈守（文肅公子）爲校經書院籌費，按畝派捐，一縣勒寫至二百五千串，豈有此理。鄉民紛紛控訴，衆怨沸騰，不意林文忠之外孫而不恤民艱如此。弟爲出示停捐，另爲妥籌經費，兩言而決（每月需錢二百千，以金礦釐捐兩款撥給，綽乎有餘），士民無不欣然。在沅郡多住一日，清理地方公事，又爲芷江縣（沅州首縣）規復四鄉義學十二處，係前令所裁撤者，即使義學有名無實，祇有整頓之法，斷無裁撤之理。縣令毅然稟，上司毅然准，此係何理哉！惟一路批呈二百餘起，大受其累，幸精力尚可支持耳。回省後又爲城南書院添造齋房二百間，款已有着，即日興工。此三月中所辦之事，皆與地方有益。省城創建之百善堂、保節堂，每年籌定常款八千金，最爲愜心貴當，其六千則劉峴帥之力，籌之鹽務中者。凡事順手皆有機緣，成與不成，難與不難，皆不可以逆料。好在籌此鉅款，並未派捐。首府因辦保節堂，意欲致書各營各州縣，弟皆止之。有聞風而願捐者，聽其自然，不稍勉強，故但有頌聲，而無怨言。紳士以爲湘省枯窘地，而有求必應，令人不可思議也。手泐,敬請福安。弟大澂頓首。三月望日。

友庭一聯已書就,由季孺交碩庭帶去。

小女吉期尚未諏定,達公來書,約在明年春,亦未便過催,製備衣服,稍可從容。四月以前,養廉公費提出千金,寄運齋嫁女之資。五、六、七、八月又可省出千金,爲小女製備嫁衣,無須動用存款也。窓齋善於籌公而不善圖私,惟有一味節省而已。一笑。

吴湖帆:光緒十九年癸巳三月十五日。

七四

訥士賢姪如晤:

張清元帶來瓦當,有"千秋萬歲"缺邊者,擬以他瓦剷平,將此四字嵌入,可無痕跡。家中有無字瓦("長生無極"最多,亦可毀一瓦),乞檢交信局寄來,以速爲貴。手此,即頌文祉。窓齋手泐。

近得一"萬壽無疆"瓦,不僞,向來所未見,亦甚湊巧。

吴湖帆:光緒十九年癸巳四月初四日。

七五

大兄大人如晤:

三月中旬曾寄一緘,計邀鑒及。弟於十八日出省,赴南路衡、永二郡校閱營伍,於四月初八日旋署。兩月勞頓,未得休息,兼受濕熱,一病七八日,終日倦卧,大發勞傷,精神不能振作。其實爲濕氣所困,別無他病,服厚朴、陳皮、半夏,附砂仁、積殼數味,與荷卿商之,祇服四五劑,濕痰盡化,胃納大開。十八日接閱省中撫標各營操演,一連四日,精力尚可支持,並不疲乏。痔疾亦漸平復,逐日判事,案無留牘,頗覺從容暇豫,堪以告慰廑懷。此次偕廉夫同行,登衡嶽之巔,游永州之浯溪、澹巖、朝陽巖,有圖有咏,並仿元次山浯溪、峿臺、庼亭三銘,擬以篆書勒之石,俟他日刻成,再行拓出寄覽。公餘之暇，興復不淺。地方善舉亦有十餘事，民情歡欣鼓舞，州縣供應省其大半，亦甚感頌。手泐，敬叩福安。弟大澂頓首。四月廿二日。

七六

訥士賢姪文几：

昨由厚甫處交到手書，知福官喜分代送五十元，另由票莊匯去，大約五月中旬可到。因永州回來，一病七八日，諸事延擱，近日始逐漸清理也。鼎孚代索王君功牌，附去，乞轉交。手復，即頌文祺。愙齋手泐。四月廿三日。

吳湖帆：光緒十九年癸巳四月廿三日。

七七

王金門夫人臨產，須用人葭，望於內人處所存葭匣檢取一枝，約壹錢餘重者，即交來人帶回可也。訥士賢姪。愙齋手泐。四月廿三日。

七八

訥士賢姪如晤：

天久不雨，溽暑逼人，交伏以來，痔瘡大發，每日以半日判牘，半日靜臥。酬應筆墨，概從疏懶，是以久未寄書。秋闈伊邇，厚夫、荷卿約於七月初十前啓行，五六日可達金陵。今年三邑卷費，愚當獨力捐助，籌出二百金，交厚夫帶去。除捐卷費外，吾姪與卓臣、肖韻、時卿、潔卿各送元卷洋蚨十圓，此外如有應送之處，亦乞酌送。考寓不必太費，如可借居，省出租金。致劉省三中丞、周子昂觀察二函，即頌元祺。愙齋手泐。六月十七日。

荷卿家信乞爲飭送，劉、周二處先有信致矣。

吳湖帆：光緒十七年癸巳六月十七日。

七九

大兄大人如晤：

　　長沙卑濕之地，夏日炎蒸，與弟之痔瘡大不相宜。入伏以來，半日判牘，半日靜臥，精神尚可支持。秋涼天燥，方可復元，未知吾吳天氣如何，溽暑逼人，想吾兄亦復杜門不出，一切應酬概從簡略矣。月之初七日，父親八十冥誕，僅在署中設供家祭，署寮概未通知。買小魚、黃鱔數百斤，放之湘江。手書《心經》一卷，以資冥福。秋闈伊邇，弟酌送元卷及三邑卷費，以二百金交厚夫帶至金陵，交訥士分致。兩姪中能占官卷一名，爲門楣生色，不勝翹盼之至。考寓如未租定，有劉省三、周子昂兩處可以借居，若照上次租金，未免太費耳。小女製衣之費七月再寄。慎思尚無佳音，未免懸懸。敬請暑安。弟大澂頓首。六月十七日。

　　吳湖帆：光緒十九年癸巳六月十七日。

八〇

訥士賢姪如晤：

　　初三日由荷卿交到六月十三日手書，今日又接廿五日騰鳳里所發一緘，適肖韻來書同時遞到，老年骨肉之痛，倍覺傷懷。不意去秋滬江送別，竟成永訣，能不悲哉。叔擬送奠分百金，當交厚甫帶去（已交票號匯申，轉送川沙），俟吾姪回蘇，代寄川沙可也。卷費及元卷約計一百八十金，似可彀用，并交厚夫帶去，乞察入（自七月起養廉須扣二成，報效慶典也）。即頌官元之喜。愚叔愙齋手泐。七月初六日。

　　吳湖帆：光緒十九年癸巳七月初六日。

　　今科江南典試，正主考以時墨爲的，副主考必重二三場對策，宜實不宜空，場作乞先録寄爲盼。前次寄去劉、周二函，想收到矣。
愙齋又泐。

彭岱霖之分函寄揚州爲妥，須詢明住址再寄。

八一

大兄大人如晤：

初六日接肖韻來信，駭悉五妹之耗，不勝驚愕。老年骨肉，悲
痛尤深，同日接訥士上海所發一信，昨日又奉六月廿七日手書，知
今夏五妹回家，精神亦能照常，雖有舊疾不時舉發，究竟中年，氣血
未衰，何致一病不起。去秋申江送別，不意竟成永訣矣。上有九十
老姑，難以爲情。肖韻忠厚有餘，未經閱歷，恐其受人欺侮，須屬其
慎擇交游，杜門不與外事，可免閒是閒非，此保家之弟一要義也。
弟得信後，痛不可言，謝客五日，於初七日寄一挽聯，並奠分百金，
交蔚盛長匯申莊，專差送去，想廿二開弔以前，必寄到也。今年三
邑卷費，及本家元卷，共寄百八十金，昨交厚甫帶至金陵，由訥士分
送。手泐，敬請福安。弟大澂頓首。七月十三日。

小女製衣之費，再寄二百金，乞察收，吉期在明春也。

挽五妹聯語：

二十年節孝兩全方期教子成名百歲姑嫜常承色笑，

三千里音書中阻豈意沉疴增劇六旬兄弟忽痛分離。

節孝請旌，可由吾兄弟出名，呈請中丞札行川沙廳加結上詳，
歸入題案。弟交秋涼，身子漸健，較勝於三伏也。

吳湖帆：光緒十九年癸巳七月十三日。

八二

大兄大人如晤：

昨蔚長盛交到七月十三日手書、收條，知六月十八日所寄一緘

并銀二百兩業經匯到,訥士計已早抵金陵。《申報》所刻七月十三日有湖南巡撫家眷船行抵鎮江,想係運齋同赴白門送考也。弟自五、六兩月天氣濕熱,痔瘡較甚,脾胃亦不甚和。秋涼以後,精神漸可復元,惟不耐煩勞,每日除例行公事外,懶於握管。念劬屢有信來,至今未復,皆精神不能充裕之故也。今日午刻入闈場中,事雖繁瑣,皆有專司之員,不過提綱挈領而已。惟三場點名,均須起早,亦有幫點之候補道二員,尚可隨時休息也。此信到蘇,計訥士亦必回家,文字如何,寄我一讀,不勝盼望之至。手泐,敬賀秋禧,並請福安。弟大澂頓首。八月初六日。

吳湖帆:光緒十九年癸巳八月初六日。

八三

大兄大人尊前:

八月十六日闈中接到謝友梅帶來七月十三日手書,詳悉一一。廿四日出闈,知衣箱一隻及火腿、蝦油、風魚、蝦米、瓜子均已領到,前書托購火腿,毋須再購。風魚、蝦油大可開胃,家鄉風味,皆湘中所不可得者,敬謝敬謝。弟於闈中為應酬筆墨所累,近日頗覺疲困,杜門靜養數日,漸可復元。今年場內場外,一律安靜,近年來所未有。從前門禁太松,傳遞草稿及謄錄刪改,弊竇滋多,此次三場放牌,出入甚嚴,可謂弊絕風清,而藍榜較寬,漏寫、添注、塗改之卷約有百數十本,一概未貼,士論翕然,皆以為寬嚴約中也。江南不知何日揭曉,訥士、卓臣兩姪文字想必認真,極盼佳音,為吾族光寵。此間漢口電報須十餘日始達,未能迅速,屆時當派輪船在漢守候,或可早見題名全錄也。培之所圖坐探一差,隔省人員礙難札委,且此間善後局支絀異常,委員薪水均有定數,未能如北洋之隨時添派。此中為難情形,乞先告之,稍暇再行作復。芸舫墓志銘篆額書就寄去,乞轉交。門生劉令炳青,當為函懇中丞,酌量派差。所寄羊皮統、枸杞子收到。手此布復，敬請福安。弟大澂頓首。八月廿八日。

伯英帶來一書收到，已薦與仰蘧隨帶出洋，明日動身赴津矣。

吳湖帆：光緒十九年癸巳八月廿八日。

八四

大兄大人如晤：

昨晚厚甫到湘，奉到重陽日手書，承寄食物八種，開緘分啖，闔家歡喜。芡實爲湘省所無，有蓮、有藕、有菱，而獨無芡實，殊不可解。聞湘潭有蒓菜，尚未得嘗也。筆廿枝，亦領到。香粳米亦此間所缺，陳黃米則有之。承賜小女洋銀，謹謝謹謝。今年江南題名錄無一熟人，蘇府亦甚寥寥。近年科名不旺，或以爲鐘樓未經修復之故，其信然與！文卿本係濕熱之症，大約爲服藥所誤，竟至不起，醫藥之不可不慎如此。弟自九月初起，日服黃耆、黨參，正氣漸旺，痔瘡大有起色，飲食易於消化，精神優裕，然不敢十分用足，每日必静卧兩三次，以資修養。初七日武闈開考，又須忙碌二十餘日，幸地方公事順手，公牘亦簡，山谷老人所謂豐年頗減簿書忙，亦居官一樂境也。弟遇事以和平處之，專心爲百姓遴選好州縣，州縣得人，則民間無不平之氣，久之可以政簡刑清，自能感召天和，風雨時節，五穀熟而民人育，士習民風亦漸有轉移變化之機，其機實驗之於一心，一心之主宰亦不外公平二字而已。古名臣中如范文正公、歐陽文忠，其用心大略相同，有實心乃有實政，督撫之一舉一動，通省士民所瞻仰，毀譽自有公評，不可强也。謝友梅代理衡山，官運尚好，其心地不壞，但望其振作精神耳。慎思得糧儲一席，機緣湊合，運亦漸通，聞之甚慰。劉炳青已爲說項，中丞得信後必有消息。織布機器局付之一炬，聞邵小邨股分不小，甚爲惋惜。手泐，敬請福安。弟大澂頓首。十月初三日。

大土甚好，其價由訥士處代付可也。

吳湖帆：光緒十九年癸巳十月初三日。

八五

訥士賢姪如晤：

　　前月路安帶到手書，并場作一篇，以文字而論，總在可中之列，得與不得，原有定數。官卷祇此二名，尤不易爭勝也。昨晚厚甫到湘，續接十一日手書，所托厚甫代購棗紅袍料，并筆二十枝、真西山先生像均已收到。金陵寄來百合甚佳，每晚食之，大有益也。時卿處長官完姻，叔送喜分洋五十元，已交蔚長盛，恐其送到日遲，乞先代付。前次肖韻一信，本屬申莊專差送到川沙，可以速達，不意遲至兩月尚未寄到，亦可怪也。手復，即頌文祺。愚叔窗齋手泐。十月初三日。

　　另有一信交票莊。

　　吳湖帆：光緒十九年癸巳十月初一日。

八六

訥士賢姪如晤：

　　昨晚厚甫回湘，帶到手書，並代購棗紅寧綢袍料，已領到矣。茲交蔚盛長匯去蘇漕平銀二百二十兩，內壹百兩歸入小女製衣項下，五十兩係八月節家人所提節賞，代爲分給可也。外七十兩乞爲換洋，以五十元送時卿處大姪喜分，以四十四元還翰卿（戴文節扇、沈獅峰畫軸）。餘容續布，即頌文祺。窗齋手泐。十月初三日。

　　前厚甫帶來煙膏，乞代付價。

　　吳湖帆：光緒十九年癸巳十月初三日。

八七

訥士賢姪如晤：

　　初三日曾寄兩函，一交信局，一由蔚盛長匯去，銀二百二十兩，未知達到否？叔有自撰《黃鐘律琯考》三篇，板存義莊（約八九塊），佛常濟未經帶來，板心寫"權衡度量實驗考"，因王益吾索觀，并印本亦招不著，望屬徐元圃刻字店先印三四分，信中寄來，其板托姚荷卿帶湘（今冬事簡，擬將《權衡度量考》續纂成之，此前人所未道，必傳之書也）。再前寄之芡實甚佳，與新鮮者無異，望再代購三四斤，交姚荷卿帶來。如陶仲平可以早來，亦可托帶也。月內忙碌異常，以後須出月再寄書矣。即頌文祺。愚叔愙齋手泐，十月初十日。

　　吳湖帆：光緒十九年癸巳十月初十日。

八八

大兄大人如晤：

　　前月廿一日接奉初七日手書，正值武闈校射之時，刻不得閒，是以久未作書。聞兄得咯血之症，甚爲縈念。雖因天氣燥熱，究屬體虧，須令斷除，永不再發。今冬補劑不宜間斷，至言語偶然不清，此痰之爲患，常服半夏，總可得力。如馬培翁到蘇，可請開一調補湯藥方，畢竟膏丸力薄，不如煎服之易於見功也。弟於十月初旬起居飲食一切勝常，痔腫日消，流膿日少。閱武二十日，終日堂皇，回署後剪燭判事，尚不覺累。近因天晴氣煖，閒患牙痛，不敢服溫補之劑，大便燥結，脾土尚健，參朮、茸桂等品似不相宜，或竢冬至後天氣嚴寒，酌量培補，祇可因時制宜，不能拘執成見也。每日照例公事，日無留牘，應酬筆墨，未免疏懶，養此精神，不作無益害有益，六十老翁不能與少年人爭勝矣。衡州府屬之安仁縣疫癘盛行，死者以數千計，現派徐巡捕（該員精於醫理）攜帶藥料前往散給，並即委員賫銀八千兩，續撥八千串，會同該縣妥爲撫恤，擬即奏請恩撥賑銀一萬兩，如有不敷，再行動用皇太后恩賞之二萬兩，當可稍資補助，宣上德而通下情，疆吏之責也。仲平尚未到，荷卿想已在途，已屬湘帆往迎。手泐，敬請福安。弟大澂頓首。冬月初九日。

十六日閱冬操,又須忙碌五六日。

吳湖帆:光緒十九年癸巳十一月初九日。

八九

前函書就未寄,十四日荷卿到湘,又奉月朔手書,並芡實、年糕、鹽菜、青魚各種食物。向來不敢食米粉、糕糰,近日脾胃甚健,易於消化,頗喜食糕,然庖人仿製究不如家鄉之得法。鹽菜尤爲美品,可喫至正、二月矣。衣箱內十一件均已開看,甚費大嫂之心,感謝感謝。張宅吉期尚未諏定,小婿回津應試,縣考已得案首,明春院試入泮後,當即到鄂完姻也。弟自覺氣體漸健,補劑不必太猛。吾兄進服河車,尤須加意培補,明年春夏必有明效大驗。弟婦飲食每易停滯,命門火衰之故,不肯服藥,苦口相勸,甚屬勉強,然望六之年,衰態日增,非藥石不爲功業。手復,敬請福安。弟大澂頓首。冬月十六日。

吳湖帆:光緒十九年癸巳十一月十六日。

九〇

訥士賢姪如晤:

十四日荷卿到湘,展誦手書,並帶來《黃鐘律琯考》板,詢之佛常濟、弟七板後刻瓦當與瓦文,各板同帶來湘,無須重刻矣。騰月事閒,此書或可續輯成之。芡實收到,煮食甚佳,家園鹽菜美味也。手復,即問文祉。愚叔憲齋手泐。冬月既望。

仲平到漢口,已趁民船先行,至今未到。

吳湖帆:光緒十九年癸巳十一月十六日。

九一

訥士賢姪如晤:

昨復一緘,交信局寄去,必可先達。茲寄去蘇漕平銀壹百兩,聊爲饋歲之獻,乞換洋分送。去冬節省此項,寸心終歉然也。臘月用度較繁(都中炭敬已寄二竿,祇好由鰲局代墊,從緩再還,一年所虧惟此一款,善後局向無此款,不肯代出耳),恐無餘款,故先寄去,即頌侍福。憲齋手泐。冬月十八日。

厚夫昨日得手書,知肖均又丁承重憂,甚爲繫念,如須從豐致賻,乞示下。帳須年底收齊再分,大約正月寄去。

九二

大兄大人如晤:

前月由源豐潤轉寄一緘,諒已達覽。日前接汪五表妹書,知祝濟之一病不起,殊可憐憫。其意欲通融一百元,不知湘中光景竟無款可寄,祇好稍遲酌寄一分,并爲其子位置,乾脩每月可得八千文,聊以敷衍而已。棟臣率其妻子來省,暫留署中居住。弟察其光景並非痰火,乃鬼魔附體,舉動失常,面色青白,好唱詞曲,見人多則膽怯。詢其何地人?曰湖南人。住居何處?曰以船爲家。曾讀書否?曰未曾讀書。何以能唱詞曲?曰先生所教。問其家中有何人?曰有一大爺。聽其口氣,似一女鬼,故見男人則避。弟擬令其赴城隍廟,能收此鬼,斷離便可霍然矣。保節堂年內可竣,已捐三千餘金。手泐,敬賀年禧。弟大澂頓首。冬月廿一日。

大嫂大人前叩賀年禧。

吳湖帆:光緒十九年癸巳十一月廿一日。

九三

訥士賢姪如晤:

前交蔚盛長寄去兩函,所匯觀瀾、功甫乾脩折合銀兩,未知到蘇換錢,能得四十二千文否?如有不敷,乞爲補足。前交敍卿帶去五小女衣服一單，新正開工，望稟明堂上，先將三竿存摺息銀及田租四十元，歸入裁縫工料內動用，不敷之款，明春再寄。即賀新禧。愚叔大澂手泐。臘月十三日。

　　吳湖帆：光緒十九年癸巳十二月十三日。

九四

大兄大人如晤：

　　前交信局寄去一緘，計早達到。春山同年來湘，以交代虧空四百金告急於弟。值此年關緊迫，如何籌此鉅款。然不爲想法，竟是山窮水盡之勢，因爲切實函致顧暤民，爲微生乞醯之舉，當可如願以償。茲托春山帶去湘蓮二十斤、冬筍三十斤，由滬寄蘇，當可早到。又寄三叔母二簍、運齋二簍，即乞分致。手泐，敬賀歲禧。弟大澂頓首。臘月廿一日。

　　明年六十，同鄉欲爲預祝。新年事閒，擬於初八、九請客兩日。

　　吳湖帆：光緒十九年癸巳十二月廿一日。

九五　甲午十六通附二通詩三通　公年六十歲

大兄大人如晤：

　　十六日卓臣、訥士兩姪到湘，奉到手書，承賜朱履煖套，具見情關手足，雅意殷拳。並惠萬壽丹壹罐、朕八肘，謹敬拜登，莫名感謝。小女衣箱、盆、桶亦俱領到。近接南皮尚書信，擬擇吉期於八、九月間，仍須送女至鄂。正值監臨鄉試之時，未免忙碌耳。此間十八、十九回署中演劇二日，甚爲熱鬧。俟慈航回省，月底送兩姪赴鄂，先此復謝。敬叩福安。弟大澂頓首。正月廿三日。

　　吳湖帆：光緒二十年甲午正月廿三日。

九六

大兄大人如晤：

十九日奉到新正六日手書，知去臈所寄各函均已先達到。大作七古一章，期許殷殷。昨日自求賢館回署，燈下敬和元韻一首。今日在上林寺爲母親週忌延僧誦經一日，因錄近作數首寄呈台覽。運齋之同年周薈生太史久已作古，乃兄荔樵中書欲將其住宅出售，議價一萬三千三百金，購作求賢館，小有園亭，又有菜圃、池塘，大可種荷栽柳，爲夏月納涼之所。四週有租房五六所，可收租金作每年歲修之費，省得再興土木之工矣。署後黃瑾腴新造之屋，亦因光景不裕，亟欲覓主，議價九千五百金，購作孝廉書院。因從前借賈公祠懸一額，省外孝廉不能在院居住，大半皆住客棧，現購此屋，諸孝廉有下帷之地，亦補前人之缺也。弟定於廿七出省，先赴西路閱操，三月初可回。手復，敬請福安。弟大澂頓首。正月廿三日燈下。

近來身子大健，每夜小便不過兩次，已經一月有餘，此補藥之明效也。

九七

訥士賢姪如見：

今日由厚甫交到手書，藉悉一切。湘帆於新正初三日抵湘，吉金、鏡、瓦及裝裱各件均已領到，吾姪塾款月内先寄二百金，餘俟二月杪再寄。每月養廉約可餘二三百金，尚須湊作侄女嫁資也。南皮尚無告期，昨已函詢，大約總在秋冬間矣。現屬藴石繪湘中名賢像，真老二有真西山像，乞代爲一借，屬胡琴涵臨出寄下（送洋一元）。手復，即問加餐。愚叔大澂手泐。正月廿三日。

西山先生爲湘中名宦，當時之潭州，即今之湖南。

九八

正月二十二日至求賢館小憩歸而作此即和大兄寄懷元韻

攻玉資他山，鍊金貴良冶。不有棟梁材，安能成大廈。志奢願難償，曲高和亦寡。闔門拜昌言，好善思虞夏。爲政在力行，文誥多虛假。源澄流自清，水急湍常瀉。秉公心自明，不明便聾啞。湘民望治平，愧此盛名下。書來以頌規，心藏復心寫。秋蓴懷故鄉，春草思綠野。東風滿洞庭，折梅逢驛馬。寄詩勸加餐，一醉傾瓊斝。

弟大澂初稿。

大兄惠寄鹽菜一罎食之而美與寮友共嘗之即席賦此

兕觥春酒醉公堂，滿座賓寮喜共嘗。要使士夫知此味，莫教子弟飫膏粱。

湘中菜種雜青紅（湘省有青菜薹、紅菜薹，皆不甚佳），品列園蔬迥不同。憂樂總關天下事，半生虀粥範家風。

弟大澂初稿。

新　年　口　占

靜參物理卜豐亨，差喜新年案牘清。窗外蠟梅融雪點，枝頭翠鳥弄春聲。畫無定格供揮灑，詩不求工適性情。滿屋紅燈譚興劇，起看星斗已三更。

昨夜湘帆泊渡津，故人書問報宜春。吳頭楚尾懷千里，酒綠橙黃味一新（上海聶仲芳觀察惠寄蘋蒲果、紹興酒，湖北張孝達制軍惠寄新會橙）。列郡謳歌同望歲，長官心事在親民。乘陽布令非文具，寶善須求席上珍。

大澂初稿。

九九

大兄大人如晤：

前月下旬泐函復謝，計已鑒及。兩姪到湘後，陰雨連綿十餘日，約游嶽麓山不果。昨日放晴，今早請茶邨、廉夫諸君登山一覽，風日清和，可以游目暢懷。慈航輪船明日必可回省，擬於初七日啓程，令慈航送至漢口，江水甚漲，行程必極速也。附呈臺灣所出鐵珊瑚手鐲，佩之可活筋絡。又，京靴一雙，聊伸手足之誼，副以百壽被面，竊效姜公大被之意，不知何日聯床聽雨，一慰兩年闊別之思也。弟交春以後精神大健，補完去夏所繪《衡山圖》十幅，交訥士帶回付裝。吾兄閱之，知其精力有餘矣。今年籌得育嬰經費二千金，堪以告慰。手泐，敬請福安。弟大澂頓首。二月初五日。

育嬰堂自養貧婦，向以半年爲度，每月八百文，有一千一百餘，今一律加足一年。

吳湖帆：光緒二十年甲午二月初五。

一〇〇

大兄大人如晤：

自二月初八兩姪啓程之日，即聞寶慶府屬會匪起事，次日調撥防軍出省剿辦。其匪約有三四股，一爲漵浦縣龍潭之諶北海，自稱北海大王；一爲武岡州山門之張塈堂、張桂仔父子；一爲湘鄉人王亮；一爲王桂林，皆在武岡、邵陽各處搶掠邨莊，聚衆至三四千人。近日又有彭十五一股，在湘鄉、邵陽交界之油籃寨，亦有數百人，張貼僞示，形同叛逆。並有女匪袁花姑孃、荷花姑孃綽號，屢經防營擊敗，臨陣槍斃者二百餘人，生擒數十人，王桂林、王亮均已正法。近日又獲諶北海一犯，惟張塈堂父子尚未擒斬，月内當可奏報肅清。羽書旁午,均須手自批答,又因湘茶虧本,鄒明設局督銷,籌借鉅款,議立章程,與盛杏蓀往復函商,筆墨甚繁。幸精神較勝於去年,不覺其勞。每日早起一粥之後,加以炒飯一大盌,傍晚不喫點心即喫炒飯,居然一日三飯兩粥,並不停滯。近雇乳媽,早晚飲乳兩茶鐘,甚爲有益。吾兄何不仿而行之,亦不費事也。手泐,敬請福安。弟大澂頓首。三月十三日。

仲平尚未到,想在漢口矣。

一〇一

訥士賢姪如晤:

自吾姪動身之後,下午即接武岡警報,會匪聚衆三四千人,焚掠邨莊,勢甚猖獗。省城各防營調撥一空,忙碌至今,稍有頭緒。湘局督銷正在開辦,關係甚大,當無掣肘,五月內便有眉目。仲平尚未到。手泐,即頌文祺。窓齋泐。三月十三日。

一〇二

大兄大人如晤:

三月十六日接奉二月廿六日手書。四月十一日續得三月廿九日寄函,欣悉起居勝常,精神健旺,至爲快慰。湘省會匪已報肅清,營中獲犯不許妄殺,均解府縣確訊供認謀叛者方批正法,庶少冤死之人。然對仗時鎗斃已數百人矣。茶市大有起色,立夏開盤,安化頭綱得價四十八兩,獲利甚厚,其餘略有參差,均不虧本。今年清明至穀雨,弟默禱於神,暢晴半月有餘,茶不受病,香味均佳,故洋商肯出重價,不致抑勒。此中若有天助,究竟貨高則價昂,尤須考究做法,可保茶利。弟近來信天不信人,人不能以誠動,天可以誠格也。手泐,敬請福安。弟大澂頓首。四月十八日。

訪得湘潭後湖有蒓菜,屬水師船採來數筐,風味甚佳。土人不知其可食，陸放翁有詩云“短艇湘湖自采蓴”，屈原《楚詞》亦有“苴、蓴”二字，可見天地間至美之品，淹没亦不少也。弟又啓。

吳湖帆：光緒廿年甲午在湘撫任所。

一〇三

大兄大人如晤：

初九日郝弁回湘，奉到四月廿五日手書，藉稔精神强健，眠食勝常，至爲欣慰。念劬到此，盤桓六七日，頗形熱鬧，惟陰雨過多，不能爲嶽麓之游。今日約季孺同行矣。承寄新蝦油甚佳，玫瑰醬香色如新，較往年所做尤爲得法。謝慎思一函，乞飭送糧署轉寄。直隸、廣東、河南均有屏幛寄來，合肥散文敍事尤詳，不知何人代筆。兹托念劬帶去竹扇一柄，廉夫所畫，屬佛常濟刻之，又南陽緞二卷，乞收用。南皮吉期尚未諏定，約在七、八月間，屆時擬邀運齋來鄂，代作公相，並可爲湘嶽之游也。手復，敬請福安。弟大澂頓首。五月十六日。

會匪已報肅清，隨摺保十人，渠魁無一漏網者。

一〇四

訥士賢姪如晤：

前日交念劬帶去一緘，計已達覽。七女庚造一紙附去，可托硯生一爲占合，如果相宜，即請硯生、望雲兩前輩執柯可也。手泐，即頌文祺。愙齋泐。五月二十日。

五女約於十月間出嫁，應用銅錫器乞照蘇例開示一單，以便定製。

一〇五

大兄大人如晤：

昨交念劬帶去壽幛一匣（叔英到此，暫留署中，令其用功，可與厚甫、和卿一同赴試,伯英屢圖不遂,擬薦子靜帶至朝鮮,屬其不必來湘,徒費川資),係送季孺太夫人五十正壽之用(可用金字,上下款)。俟其服闋後再行送去,尚有紅緞壽聯,當交信局寄上。聞轂士今年亦係六十,不知何月,即由家中挑一緞幛寄浙,尚不費事也。弟交五月以來精神較裕,夜間能睡至天明,或接連三四日不用溺壺,此腎氣稍固之效,元關扃祕,三四年始有此一線轉機,生理或可不絕。手泐,再請福安。弟大澂頓首。五月十七日。

一〇六

大兄大人如晤:

　　茲交蔚盛長寄去蘇漕平銀二百兩,爲小女製衣之費,乞即察入,餘俟七月望後再寄。此信到蘇,想訥士已赴金陵矣。今歲奎中丞監臨,運齋想必同去。手泐,敬請暑安。弟大澂頓首。六月十八日。

一〇七

大兄大人如晤:

　　迭接運齋來書,知郋亭代捐知府用去二千金,由仁昌匯蘇,若須報捐指省,必得另爲籌借。昨已電致杏蓀,代借兩竿,由弟處歸還。今年正值嫁女,湘中無款可籌。因思浙省應備萬壽貢品,如未配齊,可爲代配銅器、玉器一十八件(弟處尚有整玉如意,色甚白而尺寸亦大),函致越嶠,屬其一詢轂翁。倘須代備,屬卓臣檢齊,交翰卿爲之裝潢可也。玉器可備六七種,尚須託翰卿再配一二件,亦尚容易(前翰卿有信,蘇地有一玉瓶,約值六十兩)。俟有便輪,當寄漢口,屬施子卿代寄上海春華祥,遇便即可寄蘇。如不用,即存家中亦可。手泐,敬請福安。弟大澂頓首。六月廿八日。

　　今年正伏酷暑,日食西瓜,惟身子太肥,出汗過多,餘無他恙也。

前爲方伯代備貢品，以自藏銅器、玉器、瓷器湊入，餘銀千數百兩，留作今冬嫁女之需（鼎元捐官用四百數十金，亦在此款内劃去）。因思運齋捐款無着，再爲穀士湊配數種，想其到任未久，貢品未必備齊也。

一〇八

大兄大人如晤：

十四日接奉初二日手書，知有抱孫之喜，合署爲之欣頌。預卜他年承先啓後、大振家聲者，必此子也，豈僅昂昂若千里之駒耶？桂林陳文恭公一生勤勤懇懇，以教人爲善爲己任，所刻《五種遺規》至今傳世，有讀之而感發興起者，其所成就之人不少，故其子孫昌盛，科第連綿不絶。弟今事事以陳文恭公爲師法，勸誡士民，往往頒發手諭，冀其感動。去冬讀胡宮詹（胡文忠公之父）《弟子箴言》，手加眉批五百餘條，現在少村觀察取去付刻。將來刻竣，頒之各屬書院，必有益於湘中士子。人但知胡文忠之功業蓋世，不知其祖、父之積累如此其深厚也。前見七月初一日上諭一道，中日戰局已成，朝鮮生民塗炭，殊堪憫惻，水軍陸將均未得力。弟素有攬轡澄清之志，不免動聞雞起舞之懷，望日電奏，自請率師助戰，有旨獎其奮勇可嘉，准即帶勇北上。今日交卸撫篆，廿九乘輪赴鄂，初三當可抵滬（住春華祥），吾哥如能到滬一晤，藉可暢譚一日。手泐，敬請福安。弟大澂頓首。七月廿六日

外間衹説進京祝嘏，並不帶一勇一器，可趁外國商輪北上也。

一〇九

大兄大人如晤：

九月廿九日劉貴雲來關，帶到十八日手書并花露一匣，領到。

秦君向不相識，係季孺親戚，信內別無所事。花露係其自製，大約
攬生意耳。弟所帶湘軍先到四營，尚有劉鎮（樹元）添募三營，余
鎮（虎恩）原帶振字三營，續募七營，魏午莊方伯新招六營，近日又
奏請譚子雲觀察招募五營，已蒙俞允，合成二十八營，適合雲臺之
數。鄂省有鐵字五營，添募五營，係湘將熊鐵生所帶，又有何元愷
所帶愷字營礮隊三營。香翁之意，均擬歸敝處節制，俟到津後，必
有明文。湘、鄂兩省有四十一營，聯爲一氣，得此四十一營二萬餘
人，俟冬月内到齊，可與一戰矣。所購軍火，奏請部撥銀五十萬兩，
定購精槍八千桿，合之舊存快槍，有一萬餘桿。訂購後膛礮二十四
尊，約計冬月中旬亦可由外洋運到。惟購糧買馬、製備皮衣，頗費
籌畫耳。南皮吉期改早，於十二日最爲妥當。已電邀訥士赴鄂，代
爲照料。因聞皇后有病危之信，恐花衣期後窒礙難行也。敬請福
安，弟大澂頓首。九月初二日。

　　昌碩因太夫人病重，請假回申。

大兄大人如晤：

　　廿五日由津遞到十四日手書，不知吳昌碩帶回一緘何以尚未
達覽。山海關今日氣候甚暖，弟尚未穿綿韈綿襖，飲食起居一切照
常，精神較勝於去冬。弟所部四十二營僅到四營，逐日督操槍靶，
以衛隊二百名爲最好。二百步靶中五槍全紅者賞東錢三吊（合制
錢四百八十文），三百步靶全紅者賞銀二兩。有一衛隊兩日得銀四
兩，人人皆樂於練習。弟午前閱衛隊槍，午後閱各營打靶，每日一
營，四營輪流閱看，如此鼓舞而作興之，兩月以後，此四營大有把
握，將來靠此二千人出奇制勝，他營皆敷佐耳。魏午莊六營已過德
州，不日即可到津。余虎恩十營陸續到清江。譚道文煥五營就近
在直東招募，已來兩營。劉雲樵續添三營，甫抵漢口。此二十八營

冬月底必可到齊。又有湖北熊鐵生所帶鐵字十營，吳元愷所帶愷字礮隊四營，皆由信陽州陸路至汴梁，一路而來，約須出月望後始到。新營多未操演，香翁奏明歸弟節制調遣。有此二萬餘人，亦不爲少。細考前敵致敗之由，一則人心不齊；二則槍礮不准，子皆虛發；三則營勇能聚不能散，往往以一簇蜂擁而前以受敵之槍礮，此大謬也。弟俟各營到齊，至少操練兩個月，至正月半後方可督師出關，衹盼宋祝帥竭力支持兩三月，保守瀋陽。屆時弟當一鼓作氣，穩進穩打，但得一二勝仗，稍挫其鋒，倭兵亦必有一蹶不振之時。弟遠師韓、范，近法曾、胡，衹有以一片血誠，上報朝廷知遇之恩。毀譽、禍福、死生皆置之度外，倭人其如我何？手泐，敬叩福安。弟大澂頓首。十月廿六日。

如有熟人來詢近狀，可以此書送閱。

訥士想已到家，弟有鼻煙兩瓶（一長方、一三角），再購楊二林堂二紫八羊毫廿枝，乞寄沈子梅處轉寄到津，由汪葆田代收可也。另有三小瓶，係陳姑娘所買，每瓶十元，如有人要，即爲銷去，其價交還陳姑娘。此煙亦有二十餘年，大可用得。鄂中來電，家眷定於廿七動身，初四、五日必可回里矣。肖韻爲弟寫奏摺、繙譯電報，甚爲得力。卓臣薦葉雲樵辦軍火，弟已購定槍礮五十餘萬兩，不再添矣，乞告之。

———— 乙未十九通附片四通　公年六十一歲

大兄大人如晤：

在滬接奉手書，并遼陽州徐慶璋電報一紙，均已領悉。前允賞給遼陽獲勝團勇銀千兩，屬袁慰庭代付。裕壽帥之意，應由奉省撥給，此謙讓之舉也。弟於廿九晚間登舟，卅日泊焦山，因有水雷，昏黑不敢行。月朔午刻始抵金陵下關，未刻進城，與香帥譚半日。內人未能登岸。是夜亥刻返舟，子刻即展輪，泝江而上，今日三點鐘可抵漢口。計初七當可到湘,定於初八日接印。內人大便已通,飲食略增,須到署靜養數日,方可大健也。奉省賑款不敷散給,弟爲電奏,懇恩加給賑銀十萬兩,當可仰邀俞允。樂帥所借一萬,仍擬屬卓臣匯至奉省。現已奏明,大可入報銷,俟到湘後備文咨明蘇撫可也。手泐,敬請福安。弟大澂頓首。四月初四日。

三弟已承香帥允派南洋隨員,未知薪水多寡耳。

吳湖帆:乙未四月初四日。回籍掃墓後,乘楚材輪赴湘撫回任。袁慰庭爲項城袁世凱。裕壽帥爲裕祿,字壽山,曾任安徽巡撫,滿洲正白旗人,大約是時爲奉天將軍也。香帥爲南皮張文襄公之洞,是時署兩江總督。樂帥爲奎俊,字樂峰,滿洲正白旗人,是時爲江蘇巡撫。

<h2 style="text-align:center">一一二</h2>

大兄大人如晤:

前日在漢口曾寄一書,當邀鑒及。弟婦肝氣時刻作痛,在楚材輪船上尚能行動,飲食照常。自漢口過船後,終日困臥不起坐,偶飲稀粥即發脹肝跳。冀其到湘靜養,或可稍輕。不意初六日二更後肝氣大發,痛及小腹,汗流如雨,幾有欲脫之勢。幸至下半夜熟睡,神氣稍定。初七日仍作微痛,不能飲食。今早弟上岸時,屬其便衣上岸,渠云尚能坐轎,仍令陳姿檢出朝珠披風穿好,氣急發厥(其時弟先登岸矣),人事不省,三姑母即令陳姿抱之上轎。甫入署而脈已絕,即於巳刻去世。若在船上病故,更覺倉皇無措。惟弟甫經接印,即日悼亡,心緒惡劣,無可奈何。衣衾多未預備,幕友均尚未到,事事須自行照料,茫無頭緒。幸有同寅中自備杉枋棺木一具現成漆好者讓與一用,擬明日小殮。頃已發電奉聞,並告知運齋及張、廖兩親家,並柳門處亦已電知矣。弟今年諸事不順,六旬夫婦忽又分離,情何以堪。但一路平安,到署始行發喪,亦不幸中之幸也。現立虛名，取名本悌，命七官代穿孝服，五七後開弔，暫寄廟內，俟秋冬再行歸葬。三姑母在此，一切鄉風尚能熟悉，弟則茫然不知也。手泐，敬問加餐。弟大澂頓首。四月初八日申刻。

吳湖帆：乙未四月初八日。是日巳刻，祖母陸太夫人薨。

一一三

大兄大人如晤：

初十日詳布一緘，諒邀鑒及。湘中雨澤愆期，將成旱象。弟在期服假內，酬應往來一概杜絕。而各廟祈禱本穿素服，仍可照常行禮，因於十二至十四日步禱三日，早晚兩次，今晨仍步至玉皇廟虔誠叩禱，午前大雨傾盆，民情歡悦，得此甘霖，四鄉均可霑足，麥收必可豐稔。米價頓落，人心爲之大定矣。弟婦喪事，擬於五七開弔後移柩至又一村，俟將來送柩回籍再行出殯。因南城外各廟相離太遠，燒紙誦經不甚方便，從前劉蘊齋師母亦曾停柩又一村也。觀音山墳地今冬方向利否？便中示及。手泐，敬請福安。弟大澂頓首。四月望日。

訃聞另交信局寄去二百分，乞屬訥士爲分送，各省均已另寄。

再，弟年過六十，精力漸衰，生育一道實難冀望，不能不爲立後之計，約有三端，兄爲酌定。鄙意毫無成見也。

一、長房長孫如可兼祧，即以訥士之子兼祧本孝名下，爲兼祧承重孫，將來生有次丁，即以次丁改繼弟名下。弟若生子，作爲次房，應將蔭生歸長房承蔭，由族中議定嗣單，此本房兼祧最近之支爲第一義。

一、卓臣係降服姪，又係內人胞妹之子，服雖降而情則親，如運齋願以卓臣兼祧，即令承考蔭生，此近支兼祧爲第二義。

一、惠卿三子，既以三官承繼和卿名下，若令兼祧弟名下，想惠卿夫人斷無不願之理。俊卿、惠卿兩房有福官、四官分繼，未便兼祧。惟和卿夫婦俱亡,以三官爲兼祧子,此近房兼祧第三義。

　　以上三條均係兼祧,略有遠近親疏之別,弟意均無不可,乞兄代爲酌定,函告運齋。如議以三官兼祧,暫不成服,先爲擇吉娶婦,再令來湘侍奉。上年慈聖萬壽例有蔭生,無人承蔭,棄之可惜也。

　　兼祧子本生父母俱在者,服兼祧父母之喪是否斬衰期服,乞爲一查,此事本可緩辦,因聞上年恩蔭須於兩年內呈報(考蔭可遲,不必急急),過此限期,不能補辦。巡撫專蔭六部主事,弟意在訥士也。

　　吴湖帆:乙未四月十五日。祖母陸太夫人初喪時在湘撫署中。劉蘊齋名崏,湖南景東廳人,同治甲子科主考江南鄉試,寳齋公座師。運齋叔祖母陸氏,與祖母陸太夫人爲胞姊妹。俊卿名大彬,和卿名大□,惠卿名大恩,皆曾叔祖聽蕉公(立信)之子,與公爲同祖兄弟行。福官名本良,俊卿嗣子。三官名本源,和卿嗣子。四官名本岐,皆惠卿之子。

一一四

訥士賢姪如晤:

　　初八之變殊出意外,即内人亦不自料其不起。臨終並非痰塞,似係肝絶。初六夜間之一痛,勢已不支,敷衍到署,生死似有定所也。篋中祇有織金蟒袍一件(係去年天津司道所送壽禮),其餘概係現製。棺木係用獨幅杪枋,尺寸甚大,五七開弔後暫停又一村。吾姪不必來湘,家中無人照料也。即頌文祺。愚寳齋泐。四月十八日。

　　如有輓聯可屬厚甫代寫,每信百金,承由蔚盛長匯。

一一五

訥士賢姪如晤:

　　寄去訃聞二百分,在蘇親友及官場酌量填送,疏遠者似可不必。他省寄訃無多，但擇其至熟者及同年數人耳。廖穀士親家一分，由蘇寄去。上海另寄，常熟及南潯（由蘇寄）尚未寄也。劉令炳青名條已交香帥，諄諄屬托，晤時乞告之。吳中如有送幛，可交任昂千帶下。昨委該令赴滬領運槍礮，在蘇必有數日耽擱耳。手泐，即頌文祺。愙齋泐。四月十八日。

一一六

大兄大人如手：

初十交信局寄去一緘，續交任昂千帶去一函，想月內亦可達到。弟今年諸事不順，惟有逆來順受，委心任運，凡事聽諸天命而已。禱雨十日未息，早晚步行兩次，雖有靈應，尚未渥沛甘霖，祗緣去年一冬無雪，土脈太乾，非得三日大雨，不能透澈耳。韓太夫人遺像屬琴涵敬摹一軸，乞交昂千帶湘（用洋鐵筒裱好，可不受潮）。敬問加餐。弟大澂頓首。四月廿三日。

運齋久無信，念之甚切，不知其病輕減否？

吳湖帆：乙未四月廿二日湘撫署中。琴涵爲胡芑香曾孫，名祥，常熟人。承家學，以寫照著名，吾家祖先遺像光緒間重摹者都出其手。

一一七

訥士賢姪如晤：

任昂千赴滬運槍之便，帶去訃聞一大包，計月內必可到蘇。昨日二七，所受祭幛已有二百三十餘軸，幾無可挂之地。吳中親友所送不必全寄，酌擇數軸交昂千帶來可也。衡山祝聖壽寺僧來省送《金剛經》半藏，須十六日方能誦畢，各廟紛紛送經，每日兩壇。余自十二日起早晚步禱兩次，十五日已得透雨竟日，鄉民以爲未足，接連祈禱，今日又得大雨，下午又晴，明日仍須步禱。弔客亦絡繹不絕,終日無非拜跪,幸兩足尚可勉強支持也。昂千到蘇,可將後樓所存篋包帶來二十件,可與洋槍搭解,甚便。喜容屬琴涵畫,明後日可竣。即頌文祉。窓齋泐。四月廿二日。

一一八

大兄大人如晤:

疊寄兩緘并訃聞一包,想均達到。今日接奉十三手書,骨肉至情,同此傷悼。老年心緒如此,無可解慰也。弟憐其病體淹纏,同舟八日刻不相離,勸其到湘服藥,肝氣必可平復。初六夜間痛至出汗,呻吟之聲不絕,尤恐弟不能睡,屬僕婦勿過張皇。次早痛平,尚有喜色,始終無一不祥語,其意急欲到署,亦不自料其不起也。然使弟不南歸,在家病故,欲一見而不可得,糟糠夫婦尚有此數日因緣,亦前生注定也。訥士不必來湘,俟有葬期再行送柩歸里。手復,敬請台安。弟期大澂頓首。四月廿四日。

一一九

訥士賢姪如晤:

昨寄一緘,當已達覽。前在春華祥所查總署電本,吾姪是否帶回,抑仍在春華祥號中,乞爲一查,交信局寄湘。此本雖已破爛,因無副本,不方便耳。窓齋手泐。四月廿四日。

在蘇誦經及開銷使力乞代記帳,存款利息即可動用,不敷再寄。

一二〇

威海

戴統領:幕友戈什歸并到津,乞飭飛霆送煙搭船,日内倭艦恐有大隊北犯奉境。澂。敬。

一二一

威海

戴統領：豔電悉，湘軍准添十營，合魏募共足廿營，有旨命余鎮虎恩、劉鎮樹元各添數營，無須他調，如需教習，再電懇。澂。冬。

一二二

威海

戴統領：頃與相議，請以少湘協威防，子木分隊守煙，未允。澂。沁。

一二三

威海

戴統領：平壤各營潰退，義州奉防喫緊。澂遵旨赴山海關督守，廿八行。倭意不在威、旅，湘營催令赴津，不能速。澂。寢。

一二四

江寧、廣東

制臺劉峴帥大公祖、制臺李筱帥姻世伯鑒：澂奉旨添募湘營，令購哈乞開斯萬桿，密訂密運，爲期尚遠，務求垂念軍事緊迫，慨借哈乞開斯千桿，感佩公忠。迫切待命，購到即繳，祈電復。澂叩懇。豔。

一二五

江寧

制臺劉峴帥大公祖鑒：訂購奧國小口徑新槍六千，須冬月中旬趕到。尊處前訂馬梯尼萬桿可早一月,求借三千,帶子百萬。俟敝處槍到即還。前借林明敦中鍼槍千四百桿,並求撥子六十萬,已飭薛丞鴻年領運。澂。魚。

一二六

湖北

制臺張:昨奉電旨知尊處奏,不謀而合。原奏請添十六營,僅准十營,除調振字三營外,余鎮添四營,劉鎮添三營。直東人亦可參用,招募較捷。精槍訂購八千已到香港。澂。江。

一二七

湖北

制臺張:歌電悉。槍爲洋商所誤,並未到港,焦急無策。另訂奧國小口徑精槍六千,連子需銀四十萬,封河前可到。寧局借槍千四百桿,乞諭薛鴻年領運江陰,務於望前趕到。澂明日赴大沽,初十到關。關外沿海百數十里,須設馬撥勤探密防,鐵營到津,可調至關。澂。魚。

一二八

制臺張轉劉鎮臺:聞廿四抵鄂,甚慰。各勇上船赴滬,乞諭營哨,嚴加約束,不可滋事,第一聲名要緊。澂。東。

一二九

制臺張:電悉。本年土藥稅釐約七萬,全數截留。節省解部款冬季尚有一萬五,亦即留歸敝營,俟奏明再咨商局。運費由盛道暫墊,請飭劉鎮等起陸後徑赴津防。澂駐津,暫不赴威。敬。

一三〇

湖北

制臺張：江電悉。湘輪少，乞尊處借輪幫拖。倭船游弋，窺探海防均要。昨奉電旨，總查大沽至山海關防營，火車往來甚捷，擬派三四營爲游擊之師，晝夜巡哨，密防勤探無疏懈。澂。江。

一三一

湖北

制臺張：奧國現成小口徑精槍每桿帶子壹千，議定實銀六十四兩，包運大沽，封河前趕到，共有八千桿。敕處奏撥部餉衹可購六千，多定二千，應否留歸鐵營？需銀十二萬八千，由尊處奏請部撥必允，否則分與北洋，乞電復。澂。陽。

鄂電乞飭發，想香帥必以爲然也。

一三二

湖北

制臺張：鐵營不知何人所奏，湘、鄂合一軍，固所願也。尊處電奏，當邀俞允。鄂防如須募補，此餉應請部撥，余鎮添募之營，應領部餉。昨有電旨云，應需餉由湖北籌撥，當係籌墊。澂。微。

一三三

大兄大人如晤：

昨晚訥士到湘，詢悉起居安善，深慰下懷。帶到初五日電示，擬以翼燕爲兼祧承重孫，繼本孝之後，至以爲感。此時訃聞、謝帖均不必改，俟靈柩回蘇安葬時再行成服，乞酌行至。承蔭一節，擬托郎亭代辦，俟及歲時，再行赴考可也。此間定於十四日開弔一

日，本擬移柩又一村暫停。現與訥士商酌，終七出殯，至西門外上
船，即由訥士伴送回蘇。六月初十前即可抵里，屆時入城約弔，如
何禮節，但須簡便，不必過費也。任昂千回蘇，想必來見，乞屬僕人
將後樓所存箱件酌取十餘種交其帶湘。手泐，敬叩福安。弟大澂
頓首。五月初十日。

運齋病體如何？天津有無來信？時以爲念。

輓聯録呈一覽：

共貧賤患難三十餘年，依然荆布遺風，并代我事親嫁女；

經軺掌馳驅萬數千里，豈意湖湘同棹，竟與君死別生離。

一三四

大兄大人如晤：

初十日泐布一緘，交輪船帶至漢口轉寄，想已達覽。弟聞倭允退
還遼東割地，前次議約，諒須更換。李經芳既往臺灣，合肥相國又乞病
假，朝廷必將另派大員更議。小邨已准開缺，樵野未必肯任其事，弟實
不願與聞和議。望前請假一月，勞頓日久，亦須休養生息也。十四日
約弔一日，擬終七出殯，雇船送至漢口，可趁招商局輪船至滬。屬茶邨
與訥士同行，大可放心也。厚甫因店事暫回料理，弟爲函致佑之，能借
數百金，事或易了。手泐，敬叩福安。弟期大澂頓首。五月十六日。

吳湖帆：乙未五月十六日湘撫署中，正中日和議時。李經芳
爲文忠長子。小邨爲邵友濂，浙江餘姚人，甲午爲臺灣巡撫。樵野
爲張蔭桓，廣東南海人，後官吏部右侍郎。庚子被拳匪，充戍新疆，
誣以通俄，被誅。和議成，復原官。著作甚多。

一三五

大兄大人如晤：

訥士回蘇，想初六、七必可到，何時開弔，想月内必可送柩至觀

音山矣。弟致萊臣一書，內有書畫單，弟思古畫文玩皆身外之物，不如做些好事積德，以貽子孫。湘中五月無雨，步禱半月不應，旱象已成，弟勸鄉民掘井，每口津貼錢二串。又直隸水災，捐銀五百兩，望屬萊臣匯銀四千，以資應用。手泐，敬請福安。弟期大澂頓首。閏月十五日。

　　書畫隨後再寄，如不願留，即作暫抵亦可。

　　吳湖帆：乙未閏五月十五日湘撫署中。十三日奉命開缺。

一三六

訥士賢姪如晤：

　　龐萊臣處有寄湘之款劃出五百兩，留存吾姪處。今年興仁會摺再爲擴充二三十分，雖係小善，於窮親戚不無裨益也。即頌侍祺。愚叔憩齋手泐。閏五月望日。

　　乞告卓臣知之，恤嫠仍歸卓臣經理。

一三七

大兄大人如晤：

　　自前月下旬禱雨起，每日步禱兩次，又親至鄉間迎接（陶、李）真人神像進城，亢旱將成，心甚焦灼。直至十七始得透雨，二十以後連降甘霖，尚可保七八成年歲。忽聞開缺之信，鄉民心甚不平，有攀轅臥轍之意，行止皆天，弟信之甚篤也。手泐，敬請福安。弟期大澂頓首。閏五月廿八日。

　　吳湖帆：乙未閏五月廿八日湘省禱雨時。

一三八

大兄大人如晤：

　　月朔家人苗福等來湘，任昂千亦於是日始到，接誦手書，知葬期定於八月十二日,屆時如已交卸,當即請假回里,親自料理一切。
但恐靜山遲遲,我行未必能早來耳。湘人因求雨之誠,轉歉爲豐,
紛紛送牌送匾,無日無之,匾懸十四塊,鄉間尚未送到大約有三十
餘匾、三十餘傘、一二百對牌,卻之不可,禁之不能,不但湘省所未
有,他省亦未見未聞。吾吳惟湯文正、張清恪解任之時,萬民如此
感戴,不意弟撫湘三載,而士民之愛我敬我至於泣下,可見天下皆
好百姓,祇要官有良心,安見民無良心乎!此皆開缺之旨激動之。
前月有萬餘人至藩、臬兩署遞呈請留,並聞有至湖北譚敬帥處請其
轉奏者,去留固不可挽回,人心如此,都下必已聞之矣。郎亭來書,
聞此次風波因高燮曾一片而起,亦不知其所劾者何事,總之天心別
有屬意,塞翁失馬,弟亦絕不介意也。弟婦墓誌銘已脱稿,惟岳家
兩代一時忘其名,乞向崧孫一問,即行示知。祇須交信局寄來,十
餘日必到,擬在湘中刻好寄回也。蔭生即由弟處自行咨部(填年五
歲,須二十方可考蔭)。手泐,敬請台安。弟期大澂頓首。六月十
三日。

如已由本籍遞呈,乞將年歲一改,如未呈請,省一週折也。

吳湖帆:乙未六月十三日。靜山爲德壽,滿洲廂黃旗,舉人,
接署湖南巡撫。藩、臬兩司時爲但湘良、王廉。

一三九

大兄大人如晤:

六月廿七日接奉十五日手書,并萊臣所寄蘇漕平銀二千兩,
當先付收條一紙,初二日續接手書,謹悉一一。弟擬俟交卸後,
先請修墓假一月,到家稍作盤桓,再行乞病,如聖恩不許歸田,或
有新綸特簡,恐未必能優游林下,想造物別有位置,不任安閒。
靜翁月內到湘,弟當趕於八月初十前到家,倘能在蘇度歲,暫作
閒雲野鶴,亦一樂也。近日飯量頓增,頗覺心廣體胖,殊堪自笑,

蓋無思無慮，一切置之度外，大有令尹子風度。而士民之去思多在愚夫愚婦之口碑，湘人自謂數十年來未見民情有如此感戴者，可見三代下直道猶存。弟之撫湘三年，苦心孤詣，不枉費此精神也。葆田已到，趕辦銷册，了此一事。手泐，敬請福安。弟期大澂頓首。七月八日。

　　萊臣處畫軸到蘇再行檢交。

一四〇

大兄大人如晤：

　　本擬初三日交卸啓程，可趕初十前到家，不意德靜翁調補江西，陳右銘到湘尚早，瓜代之期，大約在九月杪矣。湘中士民歡聲雷動，願弟多留一兩月，稍慰攀轅覆轍之思，四鄉婦孺皆以弟之去留爲歡戚，萬口同聲，湘人亦自謂從來未有如此感戴者。聞有八人赴鄂遞稟面見譚敬帥，求其入告，四人以川資不繼而歸，尚有四人至今在鄂靜候消息。敬帥允必將民情上達天聽，湘人之好事如此，並不知其姓名，亦非有受恩知己之感也。今敬帥已奉電旨，有交查案件，不知言官所劾何事，或可藉此一爲剖白，當不致黑白混淆也。弟居官一日，當盡一日之心，凡事聽之天命而已，出處進退不由自主，無病而引疾，亦可不必，惟學令尹子文之無喜無慍耳。内人葬事不能親自料理，深以爲歉。特遣許鉉將墓誌石送歸，僅拓百數十分，如須多拓一二百紙，暫不深埋，亦無不可。字仿隋刻，尚無館閣氣也。手泐，敬請福安。弟大澂頓首。八月初二日。

　　外墓誌拓本五十分。

　　吴湖帆：光緒廿一年乙未八月湘撫卸任時。是年閏五月十三日開缺，來京另候簡用。譚敬帥爲譚繼洵，字敬甫，湖南瀏陽人，時爲湖北巡撫，兼署湖廣總督，譚嗣同之父。陳右銘名寶箴，江西義寧人，舉人，接任湘撫。

　　韓太夫人像已屬琴涵臨出一本,交許鉉帶回。其臨本乞交訥
士代爲付裝,留在家中可也。部章推廣捐例,一品大員可貤封高祖
父母,照常例加一倍捐。今年如有簡擢之命,擬爲石齋公請封,所
費不過六百餘金,此一時之曠典,向來所無也。弟又啓。

<h1 style="text-align:center">一四一</h1>

訥士大姪如晤:

　　擬送龐萊臣四王、惲、吳二十軸,兹交許鉉帶去十軸,其餘在家
者乞爲檢齊,一并送去。前寄到二竿,已收用。如有續交之款,乞
留蘇用(葬費即在此款内動用),不必匯湘也。手泐,即問侍祺。
窓齋手泐。八月初二日。

　　吳湖帆:乙未八月初二日。附上函。四王、吳、惲軸二十幀
附後。

　　〇王煙客　絹本山水軸

　　王煙客　金箋山水軸(在家)

　　又　設色山水軸(在家)

　　〇王廉州　仿巨然大障

　　〇又　仿范華原立軸

　　王廉州　仿黄鶴山樵萬松蕭寺圖(在家)

　　王麓台　水墨山水二軸(一軸維揚道中作、一軸七十三歲作)
(在家)

　　〇設色山水一軸

　　〇王石谷　松石立軸

　　〇送暘谷山水軸

　　仿李營邱(在家)

　　〇又　仿癡翁夏山圖

　　〇寫蘇子美詩意

○惲南田　秋水征颿

○又　梅花竹石

惲南田　仿黄鶴山樵玉山草堂圖(在家)

吴漁山　湖山春曉圖(在家)

吴漁山　爲雨公作山水軸(在家)

吴漁山山水軸(蘇鄰題簽,在家)

吴漁山五軸均未帶來。送去十軸,皆有圈,未圈者在家。

一四二

大兄大人如晤:

初十日接閲漢口電報,有初三日諭旨一道,右銘中丞月内必可到湘,弟亦不必請假(托疾引退,究非大臣所宜)。上意不欲令其在京供職,又恐到京久候,一時無缺可簡,此聖恩體恤下情之意。時艱如此,不易抽簪,若能就此息肩,亦生平之幸事也。湘中士民去後之思,擬之趙恭毅、駱文忠,近數十年督撫解任無此盛事,亦不負弟三載之苦心也。仲英丁艱,已送奠分五十金。手此,敬問加餐。弟期大澂頓首。九月十三日。

任昂千今無缺可委,沅州委連守署事,係翰林出身,非他人可比。

吴湖帆:乙未九月十三日。十月十二日交卸啓程回籍,廿七日到滬,即行回蘇。

一四三 戊戌十通　正月

大兄大人尊前:

廿二六下鐘開行,昨日午前抵滬,暫住春華祥葉雲翁處。肖韻亦於昨日到此,今晨來晤。頃拜蔡和翁,言及書院本有一小寓,在喬家浜之北面,名時家橋,離院不及半里,今日往看,約有十餘間,可以夠住，家具均有，現有肄業諸生家眷借住，即日搬空。望屬陳妾於月初雇船來滬，弟當遣邢貴回家迎接也。洋椅二只，忘記帶來，即屬帶下，房內桌上有《四書反身錄》一部，亦屬帶來。弟每夜小便七八次，僕人多熟睡，自己起來，夜壺每倒翻於地，深不方便也。手此，即請福安。弟澂頓首。廿四日。

一四四

大兄大人尊前：

　　廿八日接奉手書，敬聆一切。賤恙已愈，館菜不喫，昨已喫飯，晚間仍煮黃米稀飯而已。弟擬於初八日搬進時家橋公館，家眷來此，先在騰鳳里沈宅借住幾天。閏三月底一定回蘇，過四月初八後再來也。符卿叔來信，云曹紫荃病故浙垣，貧無以斂，奇苦萬狀，已為函懇穀翁噓拂矣。手泐布復，敬請福安。弟大澂頓首。廿九日。

一四五

大兄大人如晤：

　　前日曾復一緘，諒邀鑒及。昨日傍晚時有長江輪船抵埠，五女已到，即搬至沈太太處。今早已見，初八同至城內小住乙兩日，再令僱船回蘇宅。此次言明多住三四月，可在蘇過夏，再行回鄂。香翁令郎及六少奶奶同船，至鎮江起陸進京矣。惟六少奶奶在船上出天痧甚重，痧尚未回，帶之起陸，不能避風靜養，甚不放心也。手泐，敬請福安。弟大澂頓首。二月朔日。

一四六

大兄大人尊前：

　　今日八點鐘厚甫來寓，船到甚速。家眷暫住騰鳳里沈宅，擬於初八搬進城內時家橋。明日五女擬即回蘇,看張二太太之病,大約初五可到也。手此布聞,即請福安。弟大澂頓首。初三日。大嫂大人前叩安。

一四七

大兄大人如晤:

初八日開館後,從未出城拜客。院中肄業有舉人九人,近已陸續進京。芳臣叔亦於前日北上矣。每月課卷約有五六十本,至多亦不及百本,從前住院諸生各有讀書日記、行事日記二册,五日一呈山長,久已廢弛,現令仍復舊章。諸生中有六旬、七旬外者,在院已三十餘年,蘇地亦有數人。距公館不及半里,辰出酉歸,轎錢二百文,出城一次則甚費,故輕易不出城,以此爲隱居求志也。厚甫送學臺再來不遲。劉書圃前送牛乳數罐,在中間書屋,尚未開箱,如無用,交厚甫帶來。又有漉水沙罐,似在帳房後身,亦托厚甫帶來,此間一席,藉以養病,甚好。《申報》所紀和事一則,係屬謠言,弟豈好干預外事耶。十日中或閒一兩日不去,本月課卷須二十後始齊也。仲山入政府,曾作一書賀之矣。手泐,即請福安。弟大澂頓首。十七日。

大嫂大人前請安,二官出痧,想已回矣,念念。

吳湖帆:光緒廿四年在上海龍門書院時。二月十七日。

一四八

大兄大人如晤:

昨寄一緘,想已鑒及。王鴻翥藥鋪有大活絡丸甚好,乞代購二丸帶來。此間有人試過,甚爲靈驗。小活絡丸不如大活絡丸之靈也。或交信局寄下亦可。手泐,敬請福安。弟大澂頓首。十八日。

如寫信面,須寫亭子橋,因時家橋不易問也。

一四九

大兄大人如手：

　　昨日朱厚甫到申，所寄大活絡丸二顆、牛奶一箱及漉水壺均已收到。憩棠二叔亦於昨午到來，知屈吉士將赴婁縣之任，大約崧孫今日可到。越衢亦於昨日過申，二小姐留住公館，甚盼五小姐來滬一敍，特遣張清元回蘇迎接也。此間靜如鄉居，平日亦不出城拜客，院中課卷不過七十餘本，每月課期逢十三閱卷，亦不費力也。德國親王尚未到。俟禮物售去，弟當以七八百金爲昭信股票之用，想紳士均不能免也。手泐，敬請福安。弟大澂頓首。二月廿七日。

　　念劬今日回申，初十前到蘇展墓。

一五〇

訥士老賢姪足下：

　　前接手書，領悉壹是。“壽”字底稿並未帶來，記得在地板房書本上，前有褫錄各種，如招不着，吾姪處有無底本，乞代錄一紙寄下爲感。觀瀾前有書來，爲將伯之呼，奈此間脩脯幾有入不敷出之慮，兼之安圃同年今年言明不送，又少一款。寄去洋蚨五十元，以三十元交觀瀾，聊盡存心。以十六送衛道觀前祝姑奶奶，近以喪女有書來告苦也。其餘四元，飭人送富仁坊巷胡宅，或交三太太飭人送去亦可，每節有此，似不可缺耳。厚甫何日來此？卷子已齊，待其襄校耳。手泐，敬賀午禧，並頌侍福。愚大澂頓首。五月初三日。

　　大兄、大嫂大人前叩賀節禧，敬請福安。

一五一

大兄大人尊前：

　　聞貴體偶爾違和，想服陸方石藥當即霍然矣。上海有燕窩糖精,常服能化痰補肺生津液,似於貴體甚屬,或用開水沖服,或隨意當小喫,其味甘香可愛。茲托厚甫帶上一匣,乞試服之,如可生津補肺,隨後陸續寄上可也。今日德藩到滬,尚未登岸。手泐,敬請福安。弟大澂頓首。廿六日。

一五二

大兄大人尊前:

連日感冒暑熱,患河魚之疾,不能行動。六月朔日,爲郎亭花甲誕辰,不能回蘇叩祝,特遣張清元齎去刻絲壽幛一盒、泥金壽屏六幅、金胺二肘、官燕二盒,聊申祝敬,即飭張戈什送去。日内令書院内黄、唐二生診脈,方亦平穩,去暑去濕,覺賤恙亦較輕也。天氣炎熱,伏望珍重起居爲要。手此,敬叩福安,伏祈鑒察。弟大澂頓首。五月廿八日。

七小姐已於昨日丑刻得一男,平安之至。

吳湖帆:以上十通皆光緒廿四年在上海龍門書院主講時,以經中風後,手震顫矣。

（整理者單位:蘇州博物館）

陳三立致夏敬觀書札簡釋

□ 吴建偉整理

陳三立(1853—1937)，字伯嚴，號散原，江西義寧(今修水)人。夏敬觀(1875—1953)，字劍丞，一作鑒丞，又字盥人、緘齋，號映盦，江西新建人。兩人均爲近代著名詩家，在數十年交往中，贈詩往答，互爲引重，成爲一生摯友。上海圖書館藏《夏敬觀友朋書札》中保留了若干封陳三立致夏敬觀書札，可爲我們進一步了解兩人事跡提供新材料，兹僅就所知略作釋讀。而超出筆者知識範圍者則附於篇末，以待高明。不當之處，敬請方家指正。

一

劍丞先生大鑒：

奉覆教誦悉。此文祇求體潔而不失生動，尚不足辱援古賢相稱許也。第二句本作"叛軍起武昌"，又作"變軍起武昌"，不云"武昌變起""武昌亂起"，以上下文之音節故，嫌過露痕迹，私以爲革命乃成今日公共名詞，又爲其號召推翻之事實，究竟宜避去與否，乞與海藏諸君更審酌之。爲關於行文一節目，非僅就此稿而論也。近所爲詩，欲捐故技受要道而未能，奈何？公與海藏、拔可有新詩能寄示否？七兒病將全愈矣，承注并聞。忽頌吟安。三立頓首。

十四。

案：本函作於民國七年（1918）。楊通通過夏敬觀介紹，[1]請陳三立書其父楊調元墓誌，即《清故華州知州調署渭南縣知縣楊君墓誌銘》，[2]墓誌銘寫成於本年正月，[3]此函中“此文”之謂也。函中“第二句”云云，今本楊調元墓誌銘作“武昌變作”。[4]“海藏”，鄭孝胥之號。[5]“拔可”，李宣龔之字。[6]“七兒”，即陳三立子陳方恪。[7]

二

劍丞吾兄鑒：

覆書領悉。第二句擬易作“東南之變起”，何如？仍乞酌之。蘇堪喪子想係日内事，聞之極難爲懷。究係何病，係第幾子，年若干，請詳示。傅苕生處已爲一表弟介紹一小事，以事少人多拒而不納，似此不便再與之饒舌矣，當承鑒諒。《小説報》尚未送到。即頌吟安。三立頓首。正月十七日。

案：本函作於民國七年（1918）。所談還是關於爲楊通作其父楊調元墓誌銘事。“蘇堪喪子”，指鄭孝胥第四子鄭勝病卒。鄭勝生於清光緒二十一年六月十六日（1895 年 8 月 6 日）。[8]《鄭孝胥日記》民國七年正月三日（2 月 13 日）：“小乙於六點二十五分氣絶。”[9]其病因爲腦膜炎。《鄭孝胥日記》民國六年十二月二十六日（1917 年 2 月 7 日）：“汪逢治八點來診。小乙癥極重，名曰腦膜發炎，……”[10]“苕生”，傅春官之字，[11]時剛任江西潯陽道尹未久。《申報》中華民國七年二月二十日第七版《新道尹已視事》：“潯陽道尹出缺……傅於去臘二十七日乘車抵潯。旋於二十八日亥時在小喬巷公館内接篆。”

三

伯夔明日往通，其八叔父開弔在即，欲擬一聯挽之。摧傷之餘,心如廢井,祇得仍乞公代作一挽詩,不拘何體。屢瀆能者,務請爲我解圍。至禱至禱,映厂吾兄。立頓首。廿五日。

　　案:本函疑作於民國十二年(1923)。"伯夔",即袁思亮。[12]"通"即南通。袁思亮"八叔父"暫不詳。袁思亮有叔袁國鈞(字南生),陳三立爲撰《清故江蘇候補道袁君墓誌銘》。[13]袁國鈞"罷官,歷居上海、揚州,最後居南通……以丁卯十一月四日卒"。[14]袁思亮八叔父或與袁國鈞同住南通。"摧傷之餘"當即該年六月二十九日(8月11日)陳三立喪妻俞明、[15]八月七日(9月17日)失子陳衡恪。[16]

四

映庵仁兄世先生侍右:

　　稍久不通問,伏維伯母太夫人安健勝常,無任頌禱。公頗有所述造否?藝事想益進。聞與公諸輩有復開展覽會之説,其信然耶?前屬作張母墓誌,因山居奇寒,時時感疾,又以平津危急,惡耗頻傳,恐居者不無遷徙,擬待戰局少定,然後把筆爲之。今既荷前途催取,遂於日内勉湊就,録稿呈閲。年益衰,精力益竭,文乃荒劣至此。請公審酌所尤不合,決其可用與否,再轉寄可也。世變既不可收拾,而報紙又屢登故舊喪亡,雖絶人逃世,對此亦安有好懷耶!率布區區,即頌侍福。弟三立頓首。四月十四日。

　　案:本函作於民國二十二年(1933)。民國十九年(1930)夏敬觀開始作畫,并於該年與黄孝紓(字公渚)、[17]吳湖帆、徐楨立、陳灝一、馬壽華等成立康橋畫社。[18]所以陳三立言"藝事想益進"云云。"復開展覽會"未見相關記載,不知最終是否舉行。"張母墓誌"即《張母曹太夫人墓誌銘》,後刊於《鐵路月刊·津浦線》民國二十二年第三卷第九期。[19]"平津危急"指民國二十年(1931)"九一八事變"後,華北遭受日本侵略。民國二十一年三月二十一日(1932年4月26

日)諸宗元卒,⑳六月二日(7月5日)劉廷琛卒,㉑八月二十二日(9月22日)黃慶曾卒,㉒十一月十一日(12月8日)程頌萬卒於滬上,㉓之前更有不少陳三立好友陸續凋零,故曰"報紙又屢登故舊喪亡"。

五

映庵吾兄世先生侍右:

擾攘累月,加年餘未發之舊疾忽迭發數次,致所承惠書久稽裁答,無任疚歉。賤辰辱貺畫軸,高竣蒼潤,居然欲追古作者,賢者信不可測也。當此萬方多難、生靈塗炭之會,頌禱之詞即極工,亦近於欣災樂禍,故茲軸尤可貴矣。栗長屬撰壽序一節,想已逾期。倘爲期尚遠,能容許臘前脱稿,當勉一爲之,否則置之不論可也。伯夔、菊生、叔通先後返滬,當能詢悉山中近狀。率復,敬頌侍安。三立頓首。十月廿五日。

案:本函作於民國二十一年(1932)。該年九月二十一日(10月20日)陳三立八十生辰,親朋好友紛紛上盧山賀壽。㉔至作本函時間十月二十五日恰好一月多,所以説"擾攘累月"。夏敬觀雖未親赴盧山賀壽,但也寄贈了畫軸。"栗長"指胡穎之。㉕從目前資料來看,"屬撰壽序"似乎並未如期脱稿,《散原精舍詩文集》和《陳三立年譜長編》暫未有此壽序信息。袁思亮、張元濟(字菊生)、㉖陳敬第(字叔通),㉗就是赴盧山賀壽者中的三位。陳三立有《覆庵訪我匡盧山居得觀所攜桐城先生日記》詩。㉘陳灨一《睇響齋日記》陽曆11月1日條亦有袁思亮自盧山歸滬的記載。㉙張元濟有《壬申秋祝陳伯嚴壽》詩。㉚

六

映庵吾兄侍右:

前承書教,獲稔高堂福躬康勝,至爲頌慰。新刊音韻書門外漢瞠目視，無能贊一辭。但覺其用力之勤、徵引之博、條次之審，懸揣爲專門名家之盛業而已。近日尚有他述作否？聞售畫頗獲利，頗爲之喜。僕枯坐卧窮山，又屢見微雪，但已戒絕吟咏，對之益覺敗興耳。陳君一紙附上。即叩侍安。三立頓首。長至日。

　　案：本函作於民國二十一年（1932）。“音韻書”不知何指，或即《詞調溯源》？㉛“陳君”當指陳灝一，㉜當時主持《青鶴》雜誌，夏敬觀爲特約撰述。《青鶴》創刊號發行於該年十月十八日（11月15日），十二月二十一日（1月16日）出版的第一卷第五期《青鶴》刊名即爲陳三立手書。冬，陳三立又爲陳灝一敍《睐向齋授經圖》。㉝函中“陳君一紙”或即《青鶴》刊名題字？

七

映庵吾兄箸席：

　　前承惠教，披誦黯然。此别爲互爲依戀之極點，不忍復述也。山居頗適，雪中奇景尤生平所僅見，擬不亟亟圖北行。索居忽發久廢之詩興，凡得十餘首，已録寄伯夔，望取閲指摘之，不必爲哀老作恕語也。文興則遏抑不發，屬作序跋，恐非一時所能應命。伯夔文益進古厚，老夫已望而生畏。所撰尊箸序，尤爲宏我漢京之作矣。此間所稱名勝無甚足觀，但沿徑多置石几，石上必刻“同胞請坐”四字，惟此爲差可賞也。近因氣候暄暖，又初到時多（患）近爐火，㉞致患牙頰腫痛，上冢遂未果。今已愈太半，又當擇天時成行矣。率復，即頌侍福。三立頓首。十一月五日。

　　案：本函作於民國十八年（1929）。該年八月陳三立擬赴北平就養於子陳寅恪處，後因道阻而改往廬山。㉟“凡得十余首，已録寄伯夔”，可見袁思亮《題散原丈人廬山詩草因寄山中堅還滬卒歲之約》詩。㊱“屬作序跋”指本年譚延闓、譚澤闓、夏敬觀、李宣龔等收輯陳鋭詩文，㊲袁輯爲《裒碧齋遺集》，前有夏敬觀、陳三立等人序言。夏敬觀屬陳三立爲陳鋭遺集作序,從函中語意來看,此時陳三立序尚未撰寫。"尊箸序"當即夏敬觀所撰《音學備考序文》。[38]從本函可知,陳三立初到廬山時罹患牙頰腫痛,以致原擬的上冢掃墓計劃擱置,不知最終成行與否。

八

映庵吾兄侍右:

日前得惠教,悉倦老之病早失於鍼治,此爲大誤。今已矣,亦歸於命數,不可挽而已。數十年摯友,竟以形格勢禁未獲臨視一訣,負疚安極耶!居山中久絕吟咏,因寫優出游,偶得三詩,已寄伯夔處。公閲之,當訝荒廢後之作果不成調也。即頌侍安,不一一。三立頓首。十四日。

祖夔扇坿寄,乞轉交。仁先想已北行矣。詞社猶未散耶?

案:本函作於民國十九年(1930)。"倦老",指余肇康。[39]該年七月十七日(9月9日)余肇康卒,[40]陳三立在函中認爲余肇康病卒是因"早失於鍼治"。祖夔,即李祖夔。[41]"仁先",陳曾壽之字。[42]"仁先想已北行"指陳曾壽於本年五月十八日(6月14日)前至天津溥儀小朝廷。《鄭孝胥日記》民國十九年五月十八日:"雨。詣行在,進講;奉敕,書扇二。召見陳曾壽。"[43]《溥儀日記》民國十九年五月十八日:"見……陳曾壽……"[44]可見陳曾壽必在此前北上天津。"詞社"指夏敬觀等於民國十九年(1930)冬成立的同人詞社——漚社。[45]

九

映庵吾兄侍右:

頃承惠教,誦悉一切。新作爲學人之文,妄爲增易處恐仍未安,可與伯夔更審酌之。山中霧雨連緜,日内始稍放晴。花事不盛,日夕杜門,吟咏亦久廢矣。群盜雖環山而出没,恃天塹爲雷池,不欲逃遁示弱也。率復,敬頌侍福。弟三立頓首。浴佛日。

案:本函作於民國二十年(1931),浴佛日爲四月八日。"新作"或即《龍榆生東坡樂府箋序》。㊻民國十九年(1930)七、八月時,紅軍進入江西,㊼此所謂"群盜"也。

<h2 style="text-align:center">一〇</h2>

映庵吾兄侍右:

承惠示,悉與伯夔同有悼妹之戚,家運之阨,天實爲之。惟一意調護高堂,勉與惡魔戰耳。誦新詩果皆變徵之聲,樸拙悽屬,不期而近東野,讀之亦爲動魄也。山居僅增十許首,兹節録除夕後三首博一哂,并共周、袁評摘之。余作已統寄倦老矣。率復,敬頌侍祉。三立頓首。

案:本函作於民國十九年(1930)。"與伯夔同有悼妹之戚"指民國十八年(1929)夏敬觀四兄夏敬莊及歸新城陳氏姊、貴築傅氏妹先後殁。㊽"新詩果皆變徵之聲,樸拙悽屬"云云,當指夏敬觀《哭四兄》《余與重伯同時有令原之痛其歸長沙留詩爲別兼以唁余蓋猶未聞其介弟之喪也流涕成篇以報前睍》《挽曾履初》《哭曾重伯》《己巳除日書感》等悼念親友諸詩。㊾"除夕後三首"當指《庚午元旦》《答陳止翁見寄》《開歲三日步循潤水晴望》三首詩。㊿"周"疑系周達。51前一年冬,周達有《訊伯揆移居并寄散原廬山》詩。52本年年初,周達又有《題仁先廬山詩草并寄訊散原》詩。53"袁"即袁思亮無疑。

<h2 style="text-align:center">一一</h2>

映庵吾兄箸席:

頃接惠示并大文,醇意雅辭,悱惻芬芳,此題固不可少略論派別之作也。僕枯坐無聊,共得詩卅余首,竢稍遲彙寄公等一笑。近狀頗適,壽丞今日下山,到滬相晤,可悉一切。前有續致伯夔函,當亦接到。倦老夫人聞病稍劇,想已康復矣。復頌侍安,不一一。三立頓首。十一月廿二日。

　　案:本函作於民國十八年(1929)。"壽丞"即俞明頤。㊴陳三立有詩《雪霽別壽丞出山還滬居》,㊵函中"壽丞今日下山,到滬相晤"云云即指此而言。

一二

映庵吾兄侍右:

　　前得讀大序,即妄爲加墨奉還,今想已達覽矣。昨又承寄兩詩(雪詩有"饑鳥"一聯,尤爲絶特),幽懷別趣,自成蹊徑,以視鄙作不脱尋常門面語終有雅俗之别也。雪詩已率答。倦老一首已無話可説。兹乃口占戲語二絶,博公等捧腹。凡來山中共得打油腔垂四十首,仁先攜去稿略備,此後擬暫擱筆矣。率復,即頌侍安。三立頓首。十一月廿九日。

　　案:本函作於民國十八年(1929)。函中"大序"指夏敬觀爲陳鋭遺集所作之序。"雪詩"指夏敬觀《雪後寄和伯嚴匡廬雪詩》,其中有"踏啄木不觜痕,先我有饑鳥",此所謂"雪詩有'饑鳥'一聯"。"雪詩已率答"指陳三立有和詩《映庵寄和山中雪詩聊用俳諧體爲答博一笑》。㊶余肇康詩因其本人無文集傳世而未知其内容,但陳三立有和詩《倦知同年寄示海樓看雪詩感和一首》。㊷十一月二十四日(12月24日),來廬山探望長女病情的陳曾壽(仁先)攜長女下山歸滬治病,陳曾壽有《十一月廿四日攜女下山治疾走别散原先生》詩,㊸陳三立有《仁先護女疾出山還滬居惘惘話别贈一首》詩,㊹在道别時"攜去"了陳三立的詩稿。

一三

劍丞仁兄世大人執事:

久不通問,得書甚慰。東坡七集宣紙本早已售盡,僕屢向藝風索取,尚不能得。應候其明歲由都還再印,始可再索也。僕久不作文,心如廢井。近兼勸業場游客絡繹牽率,又督署事亦時時須一應付,竟無從容閒暇之日力。以故急須酬了之文債十餘篇,皆不能踐諾,誠有如曾文正所謂外慚清議、內疚神明者。古愚所屬,上年本托胡梓方代擬一首,因不甚洽意,遂擱置未寄。今數日內復須往西山掃墓,兼趁皓如未歸營葬事之前一商路事,更不及抱筆矣。千萬轉致古愚,有乖盛意,極爲疚歉。如必獲一文爲壽,則庶三方居里,其文筆亦雅暢,盍轉一丐之乎? 拙稿數百部已爲人索取將盡,尚多無以應,請速告子言將滬店所存扣留百部或五六十部勿售,取以寄我,至要至要。已得子言書及詩草,容再作答。其世兄電報差,前途已允留之矣。忽忽,復頌箸安,不一一。三立頓首。十一月初二日。

案:本函作於清宣統二年(1910)。"東坡七集"即蘇軾的詩文集一百一十卷,包括《東坡集》四十卷、《東坡後集》二十卷、《東坡奏議》十五卷、《東坡外制集》三卷附樂語、《東坡內制集》十卷、《東坡應詔集》十卷、《東坡續集》十二卷附校記。"藝風"即繆荃孫。繆荃孫受端方所托,[60]以明成化四年(1468)江西吉安府程宗刻本爲底本,以明嘉靖本和錢求赤校宋本爲校本,校刻了《東坡七集》。[61]《藝風老人日記》宣統元年十二月五日:"發陶齋信,寄《蘇集》報銷帳并印書價。"[62]十二月十五日:"積餘交印《蘇集》,價玖拾肆兩。"[63]印成後,多有贈售。如《藝風老人日記》宣統二年八月一日:"接楊子姓一束,購《蘇集》。"[64]八月三日:"寄《蘇集》紅宣紙一,又代售黑宣二、連泗二……送程儀與《對雨樓叢書》與童祥熊。劉健之取紅宣一、黑宣四去。京客取連泗二部、朱《叢書》五部去,

付價。"⑥八月七日:"發連泗紙《蘇詩》十二部與徐積餘,内二部轉
交陳幼吾。"⑥八月十日:"李貽和取紅紙《東坡集》價玖拾元
去。"⑥類似情況還有不少,兹不多舉。繆荃孫於宣統二年十月四
日"戌刻到京,入西便門,到前門火車站下車",⑥直到宣統三年
(1911)三月十九日"收拾行李,奉學部文書,挈阿三、王升廚子出
京",⑥二十五日"己刻到南京,午刻到家"。⑩"勸業場"即南洋勸
業會。"督署"即陳三立入兩江總督張人駿幕。"路事"即南潯鐵
路事,陳三立爲主要負責人之一。十月,贛路京局有贛路收歸官辦
之懼,電請江西諮議局妥議籌款辦法。十一月,贛路因江西諮議局
募集公債以救危亡之提議,再起拒債風潮。⑦十一月二十九日(12
月30日)陳三立抵西山掃墓。⑦十二月二日(1月2日),參加贛路
第二屆股東大會。又會商贛撫馮汝騤,暫解贛路款項之缺乏。⑦
"古愚"指劉光賁。⑦"胡梓方"即胡朝梁。⑦"皓如"指劉景熙,⑦時
任贛路公司坐辦經理。《贛路坐辦辭職爲準》:"贛路公司坐辦劉
景熙近來正丁母憂,以故公司目前開股東大會未能入場。現劉紳
以家居守制,恐悮路工,特呈請撫院辭去坐辦之職。"⑦可見劉景熙
丁母憂在家守制,所以説"皓如未歸營葬事"。"庶三",喻兆蕃之
字。⑦光緒三十四年(1908)七月,喻兆蕃之母李太夫人以疾終於寧
紹台兵備道府。越二月,喻兆蕃扶喪歸葬,⑦按禮須在籍守制三
年。"子言",即陳詩。⑧"拙稿"指《散原精舍詩集》。

一四

劍丞世仁兄有道:

　　奉示及海藏序稿均讀悉。近公在蘇,祇得一紙,所謂屬送樊山
詩函者竟未到,殊可怪也。海藏於拙詩僅刪十餘首,則非精選可
知。鄙意自辛巳至戊申止,均爲光緒時代,似可名爲江介八年詩;若
加入今歲之作,或稱江介九年詩,何如? 尚有一本系雜録去秋至今

夏所得者，容不日專人迎六兒時帶上，請再交海藏續選，并與商定付印。辦法擬不分卷數；如訂爲兩本，則別以卷上、卷下，可否如此，并裁酌。宛陵詩稿善餘不能借出，繆筱翁所藏擬他日向假，已與渠言之。局面又變，公能一來否耶？忽忽不盡。三立頓首。十三。

案：本函作於清宣統元年（1909）。該年五月，夏敬觀赴蘇州，巡撫陳啓泰辟爲左參議兼憲政總文案，總辦江蘇咨議局地方自治籌備處。"樊山"即樊增祥，[31]此時任江寧布政使，與陳三立常有唱和。陳三立擬將光緒辛丑（書札誤作辛巳）以來詩作出版，屬鄭孝胥選編。本年夏，陳三立"六兒"陳寅恪畢業於復旦公學，[82]故陳三立決定派人迎回陳寅恪時順便帶上詩稿一本。"善余"，陳慶年之字。[83]從函中推知當是夏敬觀欲托陳三立向陳慶年商借"宛陵詩稿"，但未果，轉而假借繆荃孫所藏之本。陳三立與《繆荃孫書》（三）："拙稿奉呈一冊，乞教定。《宛陵》《巢經》二集并還，辛察入。"[84]此書作於清宣統二年（1910）八月五日。[85]"局面又變"當指光緒朝轉爲宣統朝。

一五

劍丞世仁兄有道：

前覆一書計達覽。兹由小價帶呈拙作最後本，請轉交海藏。選至去年爲止，似較妥也。定名、款式另紙開列，二者宜何所取，并乞與海藏諸君爲我決之。如付排印，最須防訛謬，即海藏樓本猶不免有錯字，則校對之人極當留意。至工本若干，亦望示知，不欲偏累公等也。忽頌台安，不一一。三立頓首。十七夕。

　　　散原精舍詩
　　　　　江介八年集　起光緒辛
　　　　　　　　　　丑訖戊申
　　　　　　義寧陳三立

又一式

江介八年詩　起光緒辛丑訖戊申

義寧陳三立

拙稿計已交海藏。約何時選畢，屆期再以弟七本奉寄。此月内袛成半山亭集一首，殊無興致。公增新作否？聞嚴又翁壽海藏詩極佳，如未北行，能索稿寄談否？蓋亦欲效爲之耳。立又頓首。

案：本函作於清宣統元年（1909）。“半山亭集一首”即《三月十三日陶齋尚書集半山亭看雨》詩。⑧⑥該年四月六日（5月24日）夏敬觀將陳三立詩稿送交鄭孝胥。《鄭孝胥日記》宣統元年四月六日（5月24日）：“夏劍丞送來陳伯嚴詩稿六本，伯嚴屬余選定，將付排印。”⑧⑦“嚴又翁”即嚴復。⑧⑧《鄭孝胥日記》宣統元年三月十日（4月29日）：“午後，詣愚園，嚴又陵作五古一篇爲壽，來聚者又有趙竹君、樊時勳、李拔可等，惟夏劍丞未到。”⑧⑨嚴復該年一月至三月末在上海。⑨⓪“北行”指嚴復於四月初至北京任憲政編查館二等諮議官。⑨①

一六

新詩意格清渾，頗近簡齋。率和一首呈哂教。肯堂稿已收到。劍丞仁兄新福。三立頓首。人日。

近與樊山唱和之作頗不少，聊録上《除夕》《元旦》二篇。

案：本函作於清宣統元年（1909）。“新詩”指夏敬觀《除日雪晴寄伯嚴》詩。⑨②“率和一首”，即陳三立《人日和劍丞滬居見寄》詩。⑨③“肯堂”指范當世，⑨④陳三立好友兼兒女親家。前一年即清光緒三十四年（1908），范氏詩集《范伯子詩集》十九卷刊刻出版。《除夕》《元旦》兩篇即《清光緒三十四年除夕》《宣統元年元旦園居作》。⑨⑤

一七

劍丞仁兄世大人執事：

　　小聚旋別，忉悵如何。日間想安抵局所，盡持籌握算、利析牛毛之能事矣。黃舍親書來頗訴愁困，然蔗味回甘，知執事終有慰其羈旅也。茲有告者：羅二達衡久羈滬上，須毛總辦至，乃可望光復舊物，但究非本省候補人員，得隴望蜀，諸多滯礙。今已決計改省江蘇，需費在千金左右，除自行籌備外，堅屬僕爲張羅四百金。念茲事於渠生計頗有關係，惟不能向冷悠之人張口。及此日來，祗與雲秋、次申、恪士商之，皆允各假百金，余數雖微，尚無所出。若得執事再以百金相假，則此舉成矣。無如執事蒞差伊始，百孔千創，驟用相苦，實爲不情，爲之奈何？抑執事別有可用融之處矣，先爲挪移，俟達衡景況稍優，即取以償抵，亦曲全之一策也。諸乞鑒酌是荷是禱。僕日內擬還南昌一行。倚裝布懇，敬頌籌安。世小弟三立頓首。九月三日。

　　達衡寓上海桂墅里。如有回示，即徑寄達衡亦可。

　　案：本函作於清光緒二十九年（1903）。夏敬觀於該年五月赴江蘇海門廳榷稅，[96]所以函中有“日間想安抵局所，盡持籌握算、利析牛毛之能事矣”之語。在此之前，光緒二十八年十二月十二日（1903 年 1 月 20 日），李宣龔邀飲陳三立等於石壩街一枝春西菜館，[97]此爲“小聚”。“黃舍親”未名所指。“羅達衡”即羅運崍，[98]陳三立前妻羅孺人之弟。“毛總辦”即毛慶蕃，[99]時任金陵機器製造局總辦。“雲秋”指杜俞。[100]“次申”指薛華培。[101]“恪士”即俞明震。[102]本函作於九月三日，距夏敬觀赴海門任僅隔兩月，故函中稱夏敬觀“蒞差伊始”。

一八

劍丞仁兄世大人執事：

　　君署提學，他無足道，惟與梅庵遙遙相映，一詩家，一書家，又相映,頗覺有趣也。毛布政事出意外,從此財政監理益橫行天下矣。在此公實不宜於今世,得遂初服,亦稱甚幸。但其虧負尚多,恐不免有饑寒之患耳。章西庚案粗擬結,嘔思乘勢開復處分,亦是人情,特乞轉商左四丈,可否法外推原,曲予寬貸,渠所擬稿及鈔件并上,擬作有照得字樣,雖可笑,考所述情節,似尚非無理取鬧。左四丈如於此等無足重輕之員使獲頂戴榮身,藉謀衣食,亦蔭德事也。惟君爲代致區區,致感致感。小兒寅恪擬十八九日放洋往德留學,與王旭翁世兄同行。僕數日後須一赴滬,爲料理寄費等事。惜君不及至滬,僕又不暇至蘇,暢敘無由耳。忽草布懇,即頌大喜,不一一。三立頓首。冬月初九日。

案:本函作於宣統元年(1909)。"君署提學"指夏敬觀於該年十二月署理江蘇提學使,[103]爲期兩個月。[104]"梅庵"即李瑞清,[105]時任兩江優級師範學堂監督。毛慶蕃於清光緒三十四年(1908)任甘肅布政使。宣統元年(1909)以甘肅布政使護理陝甘總督。後"立憲"議起,清政府因强行進行清理財政而與各省督撫産生糾紛。十一月,毛慶蕃爲度支部派駐甘肅的財政監理官所劾"玩誤新政"而落職,所以函中説"毛布政事出意外,從此財政監理益橫行天下矣"云云。"章西庚"或是章楨?[106]"左四丈"指左孝同,[107]時任江蘇提法使。陳寅恪留學德國亦在該年,[108]陳三立率全家自滬送別,并有《抵上海別兒游學柏林還誦樊山布政午彝翰林見憶之作次韻奉酬》詩。[109]"王旭翁"即王仁東,[110]"王旭翁世兄"疑指王仁東子王繼曾,[111]時亦赴法國留學。

一九

劍丞仁兄世大人左右:

　　別且一月,維侍奉萬福。僕近病足,艱於步履。劉雲老兩電相招,苦不能赴也。然病中反賴以稍了文債。季廉墓表亦草就,不能工,聊摻私抱而已。茲録稿呈教,并請嚴又老削正其不合爲幸。小兒寅恪買書需錢,匯寄恐太緩,懇公先墊交四十元。此款即兑寄尊處也。忽忽,惟葆衛。三立頓首。八月十日。

舒堪兄均此致意。

案:本函作於清光緒三十四年(1908)。"劉雲老"即劉喬祺,[112]時任江西鐵路總理。陳三立時任江西鐵路名譽總理。劉喬祺兩電相招當是邀往江西同商路事。"季廉墓表"指陳三立撰《南昌熊季廉墓志銘》,寫成於本年。"季廉",熊元鍔之字。[113]熊元鍔"獨服膚侯官嚴復氏之説……執贄嚴先生門下。……嚴先生既先爲家傳,余復次列君學行始末,并余所以交君者,以銘其藏"。[114]所以陳三立又請嚴復"削正"。該年六月間,夏敬觀受聘任復旦公學監督,[115]此時陳寅恪正肄業復旦公學,[116]因此懇請夏敬觀爲陳寅恪買書費用先行墊付。

<h1 style="text-align:center">二〇</h1>

劍丞吾兄鑒:

頃奉惠書,猥以拙文爲尚不惡,甚慚。屬改定兩處,遂就原稿酌易數字,不識妥否? 尚乞細勘之。海藏所寫尊夫人墓銘如已印出,寄數分爲盼。忽復,即頌吟安。三立頓首。廿五日。

拔可尚未來見。

案:本函作於民國六年(1917),具體時間可能爲七月二十五日。所謂"拙文"應即陳三立撰《清故禮部祠祭郎中夏君墓誌銘》,寫成於該年。[117]墓主爲夏敬觀從兄夏敬敏(字達齋)。《鄭孝胥日記》民國六年七月十七日(9月3日):"夜,月極明,夏劍丞來,以伯嚴文二篇使余觀之。"[118]《鄭孝胥日記》民國六年七月二十日(9月6日):"觀陳伯嚴所爲《夏郎中誌》《袁海觀誌》,并不佳。袁父子皆事袁世凱,余必不爲此文,伯嚴何故爲之? 異哉!"[119]《鄭孝胥日記》民國六年七月二十三日（9月9日）："夏劍丞來，以陳伯嚴文稿還之。"[120]鄭孝胥《與夏敬觀書》："《郎中誌》即前夕所談，酌易數字可矣。"[121]"尊夫人墓誌"即陳三立撰《夏君繼室左淑人墓誌銘》（此據《散原精舍詩文集》），《碑傳集三編》作《左淑人墓誌銘》，寫成於該年二月。[122]《鄭孝胥日記》民國六年二月四日（2月25日）："夏劍丞來，以其室左氏墓誌銘求余書之，其文乃伯嚴所爲也。"[123]《鄭孝胥日記》民國六年四月十六日（6月5日）："夏敬觀來，取其室左宜人墓誌銘以付石印。"[124]故而函中陳三立有"海藏所寫尊夫人墓銘如已印出，寄數分爲盼"云云。

二一

一病月余，始漸愈。雖不至死，然磨折良苦，當是衰老不勝病之故。病少間時，偶占小詩消遣，凡得十首。數日內元氣稍復，又得補作虞山記游三首，統呈鑒定後即交病山、晴初諸君，并飭胥另錄一分，寄仁先西湖，或由晴初轉寄，使獲知臥病情況大略也。聞濤園、拔可病均就愈爲慰。劍丞仁兄。三立病起白。七月廿四日。

恪士則俟其病大愈，再與一觀可也。

案：本函作於民國七年（1918）。該年六月十日（7月17日）前後，陳三立患白痢疾，臥床者彌月，七月初漸愈，[125]函中所謂"一病月余，始漸愈"云云即指此事。"虞山記游三首"即《虞山紀勝三篇康更生王病山胡琴初陳仁先黃同武同游》，包括《破山寺》《藏海寺覽尚湖拂水厓劍門諸勝》《逍遙游山館啜茗》。[126]"病山"即王乃徵。[127]"晴初"指胡嗣瑗。[128]在陳三立患病期間，至少有沈瑜慶（號濤園）、[129]李宣龔、俞明震亦各自有恙。沈瑜慶本年三月七日（4月17日）始病，此後時好時壞，至九月二日卒。[130]張元濟日記民國七年十月十六日（11月19日）[131]："拔可退回七月至十月薪水，因病未到館之故。"[132]從本函來看，夏敬觀帶給陳三立的消息是李宣龔此時病已痊愈。因

此得以在八月上、中旬至金陵過訪陳三立。⑬至於俞明震，陳三立
《俞觚庵詩集序》：“戊午夏及秋之交，欲病血下痢，觚庵亦卧病滬
瀆，皆幾死。”⑬後又有《候恪士不至聞亦卧病海上占此訊之》詩，⑬
或即從夏敬觀信函中得“聞”。《鄭孝胥日記》民國七年七月十四
日（8月20日）：“遂詣印書館董事會，晤俞壽丞，云恪士病頗重。”
十五日：“至塘山路視俞恪士，晤壽丞，云延美國醫士服藥。”⑬

二二

劍丞吾兄左右：

　　前復一箋，計早達覽。袁尚書神道碑文倉卒脱稿，已由壽丞轉
交伯夔矣。此文襲唐以後長篇體，無能避繁冗謬，欲略參班、史筆
勢，所學既淺薄，但覺章蕪而辭俗，反不如斤斤桐城派爲純潔可觀
耳。公試取印證，兼指摘疵病所在，幸甚。昨有寄《西湖紀游四子
詩鈔》者，不知何人所刊，其中公詩數首，獨追宛陵，然世或易曉其
質澹妙趣也。三立白。

　　案：本函作於民國六年（1917）。“袁尚書神道碑”舍陳三立撰
《清故署兩廣總督山東巡撫袁公神道碑》別無其他。此神道碑由
“公（即墓主袁樹勳）子思亮狀公治行，責文其墓道之碑”，⑬所以
脱稿後“由壽丞轉交伯夔”。而同時爲“指摘疵病所在”，陳三立也
將碑文寄與夏敬觀，因此有了鄭孝胥對本碑文及《清故禮部祠祭郎
中夏君墓誌銘》的批評。“西湖紀游四子詩鈔”又作“西湖紀游
詩”，本年正月，陳三立有詩《寄仁先戲問彙刊同人西湖紀游詩》。⑬

二三

劍丞世仁兄惠鑒：

　　頃承大教，悉種種。小女病已日就愈，但尚未復元耳。《鎬仲文
集敍》改定呈覽，屬爲令兄銘幽，誼不敢辭。惟以小文而攫多金，恐

爲李道士所哂耳。忽復,即頌吟安,不一一。立頓首。五月初八日。

　　令兄達齋墓誌"廢工部爲農工商部"之"爲"字,擬易作"置"字,"後母"字妥否? 并與海藏諸公商之。《小説月報》有續出者,乞飭分局速送。拔可時時出巡,今已還滬否? 王、胡見面否? 詒書度已入都。濤園居滬,尚能作詩否? 立又頓首。

　　案:本函作於民國六年(1917)。"令兄銘幽"即"令兄達齋墓誌",亦即夏敬觀從兄夏敬敏墓誌。"鎬仲文集敍"即《劉鎬仲文集序》,寫成於癸丑十一月,[139]癸丑即民國二年(1913)。但爲何民國二年的序要到民國六年才"改定呈覽"呢? 且似乎序言在該年才定稿,或因該年劉鎬仲文集《求我心齋文集》正式刊行而重新校訂。[140]"王""胡"應即是王乃徵、胡嗣瑗。[141]"詒書",林開謩之字。[141]"李道士"即李瑞清。

二四

劍丞吾兄左右:

　　日前奉書,頃又得續示,均悉。屬爲芝生世丈碑文,自不敢以荒陋辭。乃毅甫兄猥以潤筆先施,乞向致愧歉之意。近歲賣文爲活,實公開其端,後遂成來者不拒之例,無異於市儈,可笑也。亟思九月一至滬,尚未卜能如願否。某君徵所作稱壽,候寄到事略當勉塞責。忽頌侍安。三立頓首。八月廿九日。

　　案:本函作於民國八年(1919)。"芝生世丈碑"即《誥授光禄大夫刑部右侍郎龍公神道碑》,[142]墓主龍湛霖(字芝生)。[143]"毅甫"即墓主長子龍綏瑞。[144]"某君徵所作稱壽"云云不知何指,待考。

二五

劍丞吾兄侍右:

　　聞公領浙學差,可喜者可爲我輩作湖山主人耳。日前龍芝丈碑文脫稿。有傳已入都者，因寄伯夔，托轉交。乃伯夔昨由夏口至，則仍未見此文也。有羅達衡之子名猛，向在金陵高等學校畢業，東、英文均能通習。久謝湖南教習員，走京師覓事，勢必難就。而達衡奇貧可念，公如能爲此子設法圖一位置，無任感幸。何日履新，并盼見示。即頌撰安。三立頓首。十月廿三日。

　　案：本函作於民國八年（1919）。夏敬觀於該年十二月入都任浙江教育廳長。[145]“羅猛”生平待考。鑒於羅猛京城覓事“勢必難就”，羅運峽“奇貧可念”，陳三立在夏敬觀尚未履新時就已寫信説項，可見心熱之至。

二六

劍丞吾兄有道：

　　日前復一函想達覽。昨得續示，悉一一。又壽彤兄所開恩進士是否即恩貢生，請詢之。蘇戡哀詩有古人未闢之境，乃是天壤間奇作，其疏抉名理，惟坡翁晚歲和陶詩中有與相近者耳。公所爲小詩，亦具蒼色奧味，“江鹹”標題甚怪，究何由知之？江爲何處？爲何時？去冬但聞下關之江水又清數日，不聞其味鹹也。拙稿未刊者約七八百首，擬年底録庚申後至今歲十年之作，印爲續集，仍分上下卷，請蘇戡汰其無聊者，以繼前刻。今公既有刊印近人詩之舉，以之湊數原無不可，但詩至七八百首，雜入彙刊嫌太多，恐有未宜，乞再審酌之。即頌撰安。三立頓首。二月十九日。

　　案：本函作於民國七年（1918）。陳三立因撰寫楊調元墓誌，故有“恩進士是否即恩貢生”一問。“蘇戡哀詩”即鄭孝胥《哀小乙》六首，[146]《鄭孝胥日記》民國七年正月七日（2月17日）：“夏劍丞來，以《哀小乙》詩三首示之，劍丞以詩去……”[147]“江鹹”詩即夏敬觀《江水忽鹹》詩。[148]從函中可知陳三立此時已有刊行詩集的打算，請夏敬觀轉交鄭孝胥，由鄭氏代爲删削。“庚申”當爲“戊申”。

《散原精舍詩續集》最終於民國十年（1921）八、九月間與《散原精舍詩》一起出版。

二七

劍丞吾兄大鑒：

春新承侍祺嘉勝。海上富游冶，何以消遣風景耶！僕改歲感寒頗不適，杜門未一窺衢市，悶損可想。楊使君墓銘日内勉脱稿，文字陋劣，媿無能闡揚萬一。録就呈教，乞轉交。其中敍事或有訛誤及繁簡詳略不中程之處，可告壽栖兄，開列別紙寄下，以便改定。兼欲公與海藏助其指摘，不放過一字，求歸於免詒笑柄而已。忽布，即頌歲祉。不一一。三立頓首。開歲十日。

《戊戌六君子遺集》領到，望先向菊生兄致謝。《小説月報》能飭續寄否？

案：本函作於民國七年（1918）。"楊使君墓銘"即楊調元墓誌。陳三立請夏敬觀與鄭孝胥予以指摘文中不當之處，《鄭孝胥日記》民國七年二月二十五日（4月6日）："楊壽彤來，以墓誌格紙及伯嚴與劍丞書示余，凡余以爲未妥處皆照改。"[149]可見鄭氏確有改動。《戊戌六君子遺集》爲張元濟所輯，由上海商務印書館鉛印於民國六年（1917）。

二八

劍丞吾兄有道：

昨奉惠書，領悉一切。高生屬作銘墓之文，附以潤筆，字少而錢多，受之雖面不改色，而心終有未安也。草草涂就，稿呈上，荒率可想。乞公與蘇戡、伯夔諸君爲我指摘而更定之，幸甚。標題若稱"高女"，殊於行文不便，於是徑稱爲"貞女"。《易》言女子貞不字，則是未字之女稱爲貞女，疑不必限字夫而爲之守者，而後名之也，亦有所本。并質之鄭、袁,果妥否? 能更易以較妥之稱謂否? 近詩數章,盎然古林之趣似張文昌,又半似梅宛陵,又半似謝晞髮。惟"翻向暗""無所明"等字,似尚須酌易耳。弟自三月後至今尚未出大門一步,詩雖已戒,而徵題者猶有七八起之多,爲之奈何。石遺聞已入都,其所刊雜誌可覓寄一二否? 又袁尚書神道碑印本爲人取去,亦欲向伯夔再索一二册,何如?《小說月報》亦久未寄,請告以出價定購,不要贈送也。書價隨時可來取。怱復,即頌吟安。三立頓首。又月八日。

　　案: 本函作於民國八年(1919)。"又月"當即閏月,該年有閏七月。"高生屬作銘墓"即《高貞女墓誌銘》。[150]墓誌曰:"高女諱素貞,無錫處士德寶之女也。母何氏,兄曰鼎焱,女年三十二,於光緒三十年十一月十七日未字卒,越十有五年,兄之子陽游學美洲歸,將卜葬其縣華里灣祖塋之旁,介余友夏君敬觀致狀,乞志其墓。"[151]可知"高生"即墓主侄高陽。夏敬觀在接到本函後,即轉示鄭孝胥等人。《鄭孝胥日記》民國八年閏七月十一日(9月4日):"夜,夏劍丞來,示伯嚴所作《高貞女墓誌》"。[152]"翻向暗"暫不知出自何首詩,頗疑即《南窗夜坐》中字句,可能已遵陳三立意見而有改動。"無所明"則未酌易,見《七夕讀大東詩因賦此篇》中"漢光無所明"句。[153]"石遺",陳衍之號。[154]陳衍於該年二月十二日(3月13日)以閩省通志局鈔書事至金陵來訪,回滬後又陸續至杭州、常熟、蘇州、鎮江、揚州、京城,在京未久即"志局催歸至滬。挈眷旋里。八月納妾李氏"。[155]"袁尚書神道碑印本"即《清故署兩廣總督山東巡撫袁公神道碑》,[156]撰於民國六年(1917)。

二九

　　前日録寄高女墓誌稿係蒼卒草就。今略有改定,再寫一通呈正,并懇與諸公共審訂之。即頌,劍丞兄箸安。立頓首。又月十日。

案：本函作於民國八年（1919）。所談還是《高貞女墓誌銘》。

三〇

劍丞吾兄左右：

頃得覆示，備悉種種。以"處女"易"貞女"自較妥，然以之標題，以未見古有此例，擬意稱爲"高女"，何如？文中稱女處不多，覺亦不甚妨。如終嫌辭不足，即改爲"處女"可也，望更與蘇戡諸公商之。其餘宜悉從蘇戡所改。又篇中"奈何"二字擬删，"況貞女兄之子陽"句擬删"貞女兄之子"五字，并共酌奪。《小說月報》可從三月起補送。中秋後思一爲滬游，尚不識能如願否。高生尚未來見。忽布，即頌箸安。三立頓首。十三日。

案：本函作於民國八年（1919）。"'奈何'二字"和"'況貞女兄之子陽'擬删'貞女兄之子'五字"在今本《高貞女墓誌銘》果未見。從目前資料來看，陳三立擬"中秋後思一爲滬游"似並未"能如願"。⑮

三一

映庵吾兄侍右：

昨發一函并坿伯弢就正之詩稿，想可達覽矣。頃以詩題將盡，忽移興於伯弢遺集序代詩題，信筆湊就，極荒率，望共伯夔細加審摘，斟酌其可用與不可用處爲感。伯夔遺集序，無畏亦屢托壽丞以此相屬，因并録一稿，交壽丞轉寄矣。至序大集及伯夔文集則必有待，不能苟且從事也。忽忽，即頌箸安。三立頓首。十一月初七日。

案：本函作於民國十八年（1929）。所謂"移興於伯弢遺集序"指陳三立爲陳鋭（字伯弢）《袌碧齋集》作序，序署"己巳冬月"。"無畏"即譚延闓號。從本函可知，陳三立序除由夏敬觀直接邀請外,譚延闓也輾轉委托陳三立的姻親俞明頤(字壽丞)相屬,可謂雙管齊下,所以函中也就有"交壽丞轉寄"一語。

三二

劍丞吾兄執事:

　　頃又奉大示,領悉一切。履新稍久,想改驗差有頭緒,尚有餘暇及眺游吟咏之事否?羅猛(羅猛爲南京高等學校畢業生)位置承設法,甚感。惟隆兒自都還,言猛近患咯血,恐暫不能勝教習之勞,即達衡亦不放心,衢州一席,應請告以作罷,免誤校事。候猛病愈,再煩執事爲別覓機會可也。兹有吉安彭鳳岡之世兄慶禄,係以部曹爲江西地方檢察廳長保薦任職,分發浙江者,鳳岡函托爲求差使。如遇有可進言之處,乞留意。明知執事所處在無足重輕之間,安能取效?而不能不爲一言者,以鳳岡有世誼,且昔年退居南昌時假其居宅而不肯受賃金者也。呵凍率復,即頌箸安。三立頓首。十一月十六日。

　　案:本函作於民國九年(1920)。夏敬觀於民國八年十二月入都任浙江教育廳長,[158]此時已在廳長位上近一年,所以稱"履新稍久"。"隆兒"即陳三立次子陳隆恪。[159]"彭鳳岡"待考。"彭慶禄",江西吉安人,清末入京師法律學堂學習。[160]《宣統三年冬季職官録》第三册《民政部·衛生司·額外司員》"員外郎"條:"彭慶禄,江西廬陵縣人,監生。"[161]"員外郎"與函中"部曹"相符,後任至南昌地方檢察廳廳長。[162]

三三

劍丞世仁兄侍右:

　　奉書以酷暑久未報,甚歉。賢郎玉折,拔可來,始信爲不誣。此等事往古來今直無可説也。諸詩結體寄趣,歸於質澹,仍十之六七出聖俞獨傳滴乳，殆所謂并無分店在外矣。僕杜門面壁，輒彌月不出。恪士葬期如卜秋間，或能假出一游，與公等稍相聚，以寫我憂。雨後乘隙就几，草布一二，即頌侍安。三立頓首。六月廿九日。

案：本函作於民國十年（1921）。"賢郎玉折"指該年三月夏敬觀子承英殁。[163]八月十三日（9月14日）陳三立等人會葬俞明震於西湖吉慶山，陳三立爲此有《八月十三日會葬恪士西湖吉慶山》詩，[164]此即函中所謂"恪士葬期如卜秋間"。在杭逗留期間，陳三立多"與公等稍相聚"。如在八月十五日（9月16日）赴夏敬觀宅招飲，有《中秋雨霽譔集劍丞宅夜泛湖還蔣莊舟中看月》詩，[165]夏敬觀有《中秋譔集次韻答伯嚴》詩。[166]此後又訪康有爲。[167]再與胡嗣瑗、諸宗元、夏敬觀等至滿覺壟（案："滿覺壟"今一般作"滿覺隴"，陳三立、夏敬觀詩作"壟"，從之）看桂花，登山至理安寺。[168]

三四

劍丞吾兄鑒：

十五一函想早達。本定十七午東行，乃十六至今三日夜大雨不止，無一隙之間斷。既恐上車、下車受苦，又念淒風苦雨中出游，於滬於杭皆成坐困，是以止而未發，但累公等久候爲謙耳。頃雨始稍斷，然已過午，不及附車。如可望開晴，擬十九定行。忽接隆兒由漢口所發一電，系自京繞道，至彼處還寧，不能不又候一日。如無大雨，廿日或可到滬，到時再知照公與恪士、壽丞。若恪士不能待，可先回杭也。特草此奉告，即頌大安。三立頓首。十八日。

當發此函時，雨又大下矣。

案：本函疑作於民國四年（1915）。該年五月，江蘇各地多被蝗災。至五月十六日，鎮江大雨，五月二十日前後無錫連日大雨，此後江南均籠罩在風雨中。[169]陳三立有《喜雨》《苦雨》二詩。[170]陳三立《雨霽登樓看日出》首句有"三日愁霖令人老"，[171]可見大雨一連三天,至十九日雨霽登樓。在此前後,俞明震南下過金陵之滬上入浙江,陳三立有詩《艎庵南下信宿舊廬遂入滬之浙頃倦游重過取下關還都敍別一首》,[172]可見俞明震江滬浙之行頗爲忽遽,因此也就有了函中"若恪士不能待,可先回杭也"之語。陳三立此次"東行"的目的可能是赴滬訪梁鼎芬,[173]再南游杭州。但此次行蹤在陳三立詩文中并無反映,或推斷有誤,存此以待高明。

三五

劍丞吾兄大鑒:

　　三日小聚亦爲難得之樂,定後日早車還寧矣。觀桂詩諸公想已成就,望寄示。不佞於車中得一章,録寄一笑。忽誦侍安,不一一。三立頓首。八月廿一日。

　　案:本函作於民國十年(1921)。"三日小聚"當即前文所釋與夏敬觀、胡嗣瑗、諸宗元等在杭州相聚。[174]八月二十日(9月21日)陳三立已在滬上,《鄭孝胥日記》民國十年八月二十日(9月21日):"陳伯嚴來,未晤。"[175]《鄭孝胥日記》民國十年八月二十一日(9月22日):"李拔可約晚飯,吳寬仲約同往,晤陳伯嚴、朱古微、楊子勤、王雪澂、余堯衢、袁伯夔等;余欲視小虎服藥,遂先去。"[176]"觀桂"即與胡嗣瑗、諸宗元、夏敬觀至滿覺隴看桂花。"不佞於車中得一章"即陳三立在由杭至滬火車中所得《琴初貞長劍丞過湖居偕往看桂花滿覺壟遂至理安寺》詩。[177]"諸公想已成就",從目前資料看,至少有夏敬觀《陪伯嚴滿覺壟看桂》一詩。[178]

三六

　　昨方讀愔仲、仁先所寄游詩,妄加墨寄還。兹又承示所作,各極其勝,洵鼎足之雄也。亟盼彙録付印,以娱老夫。尊稿仍郵上。忽頌,劍丞吾兄侍安。三立頓首。十月五日。

案：本函作於民國九年（1920）。本年秋，陳曾壽、胡嗣瑗、夏敬觀、王乃徵、朱祖謀、徐仁釗同游西谿，陳曾壽有《秋日同愔仲劍丞病山彊村勉甫游西谿訪交蘆庵秋雪庵遇雨歸作西谿泛雨圖題四絕句》詩，[179]此當即所謂"游詩"。

三七

歸來面壁又戒詩矣。在滬行前一二日拔可言貞長已至滬，從者亦當於月底至。茲承手教，定尚未成行耶？大稿各章控搏機趣，別成蹊徑，無一非宛陵家法，以視僕作有討好詩架子，終未能免俗也。胡、諸和作均未寄到。仁先當已歸，其郎君病當已愈。即頌劍丞兄侍安。三立頓首。五月初五日。

案：本函作於民國十一年（1922）。民國十年八月，陳三立與胡嗣瑗、諸宗元（字貞長）、夏敬觀等在杭州至滿覺壠看桂花，登山至理安寺，陳三立有《琴初貞長劍丞過訪湖居偕往看桂花滿覺壠遂至理安寺》詩，夏敬觀有《陪伯嚴滿覺壠看桂》詩。期間，陳三立有《南湖月夜有懷仁先京師》詩，[180]可見陳曾壽有北京之行。至民國十一年三月九日（4月5日），陳曾壽已歸至杭州丁父憂。[181]陳三立在本年三月底有滬上之行。[182]本年陳曾壽有《四月返湖廬》詩，[183]此或即"仁先當已歸"所指。

三八

劍丞吾兄鑒：

惠書誦悉。弟海上之行，尚未定期，志在兼游富春釣臺也。公能於日内來視，即下榻敝廬，極便，且圖同游棲霞，以了夙願。怱復，即頌吟安。三立頓首。八月廿七日。

久廢吟咏，近始得游紫霞洞、燕子磯諸洞二詩，公來可取去，濫充雜誌篇幅也。此語爲引誘良家子弟起見。

案：本函作於民國七年（1918）。該年八月二十一日（10月6日），陳三立攜子寅恪、登恪，孫封懷往游燕子磯，遂游十二洞，至三臺洞而還。陳三立有《八月二十一日攜兒子寅恪登恪孫封懷買舟游燕子磯遂尋十二洞歷其半至三臺洞而還》[184]《紫霞洞》二詩。[185]九月（十八日前）偕夏敬觀往游掃葉樓，還過烏龍潭，[186]夏敬觀有《同伯嚴游掃葉樓遂循東岡得鄭介夫祠還過烏龍潭望薛廬賦詩一篇》詩。[187]九月二十八日（11月12日）偕謝鳳孫、陳曾壽、陳曾矩、俞明震往游富春江。第二天偕衆人乘小船上溯至七里瀧，登釣臺，陳三立《同石欽仁先絜先恪士尋富春山水宿桐廬逆旅明日易小舸上沂七里瀧登釣臺復還抵桐廬宿焉賦紀三首》、[188]陳曾壽《九月二十九日同散原舸庵復圍絜先游七里瀧》、[189]俞明震《和散原游桐廬至七里瀧釣臺作次原韻》等詩紀此事。[190]之後，陳三立又至滬上。[191]

附待考書札：

一

此文已成完美之傑作矣。妄易數字："大義"易作"正法"，安否？此"正法"字用《漢書》，不知當否？請審酌。伯夔又寄五古一首，尊處想亦分致。此詩亦學韓，擬爲改數字而不得，君可先點竄之。映厂吾兄。立頓首。

二

大詩古澹純樸，有如退之所稱"天葩散奇氛"者，洵宛陵勝景也。感謝感謝。方臥未起，倚枕率復，映厂詩老。立頓首。

三

大稿爲本店自造一家之奇貨，自可專利。間有一二字未歸一律者,宜稍稍收拾之。映厂吾兄。立白。

四

代擬壽詩氣格蒼勁,秖嫌太好也。此函歷三日已到郵政,可謂
能整理矣。年內當可圖相見也。映庵吾兄。三立頓首。臘月廿
二日。

五

上冢還五十日在痛苦中,故入夏以來未有一句,已實行戒詩
矣。茲錄上春日所得廿余首,乞教定。劍丞吾兄。立白。六月
四日。

六

劍丞世仁兄大人惠覽:

得手教,備悉雅況。鄙人近日詩稿,在滬時曾爲拔可取去鈔錄
矣。文稿頗不欲出示世人,然以君方有噉飯之義,務求充篇幅,聊
搶得一册,由恪士攜上,皆廿歲後、四十歲前之作。餘稿竢他日再
覓寄可也。怱復,即頌撰安。三立頓首。五月廿二日。

七

劍丞吾兄惠鑒:

奉書及鈔件一一誦悉。大詩佳極,以有沈異孤往之意境,擺落
悠悠談也。伯夔文居然作者,妄易一二,不審有當否?乞轉交之。
拙稿不久可録竟。今歲擬戒詩,僅成律詩一首,亦其明效也。怱頌
侍祉,不具。三立頓首。新正十三日。

《東方雜誌》望催寄,作爲購閲,不必贈品也。

八

頃得農髯函，悉謙六同年已漸有起色，擬兩日内還里。前所商募助之事，如能趕及，請匯送農髯轉交爲妥。如不及，事或稍遲，托農髯轉寄。弟抵能私致少許爲賻也。劍丞吾兄。三立頓首。閏二月五日。

九

劍丞吾兄大鑒：

日前奉一書想達覽。兹有鄉人邵君祖年，字潭秋，現充南京高師教員，事繁而俸薄。日内游西湖之便，欲一承教論，兼冀在浙圖一教習較優於此者。邵君於江西爲農科畢業生，長於文學、歷史，所爲詩奥峭入古，後起所稀。如有機遇，願公有以位置之，使得於治生、求學兩有裨益。甚幸甚幸。即頌台安，不一一。三立頓首。八月晦。

一〇

示悉西溪之游，極符所願。惟仁先他出，未識能結伴否？否則不欲由俞莊獨出也。請候至八點半鐘爲度，如九點前不到尊寓，即爲倦游之券耳。復上映庵先生。期三立頓首。廿日。

一一

映庵吾兄鑒：

頃奉惠書誦悉，僕三月中旬由西山掃墓還，忽發生一似痔非痔之小核，系在鄉間連日乘土車看山，爲所震傷而起，痛苦異常，不便坐卧已廿餘日矣。今雖有就瘳之勢，然猶不能起坐伏案，以故前得公與伯夔書俱稽未作答，恐公等懷疑，姑於睡榻中懸紙價數行略相告,餘俟全愈時詳復也。公詩及伯夔一文一詩均絶佳。僕今歲所得詩絶少,容後抄寄。草草,即頌撰安。三立頓首。四月十三日。

（整理者單位：上海圖書館）

---

① 楊通,字壽彤,貴州貴筑(今貴陽)人,銀行家。

② 陳三立著,李開軍校點:《散原精舍詩文集》(增訂本)中册,上海古籍出版社2014年版,第923—925頁。

③ 李開軍《陳三立年譜長編》據《鄭孝胥日記》定此銘當成於正月,中華書局2014年版,第1183頁。

④ 陳三立著,李開軍校點:《散原精舍詩文集》(增訂本)中册,第923頁。

⑤ 鄭孝胥(1860—1938),字蘇戡、太夷,號海藏、夜起庵叟等,福建閩侯人。清光緒八年舉人,歷任駐日使館書記官、神户領事、廣西邊防大臣、廣東按察使等。入民國居上海,鬻書自給。後出任僞滿洲國總理。著有《海藏樓詩集》。

⑥ 李宣龔(1876—1953),字拔可,號觀槿,室名碩果亭,晚號墨巢,福建閩縣人。清光緒二十年舉人,官至江蘇候補知府。民國後任商務印書館經理等。作品由今人輯爲《李宣龔詩文集》。

⑦ 陳方恪(1891—1966),字彦通,江西義寧(今修水)人,在家族中排行第七。曾任中華書局、商務印書館等編輯,後任教於無錫國學專修館分校、暨南大學、持志大學、正風學院等校。作品由今人輯爲《陳方恪詩詞集》。

⑧ 鄭孝胥著,勞祖德整理:《鄭孝胥日記》,中華書局1993年版,第509頁。

⑨ 同上書,第1711頁。

⑩ 同上書,第1709頁。

⑪ 傅春官(1867—?),字苕生,江蘇江寧(今南京)人。曾任潯陽觀察、江西勸業道尹、潯陽道尹等。著有《金陵歷代建置表》《金陵兵事本末》《晦齋筆記》《百無可齋近體詩》等。刻有《金陵叢刻》等。

⑫ 袁思亮(1879—1939),字伯夔,一字伯葵,號蘉庵、芬安,別署袁伯子,湖南湘潭人。清光緒二十九年舉人。民國後曾任北洋政府工商部秘書、國務院秘書、印鑄局局長、漢冶萍礦冶股東會董事等。著有《蘉庵文集》《蘉庵詞集》《蘉庵詩集》等。

⑬ 陳三立著,李開軍校點:《散原精舍詩文集》(增訂本)下册,第1057—1059頁。

⑭ 同上書,第1059頁。

⑮ 陳三立:《繼妻俞淑人墓誌銘》,陳三立著,李開軍校點:《散原精舍詩文集》(增

訂本)下冊,第1023頁;李開軍:《陳三立年譜長編》,第1277頁。

⑯ 陳三立:《長男衡恪狀》,陳三立著,李開軍校點:《散原精舍詩文集》(增訂本)下冊,第1025—1026頁。

⑰ 黃孝紓(1900—164),字頵士,又字公渚,號匑庵,福建長樂人。曾任北京大學、北京師範大學、青島大學、山東大學等教授。著有《匑庵文稿》等。

⑱ 陳誼:《夏敬觀年譜》,黃山書社2007年版,第135頁。

⑲ 李開軍:《陳三立年譜長編》,第1452—1453頁。

⑳ 炎午:《哀貞壯(原注:夏政三月二十一丁巳日丑時,歿於上海蒲石路慶福里寓廬。起病於客臘初三日晚八時,輾轉翻復,凡一百七日)》,《諸貞壯詩鈔》第六冊《哀挽》,上海圖書館藏稿本。李開軍:《陳三立年譜長編》,第1430頁。

㉑ 劉希亮:《劉公幼雲府君行狀》,劉家平、蘇曉君主編:《中華歷史人物別傳集》第八〇冊,線裝書局2003年版,第714頁;李開軍:《陳三立年譜長編》,第1431頁。

㉒ 陳三立:《清故河南候補道黃君墓誌銘》,陳三立著,李開軍校點:《散原精舍詩文集》(增訂本)下冊,第1102頁;李開軍:《陳三立年譜長編》,第1432頁。

㉓ 陳詩:《挽十髮居士》,陳詩著,徐成志、王思豪編校:《陳詩詩集》,黃山書社2003年版,第285頁;李開軍:《陳三立年譜長編》,第1439頁。

㉔ 李開軍:《陳三立年譜長編》,第1433—1438頁。

㉕ 胡穎之,字粟丞,別署力張、幸止,浙江山陰(今紹興)人。南社詩人。

㉖ 張元濟(1867—1959),字菊生,浙江海鹽人。清光緒十八年進士,官刑部主事、總理各國事務衙門章京。後任南洋公學校長、商務印書館董事長等職。作品由今人輯爲《張元濟全集》。

㉗ 陳敬第(1876—1966),字叔通,浙江仁和人。清光緒二十九年進士,授翰林院編修。後任憲政調查局會辦、資政院民選議員,參與創辦上海合衆圖書館。民國後任國會衆議院議員、浙江都督府秘書長、大總統秘書、國務院秘書長、商務印書館董事、浙江興業銀行董事等。

㉘ 陳三立著,李開軍校點:《散原精舍詩文集》(增訂本)中冊,第718頁。

㉙ 陳灨一:《睇響齋日記》,上海圖書館藏稿本。

㉚ 張元濟著,張人鳳整理:《張元濟全集》第四卷《詩文》,商務印書館2008年版,第43頁。

㉛ 夏敬觀:《詞調溯源》,民國二十年(1931)商務印書館鉛印本。

㉜ 陳灨一(1892—1953),亦作甘簃,字藻青,號潁川生,別號睇響齋主人、淡所欲、淡齋主人、聽天由命生、旁觀客等,江西新城(今黎川)人。曾任職京師禮制館,北平、天津學校。後創辦《青鶴》雜誌。著有《甘簃文稿》《睇響齋日記》等。

㉝ 李開軍:《陳三立年譜長編》,第1440—1443頁。

㉞ "患",原有括號,以示誤寫刪除。

㉟ 李開軍:《陳三立年譜長編》,第1375頁。

㊱ 袁思亮:《蘉菴詩集》卷下,袁榮法編:《湘潭袁氏家集》,沈雲龍主編:《近代中

國史料叢刊續編》第二十一輯，(臺北)文海出版社1975年版，第97—98頁；李開軍：《陳三立年譜長編》，第1387頁。

㊲ 陳鋭(1859—1922)，字伯弢，號袌碧，湖南武陵(今常德)人。清光緒十九年舉人，曾任江蘇靖江知縣、湖南省立第二師范國文教员、湖南省长公署政治顧问官、湖南省通志局分纂等。著有《袌碧齋集》。

㊳ 上海圖書館藏稿本。

㊴ 余肇康(1854—1930)，字堯衢，號敏齋，晚號倦知老人，湖南長沙人。清光緒十二年進士，曾任湖北漢陽府、武昌府知府，山東、江西按察使，法部左参議，粤漢鐵路湘路總理等。今人輯有《余肇康日記》。

㊵ 陳三立：《清故榮禄大夫法部参議余公墓誌銘》，陳三立著，李開軍校點：《散原精舍詩文集》(增訂本)下册，第1080頁；李開軍：《陳三立年譜長編》，第1401頁。

㊶ 李祖夔(1894—1949)，浙江鎮海人，早年参加辛亥革命。曾任上海縣知事兼滬海道尹等，後棄政從商。生平好收藏文物字畫。

㊷ 陳曾壽(1878—1949)，字任先，號蒼虬，湖北蘄水(今浠水)人。清光緒二十九年進士，官至都察院廣東監察御史。入民國以遺老自居。後曾参與張勳复辟、僞满组織等。作品由今人輯爲《蒼虬閣詩集》。

㊸ 鄭孝胥撰，勞祖德整理：《鄭孝胥日記》，第2287頁。

㊹ 愛新覺羅·溥儀著，李淑賢提供，王慶祥整理注釋：《溥儀日記》(全本)，天津人民出版社2009年版，第245頁。

㊺ 陳誼：《夏敬觀年譜》，第131—135頁。

㊻ 同上書，第230頁。

㊼ 李開軍：《陳三立年譜長編》，第1403頁。

㊽ 夏敬觀《忍古樓詩》卷一二《己巳除日書感》注："是歲遭兄喪、新城陳氏姊、貴筑傅氏妹復先後逝世。"民國二十六年(1937)鉛印本。陳誼：《夏敬觀年譜》，第126頁。

㊾ 夏敬觀：《忍古樓詩》卷一二。

㊿ 陳三立著，李開軍校點：《散原精舍詩文集》(增訂本)中册，第699頁。

(51) 周達(1878—1948)，字梅泉，號今覺，安徽建德(今東至)人。長於數學，創立知新算社并任社长。又好集郵。著有《今覺盦詩》及數學著作多種。

(52) 周達：《今覺庵詩》卷三，民國二十九年(1940)鉛印本。

(53) 同上。

(54) 俞明頤(1873—?)，字壽臣、壽丞，浙江山陰(今紹興)人。曾任湖南武備學堂總辦、湖南督練公所兵務總辦、湖南學政、商務印書館董事等。

(55) 陳三立著，李開軍校點：《散原精舍詩文集》(增訂本)中册，第692頁。

(56) 同上書，第695頁。

(57) 同上書，第694頁。

(58) 陳曾壽著，張寅彭、王培軍校點：《蒼虬閣詩集》，上海古籍出版社2012年版，第192頁。

(59) 陳三立著,李開軍校點:《散原精舍詩文集》(增訂本)中册,第694頁。

(60) 繆荃孫(1844—1919),字炎之,又字筱珊,晚號藝風老人,江蘇江陰人。清光緒二年進士,授翰林院編修。曾主持創辦江南圖書館、京師圖書館等。民國後短暫任清史總纂。著有《藝風堂文集》等。

(61) 繆荃孫:《藝風堂文續集》卷六《重刊明弘治本吉州蘇文忠公七集跋》,《續修四庫全書·集部》第1574册,上海古籍出版社1995年版,第251—252頁。

(62) 繆荃孫:《藝風老人日記》,北京大學出版社1986年版,第2239頁。

(63) 同上書,第2242頁。

(64) 同上書,第2308頁。

(65) 同上。

(66) 同上書,第2309頁。

(67) 同上書,第2310頁。

(68) 同上書,第2324頁。

(69) 同上書,第2370頁。

(70) 同上書,第2371頁。

(71) 李開軍:《陳三立年譜長編》,第908—911頁。

(72) 陳三立:《長至後七日抵西山謁墓》《峙廬宿》,陳三立著,李開軍校點:《散原精舍詩文集》(增訂本)上册,第303頁;李開軍:《陳三立年譜長編》,第912頁。

(73) 對此,《申報》有詳細報導,參見李開軍《陳三立年譜長編》,第912—913頁。

(74) 劉光蕡(1843—1903),字焕堂,號古愚,陝西咸陽人。清光緒元年舉人。主張教育救國,積極宣傳西學。晚年主講煙霞草堂,後又移教甘肅大學堂任總教習。作品輯爲《煙霞草堂文集》等。

(75) 胡朝梁(1879—1921),字梓方,號詩廬,江西鉛山人。曾任兩江師範學堂、上江公學教習。民國後任職教育部。著有《詩廬詩鈔》等。

(76) 劉景熙(1858—1917),字皓如,江西贛縣人。清光緒二十四年進士,觀禮部主事、廣西等地知府、江西農工商礦總局協理、江西商務總會總理、南潯鐵路總理等。著有《濃溪文集》等。

(77)《申報》宣統二年十二月二十二日,參見李開軍《陳三立年譜長編》,第913頁。

(78) 喻兆藩(1862—1920),字庶三,江西萍鄉人。清光緒十五年進士,曾任工部主事,浙江寧波、杭州知府,寧紹台海防兵備道,浙江布政使等。

(79) 陳三立:《誥封夫人喻母李太夫人墓志銘》,陳三立著,李開軍校點:《散原精舍詩文集》(增訂本)中册,第875頁。

(80) 陳詩(1864—1943),字子言,號鶴柴,安徽廬江人。作品由今人輯爲《陳詩詩集》。

(81) 樊增祥(1846—1931),字嘉父,號雲門、樊山,晚號天琴老人,湖北恩施人。清光緒三年進士,曾任渭南知縣、陝西按察使、江寧布政使等。民國後任參政院參政。作品由今人輯爲《樊樊山詩集》。

⑧² 蔣天樞:《陳寅恪先生事輯編年》,上海古籍出版社1997年版,第27頁;卞僧慧:《陳寅恪先生年譜長編》(初稿),中華書局2010年版,第54頁。

⑧³ 陳慶年(1862—1929),字善餘,晚號横山鄉人,江蘇丹徒人。曾任職湖南高等學堂、南京圖書館等。著有《横鄉山人類稿》等。

⑧⁴ 繆荃書著,顧廷龍校閲:《藝風堂友朋書札》上册,上海古籍出版社1980年版,第437頁;陳三立著,李開軍校點:《散原精舍詩文集》(增訂本)下册,第1185頁。

⑧⁵ 李開軍:《陳三立年譜長編》,第903頁。

⑧⁶ 陳三立著,李開軍校點:《散原精舍詩文集》(增訂本)上册,第272頁。

⑧⁷ 鄭孝胥著,勞祖德整理:《鄭孝胥日記》,第1193頁。

⑧⁸ 嚴復(1854—1921),字又陵,又字幾道,晚號野老人,福建侯官(今福州)人。歷任天津北洋水師學堂、京師大學堂譯局、復旦公學、安慶高等師範學堂校長等。作品由今人輯爲《嚴復全集》。

⑧⁹ 鄭孝胥著,勞祖德整理:《鄭孝胥日記》,第1188頁。

⑨⁰ 孫應祥:《嚴復年譜》,福建人民出版社2014年版,第273—277頁。

⑨¹ 同上書,第277頁。

⑨² 夏敬觀:《忍古樓詩》卷二。

⑨³ 陳三立著,李開軍校點:《散原精舍詩文集》(增訂本)上册,第259頁。

⑨⁴ 范當世(1854—1905),原名鑄,字銅士,又字無錯,號肯堂、伯子,江蘇通州(今南通)人。曾入李鴻章幕,晚年致力於本鄉教育事業。著有《范伯子詩文集》。

⑨⁵ 陳三立著,李開軍校點:《散原精舍詩文集》(增訂本)上册,第256—257頁。

⑨⁶ 陳謚:《夏敬觀年譜》,第21頁。

⑨⁷ 鄭孝胥著,勞祖德整理:《鄭孝胥日記》,第859頁。

⑨⁸ 羅運峽,字達衡,江西武寧人。清光緒十一年舉人,曾任湖北知縣。

⑨⁹ 毛慶蕃(1846—1924),字伯宣,一字德華,號實君,江西豐城人。清光緒十五年進士,曾任上海、金陵機器局總辦,江蘇提學使,甘肅布政使等。

⑩⁰ 杜俞(1855—1923),字元穆,一字雲秋,號黄陵外史,湖南湘鄉人。清末官至署理湖南布政使。民國授陸軍中將銜。著有《海嶽軒叢刻》等。

⑩¹ 薛華培(?—1906),字次申,四川華陽人。曾任湖北試用道。

⑩² 俞明震(1860—1918),字恪士,號觚庵,浙江山陰(今紹興)人。清光緒十六年進士,曾任江蘇候補道、江南陸師學堂兼附設礦務鐵路學堂總辦、江西贛寧道、甘肅提學使。民國後爲甘肅蕭政史,著有《觚庵詩存》。

⑩³ 陳謚:《夏敬觀年譜》,第44頁。

⑩⁴ 陳詩《尊鄏室詩話》卷二:"光宣間嘗官蘇垣,以提學樊恭煦未到任,署提學使兩月。"民國二十九年(1940)鉛印本。

⑩⁵ 李瑞清(1867—1920),字仲麟,號梅庵,又號清道人,江西臨川人。清光緒二十年進士,曾任江寧提學使、布政使,兼任兩江師範學堂監督。民國後鬻書自給。著有《清道人遺集》。

⑯ 章楨,字西庚,河南祥符舉人,清光緒二十四年任縣令。後至遼寧海城兼任他山書院主講,宣導康梁新學。

⑰ 左孝同(1857—1924),字子異,晚號逸叟,湖南湘陰人。曾任浙江試用道、政務處總辦、湖南按察使、江蘇提發使等。

⑱ 蔣天樞:《陳寅恪先生編年事輯》(增訂本),第27頁;卞僧慧:《陳寅恪先生年譜長編(初稿)》,第55頁。

⑲ 陳三立著,李開軍校點:《散原精舍詩文集》(增訂本)上冊,第287頁。

⑩ 王仁東(1852—1918),字旭莊、剛侯,號完巢,福建閩縣人。清光緒二年舉人,曾任內閣中書、南通知州、江安督糧道、蘇州糧道兼蘇州關監督等。著有《完巢剩稿》。

⑪ 王繼曾(1882—?),字述勤,福建閩縣人。清光緒二十八年畢業於上海南洋學堂。後赴法國高等學校、巴黎政法大學留學。回國後曾駐外使館隨員、外務部主事、外交部僉事、外交部政務司司長、國務院秘書長、英美煙草公司北平分行經理等。著有《義大利政治經濟財政報告書》等。

⑫ 劉喬祺(1842—1920),字雲樵,江西德化人。清同治六年舉人,曾任浙江義烏、金華、嘉興等知縣,浙江鹽運使、江西鐵路總理等。

⑬ 熊元鍔(1879—1906),字季廉,一字師復,江西南昌人。清光緒二十九年舉人,曾創辦南昌樂群學堂,仁南潯鐵路上海分公司坐辦。

⑭ 陳三立著,李開軍校點:《散原精舍詩文集》(增訂本)中冊,第874頁。

⑮ 陳詒:《夏敬觀年譜》,第32頁。

⑯ 蔣天樞:《陳寅恪先生編年事輯》,第26頁;卞僧慧:《陳寅恪先生年譜長編》(初稿),第53頁。

⑰ 陳三立著,李開軍校點:《散原精舍詩文集》(增訂本)中冊,第915頁。

⑱ 鄭孝胥著,勞祖德整理:《鄭孝胥日記》,第1682頁。

⑲ 同上。

⑳ 同上書,第1683頁。

㉑ 載《夏劍丞友朋書札》,上海圖書館藏。

㉒ 汪兆鏞:《碑傳集三編》卷五〇,收入沈雲龍主編《近代中國史料叢刊續編》第七十三輯,第2512頁。《散原精舍詩文集》(增訂本)未載時間。

㉓ 鄭孝胥著,勞祖德整理:《鄭孝胥日記》,第1648頁。

㉔ 同上書,第1666頁。

㉕ 李開軍:《陳三立年譜長編》,第1190—1191頁。

㉖ 陳三立著,李開軍校點:《散原精舍詩文集》(增訂本)中冊,第567—568頁。

㉗ 王乃徵(1861—1933),字聘三,号病山,四川中江人。清光緒十六年進士,曾任福建道監察御史、江西撫州知府、順天府尹、湖南布政使等。著有《嵩洛吟草》等。

㉘ 胡嗣瑗(1868—1949),字愔仲,號琴初,又作晴初,貴州貴陽人。清光緒二十九年進士,曾任翰林院編修、天津北洋法政學堂總辦、江蘇金陵道尹、江蘇將軍府諮議廳長。民國後任偽滿洲國秘書長。

㉈ 沈瑜慶(1858—1918)，字志雨，號愛蒼、濤園，福建侯官人。清光緒十一年舉人，曾任刑部主事、順天府尹、江西布政使等。著有《濤園集》。

㉊《誥授光禄大夫貴州巡撫沈敬裕公墓志銘》，陳三立著，李開軍校點：《散原精舍詩文集》(增訂本)中册，第978頁；鄭孝胥著，勞祖德整理：《鄭孝胥日記》，第1723—1747頁；沈瑜慶：《濤園集》附沈成式《沈敬裕公年譜》，收入沈雲龍主編《近代中國史料叢刊正編》第五十五輯，文海出版社1967年版，第357頁。

㉋ 張元濟日記紀事爲陽曆。

㉌ 張元濟著，張人鳳整理：《張元濟全集》第六卷《日記》，商務印書館2008年版，第439頁。

㉍ 李宣龔：《金陵視伯嚴丈并訪鑑泉觀察》，李宣龔：《碩果亭詩》，收入李宣龔著、黄曙輝點校《李宣龔詩文集》，華東師範大學出版社2009年版，第51頁；李開軍：《陳三立年譜長編》，第1192頁。

㉎ 陳三立著，李開軍校點：《散原精舍詩文集》(增訂本)中册，第943頁。

㉏ 同上書，第571頁。

㉐ 鄭孝胥著，勞祖德整理：《鄭孝胥日記》，第1741頁。

㉑ 陳三立著，李開軍校點：《散原精舍詩文集》(增訂本)中册，第921頁。

㉒ 同上書，第534—535頁。

㉓ 同上書，第887頁。

㉔ 劉孚京：《求放心齋文集》四卷補遺一卷，民國六年(1917)鉛印本。

㉕ 林開謩(1862—1937)，字貽書，號放庵，福建長樂人。清光緒二十年、二十一年連捷進士，曾任河南學政、江西提學使等。晚年久居北京。

㉖ 陳三立著，李開軍校點：《散原精舍詩文集》(增訂本)中册，第968—970頁。

㉗ 龍湛霖(1837—1905)，字芝生，湖南攸縣人。清同治元年進士，曾任鄉試正考官、江西學政、内閣學士、刑部右侍郎、江蘇學政等。

㉘ 龍紱瑞(1874—195)，字莘溪、毅甫，晚號希静，湖南攸縣人。創辦多所學校，曾任四川洋務總辦、湖南交通司司長、湖南官産處處長等。

㉙ 陳誼：《夏敬觀年譜》，第96頁。

㉚ 鄭孝胥著，黄珅、楊曉波校點：《海藏樓詩》(增訂本)上册，上海古籍出版社2013年版，第283—2284頁。

㉛ 鄭孝胥著，勞祖德整理：《鄭孝胥日記》，第1712頁。

㉜ 夏敬觀：《忍古樓詩》卷七。

㉝ 鄭孝胥著，勞祖德整理：《鄭孝胥日記》，第1721頁。

㉞ 陳三立著，李開軍校點：《散原精舍詩文集》(增訂本)中册，第957—958頁。

㉟ 同上書，第957頁。

㊀ 鄭孝胥著，勞祖德整理：《鄭孝胥日記》，第1796頁。

㊁ 夏敬觀：《忍古樓詩》卷八。

㊂ 陳衍(1856—1937)，字叔伊，號石遺，福建侯官(今福州)人。清光緒八年舉人。

曾任學部主事,後任教於京師大學堂、無錫國學專修學校等學校。一度任《福建通志》副總纂。

⑮ 陳聲暨編,王真續編,葉長青補訂:《侯官陳石遺先生年譜》卷六"屠維協洽六十四歲"條,民國間刻本。

⑯ 陳三立著,李開軍校點:《散原精舍詩文集》(增訂本)中冊,第917—921頁。

⑰《陳三立年譜長編》載陳三立在七月至十一月間一直在金陵。惟於十月二十四日(1月14日)赴滬上清凉寺公祭梁鼎芬,爲作祭文。(第1214—1216頁)

⑱ 陳詒:《夏敬觀年譜》,第96頁。

⑲ 陳隆恪(1888—1956),字彥穌,江西義寧(今修水)人。曾任南潯鐵路局局長、漢口電訊局主任、九江稅務局主任、江西財政廳科長、上海郵匯總局秘書等。著有《同照閣詩集》。

⑳ 清光緒三十三年九月二十一日《申報》第十一版《贛省考送法律學員名單江西》:"江西林學使日前考試法政學堂實驗學員,申送京師法律學堂肄業,現已取定十四名,照錄如下:傅景范、裴應與、熊宗幹、王德新、夏士麟、謝湘、劉秉樞、沈熙照、惲福鈞、張開沂、朱欽、王蔭棠、黎賡堯、彭慶楊。"

㉑ 內閣印鑄局:《宣統三年冬季職官錄》(一、二),收入沈雲龍主編《近代中國史料叢刊初編》第二十九輯,文海出版社1968年版,第228頁。

㉒ 陳阜東主編,王萍主修,李廬琦副主修:《吉安地區志》第三十九篇《人物》,復旦大學出版社2010年版,第4590頁。

㉓ 陳詒:《夏敬觀年譜》,第101頁。

㉔ 陳三立著,李開軍校點:《散原精舍詩文集》(增訂本)中冊,第610頁。

㉕ 同上書,第611頁。

㉖ 夏敬觀:《忍古樓詩》卷九。

㉗ 陳三立:《登丁家山康氏別墅訪主任不遇》,陳三立著,李開軍校點:《散原精舍詩文集》(增訂本)中冊,第611頁。

㉘ 陳三立:《琴初貞長劍丞過訪湖居偕往看桂花滿覺壟遂至理安寺》,陳三立著,李開軍校點:《散原精舍詩文集》(增訂本)上冊,第612—613頁;夏敬觀:《陪伯嚴滿覺壟看桂》,《忍古樓詩》卷九。

㉙ 李文海等:《近代中國災荒紀年》,湖南教育出版社1990年版,第842頁;李開軍:《陳三立年譜長編》,第1112頁。

㉚ 陳三立著,李開軍校點:《散原精舍詩文集》(增訂本)中冊,第467頁。

㉛ 同上書,第468頁。

㉜ 同上書,第469頁。

㉝ 吳天任:《梁節庵先生年譜》,藝文印書館1979年版,第324頁。

㉞ 諸宗元(1874—1932),字貞壯,又字貞長,浙江紹興人。曾任湖北黃州知府。民國後任浙江督軍府秘書、浙江電報局局長等。著有《大志閣詩》等。

㉟ 鄭孝胥著,勞祖德整理:《鄭孝胥日記》,第1880頁。

⑰ 同上。

⑰ 陳三立著，李開軍校點：《散原精舍詩文集》（增訂本）中册，第612—613頁。

⑱ 夏敬觀：《忍古樓詩》卷九。

⑲ 陳曾壽著，張寅彭、王培軍校點：《蒼虬閣詩集》，第130頁。

⑱ 陳三立著，李開軍校點：《散原精舍詩文集》（增訂本）中册，第612頁。

⑱ 《鄭孝胥日記》：“杭州來信，陳仁先丁父憂。”第1902頁。

⑱ 李開軍：《陳三立年譜長編》，第1254—1255頁。

⑱ 陳曾壽著，張寅彭、王培軍校點：《蒼虬閣詩集》，第154頁。

⑱ 陳三立著，李開軍校點：《散原精舍詩文集》（增訂本）中册，第544—545頁。

⑱ 同上書，第545頁。

⑱ 李開軍：《陳三立年譜長編》，第1173頁。

⑱ 夏敬觀：《忍古樓詩》卷七。

⑱ 陳三立著，李開軍校點：《散原精舍詩文集》（增訂本）中册，第547—548頁。

⑱ 陳曾壽著，張寅彭、王培軍校點：《蒼虬閣詩集》，第102頁。

⑲ 俞明震著，馬亞中校點：《觚庵詩存》，上海古籍出版社2012年版，第88—89頁。

⑲ 李開軍：《陳三立年譜長編》，第1175—1176頁。

馮煦手札（二）

　　本編書札，原載上海圖書館藏《吳子修親友手札》稿本第四冊，今依原件編排録文。子修，即吳慶坻（1849—1924），別字敬強，號悔餘生、補松老人，浙江錢塘人，光緒二年（1876）舉人，十二年（1886）成進士，與馮煦爲同榜進士，交誼甚篤。民國後，滬上遺老雲集，結社吟詩，文酒高會，若馮、吳二君，以高年衰軀，仍流連唱酬，清興不減。此批手札可爲佐證。

　　　　　　　　　一

子修四兄同年再鑒：

　　前書未上，復奉手翰。胡詩於雋才，弟所欣賞，比爲武備學堂文案，乃有間之於當軸者，弟屢言不釋，尚難一握銅章，容徐圖之。練兵處新政，煩苛如蝟毛，從何措手。輸税司畞捐，尤爲厲民，使海内皆忘其樂生之心，豈國之福邪！日俄構釁，撓我陪都，而我守局外，譬之兩爭鬭於房闥，焉有中立地邪！戰事略定，無論孰爲勝負，皆將及我，公乃心王室，當亦同此憂危也。東南節鉞，紛如置棋，次山前輩又内召爲忌者所中，抑用之爲東三省總督邪？幸年在都奉手，弟冒言督撫不可輕易，聞者頗韙其言，今竟何如邪！弟到蜀十閱月，稱藩者半，此間要政無一事不與聞，而性剛才拙，與物多迕，實亦不能力申愚慮。處大可有爲之地，丁萬不容己之時，而旋進旋退，不一效其尺寸，內疚初心，上慰知我，正不如投劾東歸，讀書學道，猶可希炳燭之明也。辱公至愛，敢一貢其狂愚，幸有以教之。炯齋乞養，豈亦有不得已於中者邪！再請道安。弟煦又頓首。

蘇鳳岡美才，乞公一提挈之。

二

悔餘我兄同年：

不見又再旬，甚念。驟寒，興居多福爲頌。聞兩淮張都轉弧與公雅故，有奉干者，兩淮學務委員候補運判林之菼，與弟多年舊交，人極守正，辦學亦有成績，在揚久，於鹺綱極有研究。都轉初到，實足備顧問者，幸一噓植之。之菼辟地於此，如荷道地，即令往謁也。此請道安。弟煦頓首。

三

松隱四兄同年有道：

前失倒屣爲罪。頃奉手翰，敬悉一是，良會多乖，彌用悵惘。附上西鷹十枝，乞代致繼雲同年，戔戔之敬，殊自惡耳。此頌道履萬福。臘日。弟煦合十。

四

松隱我兄同年有道：

示悉。庚生住蘇州葑門內泗井巷三十四號，謹聞。復堂後人集款，如有所得，請即逕致其廎中，弟已忘其住落矣。此頌道安。弟煦拜狀。

五

補松我兄同年有道：

慕韓來，擬與兄治具招之，尊屚稍寬，或即不在酒樓，應招何客作陪，抑即招其弟仲璵，不約他客，並乞酌之。此頌道履。弟煦頓首。十一日。

六

昨招二孫，復書奉上，一切偏勞，慰感無量。屆時趨前，願爲小相。補公坐右。弟煦謹狀。

七

子修四兄同年有道：

昨小石商丙戌同年招一近局，兼請少石、紫東，弟敬邀我兄同具單，想不罪其專擅也。此頌頤安。弟煦頓首。

兩單並附覽，各住處並乞示悉，以奴子不悉也。

八

補松我兄同年有道：

頃由郵政上一紙，正擬十四、五兩日中請兄酌定一日，今奉來翰，正有同心。鄙意定於十五日午刻，先行函知，不約他客。在尊齋尚可暢談，如見同人，不須提及，亦與鄙見相合。故頃函衹請約晦若、子異，或並此二客不約，兩賓兩主，無須多菜，似較合宜。如兄表同情，即由弟處函達。二孫並知單，可不出矣。此頌晡安。弟煦頓首。

一切偏勞，至感。

九

手示誦悉，近局即借尊齋，極善。鄙意客不必多，菜亦不必多，晦若、子異兩君外，不必再約他客，發單治具，一切均乞兄偏勞。十三有逸社之約，十四、五均可，並乞酌示爲荷。此頌補松我兄同年頤安。弟煦頓首。

一〇

補松我兄同年有道：

手翰敬悉，章君事端緒複雜，俟相見再一一。其字曰琴生，亦曰勤生，年五十餘，先以奉聞。東寅往寶應寧國守衛大詩能示我，當繼聲，且可代致便郵也。古微來云，咏春竟歸道山。齊年夙好，辛亥一別，竟不再見，爲於邑者累日，想公亦同此懷也。此頌道履。弟煦頓首。十七日。

一一

子修四兄同年再覽：

皖變卒嬰，孫雛又札，家國之迫，並邁奇窮。足下視僕，復何心邪！世局岌岌，義不當去，強自振厲，百不補一。既其失職，爲戾滋大，歲聿云莫，決當乞身。蒿目四顧，稅駕何所，足下散尚，幸有翼我。蘇生雋才，昔荷識拔，一投瘴鄉，無以自濟。自淵而霄，唯是之望，再頌道履，臨書主臣。煦再拜。

一二

補松四兄同年有道：

兩奉手翰，甚感甚慰。拙文陋劣，公不加繩削，恐坫佳書。"祖述"句已易，"將入"句請即刪去，文氣亦相沖，並請酌之。弟初擬即來杭,而振事糾紛非數日可了,蘆碕秋雪能否同游,尚不可定。此頌道安。弟煦頓首。廿日。

庸厂並致聲。

文襄功罪,相見再談。弟文過直,屢自戒而不能改,終必與禍機相觸也。

一三

補松四兄同年有道:

昨奉素書,驚悉年嫂夫人之戚。前荷來教,初未語及病狀,遽聞此耗,駭驚無量。兄年逾大耋,驟喪良匹,空幃遺挂,何以爲懷。唯念年嫂夫人淑德懿行,抗希鍾郝,又親見絅齋世兄鳳毛繼美,籍甚清塗,孫曾繩繩,方興未艾,遺榮反真,應無遺憾。伏乞我兄葆衛神理,勿以有涯之生而爲無涯之戚也。弟比方小極,不獲一申奠餟,附上挽句、祭幛各一,聊代束芻。即頌頤安,千萬珍重。九月廿三日。年愚弟馮煦頓首。

絅齋館丈並此致唁。手僵,不復貢書。

一四

補松四兄同年有道:

前奉手翰,並惠二律,感與媿會。邪氣漸肅,道履康愉。弟自月初爲冬煤所感,犯嗽頗劇,不下樓者一星期,今始漸差,足慰注存。散原在杭,每思以書慰之,唯散原所遭之境,皆弟所已歷之境,每欲作書,悲從中來,輒投筆而罷,見散原幸代致鄙忱也。世局糾紛,仍無可望,餘年丁此,尚何言哉。奉和二章,聊陳衷曲,不足言詩也。此頌歲安。十二月廿六日。弟煦頓首,時年八十又一。

一五

補松四兄同年有道:

　　静山數來,輒詢公起居,漸臻康復,欣慰無量。手翰下頒,附以佳什,發函雒誦,想見神識聰强,日益健勝,彌快鄙懷。舊振方終,新災又告,静山復來敦迫,義不容諉,唯敝會力薄,募墊俱窮,正不知如何著手,恐有孤珂鄉父老之托也。志局移滬,亦弟不得已之苦衷,日從事於此,始知前日之非也。所謂啄名者,仍窟穴其間,蹈虛如故,去之不可,亦唯自盡其心力所能到,成一草稿,留待後賢之指摘而已。世局至今日,本無一事,每言志局,特其小小者耳。丙戌齊年,兄與散原在杭,弟與堯衢、庸厂在滬。散原婆娑,生意將盡,欲往慰問,逡巡不果,見時幸一達拳拳也。堯衢腰脚病,不下樓者兩月餘。庸厂齒疾間作,亦不常見。而兩公皆豪於詩,日有所作,老夫亦爲所牽率,本月得詩十數章,比奉和二律,別紙録似繩削,且知弟之近來懷抱也。仁先、琴初以詩易涉時事,遂避而爲試帖;弟詩則多涉時事,亦知意觸世忌,然如骨鯁在喉,不吐不快,且使後之覽者知爲今日之詩貧之。我兄當不河漢,毋亦化爲狂奴故態邪。申江舊雨,日益凋零,有兄所欲知者,聊附及之。古微健飯如初,唯近詞頗少;病山志節皎然,而貧不可醫;王雪岑日以所藏古董易一飽餐,別不知所爲計矣。獨鄭蘇龕有園林之勝,昨邀看菊,佳種數十本,甲於淞曲,殆陶淵明所不能有者,此則逋客中之健者矣。此頌頤安,拉雜書此,以當面談,當爲我一軒渠也。弟煦頓首。十月廿四日。年八十又一。

一六

補松四兄同年有道:

　　閏月初歸白田,久勞暫休,體中時復小極。小伏後酷熱,爲數年所無，衰貧益不任，百事俱廢，故再奉兄書，逾未作答，知不罪也。兄暑中眠食勝常否？浙志如何歸束？弟之蘇志議會亦有責言，此類事在今日本視爲附贅懸疣，弟亦聽之而已。珂鄉近事，殆將繼武蕭之志邪！世局日益倜擾，而舊世族之貧不自濟日益衆。程君弟亦識之，信世家風度異於今之抗塵走俗者。附去一書，幸致之。弟與荆州無深交，而爲人牽率，數有所幹，亦必無補於程耳。弟七月中必來滬，八月至湖上看桂花，必不爽也。此頌頤安。六月初七日。弟煦頓首。

綗齋兄弟均佳。見静山並乞致聲。

一七

補松四兄同年有道：

前貢尺一，並懸字均詩，久未得覆，正深馳繫。昨奉手畢，始知前書竟付浮沉，殆爲我藏拙邪。梅炎鬱蒸，道履康勝。弟汲汲春振，竭蹶萬狀，比雖漸卒事，尚體中以憂勞故，時復小極，行年八十，亦固其宜。唯長安似棋，又成急劫，恐不待樵柯之爛，亦已無從著手矣。初擬來，唯仁先昆季兼爲湖上之游，以意緒惡劣，亦竟不果。明日即歸白田度夏，七月再出必來杭，一聽緖論也。何詩孫昨爲陳人，海內少一畫家，其襟抱蕭遠，亦不愧王謝家兒，今更無別人矣，一嘆。群龍無首，統一無期，而梅訊南來，如蠅逐臭，賢者正復不免，亦弟所不敢知者也。此頌頤安。閏五月初三日。弟煦頓首。

綗齋並念。静山常見否。

一八

子修我兄同年大人閣下：

歲闌奉手翰，辱存注甚厚，感與媿會。青陽布憲，道履攸宜，仲英前輩寄到綗齋所書楹帖，彌以爲荷。秋駕伊邇，引飲軨軒，無任翹企。弟到鳳逾歲，地方利病無豪髮之補，而謬爲知我者所期許，

增我內疚。今年修文廟、纂府志、興水利、保釐,凡義所當爲之、力
所能爲者,不敢不勉,其濟否則亦不敢必也。知府一官,艱守中處
於上下之交,苟有興革,皆待助於上下。得助則濟,不得[濟]助則
有所格而不能遂。弟性剛才拙,與物多迕,既不善求助矣,吏治日
蠱,競以因循粉飾爲事。其號爲賢者,亦務實之心不敵其務名,終
不免於自私而用智,則助之亦難其人,以助之難其人而又不善求
助,事之有濟,庸可必邪!老兄愛我,何以策之?典館何日進書?
幸示一一。復承興居,不盡所懷,手惡。弟馮煦頓首。

綱齋並問。輦下故人見時並爲致聲,同館諸君仝念也。

一九

補松四兄同年有道:

昨奉手翰,以拙撰《畸園誌》辱相商榷,感與佩會。"庚子"下
一段,皆其宅憂後復留松修府志之事,弟文中漏卻"留松"字,今以
補入,不知可用否?仍乞卓裁,或請兄代爲繩削,至感至感。弟八
月在寶,幾罹水厄,今幸無恙,又不得不規劃義振,而人款兩絀,既
難著手,且世風日囂,人人每以官言辦事,亦多叢脞,且環顧大局,
岌岌不可終日。雖慈善事業亦有波譎雲詭者,兄翛然物表,當亦爲
之太息也。紫東竟作古人,丁此世局,早日反真亦未始非福也。此
頌頤安。十月初五日。弟煦頓首。

綱齋兄均念。

二〇

補松四兄同年有道:

前奉手翰,並以得舉曾孫寵和一詩,且忻且感。涼暄乖宜,道
躬康勝。子封以十六日歸道山,珂里齊年又弱一個,爲不憚者累
日。乙厂悼痛亡琴,體亦小極,使人增友于之重。兄聞之,當亦同

此悽黯也。前爲蓉曙作一墓誌,寄去已再旬,未得其世兄一字,不識達否? 其文冗雜不足觀,以今日孝子慈孫之心理,皆以多爲貴,其零星政談必爲列入,實則可删者正多也。弟處未留稿本,又未便詢之,可否惠其世兄函一道及,如未達,尚欲再記憶前作寫出也。弟端節後必反白田,北振雖可結束,而振友尚未全歸,京旗生計亦須著手進行。今年天氣極不正,衰軀似亦不如前,而筆墨叢雜,難於應付,頗思覓一相助者,亦不易得。自辛亥後,十年所作詩文有六册,近有門下士欲爲付刻,壽鄙人八十。詩文不足觀,而辭之不得,擬求公賜一序,以我爲人交誼,或不惜一獎借也。此頌頤安。廿六日。弟煦頓首。

絧齋昆仲、靜山均致聲。

二一

補松四兄同年有道:

杭游之奉教,瀕行復飽家庖,感荷感荷。清和應序,道履勝常。弟歸滬後,體中時復小極,幸眠食差可耳。瞿文慎碑文,兄與庸厂皆謬以爲可。微聞湘人尚謂"米湯之不濃,高帽之不羨",弟於此文方自謂頗經意,足報此老相知之雅。而今猶云云,甚矣文之難索解人也。劉翰臣交來佛青墓誌十通乞正,前乞代求益吾前輩詩文全集,不知已致書其世兄否? 往與前輩有文字之雅,其世兄或不吝見與邪。弟月秒即反白田,八月再出,當久留湖上,與兄以青鞵布韤敖嬰山澤間矣。此頌頤安。十五日。弟煦頓首。

絧齋、靜山並念。

二二

補松四兄同年有道:

前奉手答,久未肅復。一以今夏酷熱,爲數年所無,衰年尤不支，終日據一藥牀，百事俱廢；一以側身四顧，都無好懷，幾欲使百目之官皆失所司，以不聞不見爲乾淨，故每握管而不能已，想公亦同此於邑也。《太陽生日歌》已脫稿否，公署中起居安否，均念念也。明亡而士夫之眷懷故主者，所在所有，猶見人心之不死，今則無人不心死矣。以世局論，匪獨唐之藩鎮，直是五季之十國，然求一錢武肅亦尚不得而訪哉。聞台州大水，弟處苦於人款兩窘，不識靜山能往振否？一書幸致之。弟八月必到滬，或仍來湖上，一申昔款。此頌頤安，緗齋並念。七月朔。弟煦頓首。

二三

補松四兄同年有道：

　　昨飫郇香，敬謝。奉示並《夢痕録》，祇增淒惋。明早即歸，不克仍趨談，明發之日當再圖良晤也。附上銀餅三枚，奉歸蔬值（二合並歸），不足再繳，有餘則以犒庖丁爲荷。此頌道安。弟煦頓首。

二四

補松四兄同年有道：

　　弢光之游，獲飽伊蒲之饌，感與媿會。次日遂歸，匆匆又月餘矣。冬不潛陽，道履康勝。近詩數章，有湖上所作者，録似繩削。弟詩病在淺直，楊子勤謂我學杜有得，鄭蘇龕謂我似四十許人所爲，殆謂其不蒼老邪？乞兄明以教我。弟年雖篤老，猶將希炳燭之效也。蓉曙再有書來，其縣志亦續致兩部，誤字亦更正矣。其病尚未大可，爲生壙於會稽［鑄］山駐日嶺上，屬弟爲墓祠記，頗難涉筆，幸兄有以廎之。散原久無消息，聞其近作多文而少詩，或亦退之諛墓地邪。弟比在滬，爲嗣孫料理娶婦，雖甚勞費，然藉了一首尾，於計亦得月當頭後始能反白田也。止相葬西湖，可謂得所。弟他日亦頗思買山湖上爲歸骨地，未知有此清福否耳。此頌頤安，維爲道自衞，不盡拳拳。十月既望。弟煦頓首。

二五

補松四兄同年有道：

　　西溪之游忽忽半歲，想道履康勝。殘局一枰，又成急劫，恐山
中爛柯人亦無樵采之地。一歎。昨佩蒽來，已速紫東、廣笙、伯嚴
於廿六日午會於庸厂，許爲丙戌齊年小集，幸即命駕，如斯雅集恐
此後亦如星鳳也。此頌道安。廿四日。弟煦頓首。

二六

補松四兄同年有道：

　　渴欲奉手，而到即小極，辱示知有同感，尤念。十六日往視先
妹墓，仍乞飭庖丁代製橫合爲荷。稍健即上謁，不能預期也。此頌
頤安。弟煦頓首。十三日。

二七

補松四兄同年有道：

　　聖湖小住，數聆緒論，西溪一舸，挈鷺提鸛，飽飫伊蒲，絕遠塵
壒。別忽經句，猶神往於蘆碕秋雪也。天氣仍溫，道履康勝。弟反
滬後規劃義振，略有端倪，而當軸不諒，忽加以不虞之譽，違我素
心。昨已兩電堅辭，期於葆此頑素，否則歸隱白田，並義振亦爲謝
絕。善不可爲，於斯益信，亦自疚矣。不知弢晦，甚愧。我兄如天
際冥鴻，不爲弋人所篡也。日來又苦雨，里中晚禾又將爛死，饘粥
殆難爲計。然天下滔滔，將淪於萬劫不復之地，一人一家之困難，
又不足言也。許夫人墓誌當已書竟，妙翰直通南朝，惜拙文不足稱
耳。附上素紙十二葉（又八紙乞交庸厂），乞書大作，留之几席，時
一諷誦，如對故人，兼資模範，或亦不我遐棄邪！手此申謝，敬頌道

安,維萬萬良食自衛,不盡拳拳。十月初九日。弟煦頓首。

二八

補松四兄同年有道:

　　昨游湖上,再旋清塵,並荷嘉貺,感與媿會。涼暄不時,道履康
勝。世局蜩螗,日甚一日,我輩垂莫之年而縱浪大化,不知所屬,彼
狂馳者猶睨之逐之,以冀饜其無藝之欲而相隱以盡,可哀也夫! 止
相十五日受弔,不識兄能來滬否? 丙戌齊年庸厂、紫東、堯衢均甚
盼也。弟行後八鐘始達滬,體中又小極,比始復初,此衰徵也。北
振尚未著手,端陽後始能歸白田,秋中或再來湖上,然相距數月,亦
不知野人足履能一踵東坡之武否也? 此頌道安。四月廿九日,弟
煦頓首。

　　絅齋並念,附去徐州新出土(隋)[唐]碑一紙,並贈之。

二九

補松四兄同年有道:

　　湖上薄游,一尊清話,快何如之。歸時車中爲風所襲,左腦後
隱隱作楚,三日未下樓,比始復初。荷書並詩,感與佩會,奉酬一
章,錄以繩削。十四日得一曾孫,並以報慰。振務爲亟,不一一。
此頌頤安。十七日。弟煦頓首。

　　絅齋昆仲並謝,見静山亦乞代致鄙忱。

三〇

補松四兄同年有道:

　　前在白田,荷惠翰並大詩三章,雒誦再三,感佩無極。比秋
暑方酷,體中時復小極,既又以北振來滬,汲汲不遑,致稽裁答,
想不罪也。冬行春令,調攝頗難,道履康愉,至以爲頌。世局如

雲，瞬息千變，有匪夷所思者，天災人禍，殆無窮期。而舊雨之凋
零者亦日益，齊年中一喪蓉曙，再喪川如，知交中若李梅厂、王稚
堂並爲陳人。川如自辛亥後杜門不出，忍飢誦經，而其皇皇孤懷
尤有每飯不忘之隱，方之東漢逸民，洵無媿色。若諸君者，與兄
並有撫塵之契，當亦有懷守難爲懷者邪！弟近欲來杭，而振務方
亟，災廣款微，難於措手，且查振舊友寥若晨星，亦無相助爲理
者。梅蓀雖到滬，而夙疾迄未可，八十衰翁楷柱其間，恐不足爲
災民補救於萬一也。倘得三日暇，仍必至湖上省先妹墓，兼與兄
爲一日談也。昨有一書與靜山，迄未復，幸一詢之。此頌道安。
庚申立冬。弟煦頓首。

　　靜山、綱齋並念。

三一

補松四兄同年大人閣下：

　　昨梅蓀交到手翰，並大書佛卿墓誌及《辛亥殉難記》，以兄七
十高年而作半寸今隸，精整無匹，此壽徵也。忻佩忻佩！弟以湘
振萬急，於前月杪到滬，初擬略爲規劃即來孤山看梅，而陰雨十
餘日，春寒料峭，梅訊既闌，屛體亦覺小極，俟晴和後仍當一行，
恐至莫春之初矣。佛卿去臘十九日葬，弟著舊時冠服，爲之題
主，此辛亥第一次也。俯仰之間，已成陳迹，可勝忧邪？至世局
益無可說，譬之兩小互鬨，非強有力者以掌摑之，必不肯帖然受
教。唯此蚩蚩之甿萬劫不復，傷哉！此頌頤安。己未花朝後一
日。弟煦頓首。

三二

補松四兄同年大人閣下：

　　前月杪歸白田，旋由滬轉到手翰，並葵園前輩墓誌一篇。大著

紆餘卓犖,深得永叔之神,近代作者直駕竹垞、堯峰而上之,且於前
輩憂世苦心曲曲傳出,使後之讀者以一人之顯晦見一代之治忽,所
繫尤大。三復臨風,心神俱服。朱明盛長,道履康勝,湖光山流,俯
拾即是,亦有錦囊佳什,足觀塵抱者否? 幸不吝見教也。蓉曙竟作
古人,珂鄉齊年又弱一個,且前屬撰生壙記,(宿)[夙]諾未酬,大
招已賦,尤爲之歔欷而不能已也。弟歸後長忽忽不樂,且有人事之
擾。初九日股疾大作,一日十行,疲荼幾不支,幸次日即止。比眠
食尚未復初,然未一日偏臥,竊自負八十而未甚衰也。三月十九日
社集詩録就繩削。弟詩之病在出之太易,無含蓄不盡之致,幸兄有
以教之。世局如碁,又成急劫,不知柯爛後竟是何世。一歎。此頌
頤安。五月十四日。弟煦頓首。

　　静山仍在杭否。綱齋並念。

　　再,貴省志局已兩次展限,敝局明年亦必展限,請將貴局兩展
限文屬寫生録副相示,以便倣行。再頌頤安。弟煦又頓首。

　　喻子韶爲提調,並乞致聲。

三三

補松四兄同年大人閣下:

　　歲餘奉手翰,並見懷一律,慰問殷拳,感懷無既。獻歲發春,道
履康勝。湖上春來流連,清酌酬唱必多,惜不獲一陪杖履也。弟自
立春後體中時復小極,犯嗽尤苦,痰深如墮井底,畏寒如虎,蟄伏斗
室。而韻姪婦又以産後感疾,於歲尾不禄,所遺四孤,大者十三,小
者彌月,行路所悲,既在骨肉,亦唯以經卷繩牀排此孤悶而已。近
詩十章,録以繩削。兄挽節厂詩,能見示否? 此頌頤安。試燈前一
日。弟煦頓首。

　　炯齋及静山並致聲。

三四

補松四兄同年有道：

前奉手翰，以均姪之戚辱荷慰問，感懷何極。始春峭寒，道履康勝。均姪在諸子差佳，今又棄我，門祚衰薄，後顧無徒，八十衰翁何以怙？比於前月廿三日持其喪歸，並挈新婦以俱，寒河冰沍，節節艱阻，月朔始達白田。以是憂勞，體中遂復小極。然兩家婦弱彙集於衰朽一身，仍不得不強自楮柱，不知過去因中積何罪愆，受此種種惡報。我兄愛我，當亦爲之酸惻也。節厂前輩成名以去，差爲不負，其公祭時，弟適先一日行，留挽句一懸，亦不知乙厂爲我將去否也。欲作一詩，而心懷萬惡，竟不能成，爲之一歎。此頌頤安。立春後一日。弟煦頓首。

靜山、絅齋並寄聲。

三五

補松我兄同年有道：

昨下車疲苶萬狀，今日雨不敢出，明日當奉訪一談。擬廿八日展妹墓，仍求飭庖丁代置二合。冒瀆，再謝。此頌頤安。廿六日。弟煦頓首。

三六

補松四兄同年大人閣下：

昨侍坐未盡所懷，瀕行又匆匆，甚惘然也。前辱代製橫合，值三元，奉繳，乞察入。庸厂社集一詩呈教，弟詩尚未定稿也。明日午車即歸，不再走辭，八月當更來。此頌頤安。三月晦。弟煦頓首。

靜山、絅齋均致聲。

三七

補松四兄同年有道：

四月一別，忽又闌秋，維道履康愉，甚善甚善。弟五月歸白田，會有羅孫壻之戚，亡兒遺胤祇一女孫，今天又奪其壻，衰年丁此，復何以堪。以是摧剝，暑中眠食均不寧，七月後略更。昨復來滬上，藉雪煩襟，然世局蜩螗，岌岌不可終日，恐六朝五季之局瞬息間耳。待盡之年，孑立之身，而復丁斯世，我兄愛我，當亦爲之於邑也。劉佛青同年墓誌，其孤啓瑞堅以相屬，昨始脱稿，殊不足觀。啓瑞擬乞兄書再，幸繩正之。啓瑞書一通、誌稿一紙，一並希察入。重九前後或當再來湖上，一申昔款也。此頌道安。八月廿三日。弟煦頓首。

絅齋並念。

三八

補松四兄同年有道：

昨奉手翰，適弟移居後爲漆氣所中，頭目及兩手皆生疾，且瘇且癢，不可堪。今略可，始詢詩孫，別紙請察入。字數過少，或加入二、三品銜內閣中書，何如？請酌之。拙文初無是處，唯誤請政，"翁松禪"請易，"爲忌者"三言本如是，今請以"獨守"易下"枝梧"，上仍乞酌之。鄙意在獨立，不自爲派也。此頌道安。手僵，不多及。湖上之游亦將展期矣。（請告静山）戊午九日。弟煦頓首。

三九

去冬匆匆南下，蹤迹遂左，以學悔謬卷相累至好，想不罪也。公回翔粉署，炯齋復繼武鳳池，門伐清華，殆冠宙合。弟國門一出，便隔仙凡，每憶輦下舊游，都如曠世，日事竿櫝，與性相乖，所部貧瘵,補救無術,敦我以正,匪公莫望。佩蕙宅憂,當已南歸,宣南同好,乞致一一。再承起居。炯齋並念。弟煦又頓首。

四〇

去年以謬卷辱公,甚愧。去匆匆,又一歲矣。枕葄之暇,何以自娛?公回翔舊省,炯齋復繼武鳳池,視弟之投老粗友,信有仙凡之別矣。昔何文安與子貞前輩並持吏節,殆公家明歲之徵邪。再頌起居。弟煦又頓首。

四一

補松四兄同年大人閣下:

昨奉手翰,敬悉一一。弟日來因於酒食,股疾又作,狼狽萬狀。葳賓應律,道履康愉。茲有一瑣事奉干,江新輪船茶房陳桂生,弟之舊僕,前托庸厂轉商王子展先生,派之江新自効,唯在散艙,所入甚微。頃到滬,該僕又來求,云官艙較優,敢乞我公商之展翁,將該僕賞調官艙,亦澤及微末之盛心邪。展翁處未敢達乎,並乞代達鄙忱,稍健再當奉詣也。此頌節釐。丙辰重五。弟煦頓首。

仲璵書附繳。

四二

昨談甚暢,枕上和丹姿均,得三律,拙俗不足觀,聊以攄胸中悲憤云,乞教之,勿爲外人道也。大作及節厂詩仍望示我,或將來同寫一卷子也。此上子修四兄同年。弟煦頓首。舊曆四月十六日。

四三

補松四兄同年有道:

到滬即詢公,知已反臨安,不獲奉手,爲惘然者累日。秋序清

嘉,道履增勝,湖光山流,杖履優游,視海曲塵囂,當有仙凡之別,想
錦囊中又添幾許佳什矣。唯世局蝸螗,終無寧日,一波甫平,一波
又起,其險惡殆有出焉者。如何如何? 弟以寶應水災來滬,略籌振
款,小有句留。初擬與詒書同行,既慰庸厂,且與公爲湖上之游,而
股疾又作,竟不果行,彌增軫結。輯詩圖長律,昨始脫稿,拙鄙萬
狀,幸繩削之;又紈面一,亦塗就奉歸。體中略健,仍當一踐前約
也。此頌道安,第中均吉。九月初五日。弟煦頓首。

四四

補松四兄同年有道:

　　弟十三日上書並舊詩,而公書亦至,可謂同心之言,快慰無已。
入夏起居康勝,尤愜遠懷。昨鬱蒸如在釜上,不識體中未爲所侵
否? 蘇志久不定,姑爲自効地移之滬上,然成否亦不敢知。既弟日
益衰,看書不能多用心,又鮮助者,有利則群進,有事則群退,即志
事一端,可以觀世變矣。堯衢七十,又須搜索枯腸,此亦近來虐政
也。此頌頤安,第中並吉。五月十七日。弟煦頓首。時年八十
又一。

　　絅齋兄均念。

四五

　　會房前兄必請假,乞代同請感冒十日,弟亦有回避也。瑣瀆再
謝。此請子修仁兄同年大人開安。弟煦頓首。

　　世兄覆試首舉,此狀元之兆也。賀賀。

四六

　　昨久顧,尚未趨謝。壽文月望定交卷,屛約十六抑十二,示悉,
當排好,以免騰時。文即用弟名,抑借顯者名,皆前未奉詢者。炯

齋兄會試卷乞付一册，又前乞書一紙並擲下，恐明日便無暇及此矣。此請子修四兄同年大人韶安。弟熙頓首。

四七

昨匆匆不及暢談，有友人致慕韓一函，並奠敬四兩，謹上，乞坿致爲荷。餘面盡。此請子修仁兄同年大人開安。弟熙頓首。

四八

補松四兄同年有道：

前來湖上，適公維摩示疾，一奉溫顏，快慰無似。別後遂以事反白田，前月杪復來滬上，於堯衢許見公手札，知餐衛已復初，彌用忻抃。世局至此，開數千年未有之奇，恐瞬息即有不可思議者。昨梅葊書來云，近讀《易》里"作《易》者，其知盜乎。小人而乘君子之器，盜思奪之矣。上慢下暴，盜思伐之矣"，聖言驚心動魄，誠萬世龜鑑，而昧昧者不思反本窮源，方自以爲得計，亦可哀矣。其言確不可易，我輩皆七八十人，亦唯以老僧不聞不見爲法，其安危得喪則天也。前和公一律，仍録就正，其辭太激，幸勿爲外人道也。此頌頤安。五月十三日。弟熙頓首。時年八十又一。

緗齋兄並念。

四九

己未花朝庸厂招同瑤圃古微紫東堯衢子異病山雪岑積餘集花近樓率成長句索同坐諸老

峭寒十日雲陰陰，萬象沉寂搖我心。朝來東風掃群翳，況直百花生日臨。尚書招我勸春酌，曾樓軒豁峩數尋。主客六百五十歲，我獨哀然霜鬢侵。憶昔輦下逢此日，江亭一角披靈襟。疏梅將謝糝綠玉，稚柳乍苞抽黃金。貞元朝士各清暇，携壺挈榼趨南岑。擁鼻或效洛生咏,抱膝還賡梁父吟。豈意陵谷倏遷貿,豺牙鷗吻紛妖淫。偈來淞曲逢此日,善化舊相招朋簪。逸社觴咏閱三度,盡抛鐘鼎毁山林。舊相騎箕沈濤園王完巢續,吳補松陳散原又似分飛禽。梁聱黎牂正示疾,方得節厂病中書。進規無復聞週任。南皮所書彌足怪,模糊穿鑿寧圖沈。節厂以南皮所書楹帖寄庸厂,其語云:貫識模糊字,媾攻穿鑿文。況復槐安閧群蟻,黎元菹醢疇能禁。從公且婾一日樂,任渠世局辰與參。俯仰皆陞五里霧,不知有古何論今。

近詩一章,錄就補松四兄同年正之。蒿叟初稿。時年七十又七。

五〇

不聽啼聲十八年,朝來黃氣上眉顛。四方弧矢難爲志,萬卷國書得所傳。但祝修齡齊我老,莫生奇慧逐人先。遙知舊雨翩來下,庭左初張湯餅筵。

得白田電,十四日舉一曾孫,賦此誌喜,錄以補松四兄同年正之,當亦爲我掀髯一笑也。

蒿叟初稿。

五一

清酌參陪度外人,別來淒黯不成春。奔鯨又跋相州郭,哀雁難蘇洛邑民。鑄九往振豫西以車,斷不得前。階下崇蘭方挺秀,邱中宿麥尚懷新。吳山一角容舒嘯,我亦將歸射水濱。

補松四兄同年損詩見懷,依均奉酬,即乞正之。蒿叟初稿。

五二

萬壽山懷古

庚申三月十九日逸社第二集。是日明思宗殉國日也,愴懷往事,各賦此篇。

甲申三月十九日,烈皇殉國兹山巔。遺民慘痛祭不得,托爲太陽經一篇。每直此日潛饗祀,千門萬户紅燈懸。淮南北仍有之。太陽與君二而一,庾辭微旨堪哀憐。烈皇勤政邁隆萬,所惜輔弼非才賢。十七年中五十相,烏程宜興多歷年。茄花委鬼鑒不遠,奈何東廠仍持權。致令闖寇犯天闕,被髮上訴高皇前。從死祇一王監耳,以順冠首何聯翩。褚淵馮道豈俊物,萬流一致如薪傳。我昔驅車北之燕,地安門外頻留連。十刹高荷展秋佩,西潭一碧鳴濺濺。兹山仗策一登陟,俯視宫觀鱗鱗然。長松十圍鬱寒翠,傑塔百仞陵蒼煙。一龕淒寂秘不啓,云是烈皇所殉焉。掔空霜隼不敢下,巖際疑有靈旗還。距今二百七七載,春心所托空嘵鵑。古佛垂眉正入定,修羅天女爭雄妍。黄霧四塞若長夜,孤陽亦自潛虞淵。安得大風埽群垢,杲杲日出輝中天。

補松四兄同年正句。蒿叟初稿。

五三

庸厂以詩見懷次均答之

十日掩關閟瘦藤,繩牀枯坐玩傳鐙。公如巨壑隨川赴,我有頹楠媿石承。九陌春回殘客閧,八哀詩播慂臣興。自嗟生意同枯樹,集霰飄蕭更不勝。雨雪載途。

答補松即用其見懷均

修羅蠢蠢欲爲天,我獨隤然守靜禪。早悟空觀盟止水,還搜瑣記續歸田。時排比隨筆。鯤鵬競委朔南化,椿菌何知大小年。問訊孤山梅著未,待攜春酌與回旋。

庚申元旦試筆仍用補松庸厂均

搔首何須更問天,蟄居淮表且棲禪。一川子美東屯屋,二頃淵明下濜田。曾杞黄羊修漢臘,還呼玄鶴語堯年。舊交摇落如秋葉，霜下辭柯不復旋。張次山、梁節厂兩前輩，李經羲、王劭宜並相継歸道山。

競將塵網蔓寒藤，無復恒沙照一鐙。五角六張光未斂，兩家百口力難承。拙鳩既放平恩怨，乳燕將歸話廢興。猶憶朝正群彦集，談經奪席莫能勝。

敏齋亦用庸厂均見懷再疊答之時小除夕也

一角頹垣絡古藤，屠蘇飲後又春鐙。幻鄉所樹無何有，大廈將傾莫敢承。羅什五明開正見，少康一旅盼中興。東風竟夕嚴於鏃，數點寒梅劇不勝。

己未除夕仍用顧字均

我少始知學，私淑亭林顧。白屋久迍邅，四十乃一遇。馳驅晉蜀疆，與世觸迕屢。皖江得放歸，陶然守儒素。遨嬰山澤間，樵牧寬禮數。晨偕蔣詡歸，莫逐陶潛去。所嗟歲在辛，艱難到天步。沐冠猿狄驕，當轍螳螂怒。既辭砧俎酷，且辦笠屐具。俛卬數千載，列史罔所據。冷風何調刀，競爲列子御。貪狼耿天端，二星失旗跗。滔滔伍胥濤，冥冥陸機霧。四維弛不張，所爭祇泉布。從子荷門基，事我出肺附。黄鐘二豎災，長往謝親故。其婦越四旬，相續招魂賦。闔室鍾無人，遺孤且塵汙。睹此憂欽欽，若醒不能寤。漆園齊彭殤，況我復衰莫。白日今其除，安用羲輪駐。炳燭有微明，時還事章句。

挽梁文忠公

外侮如潮長，宗臣似嶽安。百僚皆結舌，一疏獨披肝。魏（闕）［闕］抛傳笏，焦巖理釣竿。海西校書閣，雲木劇荒寒。

憶昔旃蒙歲，曾題漢上襟。雅裁畸士附，崇論具臣喑。自負巖巖氣，還賡蹇蹇吟。朔風吹靡草，獨抱歲寒心。

海曲同肥遯，栖栖重可哀。長鑱荷白木，短褐走黄埃。舊相淒殘日，謂陸文端前輩。屠王讐怒雷。崇陵森列柏，應化鶴歸來。

殿柳淒猶碧,宮槐慘不黃。敲詩商舊傳,謂陳祋厂前輩。典學
啓沖皇。異數漢桓郁,中興夏少康。騎箕倐天上,講(幄)[帷]有
繁霜。

近詩十章,錄就補松四兄同年大人正句。蒿叟初稿,時年七十
有八。

五四

海寧觀潮歌

己未八月十七日,袁子遲我支吟笻。夾石霜前戰葭菼,一舸
屈曲清谿通。曲江觀濤古所豔,枚生妙筆能形容。往者錢塘竟
不至,丁巳八月觀於錢塘江上,潮不至。四山飛雨翻冥濛。茲游稍喜
與海近,一豁蒿目開塵胸。維時溶溶日卓午,三到亭畔簮裾叢。
觀潮處爲三到亭。萬壑皆暗候潮上,有聲自遠來隆隆。倐焉一線
皓於雪,軋盤涌奔飛長虹。潮頭噴薄僅尋丈,無復壁蹋兼津衝。
須臾汩汩過亭下,游騎雜遝歸無蹤。西陵一擊信鷗杳,底須數百
强弩攻。持較新葉二灘險,有似部婁儕華嵩。所見乃與所聞異,
將無神龍罷舞鮫人宮。頗疑枚生作狡獪,故爲奇語驚愚蒙。或
云黿鼂已平陸,走馬幾與金山同。潮失束力勢遂殺,前胥後種難
爲雄。況復世潮日騰踊,若政若學紛交訌。狂瀾一倒不可挽,百
川滾滾從之東。朝淩扶桑夕赤岸,起伏百變猶飄風。彼潮既强
此潮弱,乘除之運環無窮。吁嗟乎,安得此潮一挾彼潮去,使我
蠢蠢萬族不化爲沙蟲。

南湖晚望次散原初堂望鍾山餘雪均

卷幔面遥巒,餘暉不忍看。世隨雲共幻,人與葉俱殘。艑厂既
逝,樹齋續之。反舌經秋咽,衰腸藉酒寬。乘風歸不得,玉宇自高寒。

晚過艑厂舊居寄散原即次其雞鳴寺倚樓作均

屐齒經行處,莓苔没舊痕。篆詩留斷壁,漁火出前邨。棋局昔

曾對,布衣今獨尊。隔林聞夜嘯,莫是未歸魂。

南 湖 雜 詩

蕭寥真賞樓,棲遲倏三度。曾軒面雷峰,斷塔尚楮柱。萬個青琅玕,峭直雅自樹。其下紛總總,芳澤莽回互。衆鳥日啁啾,疇能逆其素。臨池數游魚,逐逐若有覿。鄰曲俞與陳,與我有同趣。嘲弄窮詩騷,間亦較天步。今來秋又中,雲物乃非故。俞既反其真,陳亦北征賦。陸生善理梦,溘焉復朝露。感此心煩冤,俯仰無與語。萬象況湛冥,如墮五里霧。曉聞南屏鐘,迷情倘一曙。

言尋法相寺,古樟何櫃奇。雙幹拔地起,欝律蟠蛟螭。蘚皮已慘裂,屈鐵回高枝。枯蟬咽無聲,疑有雷雨垂。孤根閟曾陰,螻蟻不敢窺。閱世經幾年,貞此遺世姿。偃蹇尤壑中,不屑求人知。過者不一顧,幾與惡木齊。咄哉散原叟,建亭以表之。諸老互矜寵,紛然鑄瑰辭。鐘鼓享爰居,巾笥藏神龜。雖足炫聾瞶,昭質毋乃虧。何如世鄙棄,不材全天倪。遯世在无悶,焉用以文爲。末二句亦作"汶汶此終古,所貴在知希"。

吳叟昨書至,招我游韜光。云與庸厂俱,高叟還相將。謂伯述。詰朝風日佳,相續聯簪裳。入山氣蕭夐,林礀何蒼蒼。冷泉沁毛髮,恐將沸如湯。古螈杳無迹,或化爲侯王。絶礓森百盤,策杖走且僵。庸厂足濟勝,更上千仞岡。高叟弱三歲,腰腳視我强。吳叟有疲懶,頹然蟄僧房。我乃賈(徐)[餘]勇,翩如孤鶴翔。殘日不忍觀,漂搖墮榑桑。萬綠團樹色,一白涵江光。俯仰曠無慕,境與心俱忘。寧知雞蟲輩,得失紛元黃。反觀玉泉魚,銜尾方洋洋。爭以餅餌投,自致非由攘。安得碪俎民,似此樂未央。

己未九日半淞園登高作仍次散原均

無地得曾巒,扶笻且獨看。斷鴻銜葦度,冷蝶抱蘿殘。樵徑三弓曲,漁磯十笏寬。蕭寥叢菊淚,孤緒峭生寒。

翦取吳淞半，環橋長舊痕。雷聲喧隔巷，雲氣冪遥邨。不飲衆皆醉，無山此亦尊。野風吹皁帽，北睇愴吟魂。

送止厂協揆葬靈隱之麓次庸厂均

龍蛇起陸撼坤隅，大覺公先造化俱。曾向黃扉匡政要，還從白社責詩通。參陪昔寫松陰笠，祖奠今虛柳下壚。遲日墓門容展拜，秋蓴一筯薦南湖。

同庸厂游半淞園即次其均

百年一霎皆泡影，側弁從公野外游。丹旐飄蕭嗟化鶴，緑波浩蕩浴馴鷗。亭亭松栝能遺世，采采芙蓉易感秋。高蹈幾人希邴管，相逢莫更話龍頭。

補松四兄同年正句。蒿叟初稿。

五五

癸亥陽月雜詩

次均答庸厂並簡倦知

漫勞風馬與雲車，秦越寧能共一家。萬族菀枯同靡草，百年聚散本摶沙。願將古井沈心史，賸有繁霜上鬢華。歸未再旬仍出走，愧君餐飯勸予加。

再疊前均答庸厂並簡倦知

豕負塗兼鬼載車，謂議院及臨城案。倮然今復喪其家。謂倉皇東渡者。囊非可脱須懷穎，謂將爲總理者。飯豈能炊況聚沙。謂理財家。但解埋憂繼長統，謂憤世自裁者。未聞勵志效張華。人間何世吾誠厭，底事金鹽餌五加。

三疊前均答敏齋庸厂

無分歸乘下澤車，與君海上寄鷗家。謝公別墅荒棋局，履莊没於天津。葛令幽巖守鼎砂。散原隱湖上。喜共西江衍詩派，忍從南斗望京華。軟紅十丈休重憶，半是牛加半馬加。

四疊前均詶庸厂兼簡敏齋

忽漫江雲起礙車，俠游不是魯朱家。談流競奪戴憑席，飢卒空量道濟沙。且與清尊開北海，還將齊物學南華。多君詩筆兼騷雅，頗似聞韶蔑以加。昨訂消寒之局。

昨庸厂有初十日追憶孝欽萬壽之作因念甲午慶典煦在典圖亦與是役根觸孤懷五疊前均

憶昔春明奉屬車，張筵傳蠟五侯家。雲箋催進珠宮帖，煦撰進各宮楹帖子。霞闕爭鋪輦路沙。是月二日，孝欽自頤和園還宮，跪迎道左。忽報狼烽馳白羽，時日犯奉天，陷金、復、海、蓋諸州縣，慶典遽停。頡令鳳諾散朱華。《北史·齊本紀》，德昌元年，皇太后自北道入朱華門，一品以上賜酒及紙筆。而今投老荒江曲，太息纍臣馬齒加。

六疊前均簡倦知庸厂

朝來陶令命巾車，為訪維摩居士家。豎亥未聞通兩戒，謂統一之難。夷庚每見溢三沙，比年多風潮之災。早知北渚荷為柱，且喜東籬鞠有華。我獨羈棲比蠻縣，無聊瘴癘日侵加。

有用五側體為排律者枕上不寐戲仿為之得十六均

獨處萬籟息，藜牀眠難成。寂滅謝外慮，蕭寥悽中情。顧影自惻惻，懷憂方怦怦。墜葉下斷砌，荒落羅頹楹。菊澹冷蝶抱，梧虛枯蜩鳴。目倦若蝕鏡，心搖如縣旌。執拭燕雀處，猶騰雞蟲爭。破斧閱粵桂，操戈紛湘衡。蜀國肆俶擾，吳疆期和平。百族困蟣蝨，千尋封鯢鯨。善御失大丙，奔濤喧夷庚。比年多風潮之災。定一豈嗜殺，函三唯輸誠。屏斥到孔孟，縱橫皆要荊。白鶴正矯矯，青蠅徒營營。橘頌感屈子，椿年希莊生。已矣勿復道，春醪聊孤傾。

題無錫榮承餘堂四並頭蓮圖次江霄緯館丈均

怡怡棣鄂世相嘉，佳卉翩羅積善家。四照堂開騰瑞靄，恍從妙法證蓮華。

春莫梅邊策杖來，三月同幼農、小荔游梅園。層樓張燕野鷗猜。德生招飲南樓。交枏比鄂遲同賞，卻憶裁詩漢柏臺。往在輦下，夏五六月每至十刹海觀荷，皆有詩。

少石前輩將往杭州詩以送之次庸厂見過均

聞君將覽錢塘勝，爲訪梅公有美堂。陳迹幻如雪鴻印，機心邈與海鷗忘。可堪感舊凄零雨，謝履莊没於天津。曾共登高餞履霜。壬戌九日同於癹光登高。此去太和融一室，漆園底事賦迷陽。

庸厂近得樊山舊居再疊前均簡之

舊時樊重樓遲地，今日初開綠野堂。茁隙履綦猶可認，梅邊觴咏最難忘。定饒清興陶嘉月，還采幽馨者拒霜。我願杖藜尋往迹，那堪重話沈東陽。樊山、乙厂同出張文襄門下，過從極密。

孤負三疊前均簡庸厂

徂秋散髮滄江曲，孤負涪峰舊草堂。予世居洮湖之上，有大小二涪山。苦縣早云身有患，漆園久與物相忘。一枰黑白紛如雨，萬木丹黃著有霜。坤軸陰凝若長夜，始知十月號爲陽。

四疊前均寄散原杭州

閉門索句陳無己，習靜重尋湖上堂。冷研殘書聊自適，空幃遺挂劇難忘。麾戈安得回斜日，沽酒還應典蕭霜。我亦縣鰈今卅載，況堪鄰笛愴山陽。曾蘋湘没於江寧。

次均答補松

養素棲貞斗室春，敲詩聊爾起嚬呻。三層樓隱陶宏景，一曲湖歸賀季真。早識刁調喧衆籟，況聞慘刻賦群倫。與君同賦鷄鳴什，來證風瀟雨晦身。

世事紛挐十二窩，獨君物外得高歌。聖權難執張諸子，仙格曾超證大羅。屈子九章空自賦，蔣家三徑待重過。哀鴻聲並秋笳亂，慚負夒牙不一和。

儻來七疊車字均

早時宦學走征車,不分頹齡尚去家。數見清談謝安石,未聞痛哭賈長沙。赤熛遽怒章天戈,白墮難澆愴物華。呼馬呼牛皆一應,儻來毀譽我何加。歐陽公謂無故得謗,予頗似之。

近詩十六章,錄就補松四兄同年正之。蒿叟初稿,時年八十又一。

（整理者單位：復旦大學中國語言文學博士後流動站）

金兆蕃致曹秉章手札

□ 丁小明整理

　　本編金兆蕃致曹秉章手札四十八通，原爲曹氏後人所有，現歸浙江嘉興收藏家蘇偉綱。由於這批手札涉及《晚晴簃詩匯》的編撰事頗多，具有較高的史料價值，故予以整理，以爲民國學術史研究之資糧。

一

理公大鑒：

　　數日未趨候，起居何如？喬遷已卜定否？敬念。《桃花潭》選四人，《輶軒前録》又補廿二人，送請裁定。魏唐前輩中尚有當補入者，乞見示，即爲補録。手此，即請台安。一經。十一月二日。

　　尊處從金息侯借鈔奉天舊檔本數甚多，不知在手頭否？願得借閲，並以附請。

二

玉研先生：

　　奉示敬悉。公又稍有感冒，乃春寒所致，諸乞珍護。周君補詩話，容試演成，《輝縣志》亦可不必檢尋。史館多舊志，恐不適用。

《關中文鈔》卷前作者考似甚略，然亦可備檢。前日會館舉朱小汀、錢伯愚兩公，錢讓於劉龍伯兄。星期無事當詣談，竟不須至藏園矣。此請台安。一經。即晚。

三

理老大鑒：

示悉。周牖晨兄屬通甫轉交弟爲書扇頭，書畢仍由通甫交去。乃甫十日，遽作古人，曷勝歎悼！函致公會請賻，已由弟親繕發，見示四人，外加小汀及弟，並電話請馨老批給百元，其款由書老交尊處，請公電話與書老接洽爲荷。（書老處，並請公再加托從優批給。）此請大安。小弟兆蕃頓首。

四

玉研先生：

頃又選得十二家，作一小批奉上。清史館借得已選訖，共得四十三人。潘師《影橋詩》“夜半荷花開”，下句爲“清香襟袖俱”，並以附及。明日又放假，容走談。此請午安。一經。初六。

五

理老大鑒：

兩日想安眠加餐，敬念。《湖北詩徵》看完繳上，計十本。又《廣濟詩補》二本，《蟄庵詩》一本。《蟄庵詩》府主屬選後寄還，請屬先抄，餘走談。此請大安。伯雲兄均此。兆蕃。十三。

六

玉研先生侍史：

《山左詩鈔》下半部選出六十五家，隨書十本送上。《田氏家集》内僅補選田需、田肇麗各一首，原書並附繳。其餘各家，雅雨所錄已美不勝收，不再以《家集》補羼也。《關中詩》乃用時文式，人名在詩題下，絕無傳錄，須另借《通志》檢閲（清史館可借），方能作小傳也。台鑒不宣。一經。

七

《楚庭耆舊集》《宛雅》《晉四家詩》《希達齋詩集》《十六觀齋遺集》，右五種已選出，另目同呈上。《宛雅》乃宣城一縣之詩，然甚有可選者梅庚、梅清。閲油印分省目錄，已選過，如所選不多，尚可在《宛雅》中補採一二也。玉研先生大鑒。一經頓首。十八。

八

理老大鑒：

歸檢《正雅集》，黎簡是乾隆己酉拔貢，應請公屬伯雲兄檢乾隆己酉一卷，暫行留出。原係若干首，將來再行騰挪（上下卷亦請留出，爲騰挪之地），是爲至要。專此，敬請台安。弟兆蕃頓首。初三。

再，黎君詩成家，必有三四十首可選，已函催閏老速選，但不知原卷首數若干，能不致過多否？

九

示悉。府主賜選詩墨，乞代謝。史稿雖屢易，仍是未定本。文字修飾固無限制，卷帙排比亦尚須移易。如能緩至明年列傳辦畢，再經一次審正，彼時鈔呈府主，或較完整。容再與閏老商之。星期仍詣藏園，當照辦，但此星期浙會欲開會長選舉會，弟正欲約公，往藏園須自下星期始。星期多慶吊，又不免有飲讌，得暇必走赴也。

平湖至今無信息,公已得嘉善信否?玉研先生侍者。兆蕃上言。花朝。

一〇

清史館借閱書又選得二十家,另閨秀二家,一並録請裁定。此上玉研先生侍史。一經。十四。

一一

玉研先生:

奉手示。敬悉近得鄉書,尊府平安,深以爲慰。潘臣笙《羅漢卷子》家兄所寄,擬乞公賜題,或詩詞或題識皆可。拜懇拜懇。雅雨《山左詩鈔》即送還小汀,近日正閱。關中詩人不多,而履歷不易得,恐未能多選耳。此請道安。一經。初十。

一二

玉研先生:

前日至藏園,公已先行,乃未得晤,甚悵。看出詩四種,計得十二人,並王石臞先生補作詩話,(文蕭、文簡已有詩人選否?)一並送呈裁定。連日趨史館,功課忙,財部發薪致選事較遲也。手此,即請台安。一經。廿五晚。

一三

送上《山左詩續鈔》《彙鈔》具選目請裁定。既發生録舊問題,不可不加以考訂,但詩多於海,甚苦無從檢勘。其中原鈔衹一首者,除知名諸人外,或再加以沙汰,何如?岐、劉二公各取兩首,一並繳納。宗室散入各卷者,應如何書法?必已有成式,文藏另一首,仍可録入,合爲三首可也。玉研先生。一經。小除夕。

一四

玉硯先生侍史：

　　昨奉手教，敬悉《樹蕙堂詩》承屬寫官録出交下，感甚感甚。鈔資乞示奉繳。緑格紙已用罄，年内擬將《山左詩》看出，請交下一二百張爲感。手此，即請台安。兆蕃謹狀。

一五

理老大鑒：

　　開歲值連日大雪，尚未走詣，敬祝勝常。楊君詩稿頗清新可憙，擬選六首，請酌定。奉示知幹老葬事中止，當往訪賞延昆仲，詢南中近狀如何也。此請台安，敬賀新釐。兆蕃頓首。初四。交下四元並收悉。

一六

　　王崑繩爲國初古文一大作家，弟前年抄得《留别黄弼臣》一詩，擬詩話送尊處。公云已入選，兹目録中並未圈出，而所選詩仍是此一篇，究竟已否别選，請檢示爲荷。理老大鑒。兆蕃。

一七

玉硯先生：

　　奉示悉。世太傅謚文端，特聞。此請台安。弟兆蕃頓首。

一八

　　示悉。府主賜扇，乞公代謝。弟處鈔稿係分交數人，俟交齊再送上。弟與閏翁處鈔資各歸各計，公必以爲然也。手此，即請玉研先生午安。弟兆蕃頓首。

一九

頃有友人談及,《太祖實錄》滿、蒙、漢三體字繕寫,並有圖畫,極精,係内府藏本,轉入旗下世家。計八册,兹欲以千元出售,此爲極罕見之本,乞公上書府主時一爲詢及。如有意收購,弟可爲介。玉研先生大鑒。弟兆蕃頓首。廿二。

二〇

多日未晤教,敬念。滬已通郵,禾平尚無來信,傳聞皆不盡詳。尊處有消息否?南望懸懸。《全閩詩録》納上,餘容趨談。玉硯先生侍者。一經。初四。

緑格紙乞再交下二三百張,手頭又用盡,或尚有置他處,未尋著也。

二一

理齋先生侍史:

窮忙,多日未承教,至歉。府主屬鈔史稿,兹令寫官先具字樣,送請酌定,再行分繕。鈔價每千字予洋四角,先將拙擬各稿發鈔暫已修正者,然修正之後,亦尚隨時有修正耳。閩公處當將格紙分送。他人之稿如何借鈔,届時再商議,如鳳孫、晉卿諸公必無不可也。專此,敬請台安。兆蕃。立夏。

二二

玉硯先生:

奉教,敬審起居多勝,深慰企□。承屬擬二家詩話,具草請裁定。《澤雅堂集》如已鈔畢,乞交下爲盼。冬燠亦殊不宜,容再走談。此請台安。一經。

二三

玉硯先生：

　　午節艱窘萬分，頃又閉户鑽研故紙，《沅湘耆舊集》閲至一百卷，先以奉上。《劉友光詩》已選過，今補録稍多，第四十四卷內有客美田氏詩。如他省有土司詩，或並列一處備格，否則似可不録。田舜年以僭□被劾，其人無足取也。外目録二紙，書十七本。敬請台安，不盡。弟兆蕃頓首。初六。

二四

　　示悉。《思舊集》中公所舉四人，劉肇均攖寧齋即南皮手寫付印者，亦已選過，請公再檢選目。陸秉樞爲吾桐鄉人，詩不多見。此外，崔、石二人亦皆可入選。手此，敬請玉研主人午安。一經。

　　《湖北詩徵傳略》(此書乃詩話，故傳亦不採事迹)原書重立傳，不重在詩科目。官階極略，選詩難，補小傳尤難。

二五

理老賜鑒：

　　公服陸晉翁方何如？日起有功，深以爲祝。《湖北詩徵傳略》先看出五本，此書揀擇既艱，鈔寫亦不易，入選者皆圈出，請伯雲兄轉屬寫官注意。此請大安。兆蕃。初四。

　　亦有既圈出仍不入選者，即以有無小傳爲别。

二六

玉硯先生：

　　示悉。方冬寒，起居宜加意。《續别裁》不敢多選，慮徒重複，僅録吾禾兩人，亦未知已選否。《施均甫集》甫從胡馨老處借來

（衹有初集，續本未刻），另擬選目，請屬寫官即鈔小傳，詩話用原稿，詩話須删去數語，原書鈔畢交下，當還馨老也。蔣君詩亦選出三首。附去《孫文恪詩話》，可搪塞過去否？乞公酌之。閏老言，《孟超然集》中有畸行，應采入《清史》。此書如鈔畢，乞假我一讀爲禱。連日忙修正史稿，年内如能趕完乾隆，過年後辦後妃、王公，則可勉強交卷矣。手此，即請大安。一經。

二七

理老大鑒：

近日必更有進步，敬念。《蜀詩略》從友人處借來，選出二十七家，送請鑒詧。此書聞頗罕見，蜀友方思重刊，乞屬寫官從速録出擲還，即歸蜀友也。重陽無風雨，天氣致佳。此請大安。一經。

二八

《滇詩三種》閲畢送上，又《兩浙輶軒録補遺》《廣東詩萃》一並奉呈。浙宋大栩、粤梁無技各二首，似太少，容再於他選本搜尋補録。此上玉硯先生。一經。

二九

清史館借閲書，先寫出十一家，作一批奉覽。李雪木油印分省目中，已有公於借書單内未圈出，故仍録上，請酌定。平湖尚無信，極念之。日内或發電，亦未知能達否。玉研先生侍者。一經。

三〇

迭奉示悉。《思舊集》崔、石二家，未知其仕履，當俟傳略刻成，餘可先選也。《畿輔詩傳》刊出，上函先行送上，計七本，補五十八人，名人頗不少，另單所開。亦補數人詩，未可選者仍從删略。

湖北詩當從史館借《通志・選舉表・人物傳》參證，全篇詩少，未能多選矣。專此，敬上玉硯先生。一經。

三一

玉研先生賜鑒：

　　昨本擬走謁，以浙館例會散晚，又未克承教，至歉。樓岡從吳似不誣，詩話姑采周説爲疑辭，公以爲何如？詩亦殊未工，並沈、王兩家一並納上，《香樹齋集》附繳。弟處已無應選之案，惟孫萊山尚書集杜一册，候公以詩話材料見示，餘容趨談。手蕭，祗請台安。小弟兆蕃頓首上。

三二

玉研先生大鑒：

　　奉手示，並咸、同、光三朝詩八百一家。敬悉道光朝編出二十一卷，送請裁定。尚有兩卷，一爲晚年“仕宦”，一爲晚年“處士”，尚覺略少，當以咸初羼入，取足成卷，亦不致多參差也。《初頓園詩》未見，邵蕙西詩則已入選，有二十餘者列於卷首。瞿、于兩家，瞿有石印詩集，可函向兄之處索取，于則未見。馮、姚、劉三家遵留地方，餘容星五面談。手此不盡，敬請大安。一經。

三三

　　昨日到公會，人尚不少，而寒甚，風吹面冽冽如秋，小坐即返。大梁侯氏四憶堂已選，外皆藉隸杞縣，兹列選數人，另附交六家，又補“詩話”一則。均祈鑒晉。玉研先生。一經。

三四

　　閏翁交回《詩匯》第一卷紅樣，納上。閏翁云小傳中“崩”

字可省去，誠然，請剟之。滬信如何？玉研先生。一經。二十二日。

三五

昨箋當達。箋史《閩中詩選》得廿六家，奉正。詩鈔兩套及文鈔首册納上。此頌，玉研先生起居。一經。十三。

三六

玉研先生侍者：

頃得菊生同年信，鈔寄先德遺文，特即賫上。專此，敬請台安。兆蕃。

三七

理齋先生侍史：

奉示敬悉。《年雙峰小傳》《詩話》暨《金聖歎詩話》俱納上，請酌定。弟處擬詩話不存稿，故《聖歎詩話》今與昔殊矣。前借閱《八旗通志》已送繳，兹檢出《黃舉考略》奉趙，館選録未借閱也。手此，敬請台安。小弟兆蕃頓首。十日。

三八

玉硯先生侍史：

歸寓奉書敬悉。府主厚貺並賫屏幅，祗領謹謝，仍乞代陳。專此奉答，餘容走罄。祗請台安。兆蕃頓首。廿二。

三九

社中書籍在弟處者一並檢出，凡十二種。孫萊山尚書已入選，其他皆落選者，送請檢存爲荷。現惟弟借閱錢家《家集》及《鴛水聯吟集》《丁辛老屋》南昌刻本數種。手此，敬請理齋先生午安。小弟兆蕃頓首。正月初十日。

再，《清史稿》每部百元，交款先付書五十本。府主欲購，候示□□購可也。

四〇

示悉。尊體服藥有效，甚慰。洗腳方弟亦失去矣。江都黃承吉《春穀夢陔堂集》，社中不知已選過否？爽台翁交來旗人穆清《竹村集》一首，請屬伯雲兄按科分補入，餘容明日詣談。此上理老大鑒。弟兆蕃頓首。

四一

理老大鑒：

昨晤式之，言前日遇公暢談，屬轉送火腿一盤，助公晨餐。式之如此說，謂蘇州俗語，含有尋常及菲薄之意，至祈勿卻，特以奉上。請公函復式之。梁寓天津河北三馬路求是里。手此，敬請大安。弟兆蕃頓首。八月廿五日。

外，火腿五十片，另扇面一個，乞交伯雲兄爲荷。

四二

理公大鑒：

天氣仍熱，小女病非一時能愈，欲行未行，深爲悶損。府主前請代致謝，前刻《先文毅年譜》及《先君史傳》校出誤字，均已剜改，以兩帙奉覽，兩帙乞呈府主，至禱。寫樣三本，小兒校後弟又覆閱，恐尚有未盡，請屬馬茶房送還爲荷。顧氏□詩擬選並上。此請台安。小弟兆蕃頓首。

四三

《輶軒續錄》補出百五十五人,送請詧覽。力持嚴格,尚有此數,以別省所錄詩比較,殊不爲濫。公意謂何如?阮錄亦尚有嘗補者,容續閱選呈。近日尊體又大進步,弟連夕腹瀉,頗疲憊,容再走候。玉研先生。一經。

四四

玉硯先生:

奉手示敬悉。編詩體例,弟均與閏翁酌定。弟處編"遺民"七卷,明人入清者四卷,順治初科第二卷,已送閏翁覆定。閏翁處亦編出約十卷,彼此分合,交互參酌。弟屬閏翁徑送公處,仍請公裁核發鈔。續交下康熙後三十年詩卷,容即續排比呈教。此請大安。

四五

玉硯先生:

前日示覆,具詳壹是。知近體益勝,其喜其喜。重陽無風雨,草草便過。近日陰而不雨,略覺新涼,似差爽適,起居必更勝常矣。看出選本兩種,另抄三家奉上。此請大安。一經,十月九日。

《輶軒錄》吳錫麟乃穀人祭酒之弟,此別一人。書鋪以其集來售,向所未見,因鈔數首納選中。詩不甚佳,然較漢陽、華容諸家已勝。公謂何如?

四六

玉硯先生:

頃驟涼,公新愈,宜加意敬念。蜀詩即補選,並"間如""合江"

兩種，及府主另交張氏詩，一並納上。張氏詩三世選其二，似亦可矣。此請大安。一經。

茲移居，令壻看鄰宅合意否？能近在比鄰，最所深願耳。

四七

玉研先生大鑒：

滬寄兩緘，度邀惠鑒。弟昨返里，尚當近出。邇日寒雨淒迷，舟行邨落間，風物殊異，又足動公鄉思矣。《詩匯》又擬補四家，別紙録上。家卿乞補入此選者，恐尚續續而至，收至何時截止，本公酌示爲荷。專此，敬請台安。弟兆蕃頓首。十一月初一日。

閏枝、書衡二公，弟各有寄書，乞爲道念。令叔、伯雲兄均此。世兄侍祉。

四八

玉研先生侍史：

十一月初十日手書敬悉。承示數日體中稍佳，旭辰來書，亦言遵候勝常，服許君方劑，甚爲得效，深慰遠念。茲又得里中詩三家，仍用緑格紙寫上。内一家應入乾隆，業經寫樣，擬附於卷末，不知能否補寫，乞公酌之。如不能補，務請將原詩寄還，擬交翰怡收入《詩萃》，是所至禱。夏閏老未有來函，定式、分功深煩諸君子討論。歲聿雲莫，在家不免夢俗，年内政不能動筆也。耑此，敬請台安，並頌年祉。小弟兆蕃頓首。十一月廿九日。

君儒丈、伯雲兄均此。

四九

玉硯先生侍史：

昨奉手示，敬悉種切。公與君儒丈搜訪先世遺著，編次總集,誦芬垂裕,佩仰勿諼。見示徵求各書,寒齋乃無一種,深爲慚愧,菊翁、咏兄均已轉致。弟在滬臨行時(弟因俗事返里,仍將往滬過年),菊翁來電話云,渠藏先德著述一種,爲書目所未列,其書名似爲《魏塘紀勝》。電話中不甚清晰,弟已屬其代鈔,俟返滬再往訪之。如已鈔得(渠云卷帙不多),即當奉寄。蘇州鄒咏春太史之世兄耐百及屈伯剛兄,均設有書肆。海鹽談少琴同年之世兄麐祥爲高君吹萬弟子,甚留心鄉邦文獻。此三君者,似皆可佐徵求之事,請續寄書目數册,弟當代爲分致。又上海中國書店主人金頌清,亦嘉興人(乃翁吉石,名爾珍,能書畫,公宜識其人),似亦可托其搜訪也。女孫遣嫁,承公及同事諸公厚贶,至深感謝。初三日汪仲虎丈、初五日旭辰親家均七十生辰,道遠未與稱祝,爲惘然也。手此,敬請台安。小弟兆蕃頓首。

　　君儒丈暨同事諸公均此。

五〇

理齋老兄大人有道:

　　奉臘八日惠書,敬悉壹是。舊曆新年,遥想起居多祜。公偶然痰閉,旋即平復如恒,惟不知致此之由,總當小心調攝,或曰中寒,或曰用心太過,此二説者皆當過而存之,時時在意。飲食亦勿使過量,俾得保衛適宜,遠人過慮,公必顄之。《魏塘紀勝》爲《産鶴亭》十一種之一,張菊生兄亦已知之,故未代鈔。鄒、屈、談、金四處,遵爲分致,如有所得,即當馳告。"啓禎"條款,北平圖書館有殘本,曩年譚志賢兄助輯《檇李文系》,有從此書採出者,當時恐有刻本,請公就近一問譚君。譚君老矣,其世兄亦在館中也。同人仍有生日會,具見觴咏之樂,雅興不減疇昔,弟每以在遠不得與爲憾。家鄉寒雨兼旬,近始得霽,正值嚴寒,斗室蜷伏,數日不出門,竟未知梅花開未也。專此,敬請台安,祗頌年喜。小弟金兆蕃頓首。一月十八日。

　　君儒丈暨諸同人均此。

　　　　　　　　（整理者單位：華東師範大學古籍研究所）

錢基博致陳灨一、費師洪手札

梁穎整理

致陳灨一

灨一先生左右：

手書敬悉。承惠《青鶴》第二期，謝謝。中間《睇向齋談往》係出大筆，於詼詭中出緊嚴，逸氣旁流，韓昌黎所謂“時有感激怨懟奇恠之詞”也，風采未瞻而知公之爲奇士矣，佩服佩服。管見瑣瑣，不過聊備采納。承索書籍批評，兹就日記中寫出三條奉正。僕讀書三十年，熟極而通，頗有神解，公是達人，必當目逆而笑，如或以爲可進，僕固不吝出與天下人共見之。又舊著《茹經堂文編》《仁安堂文集》兩敍，洞見本末，僕自謂文章碑傳序跋皆開古人未有之蹊徑，亦欲得賢者一質，正其是非。近致吴稚暉書，石遺老人見之，謂匪漢以下筆墨，胎息足追樂毅《報燕王書》，並以拊督。近得中書君《秋杪雜詩》，此係一少年，而石遺老人極許之，謂其清新勝鄭海藏、林晚翠早年詩，付寫官抄備采納。僕住光華，星期五、六無錫國專有課，必回料董；光華二、四兩日無課，有便或相看。光華路(達)[遠]，不必勞駕也，未曉尊邸成都路何號？何時有暇？專復，即頌撰綏。弟錢基博謹白。十二、十三。

致費師洪

一

範九先生左右：

拜復教，愧不克當。惟博文字雖不佳，差知自惜羽毛，以文字作羔雁貿金錢，則所羞爲，殊較時賢高一籌耳。此可爲知者語，不足爲外人道也。先公傳讚乙通遵録正。匆布，即頌道安。　弟博手奏。

二

範九先生左右：

拜舊曆七月朔日手教，爲之惶悚無已。博材朽行穢，文質無底，本不敢抗顏爲人師，惟念足下與博千里神交，雖未謀面，而意氣之感瘉於同氣，君季即予季也，即無師弟子之稱，寧遂吝不相教督耶？況重之以寵命乎，敢不如教。令弟文字已漸有矩矱，惜筆太拘謹，宜多讀老蘇、大蘇書牘策論藥之。（蘇氏父子惟此等文字佳耳。去年曾以拙著《中國文字圈點則例》奉致，可屬令弟照《圈點則例》每日將眉山文點定一頁或兩頁，檢所心喜者手抄熟讀，必以背誦爲度。）課本俟點定後再繳。博嘗謂文字必放膽做乃能漸幾於道，令弟須知此意。至射陵逸叟卷子，如未付郵，至懇收回成命，未著成效，不敢先拜厚錫也。足下於役白門，通信處便希示知爲荷。草復，即叩近吉。　博白。　八月五日下午七時。

令弟何字希示知，以便通信。又叩。

三

範九先生有道:

博頃小住松陵,昨拜家君寄諭,轉到我公大札並皇高祖《佚事狀》乙紙,讀之起舞。稍遲便當遵裁成文,以昭國魂而揚武烈,匪徒拙著之光也。承垂詢拙撰伎擊佚聞,不勝嘅歎,陽湖惲鐵樵先生來函一冊塵察,便知此中原委。(《小說日報》六卷二號本社"函件最錄"欄載攻訐走之陳某,乃雙木嗾使,假口指嚴,以亂人耳目。經走函辨無辭,雙木乃自出於最後之解決云。)並匪江郎之才盡也,要之世途之窄,無地不荆棘。猶憶勝清宣統二年,博以佐臬使幕游贛,適馮汝騤爲巡撫,於端午節日派衛隊捕一砲營峭官彭姓,及一測繪學堂會計曾姓,指爲黨人,交司訊辦,既無證據,又無原控。博以事關黨獄,桁楊鍛練,不足以昭信讞,力主不用刑訊,臬司頗虛衷。不意研訊三日,不得要領,突又提院訊究,不半日梟首矣。時則五月八日午刻也,臬司咤歎。博聞其事由撫幕張讓三主之,輒作書斥其非是,張以示馮,馮怒,爲臬司護持得免,旋以内艱歸。獨居深念亂機四伏,勢甚厝薪,則作書上監國,痛陳疆臣爲國賈禍,親貴把持朝局,勸其力任艱危,如週公誅管、蔡故事法行自近,以振紀綱而紓民氣,良弼見而善之,致書鄉人廉南湖,轉屬博上第二書疏陳,子件任爲代遞。雖曰匪我族類,在博當年不能無知己之感,方之今日之於先生也。民國二年六月,南京變起,博方家居,有三十一旅軍官爲黃克强嗾攻上海製造局者,道出下邑,電話邀博飲。酒樓相見,即相誡以勿譚政見。食次,有一軍官錢姓,爲博言此次克强餽本旅軍官白金二萬、紙幣二萬,博不待其辭之戰即眥裂叱之,謂果如所言,是兵以賄動也,姑不論政局是非,惟軍人國家扞城,可以賄動,是賣國也,尊嚴安在?一軍官馬姓色變即起,拔刀相向,鄰座驚走,博盛氣不爲下，爲同座勸解扶去。嗣是家君以政海波沸，禁勿談國事，誠之曰：邦無道，危行言遜，吾家世儒，願兒曹讀父書，爲鄉里善人足矣。博謹志之勿敢忘，乃婣意撰述，以文字自娛。整理敝篋中湖海奔走睹記所得筆記，爬梳得此一種，不意又觸雙木之忌。平心以談，文人相輕，自古有之，於雙木乎何尤？然博今日四顧茫茫，真有局天蹐地之概，乃知古人云得一知己可以不死，古人亦有嘅乎言之。如先生之聞聲相思，即於古有幾人哉！此博所爲低徊眷慕而不能自己已也。頃者蹙國百里，蒼生憔瘁，而秉鈞者又復予智自雄，好爲更張，吾儕小民真是不知死所。然吾國民數千年來依賴生息於政府萬能主義之下，譬如人家子弟，生長保姆之手，庇於父祖餘蔭，絕無絲毫自治自立能力，非到水窮山盡、前不把村、後不把巷、托庇無所時候，不知自治自立之可貴。古人所謂憂危困苦，玉汝於成，未必非剝復之機。所貴各地中堅人物，因地制宜，先保持得此身不墮落，勿爲習染所移，勿動於客氣，各各保持得本地方治安，無黨不偏，任是政潮如何波沸，地方秩序總是維持得秩然，能維持得一分，即休養得一分民力，爲國家培留得一分元氣，以靜待天心之回，人事之復，方是死中求活的法，所期與諸同志共勉之耳。硜硜之見，感書不覺累幅。張季老文章風概，自是江南有數人物，博雖未獲瞻荊州，然心儀已久。承惠《詩録》并大著《潮災書》并《灕客吟》各種，俟返舍盥誦後再行奉報可也。另，拙著《中國文法説例》似較市行文典有些子不同處，中間“分段落”“審篇法”兩段大爲愜心，兹奉兩册，一以塵察，一請轉贈貴處圖書館。館中書目未識能覓得一册相貽否？博近撰《記李合肥手杖》，載《中華小説界》三卷一號，自謂婉而多諷，先生以爲何如？尊復請寄無錫城内大河上敝寓，因寒舍已徙居故也。草復，即頌冬祉，不一。　小弟錢基博謹上。
舊曆臘月十三日燈下。

四

範九先生有道：

殘臘拜到筆箋并惲函，匆促不報，奄忽三閱月，乃承朵雲重賁，歉何如之。博生小好弄柔翰，積以歲月，此中甘苦遂亦粗有所喻。去夏承乏麗校，竊不自揣，遂攄其平日記誦所得，一知半解，以與二三子相商榷，其中刺謬之處知所不免，乃蒙張季老評其精晰，或是前輩宏獎後進，誘之而至於道之至意，匪所敢信。我公雖未謀面，然神交已久，或者繩糾愆謬，不吝匡我乎？企予望之。張季老《詩錄》并尊輯《潮災書》《灝客吟》各一本，俱已浣誦一過。季老人中麟鳳，不厪以文字論優絀，即雅什清新樸摯，不作乖亂之音，所謂溫柔敦厚三百篇之遺也。此次下邑政潮所迫，軒波大起，博以地方一部分人士之招，桑梓所關，不得不回里作一魯仲連，於兩軍（指澄軍駐防無錫軍）領袖均有所關說。其中闇幕之離奇，禁衛軍之不耐戰，非可言喻。（尤奇妙者，舊曆三月二十日之夕，澄軍兵抵城下，四關堅閉，澄軍派人縋城入詢。城人意思先與博接洽，博一口咬定不論南北軍，有傷地方寸草尺木者，錫人便視為公敵。方與邑中諸老先輩籌請蘇軍以武裝維持地方中立，保安秩序，詎意防軍領袖已以電話請諸紳入謁，邀求地方獨立。而其為獨立軍司令者，則軍峰派委犒軍之高級副官某也。蛛絲馬迹，於此可尋。）要之吾蘇此次上二馬當不淺。澄、錫之戰，吳江之役，疑是二馬有意向黨人放松口氣、誘撥使然，然後不恤兵力、財力買收平定之，以增長自己威望，為向中央說話地步，而不顧吾儕小人之驚嚇不起也，居心不可問矣。前數日讀季老致上海某黨人書，不覺怦然有動於中也。社會亦既墮落若此矣，則亦惟有求吾儕之不自墮落耳。尊諭治人者必先自治，與鄙懷極合，願共勉之。草布，即頌近祉，諸惟亮察，不一。　博手奏。　五月三日燈下。

貴縣圖書館書目如增訂竣事，仍希代乞一份爲叩。又及。

五

範九先生有道：

　　本月三號暑假返里，得讀手教，祇以人事栗六，致遲作答。比審先生家居養晦，益懋進脩，甚盛甚盛。皇祖武烈已爲草創一傳，未經潤色，不敢草草報命，八月中必能呈政也。拙文蕪陋何足算，乃承先生過愛，一再揚詡。語云士爲知己用，女爲悅己容，其敢忽諸？此其所以不敢草草報命也。新撰《南國杏壇記》拓本（楊太守書頗不俗惡，惟鐫工頗劣），自謂撰文頗雄傑有奇致，謹以塵鑒。拙著上石文字頗有十數通可讀者，徐當檢乞誨政也。時局橫流，正如片舟浮大海，莫測其趨勢，吾輩措大，既無力斡旋國運，即欲如顧寧人之救時以言人，亦且以“書生之見”四字了之，吾輩亦不欲嘵嘵徒亂心曲矣，感慨奚如。草草，即頌道祺。　博啓事。　七月十七日。

六

範九先生有道：

　　前拜九月十六日手教并《水利總會章程》《水利建議呈》各乙通，具審爲地方賢勞，百世之利也，祇以事冗久稽裁答，幸勿爲過。《皇祖家傳》乙通比草就，愧弱筆不足以揚武烈，然自謂規格尚謹嚴有矩矱也。賢弟近日學業孟晉如何？至以爲念，乞并以此示之。草復，即頌近祉，不既。　弟博啓事。　十月六號午後八時。

七

範九先生有道：

　　久疏箋候，接教又以事冗羈裁答，死罪死罪。拜讀《皇祖家

範》,樸實説理,鄙意不必過事芟潤,轉失老輩崇實黜華之意。祗遵
寵命,點定一二處,奈點金成鐵何,乞高明裁之,主臣主臣。明年戊
午,家君年七十矣,老人素性方嚴,又不欲倔觸資侈費,愚兄弟故不
敢重違親志,而深慚修名不立,無以顯親之懿,戚好後進能文如葉
恭綽輩,又素爲老人絕不與通,德門孝友傳家,如能惠賜一文,何幸
如之,未識肯玉諾否?先此奉瀆,遲日具狀。承惠《鐵雲藏陶》,先
承劉氏相貽,吕隆惠之不可以虛,敬以貽此間圖書館矣,並聞。去
臘草一吳大澂傳上史館,頗自謂平心,敬檢出舊稿奉詒,《顧賢母杜
太君墓碣詺》並政。草復,即頌近祉。　弟錢基博手奏。　三月十
日晚八時。

八

範九先生道察:

　接教,事冗久不復,幸勿爲過,歉歉。家君七十徵文事略已印
寫好,即以求正。《民法大意》遵教塵覽。致賢季一書並作文乞代
致爲荷。引領鴻文,爲老人開懷,曷勝盼切。此頌公綏。　弟博
手奏。

九

範九先生有道:

　日前復一箋,奉太公哀思册子并拙纂《文最》兩册,寄平潮市,
諒達覽。此次雲林來蘇,寔非吾蘇之福,若不先事預防,將來直接
受賜,悔之晚矣。因念貴縣與下邑駢稱江左六十州縣弁冕,而珂鄉
尤人文淵藪,得張季老總持宏綱,而諸君子承將其間,未識對於此
事意思若何?下邑昨有電赴寧,并以私人函詢彈鋏客意思,如得貴
縣挈擕,集眾策之力,爲三吳消弭隱患,則拜賜宏多矣。據鄙意,雲
林來蘇全出秀實拔趙幟易漢幟之計,而彈鋏客此次躐干神器,寔亦

不能忘情於吳，欲以作狡兔之窟。能窺透此中消息，納約自牖，轉移於敬通自身解決最妙。如倡言排拒雲林則非計，以雲林或成事實，恐脩怨爲衣冠禍，不能不瞻顧也。貴縣人士意如何，即請賜示一二爲叩。此頌近祺。　博白。

一〇

範九先生有道：

　　不通箋候久矣，然千里神交，固無日不依馳左右也。南通改組後益加粹美，博常舉以告下邑人士相勗勵，頗亦有憮然自失者。博以爲今日山西之爲模範省，官治之力也；南通之爲模範縣，紳治之力也，惟下邑地方號稱開明，官既無法治，紳又不能治，虛譽日高，而地方不免日墮落，斯則可歎耳。近日吾國科學漸萌芽發達，惟與社會事實不相切合，於是醉心歐化之士不能深究其所以，輒以爲中國社會無可改革，或激而出於鹵莽滅裂之破壞，或流於厭世而爲不事事之消極，其實所貴乎科學家者，在能發見社會事實之真相，而籀繹其公理原則也。科學之真理即寓於社會事實之中，而舍社會事實亦無科學可言，蓋社會事實者，科學之原材料也。近發一癡，願辦一日報，重研究社會事實，不重記載社會事實，先從下邑做起，糾合同志，就社會之形形色色而觀察分析，以科學之眼光發爲言論，指導社會以馴入於正當上進之軌道，必能福利社會，爲報紙開一新紀元。此博近日思潮所及，惟博德薄能尠，一牽於校課，二羈於縣志，惟日不給，恐一時難成事實，所望貴報社諸君宏覽卓識，闢我先路耳，不勝馨香以祝之。靈華先生一書係致同縣華君，屬轉貴報登載者，其中因緣詳華君書中。（華君係下邑先覺，行輩視博差長，乃十餘年前醉心維新人物，亦君子也。附注。）另，拙撰《小學作文成績審查意見》塵教，或者可充餘幅乎。敝縣新碑拓本三種聊以伴函，知不值大雅一哂也。拉雜布懷，書不盡意，即頌道安。　弟博上言。

一一

範九先生足下：

　　承示凌君墓誌，僭易數處，以副虛懷。近人之學桐城文者，大率聲希味淡，劣弱不能自振，或者又謬爲高古，托於章太炎派，如林琴南所稱“嵌砌以古子之斷句，塗塈以《説文》之奇字”者。不知太炎之文古奧之中別具婀娜之致，故爾古趣盎然，今襲其貌而遺其神，砌奧字僻句以爲文，號爲復古，曾無才力氣勢以驅策之（以此學太炎，猶以薄弱學桐城耳），有若附贅懸疣，此胡爲者。獨張嗇公之文，乾而能腴，瘠而能勁，措詞遣意，同此人人習見之尋常字句，而別有一種倔强不平之致行乎字裏行間，爲人人所不能，幾及於古，惟王荆公差似之，然才氣不如嗇公之旁薄。尊文勁峭似學嗇公，惜能乾而不能腴，博僭易處似較腴也。愚直之見，尚乞教之。即頌撰綏。　弟基博手奏。

一二

範九先生有道：

　　去臘承以孫謹臣先生篆書兩聯分賜下走兄弟，謹臣先生文章節概久深欽遲，乃推君子之愛以法書寵逮不走，何幸如之。貴社諸君不以下走爲不才，委月撰評論二期，下走文質無底，當勉竭駑思，以答盛恉。博寒假後專任上海約翰課，三師方面不過每月有一次國學講演而已。一切書籍用具統移回寒舍，倘有賜書，請寄無錫城內新街巷錢繩武堂某收，或上海梵王渡聖約翰大學均可。博於正月十三日到上海，昨日回里，乃由三師交到貴社函，較遲稽答，幸勿爲過，委撰件須到上海後報命。匆復，即頌撰綏。　弟博手奏。
夏、新曆正、三月廿七、二日。

（整理者單位：上海圖書館）

董康、劉承幹致繆荃孫尺牘

茹静整理

　　中國社會科學院近代史研究所中國近代史檔案館藏有董康、劉承幹致繆荃孫（筱珊）尺牘一冊，總計四十通。其中董康寫給繆氏的函劄二十一通，均系1915年前後在日本時所寫，內容多與刻書、售書之事相關，並提及與傅增湘、張元濟、盛宣懷、羅振玉等藏書家的交往情況；劉承幹致繆荃孫函劄十九通，大約也是同時期的，所談也是圖書、版本。這些未刊尺牘對近代版本目錄學研究有一定的參考價值。

一

筱翁姻伯大人閣下：

　　賜書敬悉。《劉集》全部照出，已付過二千，無可返悔，約定俟成書時，再將餘價找清。此刻張、羅賣書，無非爲償餘款地步。細核原本，每部在卅六圓有奇（六尺宣紙印），賣價除手數料外，擬實收四十圓（日幣）。出書之後，擬合北京、上海、日本之東、西二京，能銷三四十部，以清債務，於願已足。上海地面務祈設法銷售十部，另以薄紙印一部奉贈（六吉紙印僅十部）。此書尺寸乃合吾國棉料紙六裁而定，不得謂之縮小。若照原樣，字大如錢，不便翻閱，印工、紙價均須加倍，更不贅矣。原擬屬清泉撫影，筆力纖弱，一經槧刻，恐與黃自元所書之仿格無異，故改用珂羅版，實非得已。長者如以石印視之，則誤矣。購紙一事頗費週折，此間已購定六尺宣紙四十部（每一小頁十錢，合之制錢十文），奉書十部，半草五部（均日本仿唐紙，微嫌其厚，每一小頁二錢），汪六吉（自己帶來）、玉泉（五山板每用此紙。安徽紙廠所造，即仿此日本之棉紙，每小頁三厘，薄似六吉，惜太小）各十部，尚不敷百部之數。

　　長者代購之紙如已定妥，請即寄下，如尚未購定，或止購。安徽官紙及羅紋紙（來價一元八角，太廉，恐非佳品）各廿刀，亦可，其價示知。寄上郵寄之法。如羅子敬在滬，祈托其帶下最便。《魏書》已函屬田中由東京直寄尊處，其款直接寄之亦可。羅清泉罹六脈炎證（初赴頗似溫病，壯熱不退），入病院將一月（每日二圓五十錢），院中費用過巨，已覓屋一所，擬明日接出，令其安心調養。並雇一看護婦侍奉藥劑、手術等事。據醫生云，恐成肺結核，張大其詞容或有之，然精神委頓，以殊可慮，看其情形如何，再行奉聞。若在中國地面，清解之湯藥數劑即愈，不致如此之淹久也。《蕘圃所見古書録》侄擬購四五部，已刻竣否？念念。專肅，即請箸安。

侄康頓首

　　昨見大理院之判決録，異乎尋常之荒謬詞訟，關係小民生計，自有載籍以來，無不視爲重大之事，今付諸二三小兒之手，聽其顛倒是非，即此亦足亡國，想南中必更甚於北京，奈何奈何。

　　如寄紙爲難，或商諸盛宮保，托其轉托三井寄下，如何？

二

宋本《劉夢得集》卅卷，外集十卷。

　　宋槧《唐人集》，惟書棚本偶一見之，若卷帙稍繁，即盛行如李、杜、韓、劉，已如星鳳，其他更無論矣。光緒丙午，奉牒游日本，道出西京，夙慕崇蘭館藏書之富，訪之於北野別業。主人福井翁，漢醫也，抱獨樂天，酷嗜經籍，出示宋元舊本，且言凡録入森氏《訪古志》者，慘罹秦厄，此皆劫餘所續得者也。部帙井然，如登宛委。内大字本《劉夢得集》，每半葉十行，行十八字，中縫有刻工姓名，書體仿《開成石經》，紙墨並妙，竊謂此書當與東京圖書寮《太平寰宇記》、宋景文、王文公、楊誠齋等集，及吾國定府徐公文集（此書後歸余，今入大倉），可稱海内孤本，歸國每與朋輩道及之。昨年避囂東渡，僑居是地，復過崇蘭館，翁猶强健，罄閲所儲，始知是書首尾完善，並附外集，尤所心醉。適小林某，業珂羅製版，藝精爲全國冠，曩代羅君叔言影印宋拓各碑，陰陽深淺與原碑無二。乃介内藤炳卿博士假歸，屬小林氏用佳紙影印百部。昔蕘圃僅藏殘宋刻四卷（半葉十二行，行廿一字，今歸昭文瞿氏鐵琴銅劍樓），其跋此集鈔本云，安能得一宋刻之全者，一正其誤。設老蕘生當今時，其快愉更當如何！噫！際此流離轉徙之時，擲此巨貲，以成是集，殊不自量。然得此百部流傳，不啻流傳百部真本，凡舊鈔明刻，訛誤相繩，藝林向爲珍秘者，可一掃而空，有功是書，洵匪鮮淺。後之覽者，當亦憫康今日之苦衷也。

　　　　　　　　癸丑夏日毗陵董康識於東山寄廬

　《劉夢得集》三十卷，分訂八册，卅六元。又《外集》十卷，分訂四册，廿元。俱六尺匹宣紙印，如用日本紙"鳥之子"（紙名，校《古逸叢書》，紙佳），酌加八元，但此紙所印僅十部，須早日函訂。

寄售處：北京琉璃廠保齋
　　　　上海古學匯刊社
　　　　日本東京本鄉區本鄉一丁目六番地文求堂
　　　　京都丸太町匯文堂

三

筱翁姻伯大人閣下：

　　賜函敬悉。《玉屑》暨《翰林遺稿》十九篇收到，謝謝。《黃文獻公集》明本僅有《加封二程子制》一篇，殘原本既詔令全存，務懇飭胥鈔寄是盼。又《石田文集》中制誥文字甚多，亦祈鈔示。又元《名臣事略》殿本人名改易檢閱惟艱，尊藏影元鈔本亦祈賜假，校畢即奉趙，不濡滯也。《微波榭》鈔本，凡十一種，舊膡以日金八百圓合之。可查去年田中書目爲證，元價凡千圓以八扣得之。元板《伯生詩續編》《姑蘇志》二種購諸田中，茲因印書需款孔殷，除《伯生詩》二種外，擬捐價估爲六百圓。此價在承平時，北京恐不能得之也，敬祈設法紹介。小林珂羅印誠絕技，侄跋即命侍女所書，與原本無二，否則侄亦不肯浪數千番矣。南北衝突，生靈重罹塗炭，劫運如斯，奈何奈何。然討袁軍之名義，推諸吾人心理，異常歡迎。袁之攫天下於寡婦孤兒之手，在歷史中不乏其人，此罪尚小。比昵群小，日以借款爲事，提取真國民世世子孫之精髓，以供若曹片刻之咀嚼，其罪大。江西軍輕率寡謀，度難久持，即使得志，以暴易暴，益困吾民，不知南中諸父老亦有救時之策否也？清泉病癒，勿念。並希轉致子霖爲言並無切腹之事。京都仿宋體亦能辦到，大致櫻木寸板單刻一面，每板五百字爲率，價三圓。其價在京師、四龍之上，鄂緒之下。叔蘊欲刻《芒洛塚墓遺文》，已令清泉繕寫矣。侄前有明初本《秋澗大全集》，後囈於火候，如此書未經巨劫，侄仍思加價收回，乞長者便中詢之。時局如何，希略示一二，專肅，即請箸安。

侄康頓首

　　《蕘圃古書錄》何時刻竣？

四

筱翁姻伯大人閣下：

　　前肅一緘，計達座右。茲羅子敬先生回國之便，送上《初拓三希堂》一部，計卅二册，此帖乃侄與寶瑞臣合購之物。近得寶函言，經沅叔紹介售於菊生，索帖寄北。現在北洋航路尚未暢行，運送遲滯，如改小包郵便，沿途夫役不知愛護，隨便拋擲，恐板面悉致毁裂。是以寄交尊處代存，或聽沅叔手取，或逕交菊生均可。即使交易不成，由滬寄京，當較此間爲易也。唐本《文選》刻在内藤博士處，俟取回再寄。南京刻字較北地爲佳，未識工資若何，亂後尚有業此者否？祈詳示是盼。尚有小種數部，擬刻之也。《文館詞林》尚未繕畢，容後郵寄。專肅，即請箸安。

侄康頓首

五

筱翁姻伯大人閣下：

　　賜諭祗系。《魏書》當代撥付，《劉集》久經照齊，因購備中日資料暫爾停工，目下日本各紙業經制出，准於初十（陽曆，原注）開印。羅子敬沿路逗留，來滬無日，承代購之羅紋廿刀，祈商諸盛宮保，轉托三井等會社較爲迅速，關稅仍照納。若交運送店，須二星期以上，恐趕不上矣。茲寄上跋語數分，祈分散同人，以代廣告。計上海地面常人尚多十部，當可易銷。摠之此舉，諸君視諸下第，舉之散砫卷打秋風可也。書成之後，奉贈長者佳紙一部。萬一羅紋紙趕不上，或用日本玉泉紙如何？此紙棉而有力，可充宋紙，薄亦相等。蝴蝶裝最宜，但恨天地頭較小，不能逮六裁汪六吉之寬大耳。元代詔命約輯至六百餘篇。尊處允代鈔《秋潤》各種，祈便中賜下。《百宋書錄》亟盼一讀，祈先賜一分。曩島田云，岩崎有《全書》，質諸田中，乃島田欺詐之語，不然何以不聞他人言及也。《春秋左傳單疏》乃不全之本，聞歸叔薀，當詢之。清泉病大好，每日食料，粥與掛麵二者而已。回國之議，商諸本人再定。

　　來函云所校《黃文獻》是否四十三卷本，果系此本，祈托人一鈔，俟當將紙寄上。法國寄來影片，原目尚未備，內有《唐詩》數十頁，所錄太白詩無佚詩有佚句。異文甚多。又《王昌齡丘爲陶翰三家逸詩》亦不少。又《唐人水部‧貳》廿餘頁，此名僅見於白氏六帖，亦宋以後佚書。又《晉書‧劉琨傳》較通行本事實加詳數倍。此三種叔薀亦付珂羅版，俟裝訂成書，當並《闓外春秋》寄呈也。《刑統賦》已刻好，當函索龍光齋，可得其印本。但《刑統》不知如何，擬詢諸書衡，再覆。專肅，即請箸安。

俟康頓首

　　如滬上鈔本書尚不落價，俟處有《微波榭》鈔本，宋、元人集十餘種，敬懇代銷易錢，爲刻書計也。呂幼舲寓何處，祈示及。

六

筱翁姻伯大人閣下：

　　前月寄上一函，計早察及。閱中日各報，知金陵克復，但姦淫慘殺，前古未聞。不意於共和之國利民福時代，竟睹其事，復以屠伯坐鎮江蘇，其殆天厭，江蘇故令永墜此劫耶。爲殺日人一事，此間民情洶洶，一切情形想早譯載各報，茲不再述。即俟偶因事入市，而婦孺唾罵之聲不已。萬一開戰，僑民恐難免池魚之殃，奈何奈何。蒙賜《藏書志》《蕘圃所見古書錄》，早經收到，拜領、謝謝。石城兵火，紹酒想已充犒師之品。書板當可無恙，至其他什物有無毀損否？銅活字擬即用《詩韻》所收字，想可敷用。日來已刊印格紙，印就即寄呈。閱《藏書志》，中有《宋刑統》一書，此書敦老久有刻板之意，想尚未付梓。敦老故後，後人斷無此舉。俟頗欲效淵如

先生刻《唐律》之意，校以行也。藉以志廿載西曹之心苦。此書可
否割愛相讓？否則飭鈔胥代鈔一部亦可。如鈔胥無人，祈將原書
賜借傳鈔，一月亦可畢工奉璧也。叔言所印敦煌書已至十五種，購
者尚踴躍，當可收回成本十之二三。但侄印之《夢得集》，自不能
逮其成績，務請長者勸銷爲叩。

　　長者所需何紙，示知，以便陸續檢寄。近復仿袖珍本印《雜劇
十段錦》，錢遵王藏書，出《元百種曲》外，静庵斷爲明周憲王著，恐未確。分
訂四册出書，當速於《劉集》，每部擬收實價三圓。定價三圓八角。
此種閑看之書當可易銷，並祈轉懇菊生代售。再前次各函奉懇示
知。亟思十月間回里省墓，可便中攜之回國也。專肅，即請箸安。

侄康頓首

　　允鈔之《吳文正集》，祈便中賜下。《石岡集》已收到，除《文
類》《文表》所收外，僅補《燕帖木兒封贈三代制》一首，標題仍諱其
名，據其曾祖以下之封邑知之也。

七

筱翁姻伯大人閣下：

　　賜書敬悉。承代購羅紋紙，已由子敬送到。途中爲雨濕透折
損，大半祇可作襯紙之用矣。滬上經此次變亂，租界及虹口一帶均
獲安全，聞之心慰。侄官京曹廿載，薦經庚子、壬子兵變大掠三日。之
變，兵火情形亦經見慣。此次避囂東來，原擬過二三年，俟吾國大局
粗定再歸鄉里。仍鑒於南北之鬨及袁政府腐敗情形，知彼蒼降禍，
莽莽神州亂釁方殷，不得不在此作永久之計。惟嗷嗷八口僑居異
國，生計維艱，上年鬻入大倉之書，實止二萬二千餘圓，除退回五千
及爲老譚所虧折，並此次建屋數樣外，所餘僅敷一年之用，來日大
難，亦殊可慮。兹經叔藴聳勸，欲思開一仿宋活字版局。今在村岡
印刷會社調查，凡雕刻仿宋銅字模三號，每號以一萬二千個爲度，共

須價七千,刻宋字在内,但恐無好字。合之機器等約須二千圓,共須九千圓。所存零款大半消納於《劉夢得》復印《文選集注》。等印書之内,猝難週轉。茲擬將所存真宋元本廿餘種售去,以資挹注。務懇長者於盛宮保或張、劉二公處聳勸。内書價除《東都事略》《參寥子》亂時所得,價尚廉外,餘均與原價不相上下。此事如蒙玉成,擬仍來滬開張,吾國紙價、人工均廉於日本故也。侄於杏公,忝列葭莩,乞長者將僑居困難之情告之,必蒙其援手也。《玉山雅集》將次告成,秋後當可開印。《元名臣事略》大典本苦於人名難識,久思得一由元本録出者,茲承割愛見讓,甚感。侄俟詔令輯畢後,擬從各字文集輯《元名臣琬琰集》,以備後人修改元史之助。《文館詞林》計可録竣,内楊氏本借自内藤,仍祈賜還是叩。專肅,即請箸安。

侄康頓首

清泉全愈,昭常鈔寫矣。

八

筱翁姻伯大人賜鑒:

前肅一緘,計經察入。田中昨由北來,詢及《魏書》,補至嘉靖。白棉紙印書尚好,至少必須一百廿圓,其值較侄從前在北京所購者爲廉。如長者欲購,希即示知,以便索書寄滬。其價無須寄東,留與《治跡統類》互抵亦可。《夢得集》需紙甚急,祈代爲物色。價示知即寄。此書凡四百餘頁,前所云卅元恐尚不敷,俟成書時再定。其原本實價每寫真玻璃片一片。二圓〇五錢。珂羅印工一小頁。二錢八厘,六尺宣紙一小頁。一錢。如用羅紋、料半、安徽官紙當少廉。日幣凡稱一錢,即制錢十文也。加以裝訂書套,日本甚貴。蓋在廿三四圓左右。然定價過昂,亦恐有滯(消)[銷]路,致擱原本,如何之處,亦希酌奪是幸。專肅,即請箸安。

侄康頓首

《秋澗集》如已鈔好，祈寄下。如有《貢玩齋集》，乞代查。

九

筱翁姻伯大人閣下：

前寄一函，寄達座右。日前收到《名臣事略》一部，並《黃文獻公集·制誥》十三頁，屢蒙錄校寄下，謝謝。閱《東報》，知南北戰事漸就枚寧，想滬上當可大定也。羅青泉病後體氣大差，不能多寫，且有去志。惟叔言《芒雒遺文》業經開雕，半途中止，繼者無人，自宜設法挽留。而侄等之仿宋活字版志在必辦，用舊本書割裂上板，苦於大小不一，必須另行寫定。青泉既不能書，未識饒君可代寫否？大小字母凡二萬五千餘，當按字數酬送筆資，祈詢饒君賜覆。內藤君《夢得集》跋印就寄上三分，於是書之源流頗詳，文亦不惡，乞分布同人，以代廣告。此間刻宋體精於鄂垣，茲寄上樣張一紙，但價貴耳。《伯生詩續編》擬付玻璃版，以副尊囑。書僅五十頁，過薄不能訂，如滬上同人中有元本《翰林珠玉》，亦思借印於後，乞物色之。《夢得集》已開印，贈長者之一部擬隨印隨寄。此外托售之書，俟訂好寄上，務希於同人中多方勸讓爲叩。專肅，敬請箸安。

侄康頓首

唐寫殘本《文選》亦付玻璃板，凡廿餘卷，擬先出百餘頁，訂二冊，價五圓，稍得書價，藉資週轉，然後以次印畢。樣張數日寄呈。此書大佳，惜未經何義門、顧澗薲諸公見之也。佚注甚多，亦偶有佚文。

一〇

筱翁姻伯大人賜鑒：

前由郵便寄上《唐大詔令集》一部，計達座右。疊接手諭兩通,敬悉種種。《詔令集》實所心愛本,欲梓以傳世。現在漂泊異國,誠恐無力以畢其功。既滬上有人願刻,且重以長者之命,不敢遲留,即行寄呈,鈔畢仍希賜還,不勝感叩。《三希堂》一事,菊生兄來函,斤斤論值,如往復計較,殊涉市道。既經長者介紹,謹遵命讓之。寶侍郎刻因買田需款,該價祈轉致菊兄直接寄之。紹典本《史記》,書品不佳,觀首册可知。田中以七百圓議定,而絀於力,故爾中止。此書在菊生必無膽購之,將來或仍落於侄之手也。槧刻甚精,渾樸遠遜於北宋槧本;半頁十四行,每行大字廿六、小字卅三四不等。曾見殘本一册,故知之。饒君到滬,煩囑補鈔《聖宋文選》是盼。《元詔令集》刻已從事鈔録,苦於材料不多,所有元人文集已騖入大倉,得暇尚思至東京一行。尊藏《秋澗集》如有制誥文字,祈飭胥録出。此外元人筆記中何書可供采擇,亦希指示。專肅,即請箸安。

侄康頓首

前函奉懇代購《中州集》《白集》事如何,千萬示及。此間影宋刻亦精刻,擬翻《劉夢得集》,價校内地稍昂。惟不能影寫,摹刻之法,用玻璃片之薄膠揭下上板,奉贈梅村小像一紙即此法也。

———

筱翁姻伯大人閣下:

一星期以前寄上《文館詞林》一包,計可察入。前承寄校之《事寶類苑》近日始校訖,一並郵呈。並將奉懇各事縷陳於左:

《類苑》八册,自卅四以訖大尾,又目録十四卷。前雖經叔蘊、静庵校過,訛誤尚多。其因錯欄須另刻者,約計八頁。又漏刻者三頁,均屬清泉繕正。祈轉托陶君,分別修補粘簽,將原册寄校。

卷一至卅三,侄迄未寓目,一並賜寄。

《此山集》寫樣一册附上,即可修正上板。元槧底本尚有一册存陶處，祈索回是盼。

滬上紙鋪廬聚《類苑》，擬用汪六吉棉、羅紋紙及休記線三種刷印，請長者代探紙價示知。上等紙之價目。

北京刻工不逮，南方遠甚，尚有書數種欲刻南京，工價如何？佺最嗜者，鐵線體也。蘇州顧崔逸有宋槧《琬琰集》，佺欲收之，以配《東都事略》。前託金松紹往詢，渠非五百金不售。想長者必與顧君熟識，祈代鑒定，並與磋商價值。

《百宋一廛書錄》渴欲一睹，務希惠借，留一副本。

《儒學警悟》凡若干卷，祈將目錄示知。

刻擬編集《元代詔令》，閱尊藏書目有《秋澗集》，其中制誥文字祈餉胥鈔示，庸貲若干照納。

《聖宋文選》缺一、二、七至十一，凡七卷，聞盛宮保有此書，如饒君到滬，祈轉借影錄。

以上瑣屑，祈便中賜示是幸。專肅，即請箸安。

佺康頓首

一二

筱翁姻伯大人閣下：

賜諭敬悉。《唐大詔令》遵即寄呈。此書承長者割愛見讓，且在北京同經浩劫，非他書可比，祈嚴屬鈔胥繕錄之時勿令汗手接觸爲叩。《中州集》佺於去歲以二百圓購一元槧，往年在翰文以一百廿兩購一弘治本，故不覺其貴。惜少樂府。嗣接沅叔同年，知渠亦收得五山舊本，當託印臣以百元求其相讓，迄未得其覆函。來諭所云，必系此書無疑，如至尊處，務懇代爲購之。又傅函中尚有元和活字本《白集》，佺亦予以百元，二書均希玉成。議定之後款即寄奉。宋槧《東都事略》庚子年與《徐文公》同時流出，俱怡府舊藏。爾時無力收購，遂入寶孝劫家，盛意園之婿。經惡奴誤爲明板各字

書目皆寬邊，此本邊不寬。出售，當以廉價收之。此書槧刻致精，版
心較小於明板，此板亦精白棉紙初印。昔恭邸當國時，有人以二百金購，
諸翰文竟饋送品者。上年由恭邸購明刻初印一部，亦怡府書。減筆俗體，
觸目皆是，別饒古趣。若明板則一一漢正矣。三朝體《魏書》東
京文求堂有之，定價一百四十圓，中國人購書八折，該店之例也。如
長者必需此書，示知，當爲購定。法國所寄影片内《闕外春秋》存
卷四卷，五略似史鈔，但出於虞人之手也，有異文也。《諸道山河地名要
略》存卷二，"河東道"約略完全，《元和郡縣誌》即本此。二書見《唐
書·藝文志》，大可作。《古學匯刊》之材料如有意刻之，當録副
本寄上。兹令小兒將原單繕録一紙寄呈，希察入。《三希堂法
帖》因菊生與瑞臣並無議購之事，適此間開蘭亭會，文求主人田
中予價五百五十圓，侄已允之。敬祈長者向菊生索回，飭紀仍用
原箱裝好，交日本運送店寄下，運費三元當可敷用，請長者暫墊，
隨後奉繳。此帖瑞臣定價六百元，一年有餘，無人過問，今有此
機會，似不可失，初非有意居奇也。五月中擬回鄉省墓，過滬擬
至惲季申同年處暫寓，但伊久無信來，住址有無變更，並懇探明
示及。專肅，即請箸安。

侄康頓首

冬杪築數椽於上京區吉田町神樂岡八番地丿二十，即王静庵屋
後山岡之上。刻甫落成，定於月内遷入，特此奉聞。

《唐詔令》如收到，乞賜一信，以免懸之。

一三

筱翁姻伯大人閣下：

前奉賜諭敬悉。月前曾由郵局寄上《事寶類苑》等一包，未識
已收到否？《唐大詔令》如有人願刻入叢書，亦不朽之盛事。原書
俟有妥便，即行寄滬。《宋詔令》常熟瞿氏有之，侄亦頗欲鈔此書

也。日前法人伯希和寄叔蘊處敦煌照片一包，純系唐以前寫本，其中經部最多，雖零紈殘素，較通行本頗多異文。鄭注《論語》存《述而》至《鄉黨》，尤足珍異。外有《闕外春秋》《星經》《玄象詩》《唐人殘地志》（文多與《元和郡縣誌》同），餘一書似《釋家傳記》，亦佳。又類書數種，最陋。如有人欲刻經書，不以斷欄爲嫌者，侄可飭人録一副本寄上。《三希堂帖》一事，瑞臣屢來信，言經沉叔手鬻於菊生，故轉托羅子晉兄攜滬，以免展轉郵寄之勞。既無其事，可作罷論。初本欲將此帖寄京，惟現在東京開蘭亭會，文求主人田中來函，言有人願出實價日幣五百五十圓。合之現在錢價約六百元。侄料方今吾國經濟苦難之時，斷無人出此重價，在平時爲廉價，在今日則爲重價。已允售之。敬祈長者先將此帖取回，暫存尊處，當托人來滬走取。侄一面將此帖情形函知瑞臣，萬一瑞臣轉托沉叔來取此帖，即以侄函告之是幸。屢次費神，謝謝。菊生函言有人售元槧元印《玉海》，叔蘊欲購之，何價可得，乞詢明賜示是叩。專肅，即請箸安。

侄康頓首

《慶元條法事》已函知沈敦老，南京刻工尚有人否？

一四

筱翁姻伯大人閣下：

昨接賜諭，敬悉種種。南京邸第紹酒、書板均獲保全，爲之忻慰。《劉夢得集》已印成三冊，凡十一卷。茲托金湧清先生帶上汪六吉棉紙一分，餘俟續出續寄。羅紋紙全爲雨濕，不能印書，如六吉紙不合用，或另易他紙亦可。此書奉贈長者，斷不取資。惟前函懇代銷之舊鈔宋元板，務求鼎力揄揚，張、劉及盛杏翁處。擬制仿宋銅活字，爲圖全家漂流海外，非噉飯地步，不得不割愛也。睽隔故鄉將及十年，現在南中兵火稍息，擬於月之中旬回籍省墓，便中將各書帶上不誤。專肅，即請箸安。

侄康頓首

一五

筱翁姻伯大人閣下：

惠書敬悉。《三希堂帖》承長者週旋，菊生兄仍按日本蘭亭會付價，感謝之至。田中處侄與之交涉，勿慮。該款如未寄東，或徑寄寶公亦可。敦煌影片凡四百八篇，同志擬曬映十分。用白金紙印，每篇三角五分。如長者需此，侄當代印一分，祈賜示。《劉夢得集》原書板心薄膠揭下，上板覆刻。此間仿宋每字十錢，即每百字一圓也。鑴刻之精，當在《古逸》之上，但用兩次工夫爲不貲耳。羅清泉現寫《文選集注》，此書先托田伏侯鈔自金澤，凡十六册，價二百。茲於十六册之外復獲三大軸，寶公半軸，叔蘊一軸，其一即爲侄之所得也。唐人佚編竟獲如此之多，實爲稀有。擬倩清泉通録一過，期以十閱月畢業。如滬上有人欲刻此，侄願將清出之稿次第寄呈，爲傳世起見，並兩次之鈔資不求續也。《元詔令》蒙代蒐材料，謝謝。謹開一書單寄呈，祈察入。此外，《元人筆記》如有，亦希調查，鈔資示知奉繳。《闌外春秋》二書俟鈔畢寄呈。《文選》承紹介，共三軸一卷半。謝謝。此爲刻書計，不得不割愛也。專肅，即請箸安。

侄康頓首

安徽紙甚好，《事寶類苑》擬用此。

一六

藝風姻伯大人閣下：

疊奉賜書敬悉。春陽載始，敬維興居多福爲頌。侄鬻書北來，並無入政界之意，報館所志，或系傳聞之誤。《臨川集》乃宋本元修，瞿目有。嘉靖刻即從此出，石銘所購中字本，恐非此書。蓋元危素刊。木齋同年亦藏一部，已有嘉靖補頁，遠不逮此本也。又近日在舊家以巨金購獲明人傳鈔《永樂大典》本、元人集注本《太元經》六厚册，元價四百元。自大典四千九百二十三卷起至四十卷止，凡十七卷，以普通之卷第析之，約可得四十卷，首尾完善。所引注四家，一鄭、疑鄭樵。一陳仁子《輯注》、中引范注。一胡次和《集注》、引司馬及王涯注。一林希逸《鬳齋集》。無撰人姓氏，敘跋内間及元初人，蓋元人也。約凡五十萬言，所引各注除范望外，餘不經見，實爲希世秘笈。欲梓以壽世，苦無其力。子雲此書實與《方言》並行京師，嘉靖翻萬玉堂本，售至百元以上，其書之貴重可知。可否勸石銘一刊，刻此書勝於刻四庫著録書。以配方言。俟擬售實價千元，索價稍昂，然奇書難得，且下場官吏藉奔波販負以糊口，想海上諸公所垂憫也。以上二書，如有售主示知，當郵呈。所銷《劉集》尚無頭緒，俟東寅將書寄齊，即行返滬。約在燈節後。專肅，即請箸安。

侄康頓首

六吉紙《劉集》自廿一卷起至末已寄京，容親自帶上。

又東寅寄來日本棉紙一部，内缺卷十五至廿，是否誤寄尊處，希查示。

一七

藝風姻伯大人閣下：

拜別之後，於九日首途，初三日抵寧，勾留一日，十一渡江，易津浦車北上，十三入都。旅中仰賴福蔭，一切順適。連日回翔廠肆，書價信昂於昔。爲印臣購士禮居藏元槧《放翁詩選》書品不佳。六册，有黄跋。價三百元，若在平時，至多不過百元耳。爲《禮記》一事，昨至景寓，作東坡生日，伊言《禮記》與《于湖集》須一並銷售，不願零拆。並出鄧孝先函、單各一紙，凡書六種，《禮記》三千六、

《于湖集》二千、《杜詩史》一千二、《册府元龜》二册二百、明本《孔叢子》抄本
五百、《太平御覽》五百。議價八千羌元，俄幣，每百元約盈中幣十數元。
內《禮記》《于湖》二書議定五千六百羌元，孝先欲先付半價，取《禮
記》一書，餘俟隨付隨取。景以鄧向無信用，未允。鄧僅以五百元
購《孔叢子》一書而去。今二書之價不能出孝先之下，此侄之推測，
伊執定非七千中元不售。祈轉詢劉君於意云何，迅賜一函，以便與之
交涉也。又昨在景處見宋槧元修本《臨川集》、八百，書品好。元槧
本《清容居士集》，四百，此書大佳，惜缺六卷。不覺技癢，遂以一千二
百元購定。惟現在南北賓士斷無力收書，《臨川集》擬定價一千
元，敬懇長者代爲介紹銷去，藉輕擔負。《袁集》大字作趙松雪體，
凡卅册。静雅可愛，擬覓佳工付梓。如有人欲刻此書者，割愛亦可。
但二書實價擬售一千五百元，聊以博北行旅費寒乞之相，尚希憫
原。如有售主示知，當將二書郵呈也。前存尊處書箱本，擬托范子
恒或蘭泉代寄，現在封河之時，東航須繞道奉天或高麗，殊形不便。
擬仍折回上海，或由侄手取亦可，大約至遲不過燈節邊也。專肅，
即請箸安。

　　　　　　　　　　　　　　　　　　　　　　　侄康頓首

　　來函寄吳印翁處轉交。
附上書單一紙：
　　宋槧元修本《臨川集》白棉紙。兩大函，一千元。
　　元槧本《清容居士集》，此書海內孤本。缺廿九、卅七至卅九、四十
七、四十八，凡六卷。卅册，八百元。以上二種意園舊藏。
　　宋咸（滴）［淳］本《李翰林集》二百四十元。是否明刻，祈鑒定。

<h1 style="text-align:center">一八</h1>

藝風姻伯大人惠鑒：
　　賜諭敬悉。《詞林》跋語不過志得大覺寺抄本之源流，無甚關

緊，漏刻甚善。惟本書鐫刻過劣，閱之令人不怡。《太平樂府》擬歸某公子，曾在京刻過第六卷，不甚愜意，中輟。今擬將青泉所書悉以奉贈。青泉寫手太慢，隨侄四年，未成一書，屢次督促，迄無效力，即《刑統》亦半途中輟之書也。《刑統賦》三卷已刻入《枕碧樓叢書》，容覓得印本寄上。今得明周憲王《誠齋樂府》，嘉靖刊。因系孤本，擬刻以傳世。全書約廿萬言，願出筆資二百元，煩饒心舫必此君。一書，未識做得到否？乞示知爲盼。《周此山》擬印卅部，務懇商諸張石銘君。元《中吳紀聞》已開雕，影手甚佳，乃院中之録事也。專肅，即請箸安。

侄康頓首十八日

一九

藝風姻伯大人閣下：

蘭泉來京。收到張刻《僑吳集》一部，謝謝。前由蘭泉處寄呈《五代平話》《江東白亭》各一部，伊回滬時當可呈上。《文館詞林》《周此山集》承允附印，感荷無既。茲擬每種用六吉紙印五十部，即托蘭泉代爲辦理，敬懇轉告張公是叩。印臣蒙長者介紹已任協修，渠所刊各詞刻始開印。惟都門紙價太昂，尚須由南中定購。印臣又喜臨時刻改，恐成書尚無期也。疊經劫影，頗信因果之説，今擬舍貲爲憫忠寺刻《華嚴議》一部。此經惟汲古刻過，前有牧齋敍，全書約九十萬言，刻貲每百字二角，但恐不能精耳。臺斾何日北行？翹企殊殷，希示及。專肅，即請箸安。

侄康頓首

二〇

筱翁仁丈大人賜鑒：

賜書敬悉一切。客歲東游，晤島田，知《蕘圃所見古書録》二十四巨册,存於富商岩崎,當托代鈔。嗣遇文求堂主人田中氏,始悉島田專事詐取,曩游中國江浙,搢紳頗蒙其害。植品如斯,殊有坫篸村之家學鈔書之事。恐受其欺,俟尊款到時,擬轉托岩崎友人志田博士,此君爲岩崎之顧問,必能力致之也。《草堂雅集》長者鈔得元本,不勝狂喜。從前侄校定一本,用趙本爲主,而以四庫本之溢出者附於每家之後,約共得詩三千一百餘首,擬梓入《元人選元詩》之内。屬吳印臣内翰校讎,印臣以必見元槧方無遺憾,務希飭胥賜鈔一分寄下,庸資雖巨,亦所不惜。兹將趙本及溢出各詩寄呈,以備參考。趙本爲翰文之書,閲後仍乞賜還是幸。春間同志組合一古書展覽會,每月舉行二次,苦無秘笈,近因叔雅作古,書輀東游,暫爾停止。絶學就湮,仍俟公來鼓吹之也。袁伯揆部郎翩翩貴胄,頗嗜購書,所藏宋槧施注《蘇詩》,自元以迄國初,名流題識殆遍,重五後一日不戒於火,竟歸天上造物所忌,古今同例,乃是書之劫,非袁氏之厄也。《元典章》已刻竣,板片尚未到京。《宋刑統》仍擬續刊,以備一朝之掌故。又《宋刑統賦注》,侄與崔亭校補最備。兹將原稿贈呈,如刊入叢書,亦可與《天聖律文》並傳。《元人選元詩》《草堂雅集》之外,復有《玉山名勝集》二卷本。《皇元風雅》前後集各六卷,知不足齋藏書。《國朝風雅》殘,僅十卷,傳録黄蕘圃所藏原本。《大雅集》勞氏昆仲合校本。四種。尊藏如有此類之書,亦希鈔示一二。專肅,即請著安。

侄董康謹啓

二一

藝風姻伯大人賜鑒:

　　黨派交哄,致釀復辟之役,孤注一擲,斷送前清。首禍諸人不惟今政府之罪人,亦清之罪人也。侄於事發之始避赴津沽,事定歸來,寓中金石、書籍、板片暨刻工人等均無恙,足紓錦注。兹有懇者，五山板《中州集》依據元板中有脱頁，已蒙飭胥抄下。今查第三卷中尚缺第廿頁，刻待裝訂，仍求抄寄是荷。日來刻書率系説部，無甚巨帙，《續雙照樓宋元詞》已成數種，擬將洪武板之《松雪詞》並刻於内，未識長者有此本否？希示及。專肅，即請台安。

佺康頓首

張菊生處有舊板黑口本《宣和遺事》，擬刻之，以繼《五代平話》之後，乞代一借是荷。沉叔不全之刻本《母音》已配齊，仍系原書，今已付梓矣。並聞。

二二

筱珊老伯大人尊鑒：

前晚席散遄歸，風雨漫途，頗深懸注。日昨有人攜至一單，計宋槧《參寥子集》《編年通載》《吳郡圖經續記》《中興館閣録》《新定續志》共五種，該書系出自汪柳門少宰家，均有黃蕘圃先生長跋。書本士禮居故物，復翁歿，歸於汪閬源家，再歸於兩罍軒，由兩罍軒歸於少宰。書則半多不全。聞長者均已見過，並謂尊曾許其可售三千元，如無人問津，則長者允其代爲托售等云。佺並非自己欲購，乃友人所托，當日三千元之約，未識果有之否？托佺代爲詢問，用特貢言左右，敬乞示知，以便轉致前途，同深感荷。頃接履撝兄致醉愚一緘，附有雪橙廉訪致鷺汀觀察一劄，附奉察核。王函仍祈擲還，俾可奉繳於洪也。所云《遜國臣傳》系吾潯朱文肅公所輯，前途索價甚巨，以爲關於史案，故特居奇。據云書已罕觀，未識可重刊否？敬求正法眼藏鑒定。倘可授梓，則與購取，否則，當即還之也。崀泐貢臆，敬請頤安。伏希惠察。

佺劉承幹頓首
二月二十日

二三

筱珊老伯大人尊鑒：

昨奉惠示，並書籍三種謹已收悉。《趙雪松集》元槧極佳，洵屬精品。惟敝處影刻存籍寥寥，暫不舉行，而珍籍又未敢久留，特以繳呈鄴架。《龜溪集》《西吳里語》已什襲藏之，該值容初三日面奉。上巳伊邇，如蒙邀同閏枝先生枉游，尤深感幸。敬祈惠蒞徐園，同深感盼爲荷。嵩此，敬請著安。

愚侄劉承幹頓首

二月三十日

二四

筱珊老伯大人尊鑒：

手書當即具復，並呈《太倉稊米集》一套，計邀台察矣。《周易正義》承於一卦之中較出二百餘字，即此一端，具見長者耄年力學，孜孜不倦。且允見讓《毛詩單疏》，裒然經籍，謂可與文選樓齊驅，壓倒一切。侄何人斯，奚敢與先哲頡頏，要亦長者溢分之宏獎也。《松鄉先生集》承出鄴架所藏見示，鈔本已經校過，洵爲善本，得此已足欣幸，該值四十元謹以奉繳。元槧確系珍品，還歸簽閣藏之。茲有書估攜來《宋元事鑒》，云系邰二雲先生點校，侄囑益庵兄閱之，略擷此中要旨並書，敬求正法眼藏鑒定。前途索值六百番，且索迅速回音，祗乞鑒閱後即交來伻帶下爲荷。鄙意此種書籍如可付刊，則與購取；若購而不必刻者，則何如還之爲愈也。其書共系六十册，謹以附告。嵩溷奉煩，敬請頤安。

侄劉承幹頓首

二月廿一日

二五

筱珊老伯大人尊鑒：

前晚張君來，攜到手書，敬謹領悉。《三國志》既已攜到，當與磋商，共四百九十元成交矣。一昨擬偕醉愚兄走謁，便道過石銘兄，則知裕商讌集，長者已允惠臨，相見在即，因而折回。今晚攜書來前，不意尊忽辭謝，並審明日驅從吉旋，心親跡阻，惆悵奚如。穆子美兄前日寄到《徐壽臧先生年譜》寫樣一册、原稿一册，來函囑即送呈台閱，即校寄蘇，以便早日授梓。用特崇價貢言，乞即將寫樣校寄，同深感盼。其原稿即以繳還鄴架。惟《徐譜》首葉第二行有"不孝"二字，頃間讌集時，同人均以此二字爲不雅。觀第三行"同里"二字，亦可省，欲徑刪去。侄於目録之學甚淺，不敢臆斷，敬求長者酌之。《司空表聖詩集》醉愚已從潯上帶出，未識尊所云者即是此本否？敬以質之台端。倘果即是此本，請假以《唐詩統簽》，仍交侄處，以便寫校付梓。附上大察，統希尊裁。消寒會雅集而後同仁咸思賡續，夢坡先生屢與侄等斟酌，由淵若、語石諸先生定名淞社。初八日爲浴佛之辰，侄略備粗肴，舉行淞社第三集，希台從邇歸，如可緩行，仍希移玉。否則，仍懇不吝珠玉，補題新什也。崇此，敬請著安。

愚侄劉承幹頓首

四月初六日

二六

筱珊老伯大人尊鑒：

久疏良覿，每欲奉謁，卒卒未果，然積思已成痗矣。日昨有書客攜到宋槧《洪慶尺牘》四册，謂系十六卷者，奇貨自居，索價竟至二千五百元，此種價值實所罕聞。無意問津，伊嬲之不休，囑爲評得如何即還何許。今日又有書客攜元刻兩種求售，《毛詩疏義》索值一百念元，《元通鑒》則索四百。用特奉上，敬求正法眼藏鑒定。該三種究是宋是元，各值價多少，務希爲之評價，暗中關會，俾可據以還價。若系贋本，俾本無意，即以還之。有費清心，無任感荷。饒君星舫述及《史記》鈔配恐有訛謬，非影寫可比。是否先將鈔配本一校，以免錯謬，用敢奉詢尊意如何，還祈示知祇遵。穆子美頃間來此，僅攜來《吳興備志》刊樣兩册，俾諦視之，刻手既劣而又遲延至此，因告以將刻殘數種竣事後即擬停止。故此次僅支借百元，將來容易扣退耳。《冬青館》原本是否尚在尊處，乞告知爲感。耑此奉訊，敬請頤安。

俟劉承幹頓首
五月初二日

二七

筱珊老伯大人尊鑒：

　　手諭敬悉。穆子美寄來查、徐兩譜，已蒙校寄修補，甚感甚感。雪橙先生惠假張刻《儀禮注疏》，設非推愛屋烏，奚能得此善本。且承函招子美到申面授方針，仰費清神，尤深感荷。連日書賈攜來各書，兹撿出數種，共計十四册，又加二册。乞爲鑒定。耑上，敬請台安。

俟劉承幹頓首
五月十七日

二八

筱珊老伯大人尊鑒：

　　奉誦手示，敬悉種切。附來陶子麟函件字樣、查東山《罪惟錄》及見還《炎徼紀聞》《冬青館甲乙録》《吳興掌故録》三種均已

——收到矣。承示查著系屬東山親筆，允推奇籍，惟索值千元，似乎太巨，且俟景韓先生蒞臨，再與磋談也。汪淵若丈遽作古人，身後蕭然，實堪憫惻。《頻年社集》忝列契末，此次敢不稍盡區區。惟是蘭泉先生侄不甚熟識，將來酌定而後還請長者轉交幼魴先生，至以爲荷。《閔譜》承交文海，甚妙甚荷。惟此譜系從何處得來，□□（原字脫落）代購，抑系借刊，敬乞示知爲感。前月修敬本擬早日送上，緣侄連日親擬走謁，而每以事未果。茲特奉上，遲遲爲歉，幸希鑒原。陶函二緘附繳察收。稍俟謹當趨談，藉聆教益。尚泐奉復，敬請頤安。

侄劉承幹頓首
六月初二日

二九

筱珊老伯大人尊鑒：

　　前奉手示，敬悉種切。《言舊錄》當即寄交穆子美寫樣。清頌堂偽《尚書》亦即飭印工抽出此種矣。叢書之刻在精不在多，且可一刻、兩刻，謬以虞山隱湖見勖，曷敢當此。然尊見極是，惜侄與石銘粗識之無，未足副敦勉雅誼耳，惶愧惶愧。昨小價回，諦視請柬，知尊躬有恙，想屬微（屙）[疴]，定占勿藥。然明日淞社雅集座無車公，四筵未免寡歡耳。擬就社題，再當詳告，敬求珠玉，以爲壇坫光耳。茲送上《趙彝齋文編》二册，又明《三朝聖諭》一册，敬希鑒定此種有無刻本。蓋侄意此時不在多藏，而欲多備稿本也。至陳敬璋之履歷，侄已假得《海昌備志》二册，其中記載甚詳。並《補遺》奉上，仍乞垂察，餘俟明日趨談。書款七百元亦於明日帶呈矣。尚此，敬請頤安。

侄劉承幹頓首
六月初五日

三〇

筱珊老伯大人尊鑒:

日前奉邀小酌,適尊躬有恙,未獲惠臨,坐無車公,未免減歡耳。東山所著《罪惟録》,前景韓兄見顧述及此書原委,惜無力刊其鄉先遺稿,甚願倖爲授梓,以廣流傳等云。旋由醉愚談定,以五百八十元購成並交下。尊撰跋言,考核精詳,得此益足寶貴,惟景韓仍將原稿攜回,謂須與長者接洽,乃可交來。自倖購有此種,同人爭睹爲快,並源先睹尊著。俾知原由,用特貢言左右,敬乞寫給一紙,以便訂入該書,俾閱者一目瞭然,競以奇書相誇許也。據馮夢華中丞云,書中草書兩序,伊曾清録副稿,尚存尊處,敬求一並交下,至感至盼。朱文海來,攜到《危太樸續集》刊樣,倖略爲翻撿,第九卷張承基傳後薛紹彭《蘭亭敍跋》有目無文,其下跋宋理宗詩後又有目中未載而文則有之,其題僅一跋字,下則缺,如是必有誤,用特奉白。據文海云,現在刊樣及原稿均送尊處勘校,乞於此兩處留意焉,至以爲叩。設或原文具在,或將目與文重刊數板,其薛跋蘭亭或即補入此卷之末,一切均祈大裁可也。《閬風集》亦已印就,謹遵先送尊校,茲即附上。日來想已康復,倖屢擬驅候起居,以事未果,稍暇當即驅謁也。岗泐貢臆,敬請頤安。

倖劉承幹頓首
六月廿九日

敬再啓者:

前緘甫就,正擬遣價呈上,適奉手示,敬悉種切。《閑漁閑閑録》,倖閱其書,半記雲間故事,知爲松江人。連日檢查松屬志書,未曾檢出,乃長者已查知爲趙(原文)顯撰,甚感甚幸。謹將《華亭縣誌》呈上,又《海昌備志》一並檢奉。承允囑子彬兄仿纂《金石志》,甚善甚善。第本月初適與許子頌丈談及,由伊攜交其婿都小

藩君書之,前已交來。昨托文海帶上察閱,未識用得否? 有負盛
誼,甚深感歉。鄴架忽遭屋漏雨淋,損書至爲可惜。侄知之亦爲悶
悶。耑泐續布,再請台安。

　　　　　　　　　　　　　　　　　　侄劉承幹頓首
　　　　　　　　　　　　　　　　　　六月三十日

　　《孫佩南京卿文集》昨已介一山丈交來。侄閱之,尚多不能明
晰,即日奉謁,當帶奉流覽,面領教言也。

　　　　　　　　　　　　　　　　　　侄承幹又叩

三一

筱珊老伯大人尊鑒:

　　昨奉諭言,敬悉種切。《華亭縣誌》亦察入。《罪惟録》序跋謹
當什襲藏之。危學士集《炎徼記聞》借月山房本。謹檢出奉上。《閩
風集》當日已還。一山丈容向渠取來,再行呈奉也。《閑漁閑閑
録》承爲查出系蔡顯所著,甚深感荷,然跋語又須費神重撰矣。兹
有書估送來書籍三種:《讀書記》索值捌拾,《五代史》陸拾,明抄
《秋林咀華》捌拾,未知值否? 敬祈酌定其數爲感。該書三種呈奉鑒
定之。又《本草經》兩本,云是孫淵如觀察自改本,未知可恃否? 索值尚不昂,
亦乞核定爲叩。耑上,敬請頤安。

　　　　　　　　　　　　　　　　　　侄劉承幹頓首
　　　　　　　　　　　　　　　　　　七月初三日
　　　　　　　　　　　　　　　　　　醉愚附筆請安

三二

筱珊老伯大人尊鑒:

　　前奉諭言並《危集》《閑閑録》兩跋改撰完密,遵即付梓。《危
集》鈔刻兩部,並《閩風》印樣均已察入。托紀綱帶奉《武梁祠像

考》《校經室文集》計呈簽閣。孫京卿文侄近曾雒誦,品學純粹,心甚折之。據黃石孫太守及諸公來書,以長者與京卿有相知之雅,欲求弁其卷端,且集中但指某公不署姓名者,如有所知,乞爲指出,同深敬感。《閑閑錄》原稿已校竣,乞交還。耑上,敬請頤安。

侄劉承幹頓首
七月廿一日

三三

筱珊老伯大人尊鑒:

　　兩奉惠箋,敬悉種切。張刻《儀禮注疏》承雪橙廉訪代覓見貽,以慰渴思,甚深感荷。復承將值轉交,尤爲費神之至。又蒙送到《儀禮》三種,將來校勘藉資佐證,甚善甚感。其值一百三十元當如數奉繳。劄云擬招子美來申,面交付梓,第《周易》《尚書》兩單疏,均擬交朱文海寫刊,則此書亦擬交朱劂厥。蓋刻工朱則較勝於穆,而穆處已有《吳興備志》、談爐《吳興志》、《吳興掌故》各種,此三種擬交朱刻,以歸一律。長者交來之《御覽》《元龜》均屬舊鈔。第《元龜》此間早經買定,而《御覽》該估雖亦有一部,卻非全書,蒙以見餉,尤爲感幸,其值亦當如數奉繳。《元龜》二冊仍還簽掌,敬悉察納。蒙賜大箸《藏書續記》,稽首拜嘉貺於百朋之錫,拜領謝謝。《宋會要》雪橙廉訪允爲出借,甚感隆情。似此貴重之書,訂一合同亦屬應有之事,但鄙意最好借重鼎言,先假數十冊一觀,以定刊否。蓋書雖極佳,倘付鈔非易,或轉知難而退,故必須先看一過,然後定及,得能如願,侄當照來書之數寫一收條,以爲憑證耳。頃小價回奉指示贗本,感荷非淺。唐元素先生交來元槧《三蘇文集》一帙,又另有《弢園雅錄》一冊,並呈法鑒。其書若何? 約值若干? 而《雅錄》據云未經刻過,索價十四元,未識值否? 統希核示爲荷。日來賤軀欠適,屢欲趨謁,致遲遲未果,稍健當即趨前,藉領教益。醉愚處存有諸先生壽長者詩，囑爲附上，希大吟壇察存焉。嵩此，敬請頤安。

侄劉承幹頓首

八月廿九日

三四

筱珊老伯大人尊鑒：

昨奉惠示，並書一包，敬悉種切。承爲先嚴、先慈作傳，伏念先嚴畢生勵學，未遂顯揚，先慈撫不肖成立，煢煢苦節，罔極莫名，今得長者一言以張之，俾可附驥千秋，永垂不朽，寸衷感激，莫可名言。頃復奉示，述及龍憑藤峽等卷，此書系朱文海承辦，侄已囑彼重寫，以歸一律。侄屢擬趨前，忽於前月廿五、六間起爲二豎所困，病驅委頓，迄未復原。長至將臨，夢坡於月之四日舉行消寒第一集，聞已具柬奉邀，屆時想長者必然惠蒞。侄倘能出門，亦必奮袂前往奉陪末坐，杯酒清談，舊歡重續，固所願也，但不知能赴否耳。嵩泐謹復，敬請頤安。

侄劉承幹頓首

十一月初二日

三五

筱珊老伯大人尊鑒：

頃奉諭言，敬悉種切。承示曾刻年譜四種。孫夏峰先生一代名儒，謹當授梓。顧亭林先生年譜本有百詩合刻，侄處亦有之，倘其增訂與原刻不同則刻之亦妙，否則，既有刻本，似不必再刻也。其《顧閻》合刻本不在案頭，即日檢出當即呈奉。阮文達公年譜以《雷塘弟子記》照刊，既曾行世，似亦不必重刻。好在孫、顧兩年譜而外尚有東山年譜，已爲九種矣，尚有一種，前日曾以張蒼水奉詢，蒙長者允可刊刻。鄙意此種究系石印，並無刊本，與其照刻《雷塘弟子記》，何如刻此之爲愈也。至於《尚平南元功垂範》，侄亦購備，念其武功彪炳，與文學諸家似嫌不稱，鄙意如此，未識尊意以爲何如？仍求酌示爲禱。《元功垂範》奉繳，敬希察收。近有京客攜來宋槧《名臣琬琰録》，都三十二册，索價九百元，大約七百元肯售矣。侄閲之似系元印，兹特呈奉，敬請正法眼藏鑒定之。其宋槧真否，價約值若干，統希核示。楊定敷給諫昨又寄來《漢志水道考證》，查《傳經堂叢書》似曾刻過，未識即是此編否？度長者必能洞悉，祈明以告之。如已刊行，則侄即擬備函寄還也。日昨一山丈來，攜到翁覃溪手書《易經附記》稿本，即系於晦若侍郎之物。此次伊自己提及，謂肯讓售，其價未經宣示。侄意侍郎索價必巨，且與本生家嚴素有交誼，未便斤斤較量，事極爲難，購否未定。然據侍郎云，此書可以授梓，將來設或購成，未識可刊否？特呈大察。一山丈又謂山左孫京卿葆田即向爲合肥令，而強項不屈李氏者也，平生善古文，諒長者必知其人棄世未久。近日，一山丈得黃石蓀太守曾源書，提及此事。太守與本生家嚴在青島亦曾相識，現擬謀付棗梨。一山丈因慫恿侄舉京卿之遺稿畀之鋟鍥，侄雖未見其文，第念所刻之《求恕齋叢書》專屬近人著述，以之廁入，未知宜否？本擬趨前面領教益，緣日晷太短，而又戚友紛至，酬應繁冗，不能脱身，致未趨謁，歉仄良深。屢瀆清神，尤甚不安也。天氣又寒，行將釀雪，起居動定諸希珍衛爲禱。耑泐，敬請頤安，統希垂覽。

侄劉承幹頓首
十二月十九日

三六

筱珊老伯大人尊鑒：

奉示敬悉，益吾司成惠箋亦已祇領，詞多溢獎，深滋愧矣。賤軀今稍健，即日當即敬詣台端，暢領大教。醉愚亦已小愈，惟日昨均未能趨陪，有負雅興良多矣。《冬青館》一冊、《吳興備志》底本三冊茲先呈上，其寫樣不識放存何處，記似客冬穆子美來滬，交伊手帶蘇，容即函詢之。一時難覓，容檢出再呈耳。尚泐謹復，敬請頤安。

侄劉承幹頓首

孟陬十一日

三七

筱珊老伯大人尊鑒：

　　手諭敬悉種切。穆子美所刻各種奏刀既劣，又甚玩延，是以不允多支。原屬警之之意，乃伊窘極，走而求援。侄已仍付三百元，惟飭其此後若蹈前車，則刊清各稿而後即行停止。若能趕快精刊，仍可委伊承辦也。歲聿雲暮，諸務倥傯，賤軀邇日又復欠舒，屢擬趨前，因是未果。清史館一席承長者說項，謬叨齲薦，濫廁齊竽，感愧之私，系可言喻。寄復趙制軍一緘，謹已繕就，敬乞轉寄京師。承爲先嚴、先慈作傳者，借如椽之筆，彰表幽光，不獨侄感激涕零，即先嚴、先慈地下有知，當亦結草於九原矣。敬奉撰敬一函，聊以將意，未足潤史筆也。駒光如駛，倏已歲終，諸事奉勞，涓埃未報，謹奉年敬一函，區區致敬，伏希哂存。本應備物申敬，藉表微愫，深恐不合尊需，是以徑呈番佛，不恭之處，還祈鑒原。《冬青館》原刻此間遍覓，衹有一冊，未知尊齋有餘存否？敬乞便中覓之。明晚醉漚齋雅集，所需《顧閻年譜合刻》當檢出帶呈。《孫徵君年譜》侄處雖有，《夏峰全集》一時不在案頭，俟將來查閱，倘有斯譜，衹好另覓。如其未刊，侄准即授梓也。《阮文達年譜》承囑依《雷塘弟子記》照刊。鄙意此書流傳甚廣，敝處今夏購得《靈巖山人年譜》，似較《阮譜》爲稀。未識尊意何如，還祈不吝教言南鍼指示，幸甚感甚。日來稍暇，再當驅謁尊前，叩謝種切。尚泐貢臆，兼以誌謝，敬請頤安,並賀年釐。

侄劉承幹頓首

嘉平廿二日

尊致醉愚函已領悉,囑筆敬請年安。

三八

筱珊老伯大人尊鑒:

兩奉手書,並止相暨積餘觀察函敬謹領悉。本應趨前面談種切,是以遲未奉復。昨詣子修提學,述及陳詒重參議於今晚赴湘,允爲備函,囑侄將洋六百元即托陳君帶去較爲妥便。葵園司成處侄敬謹耑函爲謝。惟是表揚先世,借重宏文,非得長者九鼎一言,曷克仰邀椽筆。此次最好由長者亦備一函,以昭鄭重。用敢奉瀆清神,乞賜一緘,亦托陳君一並帶去。無厭之求,伏希鑒原。所云雪橙廉訪《宋會要》索價似嫌昂貴,前此既有千元之議,其價已足。茲則重以尊言,似亦未便堅持,擬稍加一二百元,以副雅意。至於《鄭堂讀書記》,此間所購原稿論值無多,諒所索亦復無幾矣。校貲若干,未蒙開示,一俟示知,當即遵繳。穆子美處《南唐書》原稿四册、寫樣四册,《吳興備志》原稿、寫樣各兩册,昨已寄來。《玉井樵唱》亦已檢出,一並呈奉。前楊定敷給諫惠寄《雲南水道考》一册,函詢能否正法眼藏鑒定之。耑泐奉叩,敬請頤安,並頌著祺。統希惠察。

侄劉承幹頓首

十一月十三日

三九

筱珊老伯大人尊鑒:

前由郵奉上寸緘,計達典籤矣。久不奉教,屢思趨候起居並招

雅集，乃日來爲暑所困，賤軀欠適，未趨前。本以今日爲盧抱經學
士誕辰，奉邀小飲，亦以小病未果，鄙懷殊悵悵也。日昨張讓三丈
交來《蛟川詩系》十册，系盛省傳太史囑侄轉上尊前者，兹特奉上，
敬希察收。侄近得舊鈔結一盧藏本《聞過齋集》，系邵位西比部手
校。侄現將新刊本自校一過，惟所校之文無幾，而訛字已屬不少，
且有多至一行者，應如何辦理，俟晤請示遵行也。兹有人攜來拜經
樓批校《十三經文鈔》，索價二百四十元，價雖太巨，總可商減。該
批是真是贗，或佳或劣，乞爲察核，即求評定賜示爲荷。又有鈔本
二十四册，種數甚多，亦索二百四十元。系翁印若君送來者。該書佳
劣如何，亦求法鑒示悉，至以爲懇。惟際此酷暑流行，奉擾清神，殊
覺不安之至，忝恃愛末，伏希俯原。《徐壽臧先生年譜》兹以寄蘇
修改，原本附繳。校過之《彝齋文編》一册，原擬交文海剜改，此間
遍覓不得，未識呈奉各書時曾誤攙入否？尚泐貢言，敬請頤安。

侄劉承幹頓首
六月初三日

四〇

筱珊老伯大人尊鑒：

　　前奉手示，並《罪惟錄》謹已察入。日來每擬趨詣，又緣賤軀
欠適未果。狂飆而後，繼又酷熱，想長者亦簡出也。日昨朱文海
來，攜到《台州金石錄》囑爲作篆，本應仍交禮堂兄書之，因伊素性
疏慵，不易交卷，當即另托他人也。承尊欲爲《閭風集》撰跋，甚感
甚感。惟前此一山丈所校之樣本爲移居失去，今飭文海重印，再托
一山丈校閱一過，仍求長者鑒定且爲著跋也。兹有書估攜來宋槧
元修《春秋正義》，計三十册，索值三百六十元；元槧大字本《儀
禮》，計十六册，索值四百元。《正義》經醉愚約還雙百，未知值否？
又《儀禮》是否元槧，其價約值幾何，用特遣價將首本呈請正法眼

藏評定,並約所值,不勝感叩之至。殘暑猶灼,諸希珍衛,耑泐奉
懇,敬請頤安。

侄劉承幹頓首

六月十九日

四一

筱珊老伯大人尊鑒:

前承詢及過批前、後《漢書》,侄昨已檢出細閱之,所過者不止
警石先生一家,而《後漢》中尚有缺失,而補入者至有七冊之多,用
特呈上簽閣,乞爲轉交聰甫駕部一閱。惟卷帙繁重,既有補配,恐
不愜駕部之意。且系沈韻滄先生彙録各批,尤非副本可比,是以塵
前、後兩首本加補配一本,窺豹一斑即可知其大略矣。劉謙甫丈今
日復來,侄以病未晤。《覃溪集外詩》遵諭並其《詩集》送去,托其
去其重複者而勘存之。昨朱文海來,即遵囑將《東山年譜》寫樣,
侄頃又檢出《吹景集》二冊,系吾潯董斯張先生説所著。此系原槧
本,不必先校而後寫也。二月朔爲消寒八集,倘賤恙稍愈,必當到
社驅從,諒亦惠臨,藉可面談種切。耑泐貢臆,敬請頤安,伏希
垂察。

愚侄劉承幹頓首

孟陬廿九日

(整理者單位:中國社會科學院近代史

研究所中國近代史檔案館)

河東君行述

□ 董康撰　楊月英整理

　　董康(1867—1948)，近代法學家、版本目録學者、藏書家，字授經(亦作授金、綬經)，號誦芬室主人，江蘇武進人。光緒十六年(1890)進士，歷任刑部主事、法律館纂修、大理院候補推丞等。入民國，於北洋政府時期曾出任大理院院長、司法總長、財政總長等職。抗戰爆發後，曾在王克敏、汪精衛偽政權中擔任司法委員會委員長、最高法院院長。抗戰勝利後被捕，1948年病終。

　　董康熱心於古籍善本的收藏、刊刻與研究。他利用赴日訪問、講學的機會訪書，以日記體裁撰成《書舶庸譚》，介紹在日所見的漢籍善本。其藏書甚富，尤着意搜集戲曲文獻。著有《課花庵詞》，分撰《嘉業堂書目》，主持校訂《曲海總目提要》，並輯刻《誦芬室叢刊》初編、二編等。

　　《河東君行述》爲董康未刊手稿，現藏上海圖書館。手稿書於藍格紙上，半葉十行，行二十字。河東君柳綺卿爲董康表妹，與董康有青梅竹馬之好。1915年3月，河東君病故，董康爲撰《行述》，敍述柳綺卿生平，並回憶兩人交往事。《書舶庸譚》卷九1936年8月28日日記，附《貞慧夫人小傳》。貞慧夫人即柳綺卿，《小傳》與《行述》内容可相互參照。柳綺卿與董康關係密切，《河東君行述》

内容亦多涉及董康早年經歷及家庭情況,對研究董康的生平具有一定的史料價值。

《行述》手稿曾經墨筆刪改塗乙,並加朱圈句讀。兹據改定文字過録,並將刪改處置於圓括號内,以存手稿原貌。

娃俗音囝。河東氏,余第五姨之女。名静姝,字綺卿,斯篇仍名曰娃,從其朔也。余母長於姨一歲,與姨並三舅,外祖母楊太淑人生,於昆季中尤親睦。

余生數月,嚴親見背,繼以家庭多故,見擯於兄、異母。叔。隨母及嗣母范,僦居於古村桑圃中。敗屋兩椽,僅蔽風雨,賴余母針黹以生。姨慮余荒業,招致於家,從名師讀(時余年十二),並月贍二親數千,資饔飧。時余年十二,娃生四齡矣。

(醫)姨夫業醫,家殷實,無子,妾鄒。余入姨家,娃與余提攜嬉戲,勝於同懷。娃非余不樂,余亦非娃不怡。迨及垂髫,骨肉停勻,準額中度,眉長入鬢,目稍巨,流盼瑩彩,頰微頳,若秋海棠。言笑時現雙渦,所謂吹彈得破者,仿佛似之,固疑其爲謫仙人,必應歷人間煩惱者。課餘,授以《女誡》、唐詩,上口成誦,若秉夙慧。嘗讀《長恨歌》"在天願作比翼鳥"及"上窮碧落"等句,凄然淚下。詰以故,亦莫知其繇。余每篝燈夜讀,必搦管塗鴉相伴,輟卷始去。耳鬢廝磨之況味,迨及十年,迄今思之,不堪回首。姨夫旋納妾馬,年餘仍無子,乃蓄宗人子阿麒爲嗣,(顧)質魯,遠遜於姊,(以是)父母愛娃尤切。

余年十九,補弟子員。襁褓時爲外祖母所鍾愛,嘗指三舅之女幼四者,謂諸子媳曰:"阿四必配阿壽,爾曹識之。"至是外祖母暨諸舅均下世,家衰落。余母挽外祖母之兄鏡堂先生,向妗莊申前説。妗曰:"壽,吾所愛。貧,亦吾所畏。"蓋四(姊)有豔名,冀攀高門,有所依托也。余母知議梗,擬別論婚。妗恐復提前事,作蹇修於弘農氏，並繩女之才之美。余母心動，姨力阻之。余母抱孫心切，遂定約。次日，姨謂余曰："汝母墮人術，誤汝終身。弘農氏女，年齡妄冒，實長於汝十歲。昔年爲大甥議婚未成，此事竟忘之耶。"復指（汝）娃曰："汝何區區，待若稍長，贅汝爲壻。已矣，今拂余志矣。"余亦懊悔。（不知此娃之念更有甚於余者。）

戊子，應南闈。揭曉之夕，心憧憧如釜上蟻。娃慰（之）曰："連夕阿母房中燈結雙蕊，此殆吉徵（也）。"待至十時許，寂然。娃乃疊金錢爲余卜呂祖籤，方祝禱，扣門聲急，比鄰戈裁縫至，言報至無人承應，令急返。於是闔宅上下喧傳"二官中矣"。姨秉燭出，屬稍定，檢點衣冠，並番佛十元，遣僕送余歸。

入門，居鄰莩集，二親匿灶下對泣，鄰媼數輩勸解。蓋感愴廿年寒燠，悲從中來也。開錄，余以八十名獲雋。報人去，居鄰（亦）漸散。與二親對話，深以無資應春闈爲慮。

夜三鼓，憶娃久待，急返姨舍。姨等果坐守於中堂。姨略致詰問，謂余曰："汝我撫養成人，造塔必蓋頂，有我在勿慮。"遂歸就寢。巨紳子介庵者，與余前後受業於柳泉師，師爲姨夫族兄。亦以是年捷，與姨夫至契，姨夫囑余兄事之。勸明年二月，隨介庵北行。凡旅費衣履，悉姨（一人）獨任。臨別執余手，顧娃潸然出涕，屬試畢早回，毋辜倚門望。娃已笄（年），省識人事，亦爲黯然。余一一慰之。

比達京師，試畢，余捷四十七名。電報至里，姨兌三百金至，（並）命廷試後即歸。余艷木天清貴，顧楷書粗陋，萬無希倖，乞假留停殿試。余母並姨屢函促歸，余恐（南旋俗事攖心致）誤清課（誤），重違其意。無何，姨病故。函至，感撫育之勞，悲哀欲絕，而又慮娃被兩姨輕侮。函詢親故，知鄒姨素親愛，馬姨稍尖刻，以余母不時存問，亦相安。余心稍慰。

庚寅，廷試畢，以郎官分部。是年冬，乞假回里歸覲。（維）其時青年甲第,籍甚里閈。每過姨家晤娃,已亭亭玉立,有弱不勝衣之概,相對(默)無一語。蓋憶疇昔之言,兩人之感觸正同也。旋諏吉於次年正月完姻。屆時戚族畢集,娃亦隨二姨至,母喪,服未祥,靚妝淡服,迴超恒伍。次日,娃密語曰:"新人風範尚佳,但《禮》'男子三十而娶,女子二十而嫁',今反長於兄十年,(此)何(說)也?"余撫其肩曰:"妹之心事,我所深知,他日必有以相處。"娃面頳避去。余乘間將姨及娃語告余母,欲援俗例,娶(娃)以繼范母後。余母以新婚,屬稍待。

是年,迎養(入)至京。明年,余母棄養,遂丁降服憂歸葬。乙未,服闋入都,而范母復棄養。頻年兩遭大故,一人支柱(其間),心力交瘁,自是無復馳念於娃。摒擋就緒,挈婦(回)歸(里)守制,停柩於東郊之紅梅閣,以(卜)待吉壤。

娃是年十九,字同里胡氏,次年出閣。(此數年中)是時,余飢駈奔走四方,偶或歲暮(旋里)歸來,不過以中表之禮相見,所謂男有室,女有家,勿相瀆也。

己亥,服闋,挈婦入都。娃偕鄒姨親送至滬,略與流覽申江風景,勾留十日別去。

庚子,拳禍作,都城騷動,劫殺無虛日。適介庵官中秘,(欲偕南旋並久代籌貲斧)要同歸,且任行貲。余以歷年所耗皆姨氏資,來京未一歲,家無立錐,不能恃戚黨以生,(乃)婉謝之。既無倖生之念而膽驟壯,日冒鎗彈,入署治事。歸手《法華經》七冊,循環莊誦,豫求懺除。

七月城陷,內外城隔絕。入夜,升屋望內城,火光燭天。時長子聰,托族人攜赴房山。次子槃,生週晬,乳母棄之(而)遁。老僕曹爲印兵虜(脅)赴天壇飼馬。余晝夜悲泣,搤吭求絕者數四。內子方在蓐,群幼隱泣,乃起視生者,不能無妻孥之念。挽桶赴井汲水,煮(粥)糜食其母子。而短衣草履之徒,日擾擾(於)門庭,不違支處。此余第一次劫中之小影也。

有自內城出者，知兩宮駕幸懷來，慶邸(由西山)回京留守，而文忠亦由滬來，大局不至潰裂，人心大定。余乃(佐某)佐某公出辦協巡事宜。顧廚中宿糧暨油鹽將罄，窖藏(不足)僅廿金，不足(以)贍一月，乃大惶懼。憶及大兄曩官山左，投劾閒居，境尚充裕，馳書(貸)告急。覆書謂，弟不能爲我開復，我亦不能週弟之急，所以報也。(讀之)方忿(甚)火中燒，忽得姨夫書，言得北京逃生者，知甥無恙。今與吾女集二百五十金，托某公救急會寄北，當可卒歲。俟大局若何，再定行止。讀之涕泗，而感娃之念又因之起矣。

明年，回鑾。某(公)侍郎以宿德領編譯館事，檄余襄理館務。丙午，奏赴東瀛訪問國俗，閱八月蒇事。是年冬，紆道南中祭掃，時姨家移居日暉橋新第，姨夫已先數年作古，已服闋矣。余即寓姨家，娃聞余至，急歸寧。(余)至是見其壻，亦恂恂(舊家子弟)儒士。兩夫婦殊落寞，私扣諸乳媼，始知已析居年餘。

一日，娃抱其愛女阿福，謂余曰："妹不得爲君家婦，命也。今我一塊肉，願(締姻親)附蔦蘿，以酬夙願。"余諾之。乃以朱提五十金，金如意一，聘爲檠室。瀕行，娃謂壻曰："往年有嫂氏，我親送至滬，今煩代送可也。"比回京，語其事於內子，內子慍曰："子兄妹情篤，而以我子爲賽修地耶！"

明年，娃書來，驚壻以瘵歿。作書慰唁。閱兩月，而福亦殤。余得信，知娃陷於人生最苦之境矣。語內子以娃惸惸無依，欲(接之北來)與同居。內子(變色徐)曰："此易(耳)事，大姑前門來，我後門去。"事遂寢。

辛亥秋，武昌起義，京師戒嚴。自變法以來，蔑棄舊章，人以賄進。膏粱富人，充斥諸曹。一聞風鶴，輕於遷徙，幾於十室九空。余業經巨劫，持以鎮定。遜國之詔下，組織臨時政府。余飽閱滄桑，厭倦塵鞅。（夙）凤念洛中水明山紫，攜家卜居於吉岡山畔，丹鉛送日。詎内子猝嬰癩疾，眉髮盡脱，百計醫療迄無效。余避居一室，星霜兩週，（此）是時無言之隱痛，更有甚於兩度之浩劫矣。

（前年）癸丑，南中二次革命事起。慮東郊停椁，變生不測，益滋罪戾。並因娃書至，詢（問）起居，（猝）頓起歸來之念。（乃）攜所藏宋元舊槧，於秋末赴滬求售，寓居石路某棧九號。

（於）十月望日，返里。仍投日暉橋姨氏家，（時）惟馬姨在，餘均赴妗家，祝冢媳五旬壽。余安置行李，亦於是晚（前）往，適娃並鄒姨均在。（此）相見悲喜交集，環視諸姑伯姊，非復曩時丰采，而娃仍爲二十許人，瘦影伶俜，不忍逼視。坐定，妗謂余曰：“今晨汝妹告我，‘夢二哥今日回，（並）贈以皮球一枚’。方嗤以幻想，果然矣。”詳詢僑舍近況，兒輩學業。出膳，（令）命娃與四姊陪（侍）食。娃素以母事妗，情尤親密。四姊者，即余議婚（未成）中改，嫁洪氏貧困不能自給，隨母終身侍養者也。食畢，娃與余乘肩輿返姨宅，談話至夜深始去。自此日以爲（嘗）常。

廿九日，（爲）姨七旬冥誕。娃與余合資，於清涼寺作道場七日，追薦姨與余母。娃謂人曰：“二哥每度離鄉井，皆七年，不知（此後）何時復來此團聚？”余曰：“此後（如）閒雲野鶴，來去自由。（記得）後歲爲姨夫七旬，當（來此）重來預龍華之會（也）。”

冬月朔，赴太平鄉新阡祭掃，並諏吉於初十日將范母安葬，而以福之棺附焉。行將返滬，娃欲製芙蓉二枕相贈，屬稍待。一日，娃見余鬱鬱，詢所苦。余告以内子痼疾，（並）暨歷年房帷瑣屑。娃亦言自入胡氏，年餘未同衾枕。繼琴瑟稍諧，翁以禍水目之，斥子勿近，後遂析（出）居。翁偕子赴滬，擬購一貌勝娃者爲妾，以絕其念，卒無以當子意，反構隱疾而歿。蓋自結縭七載，閨房之私未逮十旬。（余聽）娃言至此，與余洵有同慨也。

娃復言：“阿母當年屬意於兄，而兄以年稚勿省。設爲君婦，兄雖逾四旬,而我正在中年,尚堪侍左右。若別置姬侍,安知其心之純一(也)耶?"余戲之曰:"今尚未晚。"娃薄怒曰:"胡輕薄如是,儂豈能爲再醮婦哉?"余謝(罪)過,而手大(振)震。(余)娃握余手曰:"勿涉邪念,其速自戢。"繼引余手捫其心,亦突突跳。余曰:"妹亦胡至此?"娃瞠目直視不語,有頃曰:"儂自有知識以來,即牽情於君。苟非爲兩姓門楣計,儂亦何愛一身。"余急抱持之,親其頰曰:"我愛卿,我益不敢玷卿,可毋恐。"娃曰:"結再世姻緣可也。"

(由是每夕雞唱猶戀戀不忍歸寢,)自此,不論人前人後,向日稱謂,竟以爾汝代之,(蓋)其親愛之情,有流露於不自覺者。喁喁絮語,(夜恒)至雞唱猶(依依)不忍歸寢。比各就枕,秤量所談,覺語語勾攝魂魄,雖由己之(心竅)肺腑流出,亦無此真摯。

嗣得京函,屬晉京,將俾予長編譯局事。方猶豫,娃謂,勿矯情令細弱作海國餓殍。余以京邸獨居淒涼爲念,娃曰:"君爲時出,我誠嫁君矣。"余大喜,隔屋供大士像,乃爇香同拜,(並)約以來年接其入都。(爾時)二人癡念,初固以爲長承慈蔭,獲美滿之因緣也。

廿五日,長至節,乃赴宗祠祭享。翌日(就道)辭去,娃忍淚言別。薄暮抵滬,收集書款,急(匯)兌五百元,以充聘禮。

廿八日晚,甫就枕,凝思此四旬中之遇合(之事),爲轆轤循環不絕。猝聞戶外尋九號客聲,急起,瞥見娃偕僕婦謝(家)家者牽帷入,曰:"是矣。"余驚曰:"妹胡冒霜露至此?"娃勃然曰:"君憎厭我耶?當急去。"遂出。余挽之入曰:"此何時,上行車已止,將焉往?"乃安頓謝家於(對房)別室。略備粥點,擬作長夜之談。迨至三時,愛情驟發,擁之入(幃)帷。(娃)初猶薄拒,繼而曰:"十年心苦,盡此夕矣。"遂同歡好,艱澀如處子,以是知娃前此固無瑕之白璧也。翌晨,娃心痛作惡。余知其傷心之所在,愧謝慰解。娃曰:"今獲隸君之閨籍,亦復何恨。"乃起理妝。賃馬車略事游覽,並購金簪數事,以示鈿盒定情之意。謝家促之返,挽留至再。娃亦恐騰物議,堅不可。

（乃）於下午三時,親送回里。購急行券,誤入慢車,闃無一人。娃喜,以爲又贏得片時之親愛（也）,竊自喜。十一時,（達南蘭）抵里,娃回己宅,余叩妗門,僞爲已代洪壻謀得枝棲,特來迎接者。時妗托余爲洪謀事。妗遣婢通知娃,回言已寢,明日來。翌晨娃至,略作寒暄,（與余）二人比肩坐隱處,執手未嘗斯須稍離。（從）傍晚,偕洪別去。追味此兩日事,殆夢境也。

都電疊促,訂期於某日成行。先期告（知於）娃,（並）言某時仍過里中停車場。適髯參軍至,約余改乘特別車。（余）諾之。參軍去,因思此行,娃必來迎,作車窗片刻談。設誤期,不知（懊喪）若何悒悒。飾詞謝參軍,（黎明即行,）恐送行者至,挽留至誤時（晷）。於黎明即行,登車遇某太史,與之聯坐。日卓午過南蘭,出車衕,適與娃（照）覿面。娃云有急事奉煩,請過舍,遣僕取行囊,迫之下。其餘籨筥,以符授太史代取。

徑赴娃宅,登樓,互對欷歔。余曰:"復（令）作此半日之酸楚,胡爲哉?"娃曰:"多面君一時,亦覺快愉。"膳至,對案不食,復徹去。余詢此行設若愆期,將若何。答曰:"無他,擁衾作三日眠耳。"復指其心曰:"君能體貼我此中未言之隱,此尤我（頃）欽心者。"

先是,娃獨居,遠近涎其色,有某某於慶弔會集之地,多方挑引。又有賄囑左右,冀通款曲者,娃均拒絕。余諗知其事,丁寧之曰:"卿爲我守,我亦爲卿守。余席若煖,必遣紀綱相迕。"娃怒曰:"君以爲我失身於君,從此作墮行之婦人耶? 毋寧死於君前!"取剪自戕。余奪剪,謝失言。娃不懌,要余同誓曰:"孰有渝盟者,鬼神其殛之。"慘坐至十二時始行。娃送至門,一聲珍重,揮淚而別。（自此）余夢魂長繞此銷魂之地矣。

比（入）達京師,假寓伯宛之雙照樓。所事多阻,馳書告之,覆書再三慰藉。屬急南旋，勿留戀，致辜深閨之夢。未幾，擢攝某官。余函告內子，略述與娃婚約，（並）及入政界之緣，（且）戒兒曹勿謀內渡，致（荒）輟學業。生活之費，按月籌寄。並以電達娃，以爲可慰封侯之願。回書頗涉怨望，（且）急欲北來。余以官係暫攝，（且）舍館未定，屬待秋深。（旋）嗣東寓遣女僕村岡政子來，意在詗察。

是年夏，聰以事南旋，謂娃曰：“大姑尚憶吾父也，彼背約納日本妾矣。”復舉他事以實之。娃致書詰責。余剖辨，矢以天日，終不能釋，遂（得）致失音（之症）。余旋被命真除，（乃）賃城東某氏園，擬乞假迎之。

九月，接娃偕弟阿麒北上之信，（掃除）潔治室宇。次晚，接迎賓館電，言夫人至。余急往迎。相見（黯然）淚盈眥，黛間頗含恨色。體羸痰喘，氣相屬（相）如絲，用代隱憂，乃（同）共載（而）歸。途中殷勤慰問，入門（，曰：“今日以禮登君堂，非若往日越禮之卓氏女也。”於是），設范夫人靈位同拜，以成妃匹之禮。

村（田）[岡]入謁，見其鬒且眇，始信傳言不實。此數夕中，互訴愁苦，竟不成懽。（星期之）一夕，阿麒置酒爲余二人壽，曰：“姊（爲）之病，惟兄致之，亦惟兄能療之。人生懽會幾何，胡爲終日戚戚。”余二人破涕爲笑，自此魚水頓諧。每值星期（星期）休沐，必偕游萬壽山，或農事試驗場。攜手於（遠樹）水光山影（之）中，以滌煩襟。

（每日）平時薄暮散值，必預約於茶樓相待，蓋藉此同車偎坐，絮絮情話也。余窺伺眼波，祗應維勤，平生嗜好之物竭力購奉，雖貴勿恤。（一日娃攬鏡，）宿疴頓瘥。一日，覽鏡自笑曰：“今而後知閨房靜好，有過於畫眉者。”余亦謂結縭廿餘年，今始領悟伉儷之樂（也）。然談及曩事，恒以不早爲計，今多閱一重門限爲憾。

無何，鄒姨來函，語多責（讓）備。妗亦致書於娃，勸（令）速返,勿冒瓜李,致墮家聲。娃曰:"催命符致矣。"余亦以曖昧非長策,鄒姨目擊我二人長成,妗又母黨之最尊,盍明言衷曲,永作雙棲。娃言鄉里風氣未開,(恐)設遭清議,(無)奚能汗顏苟活,乃引刀自拟。余曰:"腕力薄弱不殊,將若何。"盍擬結雙縊同盡。娃曰:"君前程遠大,親戚資以爲生者數(家)家,爲一婦人而情死,是重余之愆(也)矣。"遂止。於是致書南中,托言阿麒患病赴醫院,病愈當偕返。明知不可強留,姑爲此苟延之計,而此月餘中,愁多懽少,可(亂)以臆知(矣)。

余前致娃各函,繕以藍格紙,鈐以朱圈,娃裝製成册,摩挲不輟。余將攫以投諸火,娃曰:"余精誠悉托於斯,苟有呼吸,須令共我晨昏。臨危之前,必焚以殉。"又娃每剔其燈如豆,背光(默)獨坐。余自外歸,訝其淒黯。娃(曰)謂:"儂廿載習此,燈明反令目眩。"噫!(歷)長年孤寂,蓋可傷矣。

陽曆新年,強起堆笑週旋。(並料理年事,)插柏子,剪綵勝,製糕餅,諸事井井。元月一日,晨起,於堂前肅拜祖先曰:"鄉俗重漢臘,恐不及相待,姑行此,以志一場之夫婦(也)。"維時信水月餘未來,(娃)欲覓香散之劑,以消其跡。余意同居之願,志在必隨,堅持未允。既而南中復刺刺催詢,遂訂(歸)期於廿六日出都,當由伯宛貽車券一(枚)紙。

(臨發之)前數夕,娃抱余項大慟。余慰之曰;"暫歸寧(耳),胡過慟。"娃曰:"緣其盡此乎?"乃貽帕兩方,曰:"頻年淚點,盡在此上。"又出素衾一襲,曰:"長夜無聊,恒擁此兀坐。他日見此二物,如與薄命人晤對也。"余曾鎸"顛倒鴛鴦"印,娃檢得之,會其意,索以去。

臨發之夕,要(余)令親送。余恐其臨歧决瀾,難以爲別,乃令村岡代行。復遣僕王六照料至津。時已四鼓,僕夫戒行。娃執手依依,泣不可仰。余送至門前,堅約余誕日前來京,乃取狐裘,親爲批戴。登車尚聞小語，欲辨之，而輪蹄迅展，風馳電掣，已不可即（矣）。返室解衣臥，忽狂躁不可制。披衣起視，明星爛然，朔風怒吼，悲從中來，以爲從此不獲見者，乃大嘔逆。就燈作書，述未能親送之咎，祝其途中平順，繼言珍攝起居，即圖良晤，末言作此函時，照我二人同夢之燈猶未熄也。旋聞嗚嗚之聲掠樹而過，知娃之跡漸遠，益形悲愴。今夕何夕，不意乃我二人今生永訣之時也，傷哉痛哉！

　　娃爲風阻，抵津而津浦車已行，券以誤期無效，遂暫宿旅館，遣六反述其事。函知伯宛，電達津浦總局，（一面令）仍遣六賚數十金（復）往。翌晚，六攜原金回（都），知娃偕阿麒於廿九日登程（矣）。自是魚雁往復不絕。余取曆日，以陰陽圈（以）識別之。時閱三月，往北凡卅八，來者凡卅一，而電報各二。平均計算，我兩人之筆跡，無日無時不在此二千里程之汽車內也。

　　舊曆歲除，同居范生以事（南）旋滬，余以思念不置，略購土儀，令紉道南蘭，下車往省。於是忌者喧傳情人輦重金畀娃度歲，而馬姨侵以冷語，尤不可忍。函來道其事，（余）諄囑令勿較。元宵節前，余購金項索、金指輪，並銀粉盝各一，以示拳拳。娃遣阿麒來，報以攝影及服物，並里俗糕糰等件。叩以起居，惟徹夜不眠，餘無大變。

　　閱兩月，娃來函，言信水迄未來，腹中蠕蠕作動，深以爲憂，余（多方）婉曲解慰。約以三月親自南旋，籌備一切，勿服行血諸品。覆書言："腹中一塊肉，必（貽性）危及生命（之憂），恐不能永侍巾櫛。天下多美婦人，勿以薄命人爲念。若念兩月伉儷之情，（爲）死後爲誦《法華經》三日，以資解脫。"余訝其不祥，當語阿麒。

　　未幾，娃以病來告，並附藥方，中有延胡索、枳實諸品。大驚，告麒曰："姊死必矣。"即電令服藥宜慎，然嗣後猶時時通問。月之八日，余已就寢，夜深鼻塞氣逆，煩燥莫遏，起坐以待旦。遲明，叩麒(之)室,告以所苦。亭午,接娃函,言病將愈,勿念。後附小字兩行,謂信水已來,此病兩日方愈。如是月南旋,必增我病,歸期可改夏秋。

余援筆書其後,責其妄動。復恐娃見書不悅,別致一書,語至委婉,且言擬即日寄藥餌之資。由是臥病床褥,閱兩日始起。至麒室,見有"姊病故勿發(來)信來"電文。(急電致妗)以予病,匿勿聞。大駭,急電(致)妗,催詢詳情。次日函至,果於初九日上午七時逝世。

余肝腸摧裂,自有生以來,未有若是之痛楚者。屈指余發病之始,即娃彌留之際。殆愛情固結,英靈預來(告)詔我耶?傳聞娃臨終之前,引領北望曰:"我其如此而已乎!"(時)見妗在側,顧妗將余兩年所寄(之)信函取至,目擊(為)焚畢(如)而逝。

嗚呼痛哉!(娃)卿不負我,我實負卿。設(我)與卿長此暌隔,奚至損其(精神)思慮,夭其壽(命)齡,而為此種種之幻象也!

於十五日,營奠於法源寺,延僧誦《法華》四日,瑜伽焰口二堂,並致書夜臺,叩求佛力,冀獲幽(遇)期,聊訴哀怨。候之(久)又久,帳中之影寂然,豈真"兩處茫茫皆不見"耶!傷哉痛哉!二十日,遣麒旋里,經紀喪事,並擬以千金為駿骨之市,庶將來同穴,藉慰幽魂。然人情萬變,不知能無障礙否耶!

憶昔金陵應試,三條燭盡,猝見一美婦人,至號舍產一子。歸以語同舍生,僉以為舉子之兆。後(列)歷郎曹,病喝,昏瞀中,見前之婦人至,自稱名柳絲,與余前生姻緣未絕,故來。復云停柩某處,屬余歸葬。爾時尚記之,今忘之矣。證以茲事,其預徵歟?明知憂患餘生,精神銷鑠,思神忌物,素願多違,不過藉數年之旖旎,洩畢世之牢騷。不圖天奪卿卿,如斯之速也。

嗟乎!湘娥遺恨,有淚皆斑;蜀鳥啼春,無聲非血。白首相期,未消文園之渴;佳人難得,彌傷奉倩之神。有情之物,仍(之)祝於

來生;無限之悲,誰憐夫存者。謹條次生平,敢辭猥褻。所願憫其
遭際,錫以宏文。尋夙因於前定,事異荒唐;續新話於秋燈,情誠哀
豔。若謂跡涉桑間,名慚彤史,斯維僕一人負其責矣。乙卯餞春
日,懺綺生哀誌。

(整理者單位:復旦大學中國古代文學研究中心)

《飛雲山館授經圖》題咏

□ 張文整理

2013 年拍賣市場出現《飛雲山館授經圖》紙本冊頁,規格 35 *45cm,凡 31 幀。①其首頁爲水墨繪畫,圖中峰嶺高峻,雲煙縹緲,山石嶙峋,林木暢茂。稍有平坦之處,茅屋數間,蒼松挺立,篁竹叢生,柴扉半啟。屋中書案當軒,老翁、稚子相對而坐,課讀景狀,若隱若現。款識"飛雲山館授經圖""雲林先生嗣君子繼仁兄屬繪,同治己巳六月下浣四日,仁和陳豪"。其餘三十頁,則是三十八位文人學者的詩文題咏。

該圖是晚清學者胡培系請人繪製並廣徵題咏,意在寄托對其父胡秉元的孝思。胡秉元(1781—1843),字仲吉,號雲林,安徽績溪人,國子監生。幼承庭訓,學有本原,曾游學京師,科第不遇,遂絶意進取,教授生徒以終。嘗謂王應麟《詩地理考》薈萃衆説,無所論斷,乃博考古志,證以今名,重爲考釋,著《詩地理考實》。②其長子胡培系(1822—1888),字子繼,號霞塢,貢生。少時隨父在家塾讀書,長而負笈徽州紫陽書院,後來長期游歷江浙各地,咸豐間曾入繆梓幕參佐軍務,同治八年選授寧國府訓導,光緒十四年卒。著述甚豐,所撰《詩地理今釋》《周禮述義》《儀禮宮室提綱》《大戴禮記箋證》《小檀欒室筆談》《風雨懷人録》《皇朝經世文續鈔》等

皆未見傳本,今存《教士通言》《十年讀書室遺詩》《績溪金紫胡氏
所著書目》等。胡秉元父子所屬之金紫胡氏,爲徽州績溪胡姓之望
族,在學術史上頗有聲望和影響。

　　該冊頁題咏皆名賢墨迹,書法精美高妙,具有極高的藝術價
值。然而該冊頁之尤爲珍貴,更在其所蘊涵之學術文獻價值,因其
主要關涉金紫胡氏家學,對於研究晚清學術史具有重要意義。所
載題咏多爲詩歌形式,很多並未收入詩集流傳,因此還具有文學史
料價值。有鑒於此,我們依原本裝幀次第,將全部題咏文字識讀整
理,以饗讀者。

一

　　飛雲山峙大鄣西,中有幽人共鶴栖。徐鍇説文成繫傳,子由詩
筆早留題。令兄春喬刺史精小學,雲林與之齊名。天涯有夢鴒原
遠,兒輩談經鯉對齊。嘆息余來君已逝,元亭問字酒空携。

　　山邨竹樹灑秋煙,孤館雲歸境悄然。案上螢枯堆故紙,篋中蛾
述著新編。分明蔣詡庭蘿冷,根觸邱遲夢錦鮮。小筆題詩紀芳躅,
襄陽耆舊幾人傳。

　　七律二首奉題雲林先生飛雲山館課讀圖遺照,嘉定朱右曾初
稿。鈐印:右曾(白)、咀霞(朱)、新安太守(白)。

二

　　粹肰儒者兒,静坐獨凝思。大雅不可作,披圖怳見之。一牀楊
子業,三載董生帷。幸有遺書在,箕裘永念兹。令嗣子繼茂才,克
昭家學。

　　新安多峻嶺,奇秀屬飛雲。煙態文心活,嵐光静意熏。執經來
俊侶,汲古事劬聞。聽説空山裏,蘭膏五夜焚。

　　江左數耆舊,今猶幾个存。閎文芸帙富,樸學禮堂尊。夜月簾

空卷,春風座尚温。我來遲捧手,屑涕與誰論。

丙午初冬敬題雲林先生飛雲山館課讀圖遺照,嘉定葛其仁。
鈐印:其仁之印(白)、鐵生(朱)、北野儒官(白)。

三

靈山鬱奇秀,徑曲松風長。雕鏤出石寶,暗滴紅泉香。熙崖得
幽賞,蘭谷翼平岡。頤意有先民,儻乂罕車張。抗心闡傳注,宋元
皆秕糠。昔聞不其下,書帶紛青蒼。商逸纂師志,盡發璠璵光。迄
今通德門,高並鷽皇翔。願言二三子,胠篋傾寶藏。無史千秋後,
北海揚孤芳。

丙午秋日奉題雲林先生授經圖遺照,江寧後學汪士鐸。鈐印:
士鐸(白)。

四

山館風傳座上春,披圖想見授經人。料來學海如黃海,朵朵仙
雲是化身。

經師聞説更人師,爭似康成隱不其。偏是風輶來已晚,名山空
望白雲垂。

己酉初冬敬題雲林先生課讀圖遺照,順德羅惇衍初稿。鈐印:
淳衍(白)。

五

聖學日再中,端賴子朱子。邇來戴與江,配食輝祠祀。先生生
其間,前後踵相企。大開經義齋,實事而求是。在昔王浚儀,曾考
詩地理。先生竟其緒,方興掌可指。祭酒留説文,發明推段氏。先
生承其流,六書絶疑似。事業在名山,人文已蔚起。即今令子賢,
想見式穀旨。嗟余生已遲,親炙苦無以。遺範一敬瞻,千秋深

仰止。

　　己酉季秋敬題雲林先生授經圖遺照,錢塘伊樂堯。鈐印:伊樂堯(白)、遇龑(朱)。

六

　　朶與繢城安定締交久,庚戌秋月道過杭州,雲林先生文嗣子繼兄授示遺像。學追先哲,道啓後賢。坊表觀瞻,載筆敬志。長洲陳朶碩甫氏。

七

　　吳中教授本布衣,一登太學聲名馳。生徒雜遝謁絳帷,橫舍填溢爭來歸。湖州教法衆所禆,朝議著令循良規。前有安國後藉谿,同激駿烈揚清輝。梁安弌派蕃以滋,家學遠與家聲垂。近來農部亦宿耆,謂竹邨先生。到處講席尊經師。雲林先生更欽奇,抱道不仕臺孝威。蜚雲山館隱翠微,幽勝天繢臨屓屭。窮年考校然青藜,高把嬰固追歆迻。兼綜唐宋無闕遺,延攬後進相扶提。爲大都授張皋比,羧冠韋帶紛葳蕤。觀以彝訓因林施,如時雨化春風吹。六驥過缺忽已違,幸哉有子承畬菑。去年相逢練水湄,一見傾倒情淋漓。醉翁門下同師資,南豐超軼群賢推。勉旃慎保前人徽,遺書何日付厥剞。精氣鬱積當發揮,光怪照曜服陸離。典刑歷久永不虧,何人爲勒林宗碑。

　　道光己酉嘉平北野後學柯鉞敬題。鈐印:弱冠(朱)、小泉(朱)。

八

　　奇峰萬疊捲飛雲,山館沈沈對夕曛。皓首窮經悲老輩,青箱遺業付郎君。皋比道重師儒望,韋布名高翰墨勳。笑擷香芸窺閟閣,先人世德誦清芬。

娜嬛仙境卧靈威,金薤紛披護翠幃。洙泗門牆當日盛,舞雩童冠莫春歸。千秋篆疏傳遥旨,三變文章有化機。問字亭邊空載酒,不堪憑弔重歔欷。

壁中絲竹一聲聲,蒼史猶餘劫後情。玉字文奇來委宛,牙籤軸重任縱橫。士從夜雪門前立,人愛春風坐上生。檢盡蟫紅兼蝕碧,白雲深處是書城。

落花哢鳥悟真詮,絳帳青氊敞講筵。訓詁董何開後學,淵源鄭孔接心傳。墨池灩灩千尋起,書帶青青一色連。我有瓣香何處祝,皈依惟證畫中禪。

敬題雲林老伯大人《飛雲山館授經圖》,即請子繼仁兄正定,芸石姪汪慶祺。鈐印:汪慶祺(白)。

九

彼蒼未忍喪斯文,著作經緯兩派分。伯氏多才監郡守,伏生抱道注皇墳。人歸静地都忘我,天重名山獨付君。與物何曾涉矜躁,春風桃李樂欣欣。

笑從石鏡證三生,又向飛雲曳杖行。身外浮名甘錯莫,眼前諸子待裁成。古今自著不刊論,風雅惟存正始聲。別有千秋天趣在,一編常伴老虞卿。

窮經矻矻當窮年,一息猶存未息肩。垂老怕辜先代志,貽謀難得後人賢。推行孝友無非政,管領煙霞便是遷。驥子龍孫多令譽,書香萬禩卜蟬聯。

爲尋墜緒恨茫茫,雲自朝飛山自蒼。邱壑道高宜小隱,桑榆景好易斜陽。不知今古誰相代,擬把鴻蒙問大荒。惆悵南豐遺像在,披圖我欲爇心香。

七律四首奉題雲林先生遺照,即博諸吟壇一粲,沈鳳才脱稿。鈐印:沈鳳才印(白)。

一〇

績溪精氣亙天地，蔚起經師岸然異。一編遥接漢儒傳，英華咀含糟粕棄。少年負笈走京華，問故不使毫髪差。虎皮高列譚經座，狗曲誰嗤賣餅家。燕臺游倦歸教授，絶學遺書紛研究。精舍小築飛雲山，祁祁生徒集英秀。課餘尤喜讀毛詩，傳箋奧旨勤摹追。浚儀王氏考地理，參究不免疑義滋。公來一一詳推按，古志今編搜浩汗。説解從無枘鑿嫌，淺人莫作等閑看。字義紛羅探説文，汝長妙緒資多聞。餘子落落不足數，婺西經學獨冠群。嗟余好古生太晚，莫由親炙教隅反。漬酒難來徐穉家，饋貧孰歟淮陰飯。淵源空説家藏書，矩矱不守徒歆歔。先人大志未克繼，先曾祖有《毛詩傳箋補正》，吾未曾鋟板行世。淹貫敢誇讀五車。此圖一似披雲睹，傾心何止手畫肚。家學同源漫等差，輸子遺文能讀父。謂子繼先生。

壬子七夕後一日，於南卿師處晤子繼先生，因出其尊人《授經圖》屬題，不揣譾陋，謹題七言一章於右。後學陳子湘。鈐印：信甫（朱）、那得獨飲（白）。

一一

戊辰八月宋元煦子和拜觀於磨兜堅室。鈐印：元煦（朱）。

一二

獨裒名山業，能延一線微。斯人忽徂謝，我輩孰歸依。博覽窮淵海，潛心悟化機。無由得請益，問字扣齋扉。

奉題雲林先生遺照。後學曹籀拜稿。鈐印：籀（朱）。

一三

暴秦愚黔首，六籍劫灰棄。漢儒拾殘缺，竹簡勤編次。説經雖異同,師承各有自。遙遙百千載,一線賴不墜。續溪胡先生,讀書求識字。精專許氏文,點畫必辨識。訓故暨聲音,妙悟出深嗜。小學既研通,間亦綜地志。謂詩地理考,王氏疏可議。徵引固繁富,得失覼明示。迺稽古山川,證以今名異。爽朗若列眉,晚學足存肆。至於訓弟子,理道闡精粹。諄諄勖至行,未嘗及名位。經師兼人師,卓尔靈光巋。諸子承家學,鼎立載道器。音容愴渺茫,手澤懷涕泗。爲繪授經圖,孝思永不匱。遐想講堂開,飛雲挹山翠。睟乎道貌尊,典籍積重累。傳注句義深,箋疏名物肆。先生解紛綸,群書厥要治。至今過山館,賢愚悉仰企。小子懟愂頑,苟禄作塵吏。且恨隔川塗,杖屨末由侍。兹幸展遺容,肅然生敬思。摛詞愧無文,質言陳實事。微名藉圖存,驥尾蠅庶冀。

　　五言古詩一章,敬題雲林先生《飛雲山館授經圖》遺像,即請子繼仁兄正之。咸豐癸丑人日,年世愚姪桐鄉沈炳垣並書,時年七十。鈐印:桐鄉沈炳垣曉滄之印信(白)、我是識字耕田夫(朱)。

一四

　　爲文宜識字,知地乃履絇。昭代正學昌,一洗群言蕪。闔顧惠江戴,接轂馳高衢。披圖想私淑,治經抉根株。

　　八荒在户牖,豈必師遠游。笈書走萬里,亦以資旁搜。東瞻皇都麗,西極青海陬。儵然山澤儀,望古心夷猶。

　　萬族以形合,一氣吾宗支。奈何本先撥,繫綴成華離。情以彌其罅,義以匡其衰。大哉醇儒言,夫豈章句師。

　　峨峨飛雲山,下有書帶草。賢人識龍蛇,草色長鮮好。遺經幸有托,忍饑手澤保。仁義生榮華,慎勿厭枯槁。

　　子繼文學出其尊甫雲林先生《飛雲授經圖》屬題即正。高安熊松之。鈐印:容甫行六(朱白)。

一五

渡江獲交胡定國，襟抱雍和行純篤。驪淵探古早得珠，虎觀說經應奪席。七月客游東越，得與哲嗣子繼茂才交。前脩爲述手澤存，始知家學有淵源。經師人師豈易得，先生風範山斗尊。潙水之濱飛雲麓，萬卷圖書一椽屋。窗前帶草鄭康成，水面蓮花周茂叔。隔籬何處聲咿呀，載酒時來問字車。盈門濟濟盡楩杞，不羨梁公桃李花。悦口味三心醉六，絃誦一堂庚拜肅。漫勞劉向饋雙鷗，還聽朱雲摧五鹿。春風拂拂霽月圓，藝海共泛真珠船。文章有神師有道，變化氣質天無權。著書不問松鱗志，立品高如群玉島。名山自足傲三公，人爵何如天爵好。士林往往談芳馨，尤喜弓裘在鯉庭。披圖悵余生也晚，未得從君親執經。

子繼仁兄茂才囑題雲林老伯大人飛雲山館課經圖，時咸豐癸丑八月作於越州官廨。元和陸恩澍拜稿。鈐印：陸雲鶴印（白）、篆人（朱）。

一六

社風既寂斂，學殖思本根。追摹漢巨儒，家儗匡鎦倫。四經三禮間，虎觀少遺淪。亦有汲古叟，獨居治籬樊。大師出徽婺，聲氣揚中原。偉然通德鄉，薪火無盡傳。安定老孫子，抱璞飛雲山。詩庭業箋疏，授受爲專門。訓故通諸家，伯仲陸二雅與陳碩甫。行世有遲速，藏笥雲雷屯。嗣音紹先教，孤寒道彌敦。乃知竹邨子，尚有賢弟昆。涼秋越望西，展卷儀清神。恍見好巖壑，中居千秋人。士生全盛時，息影安林園。窮達等快意，百城南面尊。今也變亂多，欲隱苦塞難。雖懷讀書願，慼慼驚心魂。子繼幸未仕，伏處容静存。勉堪守巾箱，早歸游子身。海宇待清廓，激卬凌紫雯。

癸丑八月，敬題雲林先生丈授經小像，越峴宗稷辰。鈐印：攻恥（朱）。

一七

雲以山爲愼，經者德之山。傳經蜚雲館，古雲蒸老顏。胡公今耆碩，龍伏郭鄵間。麓闢屋七椽，堂聚星五圜。峰峰拱雲勢，義義經人寰。道服照朱色，講席横松關。上衍徽國脈，下破經生慳。

自從大雅微，薄殖務枝葉。經師又痼之，生死逃敝篋。績谿獨折中，恥闓時世捷。皋比擁名山，不異大川涉。金陵近膏血，先生苦瞑睫。通經致用難，幾輩霜中蝶。子廉好男子，或奮長江楫。

雲林先生《授經圖》應嗣君子廉屬，癸丑杪秋姚江後學周白山拜題。鈐印：雙庚四雪（白）。

一八

集陶詩爲子廉胡君題先人雲林先生《授經圖》册。

道喪向千載，賴古多此賢。閒居離世紛，所説聖人篇。巽坎難與期，百世當誰傳。游雲倏無依，館宇非一山。何必升華嵩，心遠地自偏。陵岑聳奇峰，一盼週九天。青松冠巖列，白雲宿簷端。虛室絶塵想，靈府長獨閒。抗言談在昔，無復東西緣。肆志無窊隆，甘以辭華軒。願言誨諸子，余襟良已殫。游好在六經，任真無所先。常恐負所懷，弗獲辭此難。恣年逝已老，旅力尚未愆。衰榮無定在，顓頊由化遷。悠悠東去雲，勢翳西山巔。懸車斂餘輝，八表須臾還。良才不隱世，履運增慨然。伊余何爲者，驟驥感悲泉。猛志固常在，守拙歸園田。曖曖遠人村，窺竈不見煙。無樂自欣豫，所懼非飢寒。與子相遇來，弱豪多所宣。子廉初識余，即出所作詩古文及解經諸書見示。余受而讀之，爲妄識數處還之，故云。緬此起遠情,願君取吾言。一世皆尚同,朝起莫歸暝。六籍無一親,厭厭閭里歡。雷同共毀譽,而以求自安。流幻百年中,白髮一已繁。古人惜分陰,日昃不遑研。千載非所知,千載乃相關。鬱鬱荒山裏,草屋八九間。時還讀我書,庶無異患干。聊得從君栖,躬耕非所歎。

會稽趙之謙益甫拜稿。

一九

績溪胡氏纍代傳經,自明諸生東峰先生,至子繼凡十一世,海內故家所未有也。歲丁卯八月,始晤子繼於金陵,與談《周官禮》,知用力久。是冬過武康,訪子繼於上柏旅舍,出觀尊人雲林先生授經圖,敬識數言,爰申景仰。

慎清後學戴望,時在十二月二日辛巳也。鈐印:子高(朱)。

二○

三極彝道,其書言經。勳德彌縟,英華日新。偉矣前修,功在上哲。分教斯五,致化歸一。體備周孔,詞深人天。左提右挈,學者比肩。寫實追虛,夫子風采。百齡景徂,千載心在。

集劉舍人語應子廉仁兄大人之屬,山陰弟沈玉書。鈐印:沈玉書印(白)。

二一

成均六德今古同,伊洛源與洙泗通。律身不入紫陽軌,何以上溯羲軒風。語言文字古今異,轉注形聲道攸寄。下帷不讀浞長書,何由默識尼山意。異者有如越與秦,方言欲達須舌人。同者有如旦與律,龜玆四絃具經迻。龜玆琵琶用四旦,不用五聲,今燕樂之祖也。然四旦即宮商角羽,不出五聲。衡爲南北豎古今,此理雖殊二而一。

世風愈漓識愈下，先正斯言知者寡。强將門户判藩籬，聚訟談經乖大雅。先生卓識逾前賢，居今稽古兩不偏。博文以漢約以宋，儒林文苑才兼全。内含金心外文藻，一室焚香事幽討。詩譜能參王浚儀，韻編不數吳才老。家風世德不可攀，楹書嗣子能窺斑。小同有志繼高密，大蘇又復生眉山。一副遺圖見顏色，瞻仰前徽三歎息。飛雲嵐氣香蒼茫，欲往從之暮烟碧。

奉題雲林先生《飛雲山館授經圖》，即俟子繼大雅教正。仁和胡琨。鈐印：胡琨私印（白）、次瑶（朱）。

二二

吾友費頌齋公彦刺史，過庭得玉衡丈經傳，外人無傳之者。今觀雲林先生《授經圖》，知江夏一脈乃在安定。昔馬季長施帳授徒，惟鄭君得其傳，乃有"鄭生去吾道東矣"之歎。此圖毋乃類是？頌齋殁已久，其子不克象賢。雲林先生後人，獨抱經以永其傳，此圖當寶之世世。

咸豐甲寅十二月朔，震澤陳來泰跋。鈐印：陳來泰印（白）、韌庵（朱）。

二三

六經充腹笥，樸學尤足嘉。儒術貴根柢，所慕非聲華。緬維胡夫子，典籍勤梳爬。爰以沈潛功，吐詞成奇葩。博既追伏鄭，情亦躭煙霞。結廬近白嶽，抗志輕烏紗。精心擷古馥，月眼袪昏花。門牆富桃李，庭砌森蘭牙。傳經乃有後，味道誠無涯。吾老懶讀書，俗吏惟隨衙。枯腸許搜索，紙尾嗤塗鴉。遲哉兩漢士，治行蔑以加。願以此經術，緣飾敢或差。

奉題雲林先生《飛雲山館授經圖》以應子廉仁兄雅屬。吳門夏尚志。鈐印：夏尚志印（白）、静甫（朱）。

二四

　　昔聞韓子言，經訓乃菑畬。播穫有家學，大過籯金儲。績縠表人文，鬱鬱垂令譽。遹師徽國公，如日中天衢。胡君本人師，經師毓靈區。紛綸太常議，表襮高壁徒。春風飛雲館，洗蕩煙嵐趨。碧梧在庭階，栖栖鳳皇雛。撫項自教讀，一卷琳琅腴。古來賢達人，成就唯詩書。左抱毛鄭裏，右把邢孔裾。一一皆尚友，摘瑕寶全瑜。喆嗣抱庭訓，夙夜常不渝。余也專朝夕，談燕盡歡娛。有如車出門，動輒無異途。淵源名父子，向歆良足吁。披圖重興歎，薄學無根株。願言讀遺著，垂老識璠璵。

　　奉題子廉先生尊甫雲林先生授經圖即請教正。懷玉後學陳億寶齡氏拜稿，時咸豐丙辰新正十又一日。鈐印：陳億（白）、寶齡（朱）。

二五

　　雲林先生授經圖，爲子繼仁兄作。

　　盛業開淹館，耆年閉禮堂。道心依石古，閒日入山長。書卷千秋在，兵戈一郡荒。祇應書帶草，苓亂向殘易。

　　令子傳遺訓，行篋有六經。雲山非故館，武岡雲山福地之一。道德守先銘。此日求逯慎，從君見典刑。支流南斁盛，堪建子云亭。

　　王開運書於武岡鄧氏之修寶齋。鈐印：壬秋（白）。

二六

　　先生藏書盈萬卷，先生著書傳千秋。下筆已無古人在，傳經乃爲兒孫謀。近世談經競門户，偏旁考證矜研搜。字奇不向揚雄問，典僻翻從服鄭求。愧我龐疏老更陋，《爾雅》未孰蠹魚愁。目中不識馬與孔，胸中不辨墳與邱。先生令子人中傑，説經觥觥迥不猶。

滬城斗大寓公住,辱以論交縞紵投。披圖恍見先生面,典型夙昔思風流。再拜焚香敬心識,吁嗟海內無其儔。

敬題雲林先生《飛雲山館授經圖》,以博子廉仁兄先生一粲並祈訓正。墨林弟楊尚文未定稿。

二七

渺渺飛雲路,空懷大雅堂。何期逢令子,如獲見中郎。妙蘊知家學,遺編鬱古香。畫圖典刑在,瞻琴意彷徨。

丁巳孟春,與子廉尊兄同校三衢郡試卷,暇出尊甫雲林先生《授經圖》屬題,敬綴一詩,以誌仰止。東州盛襄。鈐印:孔安(朱)。

二八

猗歟先生,讀書鏗鏗。冥追鴻誼,榮翼六經。地理之學,條貫分明。聲音詁訓,洞發重扃。厥功爛焉,詒於後昆。瞻印遺像,風雨有靈。微言未泯,溯洄依岊。

雲林先生授經圖爲子廉同好屬題。歸安楊峴見山。鈐印:峴印(白)、峴(朱)。

二九

青燈黃卷老名山,萬軸琳琅任往還。留此遺經貽燕翼,贏金一笑太癡頑。

皖南學業重師傳,江戴金程相後先。更有君家多著述,一門經術媲前賢。

百年文獻嘆凋零,倀擾干戈草木腥。一副披來授經册,鏗鏗解說相趨庭。

滿座春風山館清,翠巖深裏仰書城。年來屢負名山約,老我梯航愧此生。

子繼尊兄出其尊甫雲林先生《授經圖》屬題即正。卓人陳立未定草。鈐印：陳立私印（朱白）。

三〇

言尋飛雲山，未識飛雲路。喜遇山中人，爲説昔賢居。琅琅金石聲，授經續初古。噫今讀經者，恍惚失所據。讀經先識字，識字疇條疏。先生采六書，汝南慎履穫。導川濬段氏，餘子网所取。牖人俶其端，音義任參互。地理今古異，割裂易沿誤。王氏疏葩經，證述多簡逞。先生界方圜，疆畫而井步。能使十五國，星棋燦然布。巍巍安定學，立教在實務。不聞傳道者，迺在哲人嗣。卓卓通德門，治經矜意注。千秋朝夕替，小同竟承胙。先生有傳人，千鈞重相付。於赫胤胄賢，敬慎述不作。偉成一家言，學者競奔趨。蒙愧少不學，見書芴若霧。小學更自慚，以己誦滋懼。子繼今儒者，一見喜如故。敬奉先德書，手澤示崇著。更示授經圖，承家得真趣。及今感梧檟，徒令後生慕。作詩仰高山，砥石幸吾恕。

同治七年戊辰春，子繼道兄出示尊甫雲林先生《授經圖》屬題，勉成五言一章，敬書其後，即請教正。杭州顧恩來竹賢初學。鈐印：恩來（白）、竹堅（朱）、其於人心爲宣發（白）。

三一

傳家舊學溯皋枚，傾蓋欣逢萬卷才。廿載不曾磨袖簡，一編遥復補笙陔。澧蘭咏處春常在，庭柏攀餘雪未摧。我亦五松存燕翼，先大夫五松書屋，藏書甚富。塵途回首重徘徊。

甲寅冬捧檄之江，僑居野寺，子廉先生枉駕下訪，傾蓋相逢，如舊相識，因以尊甫雲林先生《授經圖》見示，敬題一什，以誌景仰，並祈誨政。蘭陵孫元長。

三二

雲氣淩虛空，山容擁蒼翠。中有經人師，旦夕勤講肆。潛心董子帷，便腹孝先笥。卓犖縱博觀，紛綸暢閎議。境闊殊塵寰，道高薄名位。千載揚孤芳，休風追洙泗。憶我總角時，鯉庭曾趨侍。世德貽一經，芸帙親編次。流覽及諸史，搜討務多識。循循教不倦，手澤墨痕漬。鼛鼓忽驚傳，東南苦烽燧。苟全惟性命，遺書劫灰棄。邈矣前人徽，吞聲獨飲淚。先君嘗研究諸經，寫成帙以授。復目擊時事，節錄史傳，用資商榷。遭庚申、辛酉之變，手澤蕩然無存。今展公此圖，追念猶酸鼻。自慚學無術，不及親執贄。徒然感風木，奔走作俗吏。遺像仰高山，嘆息哲人萎。維公明德後，燕翼詒令嗣。孤苦紹箕裘，淡泊安疏食。避亂歷吳楚，巾箱守愈摯。艱難閱半生，始見弓旌賁。筮仕非爲貧，豈徒邀禄利。卓哉師儒選，稱職殊不易。訓士先行修，化民由學粹。願言應官去，莫負設官意。宣州佳山水，清淑氣所萃。在昔淩先生，讀書抉奧秘。一官除教授，樸學陶士類。師門鬱祁祁，張君最穎異。昔淩仲子先生曾爲寧郡教授，弟子中最著者，宣城有張君襄伯，不墮師承。君家竹邨子，博文亦強記。研經通三禮，淵源實有自。竹邨農部三禮之學，實淵源於仲子先生。子繼今何幸，同官復同地。禮堂喜重開，後先踵相企。思君少壯日，雅抱名山志。中更憂患多，宿願苦難遂。歲月如駒馳，冉冉老將至。樹立宜及時，求是在實事。無爲徒戚戚，長以妻孥累。勉堪媲前賢，此生乃不媿。余也懷清芬，風塵歎顚頓。君今表人倫，心喜不遑寐。努力視此別，贈言陳古誼。遺訓慎勿忘，家聲永毋墜。

　　晉玉與子繼兄締交幾二十年，知其累世傳經，海內罕有。曩曾授示尊人雲林世丈遺像并《授經圖》屬題，事變紛乘，蹉跎未果。今子繼以學博之任宣州，索題誌別。念吾世丈之學行卓卓，前人闡揚備至,無庸贅詞。惟自恨離亂頻經,先人手澤不獲永保,子繼乃閱歷艱阻,慎守家學。重瞻遺范,悲喜彌深,期勉之情,又何能已。爰賦俚句,以當贈言。同治己巳八月初吉,世愚姪溧陽王晉玉頓首拜題。鈐印:瓚公(朱)、溧陽王晉玉原名時字西垞(朱)。

三三

儒術亦多歧,經學東南最。常州與徽州,屹然稱兩大。休婺千山間,雲氣氤氳會。江戴諸耆宿,相望百年内。並起得金程,厥緒承未墜。窮研許鄭言,默契姬孔義。胡氏績溪望,東峰樹先幟。父子繼傳經,綿延更十代。先生探典籍,矻矻前人志。譬彼上農夫,先疇世耕治。築室傍空谷,藏書付良嗣。時開絃誦聲,隱隱雲煙外。戶部精儀禮,正義近儒賴。絕學比殷侯,退之爲嗟慨。惜卻先生著,刊布尚未逮。空瞻圖畫存,如親授受事。遐思漢經師,家風久不匱。我友稽古力,將來益純粹。他年述祖德,還爲後人誨。

雲林老伯大人授經遺圖,爲子繼仁兄先生屬題。烏程小弟施補華呈稿。鈐印:施補華印(朱)。

三四

同治己巳十月,子繼郡訓導以詮缺來宣州,出所藏尊翁雲林先生《授經圖》屬咏,敬題二律,爰識仰止。

絃誦沈兵劫,耆儒溯典型。布衣游上舍,白首卧巖扃。石冷藏經室,苔荒問字亭。飛雲何處是,三十六峰青。

宣州一司訓,能讀父遺書。故宅餘三徑,行箱有五車。每因懸榻下,淒説在山居。杖履圖中者,春風尚展舒。

谷亭孫翼謀拜草。鈐印:孫翼謀印(白)、穀亭(朱)、一字谷亭(白)、讀東觀未見書(白)。

三五

虞庠圖炳晬，目擊道自存。微言極洙泗，毓德崇儒門。先生稟純懿，淑靈鍾乾坤。非惟擷其華，而乃尋厥根。於休鄭許學，達誼曉重昏。清芬述世德，佑啓迪後昆。纓緌望形表，紳佩聆嘉言。栖遲潛衡茅，陸沉避囂喧。收朋勤誨人，祛蔽賴師尊。祖龍詩書燔，古訓亂啍啍。兩漢師承繼，探綜圖緯繁。經學昌昭代，五百衍貞元。婺源暨休寧，周室藏書緐。績貂步芳軌，瞠乎軼塵奔。九葉紹祖訓，胡氏居績貂，世傳經學，先生乃前明東峰先生九世孫。菑畬穫子孫。緊余過庭日，詩禮劬勞恩。悚然敬父執，望天愧戴盆。軺軒馳使節，宣城敍寒暄。手捧授經圖，家學溯淵源。竹村先生著有《儀禮正義》，先大夫同年友也。其族弟子繼廣文，即雲林先生令嗣也，曾受業竹村先生之門，撰著甚富，今官宣城訓導。飛雲鬱崔巍，蘭餸縈籃殽。述作辟呬詔，童蒙豁睧睧。舒翼翔區外，高崎超絶垠。風儀秋月炯，音徽春雲屯。展拜肅遺象，孝思永言敦。高山景芳烈，潔齋薦蘋蘊。淇澳耄好學，有斐終弗諼。

光緒癸未正月三日題奉子繼世丈大人雅正。嘉定徐郙拜稿。鈐印：徐氏頌閣（朱）。

三六

飛雲山木何蕭森，飛雲山石何崎嵜。中有經師抱經坐，窮經心比山雲深。我思窮經在窮理，先生深得程朱旨。當年未獲執經從，山上飛雲空仰止。幸與令子爲同官，談經更與披圖看。始知家學有根柢，菑畬經訓如瞻韓。經訓非徒摘章句，務使繩趨還尺步。門外時來問字車，形聲點畫皆詳注。劫歷紅羊十數年，抱經有子心拳拳。經兮圖兮未遺失，孝心感格天垂憐。富家遺子金多少，那及先生經訓好。一經詒子子詒孫，子子孫孫其世寶。圖中題咏多琳琅，我欲下筆心傍徨。滿紙煙雲鬱奇氣,飛雲山色同蒼蒼。卷端數字龍蛇舞,書者爲吾族叔祖。經與説文、音韻之學亦多著述,書遭焚棄。可憐著述渺無存,賴附先生得千古。

壬申展重陽前五日,奉子繼仁兄大人屬題,敬題雲林先生老伯大人《飛雲山館授經圖》。世愚姪曹崇慶拜稿。鈐印:崇慶之印(朱)、逸園(朱)。

三七

紫陽述六經,聖道闡宗旨。新安有淵源,名儒相繼起。近溯昭代賢,江戴導先軌。淩程踵而興,學皆精三禮。稍後俞與汪,博洽洵堪紀。同時績溪胡,中翰稱尤偉。一家多彦才,門高通德里。少聞飛雲山,碩儒樹壁壘。絳帳列生徒,傳經歌有斐。師範紹安定,淹貫羅百氏。尤精許説文,形聲辨疑似。向往塵素心,惜未親杖履。喆嗣璠璵姿,家學能濟美。秉鐸宣州城,兼葭幸玉倚。偶示授經圖,典型欽德齒。披圖如見人,高山深仰止。

子繼尊兄屬題先德蜇雲山館授經圖册應教。弟程綏,時同宦宣州。

三八

同治丙寅,予權鐸績溪,閲志書,有所謂飛雲仙洞者,去城五里許。是夏初,與同齋王稷堂及予孫庭樹往游焉,出城度東河橋,循岸而北,逾一嶺,嶺不甚高,而松陰夾道,望之而蔚然深秀者,飛雲寺也。過寺折而北,始爲飛雲洞。時兵燹後,人跡罕到,樵蘇不采。攀藤出洞,上平坦,可坐百人,有支琴石、鼓形磬形石數枚。自上而下,洞不甚深,能左右穿而出。下山復過飛雲寺,老僧肅予入佛座,北有講堂三楹,旁支一小閣,祀文昌。予疑此結構類有道者所設施,僧曰:"昔年有胡雲林先生者,曾設教於此,此其遺制也。"予低

徊留之,不能去云。己巳,予移鐸宣城,先生之喆嗣子繼亦來爲郡
司訓,間出先生所著書並《授經圖》相示,披之怳然於昔所親歷之
境者,今乃於圖中見之。讀其書,想其境,竊有感焉。吾郡桐有李
伯時龍眠山莊,灊有黄山谷讀書臺,名山水必得賢人君子而跡始
彰。今先生以其經授之子繼,子繼復授之詒孫,將出其經術以顯於
朝,而鄉之人亦尊其經以相授受,行且樹豐碑於寺門,大書曰"胡雲
林先生授經處",則先生之名庶與兹山並垂不朽矣。

同治十年辛未重陽前五日,奉跋世丈雲林先生《飛雲山館授經
圖》後。世侄桐城李培頓首拜稿。鈐印:李培(白)、菉園(朱)。

根據我們查考文獻所得,當時還有不少學者文士的題咏,並未
收録在此册頁之中。如俞樾曾作《胡雲林先生飛雲山授經圖記》,
收入《賓萌集》雜篇五。③趙烈文《能静居日記》記載光緒十三年五
月初三日,"爲胡子繼題《飛雲山館授經圖》七古一首",但其詩作
未見傳世。④宗源翰亦爲此圖題寫五言長詩,收入《頤情館詩續
鈔》。⑤在天主教主辦的報紙《益聞録》上,曾刊載廣德州學正吴慎
旃所撰七古《題〈飛雲山館授經圖〉》。⑥又據上文第三十六曹崇慶
題詩云"卷端數字龍蛇舞,書者爲吾族叔祖",則曹氏族叔祖亦有
題咏,但該册頁中未見其人其字。可見當時題咏此圖者還大有人
在,遠不止上述三十八人。

還有個疑問在此須作解釋説明,該授經圖繪於同治八年,但很
多題咏卻遠在此前。今所存明確題署時間者,以汪士鐸之作最早,
在道光二十六年秋。又如萬其仁題於道光二十六年初冬,羅惇衍、
伊樂堯、柯鉞皆題於道光二十九年,沈炳垣、陸恩澍、宗稷辰、周白
山皆題於咸豐三年,顧恩來題於同治七年。據此推測,至遲在道光
二十六年,已有另外一本授經圖問世,上距胡秉元之卒未及三年。
在二十餘年之後,胡培系請陳豪重新繪圖,有可能是原圖已佚,也

有可能兩本並存。

　　自道光二十六年直至臨終前不久,先後四十餘年之間,胡培系蹤跡所至,凡所交游必爲徵題。誠如宗源翰詩云"徵題遍人傑",曹崇慶詩云"圖中題咏多琳琅",今所知題識者至少四十餘人,其中多爲耆儒名士。該册頁題咏存詩三十一首,其中惟有汪士鐸、沈炳垣、熊松之、宗稷辰四首收入别集,其餘二十七首則或其作者未有詩集,或雖有詩集而未見收録,在性質上屬於詩歌佚篇,因此具有文獻輯佚價值。除了文學和藝術方面顯而易見的價值,該圖册還是考察晚清學術生態和學人交游的珍貴史料,對於研究家族學術的傳衍尤有特殊意義。

　　(附記:承蒙敝所同事丁小明先生之助,我們有幸獲得《飛雲山館授經圖》圖片。草書字體之辨識,劉永翔先生、丁小明先生多有指教,在此敬致由衷謝忱!)

　　　　　　　　　　　　(整理者單位:華東師範大學古籍研究所)

　　① 參見雅昌藝術網 http://auction.artron.net/paimai-art5045220440。
　　② 參見趙之謙手稿、漆永祥整理《漢學師承續記》,《漢學師承記箋釋》附録二,上海古籍出版社 2013 年版,第 969 頁。
　　③ 俞樾:《賓萌集》雜篇五,清光緒二十五年刻春在堂全書本。
　　④ 趙烈文:《能静居日記》光緒十三年五月初三日,岳麓書社 2013 年版,第 2310 頁。
　　⑤ 宗源翰:《頤情館詩續鈔》,《清代詩文集彙編》第 727 册,第 344 頁。案,宗源翰題詩被楊鍾羲《雪橋詩話》轉録,參見《雪橋詩話》餘集卷八。
　　⑥ 吳慎斿:《題飛雲山館授經圖》,《益聞録》1883 年第 238 期。

雪堂佚跋輯存

□ 許全勝整理

羅振玉(1866—1940),字叔藴、叔言,號雪堂、松翁、貞松老人等。浙江上虞人。羅氏爲近代出土文獻與文物整理研究之第一人,平生所作題跋甚多,兹編裒輯近年所見爲羅集未收者二十六首,略加案語,以供同好參考。

書 籍 跋

明郭宗昌《松談閣印史》跋

郭胤伯《松談印史》五卷,遺第一卷,乃老友金君吉石所藏,今歸帖祖齋。卷末有孟津、虞山兩手題。明代海内藏印家最噴噴人口者爲上海顧氏《集古印譜》,張叔未先生自序其印譜所謂當日每册十金者,今懸十倍之價亦不可得。此譜首卷當是官印,失去猶爲可惜。此本當是架上自藏之本,未必有流傳者,其可貴尤過顧譜矣。編中間有後人加入之,(闕)[譬]如卷三"公車令印"、卷四之"馮異",此印僞。餘皆至精。其釋文偶有譌誤,亦有可釋而缺如者,其闕疑諸印中有古鈢,有官印,有私印,皆未能釐定,確爲自藏之本,所謂印草者是也。壬子夏首,見山先生以見示,留寒齋二十日,眼福不淺矣。上虞羅振玉題記。

案：此跋見於 2016 年嘉德春拍 Lot2113《松談閣印史》稿本。

金　石　跋

散氏盤全形拓劉世珩藏本跋

此盤舊稱散盤，陳簠齋謂當稱矢盤，矢即吴之娸，今從之。此器舊傳貢入内府，簠齋謂在阿雨窗家，未知孰信，然實己久佚。此乃文達手拓至精本，同好所藏皆弗之及，檻奮先生其寶藏之。宣統紀元閏月上虞羅振玉署題并記。

案：此跋見於上海圖書館藏散氏盤拓本（館藏號：Z1295），參觀仲威《〈散氏盤〉善拓過眼録》（《書法叢刊》2016 年 6 期，第 19 頁，圖版第 1、31 頁）。娸，仲文誤作“媚”。阿雨窗，即阿林保（? —1810），舒穆禄氏，字雨窗，滿洲正白旗人。乾隆三十一年（1766）考中筆帖式，後歷官山東鹽運使、署山東按察使、長蘆鹽運使、湖南巡撫、閩浙總督、兩江總督，卒於任，謚敬敏。

散氏盤全形拓徐乃昌藏本跋

此盤自貢天府後，人間拓本久絶。癸亥秋，内務府檢庫得此盤，少府諸臣不能辨真贋。臣振玉奉命審定，詔少府選工精拓五十本，頒賞臣僚，此其一也。明年冬，遭宫門之變，此盤遂成寶玉大弓。己巳春，臣徐乃昌出藏本屬題，瞻對之餘，不禁涕泗之横集也。振玉謹記於遼東寓之宸翰樓。

案：此跋見於上海圖書館藏散氏盤拓本（館藏號：Z2514），參觀仲威《〈散氏盤〉善拓過眼録》（《書法叢刊》2016 年 6 期，第 22 頁，圖版第 7 頁）。《貞松老人外集》卷二有《散氏盤跋》云：“此盤往歲由内庫搜出，少府諸臣不能定真贋，邀振玉審定。番禺商承祚實侍行，並拓墨，故與拓本之賜。今此盤已如金人之辭漢，瞻對之餘，爲之泫然。戊辰（1928）冬。”（《羅振玉學術論著集》第十集，上海古籍出版社 2010 年版，第 812 頁）乃題商承祚藏本，可參觀。

散氏盤全形拓日本玻璨板影印本跋

此般（盤）自貢入天府後，墨本至難得。宣統甲子，內務府搜庫得之，精拓數十紙，今成寶玉大弓矣。近以賜本寄海東，用玻璨板影印，視原拓不殊銖黍。壬申臘月爲魯山先生七十誕辰，爰題寄新京，以申壽如金石之祝。貞松羅振玉記於遼東寓居六經堪。

案：此跋見於上海圖書館藏散氏盤拓本（館藏號：Z1324），參觀仲威《〈散氏盤〉善拓過眼錄》（《書法叢刊》2016 年 6 期，第 26 頁，圖版第 14、64 頁）。跋末鈐"臣振玉"（陰陽文印）。此跋云"宣統甲子（1924），內務府搜庫得之，精拓數十紙"，而前一跋云"癸亥（1923）秋，內務府檢庫得此盤，……精拓五十本"，所記時間稍有不同，未知孰是。魯山，仲文"疑爲蔡魯山"，誤。按，許汝棻（1863—?），字魯山，號夢虛跛叟，別署既耄贅民，丹徒人。光緒二十四年（1898）進士，曾任福建財政監理官。1932 年（壬申）僞滿洲國成立，定都長春（改名新京），許汝棻任國務院文教部次長。

漢四時嘉至石磬跋

漢四時嘉至磬。宣統己丑冬得於關中，丁巳春雪堂退翁手拓，並題於海東寓居之吉金貞石居。

此磬但存上鼓，其下鼓已斷。鼓之上端篆書十一字，曰"四時嘉至磬南呂午堵左桎"。書法至精，蓋西京物也。《西清古鑑》載綏和二年四時嘉至搖鐘，文曰："四時嘉至搖鐘未中角。"予舊藏建平二年嘉至搖鐘，文曰："四時嘉至搖鐘甲堵中羽。"並與此磬文略同。曰南呂者，記其律；曰午者，紀十二辰之數也。以二鐘例之，其鼓之下端，當勒工名及紀年，惜已斷損不可見矣。程易疇先生《磬折小記》定磬爲直懸，訂前儒衡懸之譌，其說至精，今以此磬證之，下鼓雖失而懸穿尚存，確爲直懸，可爲程說之確證。雖程氏所定設懸之處與此磬微異，又倨句之處度亦微差，然其精思卓識，遠邁前古，令人歎服。又此磬作於西京，尚是直懸，而東漢之末諸儒已不能明其制。知新莽之亂,文物蕩盡矣,遠想爲之慨歎。上虞羅振玉又記。

案:此跋見於2015東方大觀秋拍Lot0729四時嘉至磬拓本,鈐"東海愚公"(陰文印)、"羅振玉印"(陰文印)、"上虞永豐鄉人羅振玉字叔言亦字商遺"(陰文印)。《雪堂金石文字跋尾》卷二《漢四時嘉至磬跋》(《羅振玉學術論著集》第九集,第421—422頁)無第一段文字,且"今以此磬證之"以下全不相同,當是爲另一四時嘉至石磬拓本所題者。跋中"《磬折小記》"當作"《磬折古義》"。

《漢孔宙碑》宋拓本跋

宋自高宗南渡,中原淪陷,山東諸州郡悉當兵衝,故漢碑宋拓流傳最罕。予往歲在滬江,曾在亡友章碩卿大令許見所藏乙瑛碑,確爲宋代氈墨,此外未嘗見第二品也。戊辰季秋,齊民大兄出其世藏宋拓孔都尉碑見示,墨色沈黝,以寒家明拓本校之,若"除郎中"之"中"字、碑末"延熹七年□月戊□"之"戊"字,明本皆不可見。四十年間所見此碑,未見類比,不僅在選青山房所藏古拓中爲巨擘已也。齊民爲山左世族,自藕塘先生以文學吏治炳耀一世,戟門先生、蘭溪先生能承家學,逮齊民蓋四葉矣。清門世澤,爲海内冠,不但此本之足珍已也。立冬前一日上虞羅振玉書於津沽。

案:此跋見於2014嘉德四季第37期拍賣會Lot3459號孔宙碑册頁,末鈐"羅振玉印"(陰文)、"文學侍從"(陽文印)。有羅振玉題籤:"漢孔都尉碑　諸城王氏藏宋拓本,齊民大兄屬題。戊辰秋,羅振玉。"鈐"羅振玉印"(陰文)。

漢熹平石經《週易》殘石初拓本跋

近年漢石經出洛陽者多至四千餘言,然一石而文字至數百言者,惟《周易》耳。此石已斷爲二,上截歸萍鄉文氏,下截歸關中于氏,然墨本皆不易得。矜惜過其,非有傳古之心者也。此本爲玉良仁弟所藏，歲在壬申二月，春寒未解，出以屬題，漫記其後以歸之。抱殘退叟書於遼東寓居之六經堪。

案：此跋見於旅順博物館藏熹平石經《周易》冊頁，末鈐“上虞羅氏”（陰文印）、“玉”（陰文虎肖形印）。冊前題云：“漢熹平石經周易殘字。萍鄉文氏藏石，玉良所得初拓本。上虞羅振玉署題。”參觀旅順博物館編《墨林星鳳——旅順博物館藏羅振玉舊藏碑帖選》（下簡稱“《墨林星鳳》”，中華書局2015年版，第54頁）。

漢《孔羨碑》清初拓本跋

魏封孔羨爲襃聖侯碑，石質至佳，剝泐甚少。相傳以第十八行“體”字尚存者爲明拓，第十四行“之化”二字未泐者爲國初拓。此本爲子封先生所藏，“并體黃虞”之“體”字末筆尚存，“兼二儀之化”“之化”二字尚完好。今本則“之”字下半、“化”字上半已泐，則此爲國初拓本，且氊墨極精，可寶也。光緒丁未七月上虞羅振玉敬觀並題字。

案：此跋見於2015年東京中央（香港）秋拍Lot271孔羨碑冊頁，末鈐“臣玉之印”（陰文）。跋中“襃聖侯”當作“宗聖侯”。

魏正始石經《尚書》《春秋》剖石後初拓本跋

此剖石後初拓《春秋》第二行“齊”、第六行“酆”字未損本。中間損字，從未剖本命二子福頤勾勒補裝。甲子八月雪翁羅振玉題記於津沽嘉樂里寓居之四時嘉至軒。

案：此跋見於旅順博物館藏正始石經剖石後初拓本（參觀《墨林星鳳》，第78頁），末鈐“臣振玉”（陰陽文印）、“上虞羅氏”（陰文印）。

水拓本《瘞鶴銘》跋

《瘞鶴銘》善本求之海內收藏家，先後垂三十年不能得。十年前始得楊大瓢所藏夅岳本，以爲海內第一。繼又於丹徒劉氏見維揚成氏所藏本，岳字亦存上半，與楊大瓢本相頡頏，求再善於此二本者,則不可復見。嗣讀虞山邵氏《墨緣録》,見編中有何蝯叟《題楊龍石所藏華陽真逸本鶴銘》七言古詩一章,爲之神往。顧邵氏但藏此詩,碑則不知所在,意已燼於南中兵燹矣。去年道州何氏售其所藏,予托同好之旅滬上者,求《張黑女墓誌》,則已爲強有力者所得,而寄佗古拓數册。輟緘甫啓,則是銘在焉,爲之驚喜,如在夢寐,亟以重值得之。噫! 三十年求之不得,一旦獲之意外,且爲西麓最早所拓,好古如張力臣、楊可師所不獲見者,不敢自秘,爰付博文主人精印,以示我同好,俾海内三百年來罕見之本,一旦化爲千百,其可快較之私諸予之篋中者不更永耶! 癸丑五月朔上虞羅振玉書。

　　案: 此跋見於《水拓本〈瘞鶴銘〉》,日本書學院出版部昭和五十五年(1980)版,承唐雪康博士檢示。末鈐"陸庤所得"(陰文印)。羅氏光緒戊申(1908)、民國戊午(1918)曾爲楊大瓢藏《水拓本〈瘞鶴銘〉跋》作兩跋(見《貞松老人外集》卷二,《羅振玉學術論學集》第十集,第825頁;蕭文立編:《雪堂類稿》丁之一《法書跋尾》,遼寧教育出版社2003年版,第6—7頁)。

《北魏僧暈造像記》跋

　　此石近年出土,藏津沽姚氏。戊午六月雪堂羅振玉題於海東寓居。

　　案: 此跋見於旅順博物館藏《僧暈造像記》拓本(參觀《墨林星鳳》,第89—90頁),末鈐"羅振玉印"(陰文)、"羅叔言"(陰文印)。

北魏鄭道忠墓誌味道腴齋藏本跋

　　魏鄭道忠墓誌著録最早,顧原石久佚,拓本稀如星鳳,文字並精,爲代出誌石中至佳之品,當與崔敬邕、刁惠公諸誌雁行。此本爲芝閣先生秘藏,拓墨甚精,至可寶也。丁未冬上虞羅振玉觀并題記。

案：此跋見於《原拓魏鄭道忠墓誌》（味道腴齋藏），民國間上海有正書局珂羅版，承唐雪康博士檢示。跋末鈐"臣玉之印"（陰文）、"叔言"（陽文印）。龐澤鑾（1866—1916），字芝閣，號味道腴齋主人，河間人。羅振玉與楊守敬札有云："鄭道忠墓誌，廠肆一本即還之，尊處一本能否賜寄一閱？敝藏本乃吴攘之所藏，不甚舊，若尊本較舊，深願奉讓，千祈勿卻。"（《羅振玉手札》，上海書畫出版社 2007 年版，第 9—10 頁）可參觀。

北魏齊郡王妃常季繁墓誌跋

此石宣統改元出洛陽，歸陽湖董氏，不久即售於日本大倉喜八郎。董氏在京師精拓五十本，此其一也。歸海東後不復拓墨，此石在洛陽亦未傳拓，將來不可更得矣。甲子二月松翁記於津沽寓居。

案：此跋見於旅順博物館藏墓誌初拓本，末鈐"羅振玉印"（陰文）、"羅叔言"（陰文印）。參觀《墨林星鳳》，第 100—101 頁。大倉喜八郎（1837—1928），日本新瀉人，實業家。

北魏曹望憘造像記跋

濰縣陳氏簠齋藏石以君車畫象及此造像爲最精，今皆入市舶矣。三十餘年神州陸沈，古聖帝先賢綱常大法均已蕩然無存，亦豈圖書古刻爲然，念之慨然。松翁羅振玉。

案：此跋見於旅順博物館藏曹望憘造像記朱拓本（參觀《墨林星鳳》，第 103 頁），末鈐"羅振玉"（陰文印）、"叔言"（陽文印）。

唐皇甫誕碑跋

此碑斷於明中葉。初斷時，"授尚書左丞然并州地處參墟"，"丞然"兩字之間尚無泐跡。至啓禎間，遂有小駁泐。此乃"丞然"間已有泐跡，而用細麻紙氈拓，用撲墨法，乃晚明時拓。鋒稜隱然，具見神氣，今日已不易遘矣。宣統紀元夏五得之天津孟氏，重付裝池並題記。上虞羅振玉叔言父。

案：此跋見於旅順博物館藏皇甫誕碑拓本（參觀《墨林星鳳》，

第 124 頁),末鈐"振玉之印"(陰文)。

唐姜遐碑跋

　　昭陵陪葬諸臣碑,以姜柔遠及崔敦禮二碑爲難覯。《金石萃編》箸録姜碑僅二百二十六字,陸貫夫《續古刻叢鈔》箸録此碑存六百餘字,蔣生沐《東湖叢記》據原拓整本得字九百餘,足見王、陸二家已未見善本。此爲陶齋尚書所藏,玉據以録入《昭陵碑録》,考以徐梧生監丞藏本,得字九百有三,半字十有二,凡改正蔣録誤字二十有一,補蔣録缺字四十有四,可想見箸録之難,然非得善本亦何能爲? 徐本僅存百餘字,蔣氏所見本今不知存亡,則此本者巍然爲海内之冠,惜不能得見崔敦禮碑爲憾耳。宣統二年上虞羅振玉。

　　此碑諸家考釋至詳,鄰蘇老人辨證尤精審,惟謂第三行王允之"允"似"元"則爲千慮之失,范書《王允傳》:"郭林宗嘗見允而奇之,曰:'王生一日千里王佐才也。'"碑蓋用此事,鄰蘇老人偶失考耳。振玉又記。

　　案:此跋見於 2014 年嘉德春拍 Lot2585 姜遐斷碑册頁。鈐"臣玉之印"(陰文)、"叔言"(陽文印)。

唐乙速孤神慶碑跋

　　唐昭陵陪葬諸臣碑,予所見善拓至夥,惟乙速孤神慶碑得曹秋岳藏本爲明季甋墨,存字才得半耳。此本乃辛亥十月得之都市,爲明中葉以前精拓,幾字字可辨。時鄂中盗起,王畿一日數警,售者索二百金,亟如其值償之。既攜之渡海,越六年丁巳,乃檢付裝池,題識下崗。退念春明往事,爲之悽感。重九後一日永豐鄉人羅振玉書於海東寓居之殷禮在斯堂。

　　案:此跋見於旅順博物館藏乙速孤神慶碑拓本(參觀《墨林星鳳》,第 136 頁),末鈐"上虞羅氏"(陰文印)、"振玉印信"(陰文印)。

唐張昕墓誌跋

此石畢弇山制軍自關中攜歸，後歸吾鄉張叔未先生，石燬於髮逆之亂。予舊藏叔未先生手題本，今又得此本，乃關中時初拓，尤可寶貴。宣統庚申三月雪翁記於津沽寓居之集賢村舍。

歸張氏後，第十二行末"風"字，十三行末四字首"永"字與下"播"字之"扌"旁均泐。雪翁又記。

案：此跋見於旅順博物館藏張昕墓誌初拓本（參觀《墨林星鳳》，第 146 頁），末鈐"振玉之印"（陰文）。

唐殷君夫人碑舊拓本跋

錢竹汀先生跋此碑，引《唐書·殷踐猷傳》，族子成己，晉州長史，初母顏，叔父吏部郎中敬仲爲酷吏所陷，率二際割耳訴冤，敬仲得減死，及成己生，而左耳缺云。讀此碑乃知即魯公之姑。其二妹者，一爲宜芳令裴安期妻，其一則殘缺不可辨矣。案碑文，他一妹則司業岑獻妻，予詳諦舊拓諸本乃知之也。碑文又言：真卿童孺時，特蒙君教言，辭音□□□□延壽《王孫賦》、崔氏《飛龍篇》、江淹《造化篇》、《五都賦》。考《隋書·經籍志》小學類，列崔瑗《飛龍篇》於蔡邕《勸學》注下，謂已亡。據碑則魯公幼時曾從姑受此書，而兩《唐書》志亦載之，則此書至唐時尚未佚矣。辛未仲夏抱殘翁記。

案：此跋見於 2007 年上海嘉泰春拍 Lot1551 殷夫人碑冊頁，又見於 2011 年泰和嘉成秋拍 Lot1352。跋末鈐"臣振玉"（朱陰文印）、"文學侍從"（陽文印）。冊頁有羅氏題籤"唐殷君夫人顏氏墓碣舊拓本""唐殷君夫人碑舊拓本　宸翰樓藏"，後一籤末鈐"臣玉之印"（陰文印）、"叔言"（陽文印）。

《松翁未焚稿》載《殷君夫人顏氏碑跋》（《羅振玉學術論著集》第十集，第 473 頁），除無落款"辛未仲夏抱殘翁記"外，文字亦有所不同。"案碑文，他一妹則司業岑獻妻，予詳諦舊拓諸本乃知

之也",作"案:合數舊本細審之,則其一爲司業岑獻妻也";"《勸
學》注下,謂已亡",作"《勸學》注中,謂爲已亡";"曾從姑受此書,
而兩《唐書》志亦載之,則此書至唐時尚未佚矣",作"尚從姑受此
書,是唐代尚存也"。

金普照寺碑跋

古今碑板之集古人書者,懷仁聖教序以外,惟普照寺碑可與雁
行。孫北海歎爲絶倫,不虛也。顧此碑國初即斷裂,近拓則不僅存
字日少,神氣亦荼弱。此本爲五百年前精拓,精采焕發,文字之未
損泐,尚其次也。玉去年在都中得一本,全文朗朗可誦,然鋒穎已
失,遜兹遠矣。芝閣先生寶此有年,丁未十月重拜觀,綴語於後,以
誌眼福。僧潛弟羅振玉。

案:此跋見於 2012 年佳士得香港秋拍 Lot892 號《普照寺碑》
册頁,末鈐"羅振玉印"(陰文)。

宋拓黄庭經跋

唐橅晉帖之著者,以六朝之韻味傳晉賢之氣骨,故轉有出藍之
妙。此本大瓢山人以爲"肉中有骨,非吳通微所能措手"。予則以
爲即吳所橅,橅書往往存古人之氣骨,非自書可媲。通微自是一代
高手,豈後世王侍書輩所可擬耶?仇亭老民羅振玉題。

案:此跋見於《宋拓黄庭經》,宣統元年(1909)神州國光社珂
羅版影印本。末鈐"羅振玉印"(陰文)。跋中引楊大瓢語見《鐵函
齋書跋》卷三《家藏山南杜氏黄庭經》(參觀《楊賓集》,浙江古籍出
版社 2012 年版,第 363 頁)。

宋拓館本十七帖跋

此本得之吳門,初疑是宋刻明拓。昨來都門,見李亦元所藏宋
拓館本,後有祝希哲、王元美、沈朗倩三跋及趙次閑《館本十七帖
考》,以之校此本,毫髮不殊。始悟此屬宋棗版,南宋拓墨。回視
《餘清》諸本,直塵土耳。曩既得姜西溟所藏唐拓本,今又得此,年

來古福不淺矣。丙午四月上虞羅振玉僧潛父題記。

丁未冬寄贈庸夫先生。寒中又記與京寓之尚寐軒。

案：此跋見於 2016 年榮寶齋上海秋季拍賣會 Lot372《十七帖》冊頁，鈐“臣玉之印”（陰文）、“叔言”（陽文印）。封面有羅氏題籤“宋拓館本十七帖唐風樓鑒藏”，鈐“羅振玉印”（陰文）。

宋拓爭座位帖跋

魯公《論坐位帖》，世人皆以“右”字下半之口字未泐爲宋拓，亦未足信。要在使轉頓錯，朗然如出自手書者，乃爲佳耳。寒齋有張瘦銅先生藏本，翁閣學題字千餘，考其波磔點畫至詳，與所作《蘭亭考》正同。玉嘗聚舊本十餘，一一勘校，知所考仍多未合，蓋推舉愈密，耳目益淆也。此本爲毅夫先生所藏，楮墨俱古，氈拓精善，望而知爲數百年物，至可寶貴。壬戌仲冬，同在都下，出以屬題，謹書冊尾，以志眼福。上虞羅振玉記。

案：此跋見於 2017 年廣東崇正春拍 Lot945 爭座位帖冊。溫肅（1879—1939），字毅夫，号檗庵，謚文節。廣東順德人。1922 年 12 月初參加溥儀大婚賀典。1923 年 1 月遜清小朝廷賞“貞心勁節”匾額等，同時賞羅振玉“貞心古松”匾額。4 月授南書房行走。參觀《溫文節公集》卷一《檗庵年譜》、卷二《檗庵奏稿》，香港學海書樓 2001 年版。

書　畫　跋

智永真草千文真跡跋

真草千文一卷，爲智永禪師真跡。學者於此可上窺山陰堂奧，爲人間劇跡。顧或以爲與關中石本肥瘦迥殊而疑之，是猶執人之寫照而疑及真面也。近我内府檢定書畫名迹，中有宋王知微臨永師真草千文，寶沈庵宮保熙爲予言豐筋多肉，與此本吻合。異日當爲影付印，以與此本並傳示海内，承學之士庶不至執石刻以疑真跡乎？宣統壬戌三月上虞羅振玉書於津沽嘉樂里寓。

　　案：此跋見於日本京都小川家真草千字文卷，曾爲小川爲次郎（1851—1926，號簡齋）舊藏。跋末鈐"羅振玉"（陰文印）。羅振玉《後丁戊稿》所載《智永千文跋》（《羅振玉學術論集》第十集，第641—642頁）爲羅氏爲影印本所作跋。

王鐸臨古書册跋

　　王文安公書跡之流傳者，晚年率意之作爲多。此册書於丙子、丁丑二年，當明之末季，爲公攻書最力之時。所臨七家書，無一不精妙。其臨二王書，尤得神髓，非它率意之作可比。川口先生以爲如何？歲在壬子，上虞羅振玉題。

　　案：此跋見 2008 年西泠印社拍賣公司春拍 Lot0325 王鐸臨古册頁，末鈐"羅振玉印"（陰文）。有羅振玉題籤兩條：一曰"王孟津書册宸翰樓藏"，鈐"羅振玉"（陰文印）；一曰"王文安公臨晉人書册此君軒藏　羅振玉題"，鈐"羅振玉"（陰文印）。此册原爲羅氏舊藏，蓋轉讓與日本川口國次郎時作跋歸之。後又有內藤湖南題籤、長尾甲題籤并兩跋。此君軒爲川口氏齋名，在日本備後國三原城（今廣島縣三原市），壬子（1912）九月王國維曾作《此君軒記》，參觀《觀堂集林》卷二三。

方以智梅花老屋圖跋

　　無可大師畫跡傳世至少，予求之三十年始得册一幅二。册中圖行腳所經名川，後有錢開少先生跋，畫筆清瘦枯淡而意味無窮，非當世畫家所可及。此幀伯雨學使藏弆有年，以未見大師它跡未能斷定真贗。丙寅仲夏，出以相示，與予齋所藏正同，爲真跡無疑，學使幸善守之。上虞羅振玉題記。名下脱山字。振玉又記。

　　案：此跋見於 2015 年西泠印社秋拍 Lot0423 號方以智《梅花老屋圖》，鈐"羅振玉印"（陰文）、"羅叔言"（陰文印）。黃以霖（1856—1932），字伯雨。宿遷人。光緒十七年（1891）辛卯科舉

人。歷官鄖陽知府候補道、署湖南提學使兼布政使。民國後居上
海,熱心賑濟,興辦實業。喜藏碑版書畫。此畫鈐有"宿遷黄氏收
藏圖書"陽文印。

（整理者單位：復旦大學）

《金科一誠賦》中所見明代
日用類書的構成方法①

一、序 文

明代,特別萬曆年間,在建陽出版了很多日用類書。一般地說,日用類書製作粗糙,不注明内容出處,舛誤頗多。這不是祇在日用類書中看出來的特徵,而是明代建陽版書籍的特性。

一方面,這些日用類書保存了現在已經散逸的許多通俗書籍的内容,小川陽一氏就曾利用日用類書嘗試對小説進行研究,期待將來這一類研究更興盛。②另一方面,日用類書記載的出處不明確,有很多誤字、漏字和難以解讀的部分,更有很多内容上的錯誤。這不僅造成對於小説研究上重要的通俗内容的驗證很困難,而且利用日用類書以外的書籍修正其錯誤也很困難。

關於存世日用類書的研究,目前已有酒井忠夫氏的《中國日用類書史的研究》,③吴蕙芳氏的《萬寶全書:明清時期的民間生活實録》、④劉天振氏的《明代通俗類書研究》等。⑤據酒井氏的研究,日用類書和《藝文類聚》等士大夫敬重的傳統類書不一樣。日用類書的對象讀者是更廣泛的,這類書籍"有庶民民間的形式和内容”。⑥這從一個側面體現了日用類書上下兩層的本文構成,用比較容易理解的、簡要的形式登載日常生活中需要的官制及法律的知識、笑話及琴棋書畫等基礎知識等的特點。

就日用類書收錄的材料來看,其出處很有可能是當時民衆容易理解的書籍,換句話説,即刊載廣泛流通内容的通俗書籍。通過探究在製造日用類書上書籍利用的方法,筆者期待一方面可能獲得當時社會的重要資料,一方面可能更準確地把握日用類書研究上的價值。

依據上述背景,本研究的目的是,通過清理日用類書的素材選擇法和利用法的具體例證,對在日用類書中保持的材料性質加以考察。

本論文的研究對象是在日用類書“律法・律例門”中收錄的一個記憶法律内容的歌訣,稱爲《金科一誠賦》。筆者選律例律法門的理由是,日用類書律例律法門是現有研究中已經有指摘關聯書籍的不多的門類之一,⑦而且這些與日用類書有關係的書籍目前還有不少存在。明代有關法律的書籍有官刻、坊刻兩種,它們的對象讀者分別是官吏和四民,還有最初面向官吏的書籍後來被書坊翻刻的,在本論文中,都稱作“明代法律文獻”。

筆者選《金科一誠賦》的理由有兩個:第一是,在這歌訣的注中記載了類似引文出處的書籍名,而且除了兩個例外,幾乎所有現存日用類書的律例律法門都收錄了這首歌訣;第二是,這首歌訣也登載在公案小説《古今律條公案》上,這爲考察日用類書、通俗類書及其他通俗書籍之間的關係提供了有價值的例證,所以值得研究。

日用類書本文上記載的引文出處是不是可靠,在出處的實際内容與日用類書上記載的内容不合的情況下如何發現差異,諸如此類的問題或許可以通過與在内容上有關聯的書籍的細緻比較,通過考察日用類書的編輯者所利用的書籍性質和具體的利用法加以探究。當然這裏還有另一個目的，就是考察編輯者對日用類書内容的干預程度。

就本稿的構成簡説：第二節簡介《金科一誠賦》的性質、成立年代及文本所在；第三節針對《金科一誠賦》正文具有的問題加以考察；第四節對於《金科一誠賦》各種注文之間的異同注目，嘗試分爲不同的系統而考察各系統的性質，在此基礎上就日用類書所屬的系統加以考察；第五節爲結論。

二、《金科一誠賦》簡介

在有些明代法律文獻中，《金科一誠賦》被稱爲《金科玉律》。[8]這是一種便於記憶的韻文歌訣，内容是案件審判時候的注意事項，詳下。清王明德《讀律佩觹》認爲此歌訣作者不詳，但是明代文人的作品。[9]

管見所及，現存的本文都是明代以後的，最早見於何廣的《律解辯疑》。[10]《宋史藝文志・刑法類》記録有"劉高夫金科玉律總括詩三卷"及"金科玉律一卷"，後者與"刑統賦四卷"均注明"不知作者"。由於前兩書現在已經散逸了，具體内容不詳，但因其稱爲《金科玉律》，或許與《金科一誠賦》存在源流關係。如果《金科一誠賦》創作於宋代，名稱類似的《金科玉律總括詩》的作者劉高夫有可能是其作者，但劉高夫的其他信息都不詳。而筆者認爲這歌訣的創作時代不是宋代而是明代初期，理由後述。

在考察《金科一誠賦》的具體用法上，宋代創作的《刑統賦》可爲參考。關於《刑統賦》，滝川政次郎認爲它是"延續了宋元明三代，在法學教育上廣泛使用"的韻文，現在得見的本文都帶注文。[11]大概《金科一誠賦》的用法也一樣，是用於法學教育的一種文字。

就筆者親眼所見，此賦刊載於《新鍥天下備覽文林類記萬書萃

寶》⑫《新鍥全補天下四民利用便觀五車拔錦》⑬《新鍥燕臺校正天
下通行文林聚寶萬卷星羅》⑭《新鍥萬軸樓選删補天下捷用諸書博
覽》⑮《新刻翰苑廣記補訂四民捷用學海群玉》⑯《鼎鍥崇文閣彙纂
士民捷用分類學府全編》及挪用其書版的《鼎鍥崇文閣彙纂士民
萬用正宗不求人全編》⑰《新刻全補士民備覽便用文林彙錦萬書淵
海》⑱《新板全補天下便用文林妙錦萬寶全書》⑲《新刊採輯四民便
用照世明鏡萬諸書博覽全書》第十八卷及挪用其書版的《鼎鍥龍
頭一覽學海不求人》⑳《新刻艾先生天禄閣彙編採精便覽萬寶全
書》,㉑總共十二種日用類書。上述十二種日用類書中,除了在《便
覽萬寶》中作爲"律法一覽"以外,其餘諸書中這一歌訣都稱爲《金
科一誠賦》。筆者所見其他有"律例·律法門"的日用類書中,與
《正宗不求人全編》同由三台館刊行的《新刻天下四民便覽三台萬
用正宗》律例門中没有收録。㉒

關於在明代出版的收録《金科一誠賦》的書籍,尤陳俊氏已經
指摘了洪武年間何廣的《律解辯疑》、嘉靖年間的《大明律直引》㉓
及《大明律例附解》,㉔萬曆年間的訟師秘本《新刻摘選增補注釋
法家要覽折獄明珠》㉕及《鼎鐫六科奏准御製新頒分類註釋刑台法
律》㉖五種法律書籍,㉗其中《刑台法律》由出版《學海群玉》的熊
氏種德堂刊行。還有天啓年間的類書《士商類要》(筆者未見)及
公案小説《新刻海若湯先生匯集古今律條公案》,㉘這本公案小説
的特徵是具有圖版和音注,關於圖版,其他書籍中没有收録,而且
音注也很罕見。另外,由收録項目來看,陳麗君氏也指摘了《律條
公案》與《折獄明珠》之間關係密切。㉙

此外,收録《金科一誠賦》的書籍還有三台館(也出版了日用
類書《三台萬用正宗》及《萬用正宗不求人全編》)刊行的《新刻御
頒新例三台明律招判正宗》,㉚這一本書也有音注,不過其注内容
與《律條公案》完全不同。其他如崇禎年間的《臨民寶鏡》所載的

文本也與《明律正宗》的文本相似。[31]

尤氏指出，日用類書中收錄的《金科一誠賦》，不是出於《律解辯疑》及内容相近的《大明律直引》《折獄明珠》中收錄的系統，而是來源於《律例附解》及清代《讀律佩觽》中收錄的系統，而且文字上有不少差異。管見所及，收錄《金科一誠賦》的書籍中，萬曆年間最早刊行的是萬曆十三年（1585）刊本《鍥御製新頒大明律例註釋招擬折獄指南》，[32]現存日用類書中最早的是萬曆二十四年（1596）的《萬書萃寶》，所以，前者比後者早十一年。就内容來看，《折獄指南》所刊載的《金科一誠賦》文本與《大明律直引》《明律正宗》的文本相似。另有一個研究者指摘刊載《金科一誠賦》的書籍尚有訟師秘本《蕭曹遺筆》系統，不過筆者沒見收錄《金科一誠賦》的明刊本，所以本稿中存而不論。[33]

就大部分日用類書收錄的《律例附解》系統這一點來考察。據《讀律佩觽》，這首歌訣及其注附於明嘉靖二十九年（1550）頒發的《重修問刑條例》。[34]日本東京大學東洋文化研究所藏《律例附解》殘二卷中有《金科一誠賦》全文和第一、二句注。因爲該書是嘉靖二十三年（1544）邗江書院根據洪武三十年（1397）官撰本重版的本子，[35]估計在明代屢次頒發明律之際，多會附上《金科一誠賦》及注。

因此，首先可以認爲屬於《律例附解》系統的《金科一誠賦》被收錄在日用類書律例律法門的理由，是因爲這類書可能比較容易入手，而且也很有權威。

三、接受的實像一：本文

先就明代通俗書籍，特別是日用類書中《金科一誠賦》具體的利用法加以考察。

下面引錄明代最早登載《金科一誠賦》的《律解辯疑》中的

本文：

> 玉律貴原情，金科慎一誠。夫姦妻有罪，子殺父無刑。不殺得殺罪，流罪入徒縈。出杖從徒斷，入徒復杖徵。紙甲殊皮甲，銀瓶類瓦瓶。傷賤從良斷，屠牛以豕名。達兹究奧理，決獄入詳明。[36]

除了《便覽萬寶》，各書所載歌訣的形式都是五言十四句。這裏首先值得注意的是歌訣的押韻。清代的《讀律佩觿》言其"止取偕聲，不拘韻腳"，[37]且認爲系遠承漢魏之時五言詩"初不拘乎韻，惟以達乎其情而止"的形態。核以平水韻，歌訣中的"誠""情""名""明"四字屬下平八庚，"刑""瓶"屬下平九青，"徵"屬下平十蒸，確是"不拘韻腳"。但是在元周德清《中原音韻》上，除第六句"縈"字不刊發音和第八句"徵"字別有特徵（詳下）外，"誠""刑""瓶""名""明"都屬於庚青部·平聲·陽。

就"徵"字而言，在《中原音韻》中屬於庚青部·平聲·陰。除《金科一誠賦》之外，"杖徵"一詞不見於明代的其他文獻。就該部分而言，《臨民寶鏡》正文和《學海群玉》注文作"杖懲"，而《中原音韻》上"懲"字屬於庚青部·平聲·陽。雖然在其他明代法律文獻上也找不到"杖懲"，但就文意而言比較容易理解。

另外，第六句"流罪入徒縈"中的"縈"字，在日用類書上都誤作"荣"，致使文意不明。但公案小説《律條公案》上，"縈"字下有"音荣"的音注。[38]在《律條公案》和日用類書之間，沒有發生其他類似的現象，因此無法確證日用類書的這一誤字與音注是否有關，抑或形近音近而誤，估計當時有"縈"和"荣"發同一音的認識。《中原音韻》中有寫作"榮"字的發音，恰屬於庚青部·平聲·陽，沒有問題。[39]

如果以上兩點解釋正確，可以認爲《金科一誠賦》的押韻方式是依照《中原音韻》一韻到底的。這說明《金科一誠賦》並非如《讀律佩觿》所說的那樣"不拘韻腳"，祇是其押韻方式不是依據背離現實的平水韻，而是依據北方口頭語而已。換句話説，《金科一誠賦》當時實際上採用了口耳相傳的形式，而這是恰符合歌訣特點的。[40]

需要補充説明的是，在日用類書和其他明代法律文獻之間，《金科一誠賦》文本的重大差異之一，是第一句"玉律貴原情"和第二句"金科慎一誠"的位置不同。管見所及，所有日用類書和《折獄明珠》《律條公案》第一、二句作"金科慎一誠，玉律貴原情"；而《律解辯疑》《大明律直引》《律例附解》《折獄指南》《明律正宗》《刑台法律》《臨民寶鏡》都作"玉律貴原情，金科慎一誠"。這涉及韻腳的問題，如以"情"爲韻字，《中原音韻》上和"誠"字同樣屬於庚青部·平聲·陽，因此押韻上也沒有問題，仍是一韻到底的。不過，從平仄粘對上，假如第二句是"金科"，屬平聲，與第三句"夫姦"平聲合平仄粘對；而第二句"玉律"的語系仄聲，與第三句"夫姦"平聲不合。所以，第一、二句作"玉律貴原情、金科慎一誠"爲正確，日用類書、《律條公案》和《折獄明珠》失粘，當是原文錯簡。

儘管沒有確鑿的證據，但可以推測，最初把第一句誤作"金科慎一誠"的書籍很可能因爲這首歌訣的題名是《金科一誠賦》，隨後刊刻的日用類書沿用了這一形式。實際上，這錯誤在明代日用類書中一直沒被訂正。管見所及，這錯簡當在萬曆年間發生。

同時管見所及，《便覽萬寶》是唯一看見獨立異文的日用類書。該書不僅缺第五句至第八句的正文注文和第十一句的注文，第十一句"傷賤從良斷"作"盜牲徒杖百"，末句"決獄入詳明"作"律法自精明"，而且變更部分也並不追加新的注。[41]因此可以認爲，日用類書《便覽萬寶》所引《金科一誠賦》的淵源是與其他書籍有別的。

四、接受的實像二：注文

接着就《金科一誠賦》注作考察。萬曆年間《金科一誠賦》注有幾種形式，考察之前，首先需要確認作爲原本基礎的《律例辯疑》上收録的《金科一誠賦》注的問題。

《律解辯疑》中收録的《金科一誠賦》注，既有符合《大明律例》的部分，也有不相符合的部分，二者混在一起。基於明律而不見於唐律的文字出現於第四句至第十一句的注文，由於第一句和第二句是導入部分，而第十三句和第十四句是總結部分，可以認爲此歌訣的注文大部分基於明律。清代《讀律佩觿》上看見的《律解辯疑》引用部分都首列"明律舊注"四字，因此估計在《律解辯疑》等《金科一誠賦》注的引用部分大致基於没有唐律而祇有明律的條文。而後來所載《金科一誠賦》的書籍都受到這一注文的影響。

（一）編輯者的選擇：《金科一誠賦》注的系統

在這一部分，就編輯日用類書之際的文本選擇方式加以考察。

先以第四句"子殺父無刑"注爲例。首先引用《律解辯疑》的注。

> 謂子孫殺父母者，凌遲處死，出於五刑之外，故曰"無刑"。又曰"殺"者，奉兵以討曰殺。是言凡爲人子，各事一國，而兩（交兵）以傷。其父爲叛國之軍卒，從捕寇賊，而兵聚其父，得以無罪。如弟弑兄者，亦坐不義，罪入十惡，爲罪（非輕）。子曰，管叔，兄也。周公，弟也。管叔以殷叛，周公殺之，此無罪也。又曰，翁姦男婦，及塗抹面目異形，遇晚行盜於子家，子不見聞而殺之，故無罪。如叔侄別處生長，素不相識，侄打叔傷，官司推問，始知是（叔，止依凡人）論，故云"無刑"。

未知孰是？依子孫殺父母凌遲處死，出於五刑之外，無刑
載當。⑫

其中"謂子孫……故曰無刑"的內容基於《大明律》卷一九《刑
律二‧人命》"謀殺祖父母父母"條。現節引該條文如下：

　　凡謀殺祖父母、父母，及期親尊長、外祖父母、夫、夫之祖
父母、父母，已行者皆斬，已殺者皆凌遲處死。⑬

這裏的"凌遲處死"是宋代以後所採用的刑罰。《宋刑統》並
沒有"已殺者皆凌遲處死"的規定。⑭而元代五刑中已含有"凌遲
處死"的條款，⑮因此這注文不可能創作於宋元代。明代"凌遲處
死"在五刑之外，恰與《金科一誠賦》的注文相合。本文由此假定
《金科一誠賦》注都形成於明代初期。

見於其他文獻的這部分注沒有大的異文。就日用類書而
言，除《便覽萬寶》存在一些異文外，其他文本基本一致，所以
以刊行最早的《萬書萃寶》和具有獨特文本的《便覽萬寶》爲代
表。就法律文獻來說，引例四種書籍：尤氏所指摘的官刻本
《律例附解》及訟師秘本《折獄明珠》、余象斗版《明律正宗》、
種德堂版《刑台法律》。另外，爲了便於參考，引用公案小説
《律條公案》。

以《律解辯疑》爲基準，下引各段異文大致可以分爲三類：
1.《律解辯疑》無而他本有多出文字者三例，以波浪線標示；2.《律
解辯疑》有而他本有刪略者三例，以下划單線標示；3.《律解辯疑》
與各本文字相異者四例，以下划雙線標示；4.《律解辯疑》與他本
字體相異者三例，以旁點(●)標示。另外，就祇有一個或兩個本
子所持的異文十四例，用 BOLD 體標示。現觀大致時間先後引例
如下：

（律解辯疑）謂　　　　　　子孫殺父母

　　　　　　　　　者凌遲處死，出於五刑之外，故曰無刑。

（律例附解）辯疑　　　以子孫殺父母

　　　　　　　　　祖父母者凌遲處死，出於五刑之外，故曰無刑。

（萬書萃寶）办疑云　　以子＿殺父母

　　　　　孫殺祖父母＿凌遲处死，出＿五刑之外，故曰无刑。

（折獄明珠）＿＿＿＿　以子孫殺父母

　　　　　　　　　祖父母＿凌遲處死，出于五刑之外，故曰無刑

　　　　　之可加。

（明律正宗）謂　　　　　　子孫殺父母

　　　　　　　　　者凌遲處死，出於五刑之外，故曰無刑。

（刑台法律）謂　　　　　　子孫殺父母

　　　　　　　　　者凌遲處死，出於五刑之外，故曰無刑。

（律条公案）＿＿＿＿　以子孫殺父母

　　　　　　　　　祖父母＿凌遲處死，出于五刑之外，故曰無刑。

（便覽萬寶）〔辨疑云〕　以子孫殺父母

　　　　　　　　　祖父母＿凌遲處死，出于五刑之外，故曰無刑。

　　由上列及標示可見，《明律正宗》和《刑台法律》與《律解辯疑》完全一樣。《折獄明珠》則同於《律條公案》，唯於句末加了"之可加"三字而已。

　　而由《律例附解》《萬書萃寶》和《便覽萬寶》都插入"辯疑（云）"（其中《萬書萃寶》"辯"作"办"）一類的文字來看，這三種書籍的關係顯然比較密切。

　　就《律例附解》的文本而言，在第一句至第六句注的開頭，把《律例辯疑》上的"謂"字改作"辯疑以"；而在第七句至第十一句注的開頭，則把"辯疑"兩字插在"謂"字之前。就日用類書的文本而

言,從第一句到第十一句都在開頭插入"辯疑云"三字。⑯估計這是
承襲《律例附解》所加的"辯疑"之後又加上了"云"字。其結果,在
日用類書中第一句至第六句的注文開頭都作"辯疑云以"四字,而
且第七句至第十一句的注文都以"辯疑云謂"四字開始。

　　下面檢討"又曰殺……此無罪也"的部分。這部分在《律例附
解》《折獄明珠》《律條公案》《便覽萬寶》中都没有,因此以《萬書
萃寶》《明律正宗》及《刑台法律》引例。

　　（律解辯疑）又曰殺者,奉兵以討曰殺。是言凡爲人子各
事一國,而兩交兵以傷。其父爲叛國之軍卒,從捕寇賊,而兵
聚其父,得以無罪。如弟**弑**兄者,亦坐不義,罪入十惡,爲罪非
輕。　子曰,管叔,兄也。周公,弟也。管叔以殷叛,周公殺
之,此無罪也。

　　（萬書萃寶）又**云**　　　　　　　　　　**父**子各事一國,
子杀其父,乃盡忠之命。

　　（明律正宗）又曰殺者,奉兵以討曰殺。是言凡爲人子各
事一國,而兩交兵以傷,其父爲叛國之軍卒,從捕寇賊,而兵**殺**
其父,得以無罪。如弟**殺**兄者,亦坐不義,罪入十惡,爲罪非
輕。**孟**子曰,管叔,兄也。周公,弟也。管叔以殷叛,周公殺
之,此無罪也。

　　（刑台法律）又曰殺者,奉兵以討曰殺。是言凡爲人子各事
一國,而兩交兵以傷,其父爲叛國之軍卒,從捕寇賊,而兵**殺**其父,
得以無罪。如弟**殺**兄者,亦坐不義,罪入十惡,爲罪**不**輕。**孟**子
曰,管叔,兄也。週公,弟也。管叔以殷叛,週公殺之,此無罪也。

《律解辯疑》《明律正宗》及《刑台法律》所載的"奉兵以討曰
殺",又四書都引的"父（人）子各事一國"以下的文字,都是出典不
明的。又就《孟子》而言,其原文是"周公弟也。管叔兄也。周公

之過不亦宜乎",但在這裏"周公"和"管叔"的位置互易了。[47]

　　上引這段文字,《萬書萃寶》置於下文"又曰翁……并和无罪"之後,其他日用類書同。且由引文可知,《萬書萃寶》省略了大部分文字,日用類書所載的文本是把《律例附解》中被刪除的部分加以概括後再添加上去的。而《明律正宗》的文字次行同《律解辯疑》,其相異之處均較《律解辯疑》準確。這意味着日用類書刊行時,就這部分至少存在三種《金科一誠賦》文本:雖有些省略過,比較保存着《律解辯疑》原文的文本,例如《明律正宗》及《刑台法律》;有些大幅度刪除《律解辯疑》的文本,例如《律例附解》;有些刪除《律解辯疑》的文本後,再加有必要的部分,例如《萬書萃寶》等日用類書所引用的文本。

　　最後對"又曰翁……故無罪"的部分加以檢討。[48]第四句注中,這一部分的異文最多。

　　　（律解辯疑）又曰,　　　翁　　　姦　男婦,
及塗抹面目異形,遇晚行盜於子家,子不見聞,　　　　而
殺之,故　無罪。

　　　（律例附解）又曰,　　　翁若黲夜**欺**姦　男婦,子莫得知
及塗抹面目＿＿,遇晚行盜於子家,子不見聞,凡由此而　殺
之,並合無罪。

　　　（萬書萃寶）又曰,　　　翁若黲夜　**奸亲**男婦**而**子**男**得知
及塗抹面目＿＿,遇晚行盜于子家,子不見聞,凡由此而　**杀**
之,並合无罪。

　　　（折獄明珠）〔辨疑云〕翁若**黑**夜　姦　**子**婦,子莫得知
及**抹塗**面目＿＿,遇晚行**姦**＿＿＿＿,子不見聞,**及其至**而　殺
之,並合無罪。[49]

　　　（明律正宗）又曰,　　　翁　　　姦　男婦,
及塗抹面目異形,

過晚行盜於子家，＿不見聞，　　而　殺之，故　無罪。

（刑台法律）又曰，　　翁　　　姦　男婦，

及塗抹面目異形，遇晚行盜於子家，＿不見聞，　　　　而　殺

之，故　無罪。

（律條公案）辨疑云。　翁若黑夜　姦　子婦，子莫得知

及抹塗面目＿＿＿，遇晚行盜＿＿＿＿＿，子不見聞，　　而誤殺

之，並合無罪是也。

（便覽萬寶）又曰，　　翁若黑夜　姦　男婦，子莫得知

及塗抹面目＿＿＿，遇晚行盜于子家，子不見聞，及因此而　殺

之，並合無罪。

這部分沒有查到其出典。這部分的情況比較複雜，分述如下：

1. 就《律解辯疑》無而他本有多出文字的三例而言。第一例，見於《律例附解》中的"若黑夜"，《萬書萃寶》和《便覽萬寶》兩種日用類書同；訟師秘本《折獄明珠》和公案小說《律條公案》中均作"若黑夜"，雖然文字相異，但意思差不多。第二例，見於《律例附解》中的"子莫得知"，除了《便覽萬寶》，日用類書都作"而子男得知"。第三例，見於《律例附解》中的"凡由此"，《萬書萃寶》同，《折獄明珠》作"及其至"，《便覽萬寶》作"及因此"，《律條公案》沒有這些文字。總體來看，上述改動的目的，估計是對《律解辯疑》的內容作補充說明。加上《明律正宗》及《刑台法律》中也都沒有這些文字，所以進一步可以說明《明律正宗》及《刑台法律》的文本比較接近於《律解辯疑》。

2. 就《律解辯疑》有而他本有刪略者三例而言。第一例是《律解辯疑》中的"塗抹面目異形"的"異形"兩字，第二例是"子不見聞"的"子"字，這兩例都祗在《明律正宗》及《刑台法律》中保存，不見於其他文獻。第三例，就"遇晚行盜於子家"的"於子家"三字，《折獄明珠》和《律條公案》兩種都缺，而《萬書萃寶》和《便覽

《萬寶》兩種日用類書作"于子家"。這三例都是没有重大意義的文字,所以有可能後來被删除了。

3. 就《律解辯疑》與各本相異者四例而言。第一例是開頭的"又曰",《律例附解》《萬書萃寶》《明律正宗》《刑台法律》《便覽萬寶》同,《折獄明珠》及《律條公案》作"辨疑云"。如上述所言,這部分注文都出於《律解辯疑》,而且《律例附解》及《萬書萃寶》《便覽萬寶》兩種日用類書都在注文的開頭記載過。第二例"男婦",《折獄明珠》及《律條公案》作"子婦"。第三例"塗抹面目"的"塗抹",這兩種書作"抹塗"。所以這意味着《折獄明珠》及《律條公案》兩種書文本的出處比其他書籍相近。第四例"故無罪",祇有《明律正宗》與《律解辯疑》同,其他文獻都作"并合無罪"。[50]這部分的改動也對解釋文本的影響不大。

總體來看,《明律正宗》及《刑台法律》所載注文文本最接近《律解辯疑》。《明律正宗》刊行於萬曆三十四年(1606),《刑台法律》是萬曆三十七年(1609),這比萬曆二十四年(1596)所出版的《萬書萃寶》遲十年。《明律正宗》的出版者是三台館余象斗。如上所述,他出版《明律正宗》之前和之後,還出版過兩種日用類書:萬曆二十七年(1599)所出版的《三台萬用正宗》及萬曆三十七年(1609)所出版的《正宗不求人全編》。不過雖然他持有較接近於《律解辯疑》的文本,他所出版的日用類書刊載的是更簡化的文本,而不是《明律正宗》所刊載的文本。

如上所述,《三台萬用正宗》律法門的内容與其他日用類書完全不同,法律文書的文例等占了大部分。在其他日用類書中,這類内容被收録在"狀式門"或"體式門"等門類中,因而小川陽一氏指摘了《三台萬用正宗》和《萬書淵海》内容上的類似性時,律例門屬於例外,[51]而《三台萬用正宗》不載《金科一誠賦》。但之後出版的《正宗不求人全編》中卻挪用了《鼎鋟崇文閣彙纂士民捷用分類學府全編》律法門中的内容,收録内容與《萬書萃寳》等日用類書同,所以《正宗不求人全編》所載的《金科一誡賦》的文本比較接近《律例附解》的文本。

此外,種德堂熊氏在法律書籍中没有採用《律例附解》系統的比較簡化的文本。種德堂所出版的《刑台法律》中刊載的《金科玉律》不是接近於日用類書《學海群玉》的文本,而是比較接近於《律解辯疑》的文本。而且,其内容與《明律正宗》大致一致。

這意味着,製作書籍之際,依據該書籍的性質,編輯者選擇對應要製作的書籍的底本。

就日用類書,其原因之一估計是,在日用類書律例律法門製作之際,編輯者們基本上承襲已經出版的日用類書的内容。早於《萬書萃寳》,"律例·律法門"的收録項目開始固定化。除了《學海不求人》及《便覽萬寳》兩個例外,所有日用類書所收録的項目大概一致,參見表1及表2。

表1　日用類書"律例·律法門"上層收録的項目

	萬書萃寳	五車拔錦	萬卷星羅	諸書博覽	學海群玉
例分八字西江月	○	○	×	○	×
律卷總條款名歌	○	○	○	○	"條款名歌"
問擬總類歌	○	○	○	○	○
監守自盜贓	○	○	○	○	○
平常人盜贓枉法贓	○	○	○	○	○
竊盜贓不枉法贓	○	○	○	○	○
坐贓	○	○	○	○	○
收贖歌	○	○	○	○	○
婦人納鈔歌	○	○	○	○	○

	萬書萃寶	五車拔錦	萬卷星羅	諸書博覽	學海群玉
納米歌	○	×	×	○	○
遷徙歌	○	×	×	○	○
誣告折杖歌	○	×	×	○	○
五刑條例	○	○	○	○	○
在外納贖則例	○	○	○	○	○
刺字不刺字	○	○	○	○	○
納紙不納紙	○	○	○	○	○
比附律條	○	○	○	○	○
警勸律例歌	○	○	×	○	○
附犯姦律歌	○	○	×	○	○
儆勸西江月（三首）	○	"附西江月"（四首）	×	（下層）	×

	正宗不求人全編	萬書淵海	妙錦萬寶全書	學海不求人	便覽萬寶
例分八字西江月	○	○	○	（下層）	×
律卷總條款名歌	○	○	○	（下層）	×
問擬總類歌	○	○	○	（下層）	×
監守自盜贓	○	○	○	"監將句盜贓"（下層）	×
平常人盜贓枉法贓	○	○	○	（下層）	×
竊盜贓不枉法贓	○	○	○	（下層）	×
坐贓	○	○	○	（下層）	×

續表

	正宗不求人全編	萬書淵海	妙錦萬寶全書	學海不求人	便覽萬寶
收贖歌	○	○	"牧贖歌"	(下層)	×
婦人納鈔歌	○	○	○	(下層)	×
納米歌	○	○	○	(下層)	×
遷徙歌	○	○	○	(下層)	×
誣告折仗歌	○	○	○	(下層)	×
五刑條例	○	○	○	(下層)	×
在外納贖則例	"枉外納贖則例"	○	○	(下層)	×
刺字不刺字	○	○	○	(下層)	×
納紙不納紙	○	○	○	(下層)	×
比附律條	"北附律條"	○	○	×	×
警勸律例歌	○	○	○	×	○
附犯姦律歌	○	×	○	×	"犯姦總歌"
儆勸西江月(三首)	"西江月"(四首)	○	"西江月"(四首)	×	×

表2　日用類書"律例·律法門"下層收録的項目

	萬書萃寶	五車拔錦	萬卷星羅	諸書博覽	學海群玉
金科一誠賦	○	○	○	○	○
爲政規模節要論	○	○	○	○	"爲政規模"
附律例拾遺	○	○	○	○	○

	正宗不求人全編	萬書淵海	妙錦萬寶全書	學海不求人	便覽萬寶
金科一誠賦	○	○	○	○	（上層）"爲政須知"
爲政規模節要論	○	○	○	○	×
附律例拾遺	×	○	○	"附律例十遺"	×

　　表1、2是日用類書與《萬書萃寶》所收相同項目表。首先標示範例：最左欄揭示的是項目的名字，最上欄揭示的是日用類書的書名。項目的名字以《萬書萃寶》爲基準；又用"下層"或"上層"，指該項目收錄在與其他日用類書不同的階層；又用""表示該項目的名字有些改動，例如在《學海群玉》中，《律卷總條款名歌》作爲《條款名歌》。

　　需要説明的是，如上所述，《學海不求人》的"律法門便覽"置於下層，所以所有內容應該屬於下層項目；而且祇有《學海不求人》及《便覽萬寶》兩書刊載表中不揭示的其他項目。換句話説，除了這兩種日用類書以外，雖然存在有些項目的增減或文本的異同，所有日用類書的收錄項目大致相同。

　　爲什麼會發生這種情況？原因之一，估計是在成爲《萬書萃寶》系日用類書"律例·律法門"基礎的書籍。需要説明的是，《萬書萃寶》祇是傳世最早刊行的萬曆年間刊日用類書，而且該書也很有可能基於其他日用類書。製作日用類書之際，編輯者所據的很有可能是當時有很大影響力的書籍。加之萬曆年間所出版的日用類書中，《三台萬用正宗》的出版時期比較早。出版這日用類書的時候，估計"律例·律法門"的收錄項目未完全固定。後來《萬書萃寶》系統的影響力更大更強，所以出版《正宗不求人全編》的時候，余象斗放棄了以前出版的內容而採取了《萬書萃寶》系統。再後來,日用類書的内容進一步簡化,因此收録的内容被改變了。這變化估計發生在《便覽萬寶》仍用的崇禎元年以前。⑤

　　不過,如第四句,日用類書中所刊載的《金科一誠賦》注並非與《律例附解》完全一致。第四句中有些内容的確與《大明律》不相符,而且萬曆年間,第四句中所説的"父子各事一國"的情況與製作《金科一誠賦》的洪武年間不一樣。那麼爲什麼在日用類書里會復活這個内容?爲什麼不選擇與《律例附解》同樣的方式删除那一句話?而且,《萬書萃寶》所收録的《金科一誠賦》與《便覽萬寶》所收録的内容不同,《折獄明珠》與《便覽萬寶》也不同,這裏有什麼原因?

　　從日用類書的構成來看,這現象也有可能由於在編輯日用類書的時候所引用的書籍。日用類書《萬書萃寶》的出處依據不是《律例附解》而是引用《律例附解》的書籍,而且那書籍有部分改寫《律例附解》的文本;《便覽萬寶》的出處也不是《折獄明珠》,而是屬於相近系統的書籍。日用類書的出典是否爲別的日用類書,或是否爲當時流行的法律書籍,現在没有確證。現在祇能推測的是,在明代後期,《金科一誠賦》的文本至少有三個系統:比較接近於最早《律解辯疑》文本的系統,例如《明律正宗》;收録比較簡化文本的《律例附解》系統,例如《萬書萃寶》等很多在萬曆年間中所出版的日用類書;收録比《律例附解》系統更簡化的《折獄明珠》系統,例如公案小説《律條公案》、日用類書《便覽萬寶》。這三個系統成立的時期也不同,最早的是《律解辯疑》系統,估計是在洪武年間;最晚的是《折獄明珠》系統,估計是在萬曆年間。

　　(二) 改寫的方向

　　日用類書中所收録的《金科一誠賦》文本的特徵是被簡化。換句話説,編輯日用類書之際,編輯者往往選擇已經簡化過的文本。如上所述,這"簡化"有兩個方向:一、删除不要的部分;二、補充難以理解的部分。加上就《律解辯疑》中所存在的與《大明律》不相符的部分,至少嘉靖年間已經改過了,日用類書承襲了此變化。

以第八句注爲例。此處《刑台法律》與《明律正宗》文字完全一樣而省略,又《便覽萬寶》沒有這部分。

（律解辯疑）　　　　　如**訴訟律有人**　該笞五十,誣　爲重告**入**　　徒　者　　以所剩**論。剩罪者,**　　共折杖**一百五十,**反坐　告　　　　　杖一百,餘　　听收贖,此**名**　杖徵也。

（律例附解）辯疑　謂如＿＿＿＿＿被告　該笞五十,誣輕爲重告人杖一百徒三年者反坐＿所剩＿。未論決五徒,**通**折杖二百,　　反坐原告杖一百五十,止杖一百,餘五十聽收贖鈔三貫,此爲復杖徵也。

（萬書萃寶）办疑云謂如＿＿＿＿＿被告　該笞三十,誣輕爲重告人杖一百徒三年者反坐以所剩＿。未侖決五徒,**反**折杖二百,　　　　反坐原告杖囗百五十,止杖一百,餘五十听收贖鈔三头,此爲復杖徵也。

（折獄明珠）　　　謂如＿＿＿＿＿被告　＿笞五十,誣輕爲重告人杖一百徒三年者反坐＿所剩＿。未論決五徒,**反**折杖二百,　　反坐原告　　　　　杖一百,餘五十听收贖**杖**三貫,此爲復杖徵也。

（明律正宗）　　　　　如**訴訟律有人止**該笞五十,誣**告**爲＿＿＿＿＿　徒　者　　以所剩**論。剩罪者,**　　共折杖二百四十,反坐告人　　　　　杖一百,餘　　　　聽收贖　　　,此**名**杖徵也。

（律條公案）　　　　謂如＿＿＿＿＿被告　＿笞五十,誣輕爲

重告人杖一百徒三年者反坐 <u>　</u> 所剩 <u>　</u> 。<u>未論決五徒</u>,**及**折杖
<u>二百</u>,　　　反坐原告杖一百五十,<u>止</u>杖一百,<u>餘五十</u>**聽**收贖鈔
三貫,此<u>爲復杖徵</u>也。

這部分基於《大明律》卷二二《刑律五》"訴訟"誣告條。總體
來看,與《律解辯疑》及《明律正宗》相比,《律例附解》《萬書萃寶》
《折獄明珠》及《律條公案》的注文明顯增加了,例如《律例附解》在
九個部分補充《律解辯疑》的原文。

《律例附解》删除了"訴訟律有人",而代之以"辯疑"兩字。而
且在《萬書萃寶》及其他日用類書中也有這改變。其原因估計是,
日用類書的編輯者沒參見《律解辯疑》而不知其出於訴訟律,所以
祇承襲《律例附解》所插入的"辯疑"一類的文字。但在余象斗出
版的《明律正宗》上仍保留着"訴訟律"三字,這表明其出處與日用
類書等不同。不過,從《明律正宗》中的其他有些部分與《律解辯
疑》並不相符來看,其直接的出處有可能不是《律解辯疑》。

與《律解辯疑》相比,《律例附解》所收的《金科一誠賦》注文具
有爲容易理解而補上字眼的傾向。除了前面所舉的第四句以外,
對《律解辯疑》加以補充的部分還見於第一句、第五句、第七句、第
九句至第十四句,總體來看,大部分的注文都經過修改。

這種改變符合日用類書出版書肆的需要:四民通用。這估計
也是在較多日用類書中採用了屬於《律例附解》系《金科一誠賦》
文本的原因之一。

從上引第八句注文起首部分的異文來看,日用類書的編輯者
沒參見過《律解辯疑》。這種情況在其他部分也存在,其中改變程
度最大的是第十二句"屠牛以豕名"的注文。在《律解辯疑》所收
的《金科一誠賦》注文中,第十二句注文是不合明律但符合唐律的
唯一的例外。

先舉出《唐律疏議》卷一五的"大祀犧牲不如法"條,及《大明

律》第十一《禮律一·祭祀》"祭享"條相關文字如下：

> （唐律）諸供大祀犧牲，養飼不如法，致有瘦損者，一杖六
> 十，一加一等，罪止杖一百。以故致死者加一等。疏義曰：供
> 大祀、犧牲用犢，人帝配之，即加羊豕。（中略）其羊豕雖供人
> 帝，爲配大祀，故得罪與牛同。（後略）

> （明律）（前略）若奉大祀犧牲，主司喂養不如法，故有瘦
> 損者，一牲笞四十，每一牲加一等，罪止杖八十。因而致死加
> 一等。

上引《大明律》的"笞四十"到"杖八十"的部分，在唐律上相當
於從"杖六十"到"杖一百"。此外，明律沒有《唐律疏議》中"其
羊……牛同"的部分。

> （律解辯疑）**律云。　　供**大祀**犧牲，養飼不如法，故有瘦
> 損者，一口杖六十，每一口加一等，罪止杖一百。**

> **供大**祠**犧牲**用犢。**人帝**配之，即加羊豕。雖供**人帝故得
> 罪與牛同。**

> 若　盗殺　者，罪**得**　　　　同科，　　　立無減（等**例**
> 也）。

> （律例附解）　　謂如盗大祀未進神御之犧牲合杖一百徒
> 三年。此牲字兼牛羊豕説。

> 蓋祀神衹用犢。仁祖配之，即加羊豕。雖供仁祖＿＿＿＿
> ＿＿

> 若有盗杀豕者，罪與盗殺牛　同科，皆坐滿徒並無減　等
> 也。

> （萬書萃寶）　　謂如盗大祀未進神御之犧牲合杖一百
> 徒三年。此牲字兼牛羊豕説。

> 蓋祀神衹用犢。仁祖配之，即加羊豕。雖供仁祖＿＿＿＿

若有盜<u>殺</u>豕者,罪<u>與盜殺牛</u>　同科,皆坐<u>滿徒</u>並<u>无減</u>　等<u>　也</u>。

(明律正宗)**予以爲**<u>如盜</u>大祀<u>未進神御之犧牲合杖一百徒三年。此牲字兼牛羊豕説</u>。

<u>蓋</u>祀<u>神祇</u>用犢。<u>仁祖</u>配之,即加羊豕。

若有盜殺　者,罪<u>與</u>　殺牛　同<u>　</u>,皆坐<u>首從</u>並無減　等**例**也。

此説援引不明。乃推己見以解之如此。

(折獄明珠)　<u>謂如盜</u>大祀<u>未進神御之犧牲合杖一百徒三年</u>。

又曰<u>有盜</u>　豕者,罪<u>與盜殺牛者</u>同<u>　</u>,皆坐<u>滿徒</u>　無**加**等<u>　也</u>。

(律条公案)　<u>謂如盜</u>大祀<u>未進神御之犧牲合杖一百徒三年</u>。

又曰<u>有盜</u>**祀**<u>豕者,罪</u><u>與盜殺牛者</u>同**罪**,皆坐<u>滿徒</u>而<u>無減</u>等<u>　也</u>。

(便覽萬寶)　<u>謂如盜</u>大祀<u>未進神御之犧牲合杖一百徒三年。此牲字兼牛羊豕説</u>。

<u>蓋</u>祀<u>神祇</u>用犢。<u>仁祖</u>

若有盜**賊**豕者,罪**如**<u>盜殺牛</u>　同科,皆坐<u>滿徒</u>　無減　等<u>　也</u>。

上引《律例附解》以下六種書籍的文字中,其不合《律解辯疑》的部分,均爲引入了《大明律》卷第十八賊盜"盜大祀神御物"條中的有關文字。^⑤其原因估計是因爲《律解辯疑》的記載不適合當時的情況。不過因爲採用與《律例附解》同一系統的《讀律佩觿》中也没有説明,所以不明其詳。

總體來看,就這部分而言,改寫《律解辯疑》的文本而成《律例附解》之後,《律例附解》所載的文本成爲後來所有文本的基礎。在其他部分,《明律正宗》的文本都與《律解辯疑》相似,但在這第十二句注文中,卻更接近《律例附解》的文本。而且在《明律正宗》注文的最後,加上了"此説援引不明,乃推己見以解之如此"這段話。需要注意的是,《明律正宗》這條注文的開頭,將"謂如"改作"予以爲如",並在後面加了"此説援引不明,乃推己見以解之如此"一段話,這改變在《折獄指南》已存在,^⑤所以《明律正宗》實際上也是轉載其他書籍的内容而成。另外,這改變不見於《大明律直引》等其他嘉靖年間以前所出版的書籍中,因此《律例附解》文本改變的時期估計是萬曆初期。

而且,與《律例附解》相比,除了《萬書萃寶》及刊載與《萬書萃寶》同一系統文本的日用類書以外,其他文獻顯然省略了文字。那過程估計是兩個:1. 單純地省略《律例附解》的文本而成,但省略的程度有差別,如《折獄明珠》《律條公案》及《便覽萬寶》的文本;2. 省略《律例附解》的部分文字,同時也補充一些部分而成,如《明律正宗》。

大致可以認爲後來的文獻源於《律例附解》,主要理由是:《律例附解》原書是官刻本,其所載的内容一定具有相當大的影響力。因此,《萬書萃寶》等很多日用類書中所刊載的《金科一誠賦》文本屬於《律例附解》系統。

(三) 例外

日用類書與《金科一誠賦》之間,還有兩個問題:一是《便覽萬寶》所收的《金科一誠賦》及注的出處,二是日用類書裡没有附圖、音注等其他解釋材料。

　　就《便覽萬寶》文本的出處而言,管見所及,尚未找到與《便覽萬寶》完全一致的書籍。但就注文來說,有部分和《律條公案》《折獄明珠》等系統相似。以第二句"玉律貴原情"的注文爲例(其中《明律正宗》《刑台法律》文本與《律解辯疑》完全一致而省略):

　　　　(律解辯疑)　　　　　　玉者國之信寶,律者國之定法。與(民視法),蓋人君以信爲寶,故云玉律。參之歷代得中之五刑斟酌輕重。

　　　　以爲罪名頒示天下各守律,已期于無刑。刑其所以犯情或(故訟)。

　　　　人心隱顯豹变萬端,惟在執法之官究察其原,庶幾無冤獄也。

　　　　(律例附解)　　辯疑　以王者國之信寶,律者國之定法。與　民視法,蓋人君以信爲寶,故云玉律。參之歷代得中之五刑斟酌輕重。

　　　　以爲罪名頒示天下各守律,已期于無刑。＿＿＿＿＿＿＿＿＿＿

　　　　但人心隱顯＿＿＿萬端,貴在執法之官究察其原,庶幾無冤獄也。

　　　　(萬書萃寶)　　办疑云以玉者國之信宝,律者國之定法。與　民視法,蓋人君以信爲宝,故云玉＿＿。參之歷代得中之五刑斟酌輕重。

　　　　以爲罪名頒示天下各守律,已期于无刑。＿＿＿＿＿＿＿＿＿＿

　　　　但人心隱显＿＿＿万端,貴在執法之官究察其原,庶几无＿獄也。

　　　　(折獄明珠)　　　　　　玉者國之信寶,律者國之定憲。

　　　　　　　　人君以律爲宝,故曰玉律。參之歷代得其中道。

　　以爲刑名本欲刑期無刑也。＿＿＿＿＿＿

　　但人心不古險詐百端,**當官**　貴在原情**定罪**,　庶**图圖**冤抑也。

　　(律条公案)　　　　　　玉者國之信寶,律者國之定憲。

　　　　　　　　人君以律爲宝,故曰玉律。參之歷代得其中道。

　　以爲刑名本欲刑期無刑也。＿＿＿＿＿＿

　　但人心不古險詐百端,**當官者**貴在原情,　　　庶**可**無冤也。

　　(便覽萬寶)〔辯疑云〕玉者國之信宝,律者國之定憲。

　　　　　　惟人君以律爲宝,故曰玉律。參之歷代得　中道。

　　以爲刑名本**枉**刑期無刑　。＿＿＿＿＿＿

　　但人心**險变**,　　　　貴在原情,　　　庶**可**無冤也。

如前所述,在日用類書中,《萬書萃寶》系統和《便覽萬寶》都採用了《律例附解》一系的注文,而且《便覽萬寶》所收的《金科一誠賦》文本與其他日用類書明顯不同。

就上引注文來説,《律例附解》的文本較多地保存了《律解辯疑》的原文。改動的部分有六處:1. 加上"辯疑以"三字;2. "玉"作"王";3. 删除"刑其所以犯情或故訟"一句;4. 加"但"字;5. 删除"豹變"兩字;6. "惟在"作"貴在"。以上有些屬於形近或異體字,有些文字的增改並不影響整體文意,而且删除的部分祇有兩處,所以可以認爲《律例附解》比較接近《律解辯疑》。《萬書萃寶》的文本繼承了《律例附解》改變的六處文字,不過另有十處異文:1. "辯"作"办";2. "辯疑以"後加"云"字;3. "王"復爲"玉";4. "與"作"與";5. "爲"作"爲";6. "寶"作"宝";7. 删除"律"字;8. "無"作"无";9. "萬"作"万";10. "幾無冤獄"作"几无獄"。總體來看,這些改變大都屬於字體的簡化。就文字而言,除了《便覽萬寶》,其他各種日用類書雖有異文,不過就刪除或增加的部分而言,所有文本都與《萬書萃寶》相同。所以,萬曆年間所刊行的日用類書收錄的文本可以認爲屬於《律例附解》系統。

從文本來看,《折獄明珠》和《律條公案》兩書比《律例附解》系統改寫的程度更大,但是它們繼承了《律例附解》中改寫《律解辯疑》的三個比較重要的部分:1.刪除"刑其所以犯情或故訟"一句;2.加上"但"字;3."惟在"作"貴在"。所以,這兩種文本有可能是基於《律例附解》改寫的。

首先,相校於《律例附解》,就《折獄明珠》所改寫的十三處:1.刪除"辯疑以"三字;2."王"復爲"玉";3."法"作"憲";4.刪除"與民視法"一句;5.刪除"蓋"字;6."信"作"律";7."寶"作"宝";8."爲"作"為";9."歷代得中之五刑斟酌輕重"作"歷代得其中道";10."罪名頒示天下各守律,已期于無刑"兩句作"刑名本欲刑期無刑也"一句;11."隱顯萬端"作"不古險詐百端";12."貴在執法之官究察其原"作"當官貴在原情定罪";13."庶幾無冤獄也"作"庶图圍冤抑也"。總體來看,改變的方向是簡化而省略字眼。

《律條公案》的文本與《折獄明珠》相似,基本上繼承了《折獄明珠》的改變。異文衹有三處:1."當官"後加"者"字;2.刪除"定罪"兩字;3."庶图圍冤抑也"作"庶可無冤也"。所以,這兩種書可以認爲屬於同一系統:簡化了的《律例附解》的文本。

與《律例附解》相比,《便覽萬寶》比較接近《折獄明珠》一系的本子,準確地說,更接近於《律條公案》。除了《折獄明珠》所繼承的部分以外,與《律例附解》系統相同的部分衹有一處:有"辯疑云"三字。而基本上繼承《折獄明珠》所改寫的有七處:1."法"作"憲";2.刪除"與民視法"一句;3."信"作"律";4."寶"作"宝";

5.“爲”作“為”;6.“歷代得中之五刑斟酌輕重”作“歷代得中道”(《折獄明珠》“中”前有“其”字);7.“罪名頒示天下各守律,已期於無刑”兩句作“刑名本枉刑期無刑”一句(《折獄明珠》中的“欲”作“枉”。又,《折獄明珠》句末有“也”字)。承襲《律條公案》改動有兩處:1.刪除“定罪”兩字;2.“庶图圉冤抑也”一句作“庶可無冤也”。《便覽萬寶》另有改變的兩處:1.“人君”之前加“惟”字;2.“不古險詐百端”一句作“險变”。總之,就這部分來看,《便覽萬寶》的文本是進一步簡化《律條公案》的文本而來。

就音注和圖版而言。與日用類書相比,《律條公案》所收錄的《金科一誠賦》增加了音注及圖版。就增加音注而言,與之相同的衹有《明律正宗》而已,但兩書的音注不同。至於圖版,《律條公案》所刊載的《金科一誠賦》配有與注文相對應的圖,置於書頁的上欄。這在日用類書或其他明代法律文獻上均不可獲見;但這種上圖下文的形式在當時的通俗白話小說中相當普遍,作爲公案小説的《律條公案》衹是承襲了這種方式而已。

《律條公案》刊錄《金科一誠賦》的書頁上,所配的圖與該書頁上的注文未必完全相符。例如十五葉 b 面刊登了第一、二句“金科慎一誠,玉律貴原情”,但附圖對應的卻是第三句“夫姦妻有罪”,圖上有“居父母喪,與妻交姤”的題詞。這裏估計是因爲以第一、二句難作圖,因而選擇了更惹讀者關心的内容入圖。又十七葉 a 面上刊載了第八句“入徒復杖徵”的注文及第九、十句“紙甲殊皮甲、銀瓶類瓦瓶”的正文和注文,附圖則題作“擬問賊盜、紙甲瓦瓶”。這裏的題詞或許意在突出第八、九句的對比關係,但圖上的人物衹抱瓦瓶,没有紙甲。

增加音注和圖版估計是因爲考慮到《律條公案》讀者的知識程度,採取了令不熟悉法律知識的讀者容易理解的形式。

在日用類書“律例·律法門”中,除了各門卷首的圖畫以外,

沒有其他的圖版,也沒有音注。推測其原因可能有兩個:一是日
用類書的讀者比公案小説的讀者知識水準高一些,所以沒有必要;
二是日用類書的文本衹是從其他書籍單純地轉録,所以原文沒有
刊載的文本或圖版無法録取。從文本來看,日用類書的編輯者基
本上都不做校正,由此推想後者的可能性比較大。

(四) 小結

綜上所述,現在收録在日用類書中的《金科一誠賦》注從見於
《律解辯疑》的形式已經過了不止一次内容上的改變,這種改變基
本上是簡略化和通俗化的過程。而且,雖然在本文上標記"辯疑
云",實際上不符合《律解辯疑》的部分也存在。其原因在於,日用
類書中所見的内容衹是照抄了《律例附解》系統書籍的内容。換
句話説,可以認爲日用類書編輯者對内容的改寫不多。

日用類書本文所依據的具體書籍目前尚不明確,但如前所述,
日本東京大學東洋文化研究所所藏的《律例附解》是洪武三十年
官撰、嘉靖二十三年重刊本,因此對《律解辯疑》的簡略化可能早
在洪武年間就開始了。

從日用類書中所收録的《金科一誠賦》文本的角度來看,萬曆
至崇禎年間,文本的出處可能有了改變:《萬書萃寶》及許多萬曆
年間刊行的日用類書收録的是省略比較少的《律例附解》系統,但
與《律例附解》相比,已能見到有些改變;《便覽萬寶》中所收録的
是比《律例附解》系統更簡化的《折獄明珠》系統。而且後者所依
據的書籍估計在當時流傳比較廣,有可能産生於萬曆年間,以致在
《律條公案》中也被登載了。

結　　論

通過對明代日用類書、明代法律文獻及公案小説中《金科一誠
賦》接受情況的考察,可以得出以下的結論。

　　首先整理書籍之間的關係。從文本來看,簡化《律解辯疑》的書籍中,對於萬曆年間的書籍影響力最大的是嘉靖年間官刻的《律例附解》。至萬曆年間,承襲《律例附解》改變的至少有三個系統:一是《三台萬用正宗》《刑台法律》等比較準於《律解辯疑》的文本,不過有些地方已受到《律例附解》的影響;二是日用類書《萬書萃寶》等比較準於《律例附解》的文本,但有些地方也已經過改變;三是訟師秘本《折獄明珠》、公案小説《律條公案》等大幅度簡化《律例附解》的系統。日用類書《便覽萬寶》所收錄的是修改這系統的文本,而有些地方還受到其他系統的影響。

　　值得注意的是,屬於第一系統的書籍的出版者和第二系統的出版者有可能重複,例如三台館余象斗、種德堂熊氏。不過,他們出版書籍之際,往往根據書籍的性質而選擇收錄不同的文本。

　　那選擇文本的種類以外,對於《金科一誠賦》,日用類書的編輯者是否修改文本? 答案很有可能是否定的。理由是,日用類書基本上保存了原書文本的錯誤。例如,在日用類書所收的《金科一誠賦》中,以“辯疑云”之類標示出處的內容未必符合《律解辯疑》實際所刊登的內容。因爲《律解辯疑》所收錄的《金科一誠賦》注和《大明律》並不完全對應,例如有的地方引用《唐律疏議》,有的地方引文出處不詳。這些內容在《律例附解》等後來出版的明代法律文獻上,爲符合時代需要而進行了改寫,但對於改寫的部分仍附加了標示出處的“辯疑(云)”。因此在後來出版的明代法律文獻上,雖然有“辯疑(云)”一類的標示,但實際上與《律解辯疑》不符的情形也存在。可見日用類書所依據的是那些後來改寫的書籍,而且在刊行時並沒有對不符合《律解辯疑》的內容作相應的訂正。總之,日用類書所收的《金科一誠賦》注文標示“辯疑(云)”之類文字的地方很容易引起其內容出於《律解辯疑》的誤解,但這類文字並不是日用類書的編輯者附加的,而祇是日用類書的編輯者所依據的書籍上原已刊登的内容而已。因此日用類書上有類似出處的標示不可盡信。如上所述,日用類書的出版者很有可能得到比較正確的文本,不過從日用類書的文本看來,他們對於日用類書並没有進行校對。根據以上事由,可以認爲日用類書的本文内容祇是彙集其他書籍的内容而已,編輯者對於文本内容的干預程度相當有限。

(作者單位:京都府立大學)

---

① 本稿基于日文論文《「金科一誠賦」注に見る明代日用類書の構成方法について》(《和漢語文研究》第十二号,京都府立大學國中文學會,2014 年 11 月)而加以改善。

② 小川陽一:《日用類書による明清小説の研究》,東京:研文出版,1995 年。

③ 酒井忠夫:《中國日用類書史の研究》,國書刊行會,2011。

④ 吴蕙芳:《萬寶全書:明清時期的民間生活實録》,花木蘭文化工作坊 2005年版。

⑤ 劉天振:《明代通俗類書研究》,齊魯書社 2006 年版。

⑥ 參見酒井忠夫《中國日用類書史の研究》,第 261—265 頁。

⑦ 目見律例・律法門的研究有尤陳俊氏《法律知識的文字傳播:明清日用類書與社會日常生活》(上海人民出版社 2013 年版)。酒井氏在《中國日用類書史の研究》第八章《明代の日用類書》《五車拔錦》項(第 103—108 頁)指出,元代及明初的日用類書與《五車拔錦》(萬曆二十五年刊)以後的日用類書的不同之處是"關於律例詞訟門的門類的内容變化"。又參見酒井忠夫《增補中國善書の研究》(上)(《酒井忠夫著作集一》,國書刊行會,1995 年)第二章《明末の社會と善書三　郷紳と明末の社會》(第123—236 頁)。

⑧ 例如《大明律直引》《折獄指南》《明律正宗》《刑台法律》《臨民寶鏡》。又《臨民寶鏡》目録不載《金科玉律》(該書首卷刊載該題目)而詞賦各一句代爲項目名稱,詳見該書。

⑨ 該書卷四上:"但賦與辯疑,並未著以姓氏,莫知所白(自?)。備爲細味,似非明代之文人之筆。觀於注、引辯疑爲解,則必非故明定律者所作可知。"(據《四庫全書存目叢書・子部》第三十七册影印清康熙十五年王氏冷然重刻本)

⑩ 以下《律解辯疑》引文基於《原國立北平圖書館甲庫善本叢書》(中國國家圖書

館出版社 2014 年版）第 450 册所收影印本。又參見楊一凡、田濤主編《中國珍稀法律典籍續編》（黑龍江人民出版社 2002 年版）第四册所收的點校本。

⑪ 滝川政次郎：《支那の韻文律書「宋刑統賦」に就て》，《中國法制史研究》，嚴南堂書店，1945 年，第 221—242 頁。

⑫ 以下簡稱《萬書萃寶》。《明代通俗日用類書集刊》第五卷，影印明萬曆二十四年（1596）刊本。原書著者與出版書肆皆不明。律例門是卷之十八。

⑬ 以下簡稱《五車拔錦》。《明代通俗日用類書集刊》第五卷，影印萬曆二十五年（1597）宗文堂鄭世魁刊本。

⑭ 以下簡稱《萬卷星羅》。日本名古屋市蓬左文庫藏萬曆二十八年（1600）徐會瀛彙輯、静觀堂詹聖謨刊本。但在北京圖書館所藏本木記上標記“書林静觀堂春月余獻可梓行”（據《明代通俗日用類書集刊》第七卷）。

⑮ 以下簡稱《諸書博覽》。日本内閣文庫藏萬曆三十二年（1604）與畊堂楊欽齋刊本。

⑯ 以下簡稱《學海群玉》。《明代通俗日用類書集刊》第八卷，影印萬曆三十五年（1607）種德堂熊冲宇刊本。

⑰ 《鼎鍥崇文閣彙纂士民捷用分類學府全編》是日本國立國會圖書館デジタルコレクション（http://dl.ndl.go.jp/info: ndljp/pid/2609997）所收萬曆三十五年（1607）明龍陽子輯、劉太華刊本。《鼎鍥崇文閣彙纂士民捷用分類萬用正宗不求人全編》是《明代通俗日用類書集刊》第九卷，影印明三台館余文台刊本。該書卷頭題上有“萬曆己酉（即萬曆三十七年，1609）仲春旦”，卷三五木記上有“萬曆歲次丁未”（即萬曆三十五年，1607）的標示。爲了便於記述，取於後者的名稱，以下簡稱《正宗不求人全編》。

⑱ 以下簡稱《萬書淵海》。《明代通俗日用類書集刊》第十卷所收萬曆三十八年（1610）刊本。該書扉頁題“徐企龍先生編輯萬寶全書藝林積善堂梓”，卷一冒頭題“雲錦廣寒子編次藝林楊欽齋刊行”，同卷末木記“清白堂楊欽齋繡梓”。

⑲ 以下簡稱《妙錦萬寶全書》。《明代通俗日用類書集刊》第十卷所收萬曆四十年（1612）刊本，三十八卷十册。其三十八卷卷末識語“大明萬曆歲次壬子孟冬之吉書林安正堂劉氏雙松謹識”。

⑳ 《明代通俗日用類書集刊》第十四卷，影印本，刊行年代及撰著者不明。雖然律法門便覽是卷十八，其卷題作爲“新刊採輯四民便用照世明鏡萬博覽全書十卷”。下面所如，由於名稱復雜，取於所收録的日用類書的名稱，以下簡稱《學海不求人》。

㉑ 以下簡稱《便覽萬寶》。蓬左文庫藏三槐堂王泰源刊本。原書没有年記，但在崇禎元年存仁堂上梓、樹德堂刊行的《新刻便用萬寶全書》（日本東大東洋文化研究所藏）卷五、六、七上被轉載了。

㉒ 以下簡稱《三台萬用正宗》。《明代通俗日用類書集刊》第六卷，影印萬曆二十七年（1599）双峰堂余文台刊本。這本書籍的律例門與其他日用類書多有差異。

㉓ 楊一凡編《中國律學文獻》第三輯第一册（黑龍江人民出版社 2004 年版）所收佚名撰嘉靖五年（1526）刻本。

㉔ 以下簡稱《律例附解》。日本名古屋市蓬左文庫所藏嘉靖二十九年(1550)邗江書院重刊本。

㉕ 以下簡稱《折獄明珠》。日本內閣文庫藏本，著者及刊行者不詳。引"萬曆壬寅歲孟春之吉清波逸叟題"，卷末"辛丑仲秋刊行"。萬曆辛丑是二十九年(1601)，壬寅是三十年(1602)。

㉖ 以下簡稱《刑臺法律》。中國書店《海王邨古籍叢刊》(1990年)所收熊氏種德堂萬曆三十七年(1609)刻本。

㉗ 參見尤陳俊《法律知識的文字傳播：明清日用類書與社會日常生活》，第160—164頁。

㉘ 以下簡稱《律條公案》。上海古籍出版社《古本小説集成》影印日本內閣文庫藏本。原書年代不詳，其第一卷卷首題"金陵陳玉秀選校""書林蕭少衢梓行"，第七卷卷末牌記"書林蕭少衢梓行"。

㉙ 參見陳麗君《明代公案小説與訟師秘本之關系》，《古典文獻研究》第十五輯，第353—368頁。

㉚ 以下簡稱《明律正宗》。日本內閣文庫藏萬曆三十四年(1606)余文台刊本。

㉛ 日本內閣文庫藏本。有崇禎五年(1632)序，扉頁題"蘇太傅手輯""書林王振華梓"。《明史》卷九七《藝文志·刑法類》著錄"蘇茂相臨民寶鏡十六卷"。

㉜ 以下簡稱《折獄指南》。筆者所見的是日本名古屋市蓬左文庫藏萬曆本(明舒化等撰，葉氏作德堂刊)。其他有日本京都陽明文庫所藏萬曆十三年(1585)刊本、東洋文庫及慶應大學所藏明刊本。日本東洋文庫本的目錄記載"明閩名輯，金陵周氏大有堂重刊本"。

㉝ 參見堀川慎吾《『律條公案』における訟師秘本からの影響について》，《集刊東洋學》第一一三號，第42—63頁，中國文史哲研究會，2015年6月)。堀川氏所據爲日本東京大學東洋文化研究所藏清刊本，因爲該書的序文與臺灣中研院藏萬曆四十二年刊本一致(筆者未見)。管見所及，東洋文化研究所另藏萬曆二十三年本及日本名古屋蓬左文庫藏萬曆二十三年本《蕭曹遺筆》中均未載，而且《律條公案》成書時期不詳(很有可能是湯顯祖去世的萬曆四十四年以前)。假如萬曆四十二年本刊載《金科一誠賦》的話，《律條公案》成書時期很可能是萬曆四十二年至四十四年之間。參見莊司格一《中國の公案小説》(研文出版，1988年)及夫馬進《訟師秘本「蕭曹遺筆」の出現》(史學研究會編：《史林》第七十七卷第二卷，第157—189頁)。

㉞ 《欽定四庫全書存目叢書》所收《讀律佩觿》卷四有記載："右賦備載故明嘉靖二十九年所頒刑律之內，更爲逐句分別，附以辯疑解説於後，用垂讀律聽訟法程，使人含哜不忘，深思以會其全，意甚深遠也。但賦與辯疑并未著以姓氏，莫知所白(自?)。"據尤陳俊氏，文中"這嘉靖二十九年所頒刑律"是指嘉靖二十九年的《重修問刑条例》。蓬左文庫本《大明律例附解》收錄嘉靖二十九年的《重修問刑条例題稿》。

㉟ 據東京大學東洋文化研究所所藏漢籍目錄(http://www3.ioc.u-tokyo.ac.jp/kandb.html)。

㊱《律解辯疑》卷首第 9 頁。以下所有引文尽量遵原文字體，但是因爲電腦字體有限，有些無法還原的俗體字，本文改寫爲形狀比較接近的異體字。

㊲《讀律佩觿》卷四："且賦以五言爲體，止取偕聲，不拘韻脚。意者其意漢魏之音乎。漢魏以前，初不拘乎韻，惟以達乎其情而止。蘇李唱和其體也。自齊休文收韻之後，凡有吟味……"

㊳參見《律条公案》首卷第 16 頁 b。

㊴參見莊司格一《中國の公案小說》，第 177—178 頁。

㊵以上有關《中原音韻》的論述承小松謙先生的教示。又參見花登正宏《詞韻の書について》（《東北大學文學部研究年報》第四十三号，第 17—41 頁，1993 年）、鈴木勝則《明末清初の論曲書における「中州音韻」及び「（重訂）中原音韻」音注の利用》（日本中國語學會編：《中國語學》第二二八号，1981 年 11 月，第 19—28 頁）。

㊶《便覽萬寶》上把第 11 句和第 12 句刊於同一行，并且刪除了在《律解辯疑》等書中所有的第 11 句注。

㊷《律解辯疑》卷首第四頁，校點本第十頁。影印本"交兵"兩字損耗，以校點本補。以下（非輕）及（叔，止依凡人）等同。

㊸本稿中所引用《大明律》文本均據懷效鋒《大明律點校本》（遼瀋書社 1989年版）。

㊹《宋刑統》卷一七《賊盜・謀殺》："凡謀殺週親尊長、外祖父母、夫、夫之祖父母、父母者皆斬。"（據于海王頓古籍叢刊所收《重詳定刑統》）。

㊺《元史・刑法志》卷一〇二有"死刑則有斬而無絞。惡逆之極者又有凌遲處死之法焉"，同書卷一〇四有"諸子孫弑其祖父母父母者凌遲處死"。

㊻但其中《萬書萃寶》《諸書博覽》和《萬書淵海》三書作"办疑云"，其他日用類書都作"辨疑云"。而且如上所述《便覽萬寶》缺第 5 句至第 8 句、第 11 句的注文。

㊼此據《十三經注疏》所收《孟子注疏》卷四下。

㊽就《律解辯疑》"如叔侄……無刑載當"一段文字，在《律例附解》、所有日用類書、《折獄明珠》、《律條公案》中不見。又"如叔侄……故云無刑"一段文字，在《折獄指南》《三台明律正宗》《刑台法律》《臨民寶鏡》中不見。所以不提。又"無刑載當"之後，《折獄指南》《三台明律正宗》《刑台法律》《臨民寶鏡》加以"甚言刑不足以盡其罪也"一段文字。就這部分，"如叔侄……凡人論"文字見於《大明律》卷一《名例律》"本條別有罪名"條："其本應罪重而犯時不知者依凡人論。"又例有："謂如叔姪別處生長，素不相識，姪打叔傷，官司推問，始知是叔，止依凡人鬪法。"又在《唐律疏議》卷六"本條別有制"條上見到同樣文字。

㊾《折獄明珠》此后附有"〇昔楚有一人，往姦人妻，其人捉獲之，以一圓石寘其口，且以巾封固，塗其面，剪其髮而縛其手，使之还歸，潛入妻室。既不釋，又不能言，其妻不識，以爲怪，其子殺之，戎首之官，官未之罪，疑此類也"一段文字，出處不詳。

㊿但《萬書萃寶》作"并合無罪"，《律条公案》作"並合無罪是也"。

(51)參見小川陽一《解題　萬書淵海》（酒井忠夫監修、坂出祥伸、小川陽一編：《中國日用類書集成》第七卷《萬書淵海》所收,汲古書院,2000年),第495—496頁。

(52)《律解辯疑》所收《金科一誠賦》中明律和唐律都沒有條文的注文,即第三句"夫姦妻有罪"注,在《宋刑統》《元典章》中也不見。此注文明代法律文獻與日用類書之間異同不多。《律解辯疑》上附加的注文是:"姦者,婚不以禮曰姦。父母喪服內,其妻有孕,則是貪淫故得所孕。合得杖六十徒一年也。故謂夫姦妻有罪。"

(53)《大明律》卷一八賊盜"盜大祀神御物"條:"凡盜大祀神祇御用祭器帷帳等物,及盜饗薦玉帛牲牢饌具之屬者,皆斬。謂在殿內及已至祭所而盜者,其未進神御,及營造未成,若已奉祭訖之物,及其餘官物,皆杖一百徒三年。若計贓重於本罪者,各加罪一等。謂監守常人盜者各加監守常人盜罪一等並刺字。"

(54) 參見《折獄指南》首卷第14頁a下層。

從一則新發現的湯顯祖佚文説起

□ 周鞏平

我國著名戲劇家湯顯祖逝世 400 週年的 2016 年，全國各地都舉行了不同形式的紀念活動，而上海古籍出版社編纂整理的《湯顯祖集全編》也不失時機地推出，公開出版，讓業内外人士共同感受到"湯學"研究在史料蒐集整理方面的成就和收穫，也爲今天人們瞭解湯顯祖、瞭解湯顯祖生活的時代，傳承中華民族的優秀文化提供了重要的依據。遺憾的是，在當今，無論人們怎樣努力，要將 400 年前湯顯祖的作品毫無遺漏地收集齊全，成爲真正意義上的"全"編、"全"集，總是件困難的事。全編出版後，筆者很快就發現，僅在本人識見範圍内，就有全編未收或漏收的湯氏佚作，尤其是在家譜文獻或手抄古籍中看到的湯氏作品。而這些佚文，對於瞭解湯顯祖的生平、創作和時代，也有重要參考作用。鑒於此，筆者撰就此文，將閱讀所見而未被《全編》收錄的一則湯氏佚文加以披露，以期人們對湯顯祖的生平、創作和生活時代有更多的瞭解。

筆者所見之湯氏佚文，是湯顯祖爲吳江著名戲曲家顧大典畫像所題寫的一段像贊文字。顧大典（1540—1596），字道行，號衡宇，吳江人，他是明代一位頗具風流名聲的戲曲家。萬曆十四年（1586），他在赴福建按察司提學副使任途中辭官回鄉。此後，便在家鄉大興土木,修葺自己的私家園林——諧賞園,蓄養戲班,撰寫《青衫記》等傳奇新曲劇本,教習家伶搬演,觀賞取樂,以此養老。顧大典築園玩曲、教習家伶演戲等一系列舉動,贏得江南一帶士紳的好奇與羨慕,他們紛紛效仿,遂形成江南一帶的社會風尚。清初江南著名文人錢謙益曾説:"(顧)大典,……家有諧賞園、清音閣、亭池佳勝。妙解音律,自按紅牙度曲。今松陵多蓄聲伎,其遺風也。"①錢氏所言表達了當時人們對顧大典的普遍評價。顧大典在世期間,因其負盛名而常受人撰詩作文贊賞,同時也有人專門替他描摹了肖像,意在使其形象長期流傳,而畫像又得到了諸多文人的題贈(即像贊),如河北李化龍、嶺南歐大任、晉安林世吉、長洲張獻翼等等,其中也包括了臨川的帥機和湯顯祖。題贈者都從各自的角度評價畫像,描述他們心中的顧大典。因此,這些題贈也可以從某種程度上理解爲是題贈者與顧大典私人關係的折射以及題贈者本身人生觀、價值觀和藝術理念的反映。正因如此,筆者認爲今天我們也可以從湯顯祖的題贈中,看出一些湯顯祖與顧大典私人交往方面,以及他倆在人生、藝術觀異同方面的一些資訊。

　　上述顧大典的肖像和像上湯顯祖題寫的像贊,並不見載於湯顯祖詩文集和顧大典本人的詩文集,也見不載於其他文人的詩文集或詩文合集,更不見於史書和方志,而是保留在顧大典家族後裔編纂的《(吳江)顧氏族譜》中。爲了説明這段像贊文字存在的真實、可靠程度,筆者有必要先介紹一下所見之顧大典家族的家譜——《(吳江)顧氏族譜》。

　　《(吳江)顧氏族譜》,是記載明清時期吳江地區顧氏家族歷史的譜牒文獻。由於這個家族是明清兩代的望族,子孫甚夥,支脈繁多,故現存歷史文獻中也留下了許多種不同的記載吳江顧氏家族各支系歷史的族譜。儘管這多種不同支系族譜所記載的各自支族發展的歷史情況不同,但所有這些支族族譜在家族的起源、本支族與他支族之間血緣聯通方面,記載都是一致的,各支族譜的子孫血緣傳承關係及世系輩分關係記載也都完全吻合。近十年來,由於筆者先後承擔《江南曲學世家研究》和《中國家譜所見歷代戲曲家和戲曲家族研究》這兩項國家社科基金課題的研究任務,所以花了不少時間大量閱讀現存的家譜文獻。在此過程中也閱讀了幾乎全部現存的吳江顧氏家族支族族譜,讀後始知:現存這些吳江顧氏家族支族族譜,其記載的吳江顧氏家族始祖都是同一人——三國時期的吳國宰相顧雍。顧雍受封醴陵侯,是爲顧氏家族一世,其後裔世居江南,長期以來都是南方巨族。延至宋末元初,醴陵侯三十三世孫顧亨(睦静公)遷居吳江,始析顧氏吳江一脈,因此,所有吳江顧氏家族各支族族譜記載的家族始遷祖,也都是同一人——顧亨(睦静公),顧亨是吳江顧氏家族的一世祖。從顧亨的曾孫輩即顧氏總家族三十六世起,顧氏又開始分支,顧亨有曾孫仁、義、禮、智、信五人,義爲亨長孫歲芳子,居北蘆墟;仁爲亨次孫時茂長子,居同里;信爲亨季孫令節子,居城中;而禮、智二人則遷出吳江。故從顧亨曾孫輩(家族總三十六世)起,吳江顧氏家族又析爲城中(信後裔)、同里(仁後裔)、北蘆墟(義後裔)三個支系,三個支系家族始祖又分別爲顧信(城中支)、顧仁(同里支)、顧義(北蘆墟支),此後各支系不斷發展壯大,形成各大支系家族,各大支系的發展情況也都分譜記載,各譜實際記載的人與事的詳細内容均祇關乎本支系子孫情況,而與其他支系無關,然各支系的歷史源流及血脈關係,總世系輩分關係排列上的記載,均吻合一致。本文所説的著名戲曲家顧大典,就是城鎮支(顧信族)的第九世孫,而在總世系排列上,他是醴陵侯顧雍的四十五世孫,其生平資料見載於城鎮支(顧信族)族譜的記載,而不見於其他支族族譜的記載。概括而言,這三個吳江支系《顧氏族譜》的文獻存本情況如下:

　　其一,合載城鎮支(信後裔)和北蘆墟支(義後裔)這兩支系家族的族譜。清順、康年間顧氏族人顧紹業、顧紹齡等纂修,吳江原籍顧氏家族城鎮支後裔曾長期保存此譜。民國七年(1918),南社文人柳棄疾等因整理吳江一邑文化遺產,便從同鄉顧氏後裔手中借了此譜,分册迻錄。錄畢,柳棄疾爲錄本題寫跋文,成爲留存於世南社文獻的一部分。這些文獻後經輾轉被上海圖書館收藏。所存者爲:1.《顧氏世系表(附撰述表)》1册,清初顧紹業、顧紹齡等纂,民國七年(1918)南社紅格迻錄本;2.《顧氏族譜》(封面題"顧氏族譜"殘本)3册,封面鈐"松陵柳棄疾藏書"之印,民國七年(1918)南社叢刻紅格紙(12×30格)錄本,題四十六世孫顧紹業、顧紹齡等纂修,内容存英賢紀略、像贊、宗族圖、家傳、仕宦志、遷徙考、贈言(含墓誌、詩、文等等),藏上海圖書館。顧大典的生平資料就見載於這部族譜。而吳江原籍顧氏家族後裔長期保存並予柳棄疾借抄的原譜,今已不知下落。美國猶他州家譜學會藏有此譜拍攝的膠卷,也攝自上圖所藏南社抄本。

其二,城鎮支(信後裔)某支系譜(即顧大典伯父顧名節及其子顧大綱後裔一支,内容不涉及顧大典及顧大典後裔),清顧寅方等纂修,上海圖書館存民國七年(1918)柳棄疾抄錄南社紅格本1册,原本亦不知下落。

其三,同里支(仁後裔)家族族譜。同里顧氏後裔顧鼎勳纂修,題"顧氏族譜",八卷首一卷,内容有原序、凡例、家訓、人像、插圖、世系圖、世系表、世略、人物傳、詩文碑刻等等。清康熙四十四年(1705)務本堂刻本,國内各圖書館未收藏,日本東京國立國會圖書館藏有一套,美國猶他州家譜學會藏有攝自日本東京藏書的膠卷一卷。民國年間,吳江同里支顧氏後人還曾收藏此譜的原刻本與原刻抄本,柳棄疾曾於民國十一年(1922)借閱並錄抄其中的《世系表》一卷,並爲抄本題寫跋文,如今原本亦不知下落,或即爲日本東京所藏者?而柳抄本亦成留存於世的南社文獻的一部分,現收藏於上海圖書館。題名"（吳江同里）顧氏世系表"，存一卷一冊。此譜內容亦不涉及顧大典與顧大典後裔。

　　總之，所見這些顧氏族譜記載顧大典生平事蹟的，僅存清順、康年間族人顧紹業、顧紹齡等纂修，上海圖書館所藏民國間南社柳棄疾抄錄的合載城鎮支（信後裔）和北蘆墟支（義後裔）這兩支家族、封面題"顧氏族譜"（殘本）抄本這一種（見圖1），而其他支族譜記載的內容均與顧大典無關，因此這部族譜就成了目前所見詳細記載顧大典生平事蹟的族譜孤本。

圖1

　　儘管民國年間柳棄疾等人借閱顧氏後裔原本謄抄過錄的時間，距原本纂修的時間已過去了200多年，而今原本又不知下落，然柳氏等人所錄之文字內容，與現存明末清初歷史文獻（如文人詩文集、郡邑文獻等等）的文字記載進行比照核對，幾乎都是吻合的。舉例言之：顧大典肖像以及湯顯祖爲肖像所題寫之像贊，均見載於這部族譜抄本全部三冊本中的第1冊（第1冊的內容主要就是畫像、像贊、英賢紀略、家傳等等），我們先看一下這幅顧大典畫像（見圖2），圖題"督學副使衡宇小像"。此圖是柳棄疾等人照原本描摹的簡圖,圖中,顧大典身着官服,神情瀟灑。畫像後面接着就是爲畫像所題寫的像贊文字,也是柳棄疾等照原本抄録的,共録10人題寫的像贊:首先是顧大典本人自贊,接着依次是:嶺南歐大任、晉安林世吉、年弟劉紹伽、河北李化龍、青莊朱璽、年弟蔣以忠、長洲張獻翼、年弟臨川帥機、門生王湛,最後才是臨川湯顯祖。(參見圖3)看圖後就可以知道,柳棄疾等人描摹的顧大典肖像簡圖與200年前的原畫相比,會有一定出入,可能失去神韻,不能完全一致。但是,200年後他們謄抄的像贊文字內容卻不太可能出錯,除非他們不認字,是文盲,或者寫錯字,而柳棄疾等人恰恰是

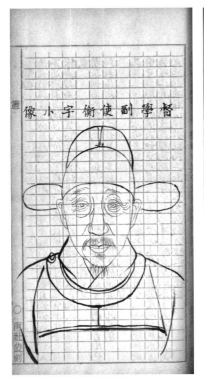

圖2   圖3

民國年間飽讀詩書的著名詩文名家，又在認真、系統整理郡邑文化遺産，所以抄録出現文字内容錯誤的可能性微乎其微。我們核對所録像贊的文字内容，除了顧大典本人自贊之外，第一個就是嶺南歐大任所題像贊，其贊辭文字内容爲：

> 斐矣顧君，三吴秀毓。岳嶽岱霞，亭亭昆玉。儒守服膺，道棲尊足。圖史自怡，冠紳匪俗。衡鏡品流，恬冥淵谷。功宏不宰，韻遠彌馥。鳳德鴻姿，欽此高躅。

北京大學藏有清刻本歐大任撰《歐虞部文集》，其卷一八中"贊"類文體作品中收録了此段像贊文字，筆者進行參核比對，結果發現全文所録一字不差。

又如族譜"贈言"所録萬曆十二年顧大典升任山東時，南京的諸多文人官僚均題有送行贈詩，家譜的記載統一標題爲《送道行觀察山東》，王世貞的贈詩可核對影印的文淵閣《四庫全書》本《弇州山人四部稿續稿》卷七，李化龍贈詩可核對《四庫存目叢書》影印之萬曆刻本《南都稿》下卷，等等，其所録文字内容均一字不差。家譜存本中，凡筆者所見到的其他可以核照明清刻本文獻的詩與文，經核對後基本上都一字不差，内容無誤。可見，雖然族譜存本是民國年間柳棄疾等人的抄録件，畫像也許因簡筆描摹而出現失真，但像贊題寫的文字内容卻不致發生變化，其表達的題贈者思想也不會因此發生改變。因此，可以説：所見家譜雖爲民國年間抄録存本，然其所録文字内容是忠實於原本的，符合明末清初時期的歷史原狀，是真實可信的。

接下來，我們再據此存本，進入本文的重點，對畫像以及湯顯祖所題寫的像贊進行一些探討。我們來看看湯顯祖爲顧大典畫像所題寫的像贊（參見圖4），其所載文字内容録如下：

> 朝霞之松，零露之竹。漢曲之珠，崑陵之玉。以比斯人，

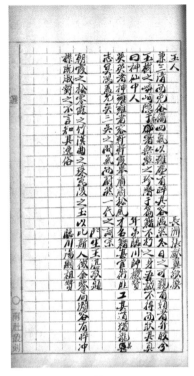

微余鑒局。淵容有睟,冲襟既淑。對之不言,知其逸俗。　臨川湯顯祖贊

從湯顯祖給顧大典題寫的像贊文字内容看,湯顯祖對顧大典一生的評價是很高的。贊語以松擬顧氏不屈從官場規則的傲然品格,又以竹擬其性格的堅韌,雖在俗世而不隨波逐流的生活態度。再用漢珠、昆玉作喻,凸顯顧大典在士林群體中的鶴立雞群,在文人混沌世界裏的難能可貴。總之,寥寥幾十字,湯顯祖竭力贊揚了顧氏爲人的瀟灑,品格的“逸俗”。

那麼,爲什麼湯顯祖會對顧大典有如此之高的評價? 湯顯祖這段像贊文字的題寫時間是哪一年? 爲何湯顯祖題寫顧大典畫像時會用如許贊美的言辭? 這反映了當時湯顯祖與顧大典兩人之間的什麼關係? 表達了湯顯祖什麼樣的思想情感或美學理念?

要弄清這些問題,首先需要弄清湯顯祖這段像贊文字的題寫時間,而弄清題寫像贊的時間,則先須弄清畫像繪成在哪一年,因爲像贊的題寫肯定是在畫像繪成之後。那麼,畫像的繪成又在哪一年呢? 從族譜描摹的畫像看,顧大典身着官服,那麼,畫像的繪成時間應該是在其任官期間,因爲没有任官時就着官服或卸任後着官服畫像都是越例違制的僭越行爲,不可能出現在族譜中。然而族譜存本所見是簡筆的顧大典肖像摹畫,官服圖案標識不清,不

能斷定是何色、幾品的官服或何職官服，而家譜圖題爲"督學副使
衡宇小像"，則似乎應該是萬曆十三年（1585）八月後顧大典升任
提督福建學校按察司副使身着"督學副使"（正四品）的官服畫像。
但是，根據顧大典的各種生平資料來看，"督學副使"此職雖爲顧
大典仕途終官，但實際上顧大典根本未能就任，途中即辭職回鄉
了，所以説，着此官服進行畫像的可能性幾乎爲零。②而在此之前，
顧大典所任官職是山東按察司副使（正四品），但圖題以及所有資
料均未及此官職名稱的畫像。而在山東按察司副使之前，顧大典
的官職是南京吏部稽勳司郎中（正五品）。顧大典在南京任官時
間較長，爲畫像題寫像贊的嶺南人歐大任，在其文集中也收録了這
幅像贊，文字與《顧氏族譜》中收録的像贊完全相同（見前文所
引），但歐氏文集中像贊的標題卻是"顧司勳像贊"，點明了顧大典
其時所任官職爲"司勳"，也就是南京吏部稽勳司郎中（正五品）的
官職。歐大任在南京任工部虞衡司郎中官職的時間，與顧大典任
南京吏部稽勳司郎中官職的時間重疊，其時兩人交好，經常在一起
喝酒聚宴，詩文酬答，這種情況在兩人詩文集，以及其他文人如李
化龍、張獻翼等人的詩文集中多有反映。若此期間顧大典有了畫
像，歐大任看到畫像後題寫像贊，則可能性極大。而萬曆十二年以
後，歐大任致政歸嶺南，與顧大典相隔天涯海角，若再看到畫像，題
寫像贊的可能性就非常小了。所以，筆者推斷，此畫像很有可能就
繪成於萬曆十二年左右顧大典任南京吏部稽勳司郎中五品官職期
間。那麽，問題又來了，家譜爲什麽要把肖像標爲"督學副使衡宇
小像"呢？筆者以爲，這是因爲家譜選載的族中名宦畫像，大多採
用此人終官（終官一般均爲此人一生最高官職）官服的畫像，因
此，儘管這是顧大典身着吏部稽勳司郎中五品官服的畫像，但族譜
也要標其最高、最終的四品官職，以此凸顯家族的榮耀，這也是一
般修譜的通例。畫像題圖"督學副使"（正四品）與他實際身着"司

勳"(五品)官服的畫像,在家譜中並不矛盾,所以,畫像繪成的時間當在萬曆十二年或之前,仍無疑義。

那麽,其他像贊包括湯顯祖的像贊,是不是也題寫在萬曆十二年左右呢? 這就要具體分析了。首先,所有像贊都題寫在畫像繪成之後即萬曆十二年之後,這是沒有疑問的,但並非所有人都是在萬曆十二年當年就題寫了像贊的,每個人題寫像贊的時間有先有後,各不相同。其中,顧大典自贊明顯就題寫在萬曆十四年(1586)他辭官回鄉,過上築園玩曲、逍遥自樂的生活之後。顧大典給自己畫像所題寫的像贊是這樣説的:

> 懶媛非倨,迂拙似愚。麇鹿之性,山澤之癯。金緋濫廁,竹素自娛。出振孔鐸,入奉潘輿。棲遲陶徑,偃仰班廬。或寄情於聲伎,或玩志於玄虛。官減千金之產,家無儋石之儲。置爾丘壑,溷跡漁樵,落落穆穆,殆天之放民而人之腐儒也歟。大典自贊

顧大典對自己生活的描述是"置爾丘壑,溷跡漁樵","棲遲陶徑,偃仰班廬",這顯然都是指辭職回鄉後在家的生活,而不是在官署的生活。"或寄情於聲伎,或玩志於玄虛"也是他回鄉之後的生活,顧大典對自己辭官後能沉湎戲曲,在家鄉度過這麽些年悠哉悠哉的生活非常滿意,所以才炫耀自己是"天之放民",自得之情溢於言表。可以肯定顧大典自贊是題寫於萬曆十四年(1586)他辭官回鄉,過上逍遥自樂的生活之後。那麽,湯顯祖的像贊又題寫於何時呢?

從湯顯祖給顧大典畫像題贊的內容來判斷,湯顯祖與顧大典兩人之間應曾有過私人的交往和良好的關係。湯顯祖生於明嘉靖二十九年(1550),年齡要比顧大典小十歲。至少,作爲晚輩,湯顯祖對顧大典這位年長的曲壇前輩是非常敬重的。遺憾的是,從湯顯祖和顧大典兩人現存的詩文中,找不到兩人往來唱和的詩文與

信箋,也没有看到兩人往來的記載。若從兩人經歷交叉的路徑來進行梳理,他倆曾可能發生兩次交集,一次是隆慶四年(1570),顧大典任江西秋試房考試官,而湯顯祖恰於當年江西鄉試中式。但是,顧大典此年分試《易》經,而湯顯祖治《書經》。第二次是萬曆十二年(1584)八月初十日湯顯祖來任南京太常寺博士職,而顧大典恰在南京供職十年後於此年二月升爲山東按察副使(正四品)離開南京,時間上相差近六個月。也就是説,這兩次都差那麽一點,湯顯祖和顧大典遺憾地擦肩而過了。而且,如前所述,這幅畫像就繪成於萬曆十二年顧大典在南京供職期間,並且歐大任等人就在此時題寫了像贊,如果湯顯祖在此之前並没有和顧大典發生任何交集,那麽他在萬曆十二年或之前題寫像贊的可能性就爲零了。

那麽,他倆發生交往,湯氏爲顧大典畫像題寫像贊又可能發生什麽時候呢?筆者以爲,最有可能就是在萬曆十四年以後,即顧大典已辭官回鄉過上了撰寫新曲、蓄養戲班、觀賞取樂的生活,而湯顯祖又恰在南京先後任太常博士、詹事府主簿、禮部祭祀司主事等一系列官職,即萬曆十四年至十九年這段時間。由於南京與吳江的地理位置很近,兩地文人往來頻繁。據記載,此時,雖顧大典"歸田後絶不入公府,冠裳幾廢"。但是,由於他瀟灑風流的名聲,與他交往的文人以及在職官員卻不在少數,王錫爵、王世貞、王世懋兄弟,張鳳翼、張獻翼兄弟,梅鼎祚、王稚登等人,都與他過從密切。萬曆十五年,謝肇淛、徐𤊹等人還曾特意游其門下拜師學習書畫,顧大典"門生故吏先後至大官,過松陵,無不停鑾輟軔"(王稚登《衡宇顧公傳》)。而張鳳翼、張獻翼兄弟及帥機等人,也都是湯顯祖的好友。因此,近在南京爲官的湯顯祖慕名與顧大典有過往來也不足爲奇。筆者以爲:很可能在此期間,湯顯祖與顧大典有了交往,並看到了年長自己十歲的顧大典的畫像,由於顧大典"於世味淡泊,能自決於進退之際"（王錫爵《衡宇墓誌銘》）的人生態度,觸動了湯顯祖自己仕途經歷的痛楚,才使湯顯祖對顧大典產生了羨慕和欽佩之情,寫下了如許贊美的像贊文辭。如果再比較一下顧大典與湯顯祖不同的仕宦經歷,對此就更好理解了。

我們先看顧大典的仕宦經歷。據《吳江顧氏族譜》所載之《顧大典傳》、王錫爵撰《衡宇墓誌銘》和王稚登撰《衡宇顧公傳》等資料,顧大典生明嘉靖十九年（1540）,於隆慶二年（1567）二十七歲中進士,先任浙江紹興府儒學教授、署山陰餘姚縣篆,歷江西同考試官、處州府推官、浙江同考試官等職。萬曆二年（1573）三十三歲升刑部主事,因母親年邁需照料,北上不便,疏請改南京留都任職,於是先後任南京兵部主事、吏部主事、吏部郎中等職。在南京任職的十餘年間,他"不爲軒裳桎梏","每吏散烏啼,酒人詞客常滿座","暇則出游,……彈箏邀笛",在南京官場頗得風流倜儻的名聲。至萬曆十二年（1584）四十三歲時他升爲山東按察副使（正四品）離開南京。第二年,即萬曆十三年（1585）八月,又調任提督福建學校按察司副使。至萬曆十四年（1586）正月,他啓程赴任履新,在途中,有忌者告他在南京爲郎官期間放縱於詩酒,以考工論謫,被罷官。"當事者……再以大州起公",改任禹州府知府,但是,顧大典此時卻不願再當官了,他說:"吾性麋鹿,而嬰樊檻者餘二十載,今獲遂初志。"（王稚登《衡宇顧公傳》）乾脆就"自免歸"（王錫爵《衡宇墓誌銘》）,告老回到家鄉吳江去了。顧大典在官時就不願受規矩約束,而辭官回鄉,他更是覺得離開了囚籠,可以不受拘束了。王稚登《衡宇顧公傳》說他"歸而葺故所爲諧賞園者,奉太宜人板輿宴樂。其中名流勝侶相過從,必觴咏流連,卜夜申旦。家有梨園子弟奏鄭衛新聲,公性解音律,填詞度曲,被之管弦。紅牙金縷,與松風相間,翛然不知在百雉中也"。可見,顧大典一生無論仕進隱退,態度都非常灑脱。

　　與顧大典相較,湯顯祖的仕途經歷顯然就要坎坷得多,受到的挫折也要多得多,而湯顯祖欲"兼濟天下"的願望也要强烈得多。湯顯祖的最終辭官回鄉,遠不如顧大典那麼乾脆,而是經歷了反復磨難的過程。近些年湯學研究成果對湯顯祖的仕宦經歷有詳盡敍述,筆者在此祇是引用衆人的成果簡述一下:湯顯祖生於明嘉靖二十九年(1550),年齡要比顧大典小十歲。儘管他早負詩文盛名,衆人以爲他可以少年金榜題名,但萬曆五年、八年的兩次春試,湯顯祖都落榜了,原因就是他才華橫溢,卻不屑趨附權貴,幾次拒絕了權相張居正的結納。直到張居正去世,萬曆十一年(1583)他三十四歲時才考取進士,真正步入仕途。中進士後,他又拒絕了權相申時行、張四維等人的結納,故而失去了考取庶吉士的機會,結果被當權者邊緣化,塞到了南京留都任閒職,爲太常博士。此後,他就在南京歷詹事府主簿、禮部祭祀司主事等職,仕途始終不順。雖如此,他卻憂國憂民,時刻不忘爲國效力,爲君分憂。萬曆十九年(1591),在南京禮部祭祀司主事(正六品職)任上,他奮筆寫下了《論輔臣科臣疏》,針砭時弊,欲上達天聽,改變官場積弊。没料到反"被詔切責",貶官爲無品級的廣東徐聞縣典史,理想信念遭到極大挫傷。而就在這人生極其艱難的時刻,湯顯祖也没有想到要辭官去職,回鄉養老,而是勉力爲之。兩年後的萬曆二十一年(1593),他量移浙江遂昌任知縣,在一個偏僻山城做了一任不受朝廷重視的七品芝麻官,先後五年,儘管他事事勤勉,處處努力,但統治者的昏聵和官場的種種積弊終使其志不得伸,事不能成。至萬曆二十六年(1598)他四十九歲時,終於主動"向吏部告歸",不等批復,便棄職回鄉了。三年後的萬曆二十九年(1601),吏部考察官員給他一個"浮躁"的罪名,正式將他免職。湯顯祖的仕宦經歷與顧大典相比,區別就在於顧大典是在晉升官職時不願受官場的拘束而辭職,湯顯祖則在長期受壓制、難以實現理想抱負、不堪忍受朝政黑暗而棄職。湯顯祖棄官,距顧大典辭官回鄉的萬曆十四年(1586)已整整過去了十二年,甚至距離顧大典辭世的萬曆二十四年(1596)也已經過去了兩年。

也許,正因爲湯顯祖在南京任職(萬曆十二年至十九年)期間,雖然實際上已經成了官場的一枚棄子,而自己卻仍對仕途前程抱有幻想,所以對已經有了相當官聲、做了一番事業後瀟灑棄官,挣脱官場藩籬的顧大典感到非常羨慕,欽佩他的爲官爲人,所以會在畫像上用贊美的言辭來表達自己的敬佩,不由自主地流露出羨慕之情。也許,十多年後,湯顯祖在經歷被貶、受挫後主動告歸,居玉茗堂,創作著名的劇作《牡丹亭還魂記》,把一腔熱情傾注於文學創作,拍板按歌,逍遥終老,多少也有點模仿當年顧大典的瀟灑吧。從這點上看,這則湯顯祖的佚文,會以"松""竹""漢珠""昆玉"喻擬顧氏不屈從官場規則的傲然品格,凸顯顧大典的"脱俗",也就不奇怪了。這對深入、全面瞭解湯顯祖的生活軌跡以及創作思想的形成,多少是有點幫助的。

此則湯氏佚文,也使筆者聯想到湯學研究領域中一個熱門問題,即湯顯祖與吳江戲曲家之間的私人關係問題。有許多學者認爲,臨川湯顯祖與吳江沈璟等人在曲學理念方面有較大分歧,并因而產生齟齬,由此他們之間的關係似乎很僵。其中有一條很重要、徵引得較多的資料,就是萬曆年間山陰著名曲論家王驥德所説的話:

> 臨川之於吳江,故自冰炭。吳江守法,斤斤三尺,不欲令一字乖律,而毫鋒殊拙。臨川尚趣,直是横行,組織之功,幾與天孫爭巧;而屈曲聱牙,多令歌者齚舌。吳江嘗謂:"寧協律而不工,讀之不成句,而謳之始協,是爲中之之巧。"曾爲臨川改易《還魂》字句之不協者,吕吏部玉繩(郁藍生尊人)以致臨川。臨川不懌,復書吏部曰:"彼惡知曲意哉!余意所至,不妨

拗折天下人嗓子!"其意趣不同如此。③

　　這條資料給筆者印象最深的,就是"臨川之於吴江,故自冰炭",似乎臨川湯顯祖與吴江沈璟等人之間因曲學理念的差異,弄到了互相呵嗤斥責,私人關係非常緊張、冰炭不容的地步。而顧大典與沈璟的關係非常密切,當時人盡皆知。據家譜資料的翻撿和梳理,可知顧大典與沈璟同是吴江著名的戲曲家,沈、顧兩家是當地世代聯姻的家族,儘管沈璟和顧大典年齡相差很大,沈璟比顧大典小十三歲,但他們兩人的關係卻親密無間,在戲曲方面是忘年交。顧大典於萬曆十四年(1586)辭官回鄉,沈璟也於萬曆十七年(1589)以病告歸。他倆都在家蓄聲伎,在各自的園林中度新曲搬演。不僅如此,兩人還因此互相酬唱。王驥德《曲律》記載説:

　　　　松陵詞隱先生沈寧庵先生,諱璟。……放情詞曲……雅善歌,與同里顧學憲道行先生,並蓄聲伎,爲香山、洛杜之游。④

　　就是説顧大典和沈璟兩人的關係就像唐代詩人白居易和元稹那麼親密。元、白以詩唱和,而顧、沈則以曲唱和,自賞互賞,並相約攜伎出游,交流心得。兩人關係的親密幾乎無人不知,無人不曉,他倆的制曲演劇、互相唱和曾引起當地許多人的跟風模仿,故而形成吴地蓄聲伎與園林演劇的風氣。⑤如果湯顯祖確實是在萬曆十四年至十九年之間與顧大典有過交往,並爲顧大典畫像題寫了上述像贊,那麼對顧、沈兩人那麼親密的關係就不會毫不知情。湯顯祖對顧大典如此欽佩、羨慕和贊賞,後來卻對"顧沈"並稱的沈璟弄到冰炭不相容的地步,也確實令筆者感到費解。或者那時湯顯祖還没有創作《牡丹亭還魂記》,也没有發生沈璟"改易《還魂》字句之不協者"的事情,所以臨川湯顯祖與吴江戲曲家之間還存在着良好的私人關係? 由於筆者對湯顯祖研究涉獵不深,加之生性愚鈍,對許多問題都存有疑惑,百思不得其解,故將所見資料和對資料的理解和盤托出,就教於諸位賢達。或許,新資料的進一步發現能給我們解答疑惑,拓寬我們的視界,對這些問題能有更完整的認識。隨着近些年湯學研究的深入,人們視野的不斷拓展,大家的看法也開始逐漸多樣化。從目前發現的許多資料來看,湯顯祖與沈璟在藝術理念上的差異和爭論確實是存在的,分歧也是很深的,兩人各自對曲壇造成影響也是深遠的。但是,明清之際曲壇文人之間美學觀、藝術觀、價值觀的分歧或爭論,也未必就到了非要針鋒相對、壁壘分明的程度,也並不見得都會導致人與人之間的關係緊張或友誼的破裂。反而在有些爭論過程中,文人之間還能保持良好的私人情誼和交往,這是筆者在不斷看到一些新史料後所產生的感受。就目前蒐集到的這條佚文資料來看,湯顯祖對待同是吳江的著名曲家、與沈璟關係極爲密切的顧大典是非常敬重、不遺餘力褒獎的,這是實實在在的。

（作者單位: 上海藝術研究所）

① (清) 錢謙益:《列朝詩集小傳》丁集,上海古籍出版社 1983 年版,第 486 頁。
② 顧大典仕宦任官情況詳情,可參見拙文《顧大典及明清兩代的吳江顧氏曲學家族》,載《曲學》第三卷,上海古籍出版社 2015 年版,第 563—584 頁。
③ (明) 王驥德:《曲律》卷四《雜論第三十九下》,《中國古典戲曲論著集成》第 4 冊,中國戲劇出版社 1959 年版,第 163—165 頁。
④ 同上。
⑤ 顧大典與沈璟關係以及顧沈兩個家族的關係,可參見拙著《江南曲學世家研究》第四章《風流曲家顧大典以及明清兩代的吳江顧氏家族》,上海文化出版社 2013 年版。

試論孫中山的公僕觀

□　丁鳳麟

　　如何看待與處理執政集團和平民大衆之間的關係,是區分政權性質,尤其是君主專制和民主共和之間的分水嶺。在這個根本問題上,孫中山先生的公僕觀,具有劃時代的偉大意義。對此,筆者試就不同歷史階段孫中山先生的公僕觀,予以簡要論析。

一

　　中國古代歷朝歷代都奉行君主至上的主奴關係。到了清朝,不僅官民之間是主子和奴僕關係,即便君臣之間也概莫能外,臣僚對皇上也以"奴才"自居,這已成爲朝廷上下的共識。這一共識,不僅支撐着封建專制統治,更使廣大民衆以爲被統治、受奴役似乎也是命中注定,祇是盼望官僚集團在"爲民作主"時能對民衆寬松一點,如此而已。

　　孫中山先生不愧爲民主革命的偉大先行者,他正是在逐步認清專制王朝諸多積弊的基礎上,提出了具有劃時代意義的公僕觀。早在1900年的《致港督卜力書》中,孫中山先生歷數了清政府的七大"積弊",其中便有"上下交徵,縱情濫耗,民膏民血,疊剝應需,是謂虐民庶"。[①]在1904年的《支那問題真解》一文中,更揭示了清政府"毒虐"平民百姓的十大罪狀，其中便有"容縱官吏以虐民而朘削之"，②基於此，他呼吁民衆通過"撲滿"手段，變"專制政體"爲"共和之政體"。

那麽，在實現共和政體之後，政府官員該如何治國理政呢？孫中山先生於1906年在同黃興等戰友共同制訂的《中國同盟會革命方略》中，首次明確提出了"公僕"思想。此文在宣示"恢復中華"之後推行"國民平等之制"時，明確指出："在昔虜朝行暴君專制之政，以國家爲君主一人之私産，人民爲其僕隸，身家性命悉在君主之手，故君主雖窮民之力，民不敢不從；民國則以國家爲人民之公産，凡人民之事，人民公理之。由人民選舉議員，以開國會，代表人民議定租税，編爲法律。政府每年預算國用，須得國會許可，依之而行；復以決算布告國會，待其監查，以昭信實。如是則國家之財政實爲國民所自理，國會代表人民之公意，而政府執行之。譬如家人，既理家事，必備家用，輕重緩急，參酌得宜。較之暴君專制，橫征暴斂，民不堪命者，真有主僕之分，天壤之别。"③在這裏，孫中山先生講的是"國民參政之制"，但他將傳統的主僕關係顛倒過來，使公僕思想呼之欲出。

就在同一年十一月十五日的《與該魯學尼等的談話》中，孫中山先生明確提出了他的"國家公僕"概念。這篇談話主要是闡述他的"五權分立的共和政治"的新政構想的，孫中山先生明確提出必須通過嚴密的考選制度來挑選與任命"國家公僕"，"使優秀人士掌管國務"。④就在當年十二月二日，孫中山先生又在《在東京〈民報〉創刊週年慶祝大會的演説》中，在闡述他的三民主義和五權分立政綱時，再次明確提出："平等自由原是國民的權利，但官吏卻是國民公僕。""因爲那官吏不是君主的私人，是國民的公僕，必須十分稱職，方可任用。"⑤

顯而易見，孫中山先生的公僕觀，早在同盟會成立前後便已形成,成爲他策動反清革命、推翻君主專制、通過還權於民、追求嶄新的官民關係的重要思想。

二

難能可貴的是,孫中山先生的公僕觀,更是他執政之後,自身治國理政的律己准則。

1912 年初,孫中山先生受軍民擁戴就任中華民國臨時大總統,翻開了中國歷史的嶄新一頁。民國初建,清王朝尚存,兩軍對壘,新舊交替,百廢待興,形勢錯綜複雜。在這十分危難的情勢下,孫中山僅僅當了三個月的臨時大總統。在這短暫而又煩難的任期內,孫中山先生首先想到的是自己的職責,正如他在 1912 年 3 月 17 日的《祭武漢死義諸烈士文》中,落款爲"國民公僕孫文"。⑥

爲了盡到"國民公僕"的職責,孫中山先生雖然百務纏身,但他首先想到的是如何爲億萬民衆盡心盡力。他在《臨時大總統宣言書》中即莊嚴宣告:"國家之本,在於人民。"誓志"以忠於國,爲衆服務"。⑦就這樣,他以盡忠報國的誓言,踐行他的"國民公僕"的心志。

當年,新舊政權的較量與更替是個動亂的過程,勢必影響到億萬民衆的生命財產。孫中山先生上任後莊嚴宣告:"臨時政府成立以來,即以保護人民財產爲急務。"爲此,他下達了《令內務部通飭所屬保護人民財產文》,命令有關職能部門,嚴格執行"凡人民財產房屋,除經正式裁判宣告充公者外,勿得擅行查封,以安閭閻"。⑧並責令政府各部門必須采取切實措施保護人民財產,切不可玩忽職守,"一夫不獲,公僕有責"。⑨

然而棘手的問題是,一個初創的新政權,如何才能建設一支理想的公僕隊伍呢?當然,孫中山先生理想中的按"五權分立"思路

選拔公僕隊伍的舉措一時尚難以形成，當時有關官員的選用皆由
内務部負責。基於此，孫中山先生向内務部下達"慎重用人"的命
令，要求内務部"肅整吏治，時不可失"，必須牢記晚清"仕途腐敗"
的深刻教訓，在"用人之際，務當悉心考察，慎重銓選，勿使非才濫
竽，賢能遠引，是爲至要"，嚴防那些"蒙混誣枉"的不肖之徒"詐
僞"求官，憑權勢魚肉百姓。⑩

　　爲了變革傳統的官民關係，孫中山先生還對官員稱呼進行變
革，1912 年 3 月 2 日，他下達《令内務部通知革除前清官廳稱呼
文》明確宣示：

　　　　官廳爲治事之機關，職員乃人民之公僕，本非特殊之階
　　段，何取非分之名稱。查前清官廳，視官等之高下，有大人、老
　　爺等名稱，受之者增慚，施之者失體，義無取焉。光復以後，聞
　　中央地方各官廳，漫不加察，仍沿舊稱，殊爲共和政治之玷。
　　嗣後各官廳人員相稱，咸以官職，民間普通稱呼則曰先生、曰
　　君，不得再沿前清官廳惡稱。爲此令仰該部遵照，速即通知各
　　官署，並轉飭所屬，咸喻此意。此令。⑪

　　這一通令，再次强調官員乃"人民之公僕"從稱呼入手除舊開
新，值得珍視。

　　孫中山先生不愧爲光明磊落的人民公僕。1912 年 2 月 13 日，
當他得知清帝宣布退位的消息之後，他立即撰《咨參議院辭臨時大
總統職文》，明確表示："當締造民國之始，本總統被選爲公僕，宣
言、誓書，實以傾覆專制、鞏固民國、圖謀民生幸福爲任。誓至專制
政府既倒，國内無變亂，民國卓立於世界，爲列邦公認，本總統即行
解職。現在清帝退位，專制已除，南北一心，更無變亂，民國爲各國
承認旦夕可期。本總統當踐誓言，辭職引退。"⑫但他深知，中華民
國南京臨時政府創建不易，爲了鞏固這一革命成果，在這篇咨文末

尾,特地附加了他辭職的三個條件:臨時政府設於南京"不能更改";新總統"到南京受任之時",孫方辭職;新總統必須遵守參議院制定的"臨時政府約法"及其頒布的一切法制章程。孫中山想以此來制約新任總統的治國理政言行。就在孫中山提出辭職的同一天,還咨文參議院,推薦袁世凱繼任臨時大總統,理由是:"此次清帝遜位,南北統一,袁君之力實多,發表政見,更爲絕對贊同,舉爲公僕,必能盡忠民國。"⑬

　　爲了確保袁世凱能順利坐上臨時大總統這個"國民公僕"的權位,孫中山還積極呼吁包括軍界和輿論界在內的社會各界對袁世凱予以接納和擁戴。他在2月20日的《復譚人鳳及民立報館電》中說:"文等所求者,傾覆滿清專制政府,創立中華民國也。清帝退位,民國統一,繼此建設之事,自宜讓熟有政治經驗之人。項城以和平手段達到目的,功績如是,何不可推誠?且總統不過國民公僕,當守憲法,從輿論。文前茲所誓忠於國民者,項城亦不能改。若在吾黨,不必身攬政權,亦自有其天職,更不以名位而爲本黨進退之征。……"⑭孫中山先生除了向時任中華民國北面招討使的譚人鳳和具有社會影響力的民立報館等強烈反對袁世凱上臺的人士和機構耐心做轉化工作之外,還積極做海外華僑的思想工作。因大力支持辛亥革命的海外華僑對推舉袁世凱爲第二臨時總統十分反感,紛紛"來電相爭"。爲此,孫中山先生於當年2月21日發《復五大洲華僑電》,對爲何推舉袁世凱繼任再三予以解析:"諸君盡其心力,與內地同志左右挈提,撲滿清而建民國,今目的已達,以此完全民國,歸諸全體四百兆人之手,我輩之義務告盡,而權利則享自由人權而已,其他非所問也。至於服務之行政團,若總統類者,皆我自由國民所舉用之公僕,當其才者則選焉。袁君之性情不苟於然諾,當其未以廢君爲可也,則持之;及其既以共和爲當也,則堅之。其諸甚濡,其言彌信。彼之布告天下萬世,有云:不使君主

政體再發生於民國。大哉言矣! 復何瑕疵? ……"⑮這段説詞,真
可謂苦口婆心,充分反映了孫中山先生對這位即將踏上總統寶座
的袁世凱的期待,企望袁某也能像他一樣,成爲一位名副其實的
"國民所舉用之公僕"。然而,日後歷史的發展走向了他冀望的反
面,就是這位發誓"不使君主政體再發生於民國"的袁大總統,逐
步走上背信棄義的邪路,最後甚至夢想黄袍加身,做了八十一天的
皇帝夢,成爲一名歷史罪人。這,當然是孫中山先生決定讓位時所
始料未及的。

三

　　人的信念貴在堅持。孫中山先生在辭去中華民國臨時大總統
的職位後,在以後的十多年中,不論處境如何,仍然一如既往地堅
持他的公僕觀。

　　1912 年 4 月 10 日,孫中山剛解職不久,便在《在湖北軍政界
代表歡迎會的演説》中,再次闡述了他的公僕觀:"此次革命,乃國
民的革命,乃爲國民多數造幸福。凡事以人民爲重,軍人與官吏,
不過爲國家一種機關,爲全國人民辦事。""僕前言之矣,共和與自
由,全爲人民全體而講。至於官吏,則不過爲國民公僕,受人民供
應,又安能自由! 蓋人民終歲勤動,以謀其生,而官吏則爲人民所
養,不必謀生。是人民實共出其所有之一部,供養少數人,代彼辦
事。於是在辦事期内,此少數人者,當停止其自由,爲官盡職,以答
人民之供養。是人民之供養,實不啻爲購取少數人自由之代價。
倘此少數人而欲自由,非退爲人民不可。"⑯在這裏,中山先生將公
僕及其所服務的人民之間的區別及其界限,尤其是公僕享有的供
奉、權力及其言行的自由度,予以嚴格的區分。

　　在此後的歲月中,孫中山先生總是持續不斷地宣傳他的公僕
觀。比如,1912 年 4 月 27 日在《對粵報記者的演説》中,中山先生

又再三強調："政府之官吏,乃人民之公僕。""如果政府行惡,人民可一致清除之,若我三千萬人請除此官吏,又誰敢留!"[17]又比如,1912年9月7日在《在張家口各界歡迎會的演說》中,中山先生再次指明:"蓋專制國以君主爲主體,人民皆其奴隸,共和國以人民爲主體,政府爲之公僕,無貴族、平民之階級,無主國、藩屬之制度。"[18]在這裏,孫中山先生更將整個共和國政府視爲爲民辦事的公僕。再比如,1912年9月21日《在石家莊國民黨交通部歡迎會的演說》中,中山先生重申:"從前專制的時候,官府爲人民以上的人。現在共和,人民即是主人,官府即是公僕。官府既是公僕,大家須出資以養其廉耻,所謂國民有納稅之義務也。"[19]在這裏,中山先生在宣傳公僕觀的同時,又指明人民需盡納稅之義務,以養護公僕們之廉耻,這也是主人應盡的職責。

值得珍視的是,晚年的孫中山先生,在堅持"國民爲一國之主"的前提下,[20]更將爲國民服務的公僕概念,由政府官吏推演到軍警乃至國會、政黨等各個領域。

比如對警界,孫中山先生於1918年1月28日《在廣州警界宴會上的演說》中,明確指出:"警吏爲親民之官,務宜躬爲模範,以示公僕之責,則庶爲民治之初基。"[21]顯而易見,警吏也是國民供養的公僕,理應模範盡責。

又比如在議會中,是否也存在某種主僕關係呢? 中山先生於1917年的《建國方略之三·社會建設》中談及作爲"一國之主"的國民大衆通過選舉議會實現主人權力時指出:"會長爲全體之公僕,非爲一部分或一人而服務,是故彼雖爲一會之長,而非一會之主人翁也。"[22]顯然,在議會內部,也有公僕與主人的關係,會長對會衆,也應"嚴正無偏"地執行公務,才能盡到公僕職責。

到了晚年,當北洋軍閥政府倒行逆施之際,孫中山先生北上途中,於1925年1月17日發表《爲反對包辦善後會議事致段祺瑞電》，嚴正指出：“良以民國以人民爲主人，政府官吏及軍人不過人民之公僕。曹吳禍國，挾持勢力，壓制人民，誠所謂冠履倒置。今欲改弦更張，則第一着當令人民回復主人之地位，而使一切公僕各盡所能，以爲人民服役，然後民國乃得名副其實也。”㉓在這裏，中山先生以曹錕、吳佩孚的禍國殃民爲例，告誡北洋政府官吏乃至軍人，都應該是“人民之公僕”，理應“各盡所能，以爲人民服役”。當然，孫中山先生的這一忠告，對北洋軍閥政府來說，不啻與虎謀皮。但也從另一側面凸顯出孫中山先生對其公僕觀至死不渝的追求，確實難能可貴，令他事業的後繼者永志難忘。

中山先生開創的革命事業及其豐碩的精神遺産，啓迪並激勵着中國的有志之士繼續爲之不懈奮鬥與追求。中國共産黨人就是其中最杰出的代表。早在20世紀三十年代，在由周恩來同志執筆的《中共中央爲公布國共合作宣言》中，便莊嚴宣布：“孫中山先生的三民主義爲中國今日之必需，本黨願爲其徹底的實現而奮鬥。”㉔經過數十年的艱苦努力奮鬥，中國共産黨人領導全國人民不但完成了孫中山先生開創革命事業，而且將其“振興中華”的偉大理想發展到新的階段。他的公僕觀，也成爲中國共産黨教育與要求革命幹部立身處事的准則。比如建國以來，黨和國家始終要求各級幹部必須成爲一名全心全意爲人民服務的人民勤務員，倘若走向反面，則嚴懲不貸。尤其令人難以忘懷的是，2016年黨和國家的最高領導人習近平同志《在紀念孫中山先生誕辰150週年大會上的講話》，站在新的歷史高度，對如何傳承孫中山先生開創的事業及其精神遺産，進行了新的闡述。其中，突出要求“我們要學習孫中山先生天下爲公、心係民衆的博大情懷”，還特別引用了中山先生生前强調的“國家之本，在於人民”，“要立心做大事，不要立心做大官”等等教言，明確要求：“今天，要開創中華民族偉大復興新局面,我們黨就必須始終把全心全意爲人民服務作爲根本宗旨,始終把人民擁護和支持作爲力量源泉,堅持把人民放在心中最高的位置。我們要堅持一切爲了人民、一切依靠人民,永遠保持對人民的赤子之心,永遠同人民站在一起,推動改革發展成果更多更公平惠及全體人民,朝着實現全體人民共同富裕的目標不斷邁進,把13億多中國人民凝聚成推動中華民族發展壯大的磅礴力量。"㉕這段教言,站在新的高度,進一步豐富和發展了中山先生的公僕觀,值得永遠銘記。更加值得關注的是,習近平總書記在中國共產黨第十九次全國代表大會上的報告中,談及"健全人民當家作主體系,發展社會主義民主政治"時,再三强調:"各級領導幹部要增强民主意識,發揚民主作風,接受人民監督,當好人民公僕。"㉖習近平同志代表黨中央,將處於執政地位的各級領導幹部如何切實當好"人民公僕",作爲"奪取新時代中國特色社會主義偉大勝利"的一個重要保證,從而極大地豐富并發展了孫中山先生公僕觀的内涵,更豐富了公僕觀嶄新的時代特色。孫中山先生倘若泉下有知,定然由衷地感到無比欣慰。

(作者單位:解放日報)

───────────

① 《孫中山全集》卷一,中華書局1982年版,第192頁。
② 同上書,第245頁。
③ 同上書,第318頁。
④ 同上書,第319—320頁。
⑤ 同上書,第330—331頁。
⑥ 《孫中山全集》卷二,第242頁。
⑦ 同上書,第1—2頁。
⑧ 同上書,第59頁。
⑨ 同上書,第133頁。

⑩ 同上書,第258—259頁。

⑪ 同上書,第155頁。

⑫ 同上書,第84頁。

⑬ 同上書,第85頁。

⑭ 同上書,第110頁。

⑮ 同上書,第111頁。

⑯ 同上書,第334頁。

⑰ 同上書,第349頁。

⑱ 同上書,第451頁。

⑲ 同上書,第479頁。

⑳《孫中山選集》上卷,人民出版社1956年版,第340頁。

㉑《孫中山集外集》,上海人民出版社1990年版,第91頁。

㉒《孫中山選集》上卷,第353頁。

㉓《孫中山選集》下卷,第920頁。

㉔《周恩來選集》上卷,人民出版社1981年版,第77頁。

㉕《孫中山宋慶齡研究動態》2016年第6期第4頁。

㉖《解放日報》2017年10月28日,第三版。

漢譯《徐甘第大傳》的版本問題

囗 秦啓蘭

　　人類的歷史在 16 世紀迎來了分水嶺。哥倫布新大陸的發現以及達伽馬環球航行的實現等地理大發現,使得基督教福音的東傳成爲可能。沙勿略於 1549 年 8 月抵達日本鹿兒島,開始了福音的東傳。而利玛竇則於 1582 年 7 月登陸澳門,開始了中國的傳教事業。[1]本論文的研究對象《徐甘第大傳》的主人公甘第大,便出生在這個時代,[2]她見證了這個時期基督教事業的發展,並且也親自在這一項事業中擔任重要角色。

一、徐甘第大的生涯

　　徐甘第大誕生於 1608 年,[3]甘第大是其洗禮名,[4]其出身並成長於基督教家庭。[5]甘第大十歲的時候便堅定了自己的信仰,並且因爲經歷的一場熱病而愈發虔敬地信主。在十四歲的時候,其母親去世,兩年之後,她被許配給"門當户對"的松江望族之後許遠度,[6]生下四男四女,其子女全部領洗成爲基督徒,其丈夫也在去世前兩年入信歸主。在丈夫去世之後,甘第大便致力於教會以及慈善事業,例如向近親的家人傳教,在經濟等方面支援傳教士,建立教堂,援助信心會,建設育嬰堂等慈善機構,以及向身邊的女性傳教等等,可以説甘第大的一生和基督教事業密不可分。最後,甘第大於 1680 年 10 月 24 日去世,享年 73 歲。⑦

甘第大的祖父是明末著名的科學家、政治家、中國開教的柱石徐光啓,⑧父親則是徐光啓的獨生子徐驥。徐驥生有五男四女,甘第大是其中的次女。⑨甘第大則誕下四男四女,其中長子許纘曾積極協助母親的教會以及慈善事業。

二、《徐甘第大傳記》的成書及西方諸版本

1. 柏應理及其《徐甘第大傳》

比利時耶穌會士柏應理(1623—1692)是甘第大的告解神父,並且也是最初的《徐甘第大傳》的作者。

柏應理於 1623 年 5 月 31 日生於比利時梅赫倫的一個普通家庭。1632 年進入梅赫倫的耶穌會學院學習,直至 1640 年,並且在同一年成爲耶穌會見習修士。之後的兩年在魯汶學習哲學,並執教數年。柏應理於 1654 年加入中國的傳教團,之後隨着團隊在 1658 年 7 月末到達澳門,1659 年 3 月進入中國內地。在隨後的幾年間,柏應理分別在江西省贛州、福建省的福州和延平以及湖廣兩地支援傳教事業。⑩

然而在 1665 年,傳教士受到當時的欽天監官楊光先的迫害,被迫上京,之後被流放到廣州直至 1671 年,史稱康熙曆獄。在被釋放之後,柏應理來到長江中下游地區傳教,其中便有上海和松江這兩個傳教站點。於是在 1671—1680 年間,柏應理成爲生活於此地的徐甘第大的告解神父。⑪

1679 年柏應理作爲耶穌會副管區長代表,需要回歐洲執行任務。其歸國的主要目的被認爲有以下四點:(1) 爲中國傳教募集新的傳教士;(2) 爲中國傳教活動籌集資金;(3) 獲得在典禮中加入中國禮儀的許可;⑫(4) 抗議對儒家禮儀進行批判。⑬於是,柏應

理於 1681 年離開中國，並於 1682 年到達歐洲，同行的還有中國青
年沈宗福。在歐洲期間，柏應理於 1684 年 3 月 21 日在梅赫倫的
耶穌會學院穿着徐甘第大刺繡的彌撒祭袍舉行了慶祝旅途完成的
感恩彌撒；同年 9 月 15 日，柏應理和沈宗福於 1684 年 9 月 15 日到
達凡爾賽宮，謁見了法國國王路易十四，並向其進獻中國的繪畫和
古董；1684 年 12 月 7 日兩人到達羅馬，得以謁見教皇因諾森十二
世（在位時間：1691—1700），並將甘第大資助的 400 卷耶穌會傳
教士書寫的中文書籍呈獻給教皇。但是，關於在典禮中加入中國
禮儀的建議，並未得到教皇的許可。之後兩人前往巴黎；1686 年
初至 1687 年 11 月，皆滯留在巴黎。1692 年 3 月 25 日，柏應理再
次出發前往中國，然而由於疾病以及風暴中重物擊打其腦部而在
印度果阿附近不幸去世。[14]

就在 1682—1692 年滯留歐洲期間，柏應理寫下了拉丁文的甘
第大傳記《著名的女性基督徒甘第大夫人的故事，在寡居 40 年後
她於 70 歲時的 1680 年去世》。[15]並且根據金·蓋爾的推測，[16]這
部傳記很有可能寫於柏應理滯留於法國的 1686 年初至 1687 年 11
月之間。[17]柏應理在寫完此傳記之後，將此書獻給了某位侯爵夫
人。[18]然而直至今日也沒有人曾親眼見過拉丁文的原文。[19]根據卡
洛斯·索莫沃爾，[20]這個版本的傳記從未被出版過。[21]而書寫這傳
記的目的，被認爲有兩點：其一，向歐洲介紹中國；其二，尋求中國
傳教士的幫助。[22]

2. 1688 年法文版《徐甘第大傳》

雖然柏應理撰寫了拉丁文的《徐甘第大傳》，但有極大的可能
從未被出版過，因此現存最早的《徐甘第大傳》是 1688 年的法文版
本，這個版本也是流傳最廣的版本。[23]其標題翻譯成法文爲《中國
一位信者夫人的故事，其中會偶爾提到當地人民的習慣、信仰的確
立、宣教士的態度，以及一些新信徒的虔敬訓練》。[24]關於這個版本

的傳記的譯者有兩種説法,一是皮埃爾·約瑟夫·奧爾良(1642—1698)翻譯的,[25]一是由柏應理自己翻譯成法文,再由皮埃爾·約瑟夫·奧爾良編輯並給予出版許可。[26]這部法文版傳記由艾帝安·米沙萊[27](1639? —1699)在 1688 年出版。[28]在柏林國立圖書館可以看到此版本的《徐甘第大傳》,[29]並且根據矢澤利彦的介紹,在"東洋文庫"也藏有 1688 年的法文版本,[30]這兩處所藏的《徐甘第大傳》應該是相同的版本。

3. 西班牙語、弗蘭芒語、意大利語譯本

1691 年,馬德里的安東尼·羅馬[31]出版社出版了最初的西班牙語的甘第大傳記。[32]翻譯者是何塞·洛佩斯·德·伊查布理·艾爾卡拉方。[33] 1694 年在安特衛普則出版了最初的弗蘭芒語的甘第大傳,[34]由弗朗西斯庫斯·馬勒[35]翻譯,[36]諾貝爾特發行。[37]在 1700 年,一個由卡洛·格雷戈利奧·羅西尼奧利[38]翻譯的意大利語版本出現在米蘭,[39]這個版本的甘第大傳記是《中國的閣老徐保羅(光啓)和中國的偉大夫人徐甘第大的生涯和美德》一書的後半部分,此書的前半部分則是徐光啓的傳記。[40]這三個版本都是翻譯自法文版本的徐甘第大傳。

4. 1750 年法文版《徐甘第大傳》

除此之外還有 1750 年在中國作成的《徐甘第大傳》的法語抄本,題目爲《一位信者夫人徐甘第大的故事》(*Histoire d'Une dame Chrétienne de la Chine Candida Hiu*)。原藏於上海徐家匯圖書舘,1952 年由耶穌會士胡天龍神父(Francis A. Rouleau, S.J.)帶往美國成爲其中國收藏的一部分,現在則藏於舊金山利瑪竇研究所。[41]從封面的印字可以知道這個版本的傳記於 1750 年(乾隆十五年)在中國作成,[42]作者則無法確定。[43]

這個版本的特點是,增添並省略了原文中的一些内容。傳記中增添了順治、雍正和乾隆皇帝的内容,省略了和 1680 年有關的

一些人物以及事件。[44]省略的內容包括：第一段敘述的“侯爵夫
人⋯⋯”；1688 年版本中第 147 頁的底部以及第 151 頁的中間段
落；柏應理提到的阿威羅女公爵（Duchess of Aveiro）和其他當時的
中國宣教的贊助人；將法國的數學家派往中國朝廷；暹羅的法國宣
教；手稿的末尾對應 1688 年版本的 151 頁的最後後半部分，進一
步省略了最後的部分“我發願到世界的地極，到生命的盡頭，夫人；
您的十分卑微並順從的僕人；中國宣教的總代理人柏應理；耶穌會
（Tandis que je teray profession d'etre jusqu'au bout du Monde ；& à
l'extremité de ma vie, Madame ; Votre tres huble& tres obeissant
serviteur ; P .C. Procureur General des Missions de la Chine ; de la
Compagnie de Jesus . ）”（pp.151 – 152）；1687 年的出版許可也被省
略了。[45]

三、《徐甘第大傳》的漢譯諸版本

在上海徐家匯藏書樓則藏有 1879 年的法文手抄本。根據此
書的扉頁可以知道，這個手抄本是由吉爾埃赫米修女在法國抄錄
的。[46]而漢譯的《徐甘第大傳》都是翻譯自這部手抄本。

1. 1882 年許采白的《許太夫人傳略》

第一個版本的漢譯《徐甘第大傳》是許采白在 1882 年翻譯的
《許太夫人傳略》。許彬，字采白，1840 年 8 月 24 日生於上海浦
東。15 歲進入張家樓神學院，之後到董家渡研讀哲學和神學。他
於 1862 年進入耶穌會見習，1868 年 9 月 8 日接受聖職。在擔任數
年職位之後，他於 1884 年離開耶穌會。在離開耶穌會之後，主教
賈尼爾[47]僱用他翻譯《福音書索引》。[48]很快，他入住土山灣，並且
參與基什拉的計劃，翻譯中文—拉丁字典。然而，在這些工作的進
行中，1899 年 2 月 15 日，他意外去世。在許采白 59 年的人生中，
31 年都獻身於聖職。[49]另外需要提到的一點便是，許采白是甘第大

夫家許氏的後代。

此版本的傳記爲線裝書,在封面的左側用小篆寫着"許太夫人傳略",在正中則有耶穌會徐家匯圖書館的白底紅色圓印。這部傳記用文言文寫作,並沒有章節標題,此外這部《徐甘第大傳》省略了中國習俗以及柏應理的傳教策略的部分。[50]同時從序言中可以知道,這部漢譯《徐甘第大傳》是在當時的江南主教倪懷倫的主持下,在徐匯益聞館出版。

倪懷倫(Valentinus Garnier,1825 年 5 月 6 日—1898 年 8 月 14日),法國人,他於 1879 年(光緒五年)1 月 21 日—1898 年(光緒二十四年)擔任耶穌會江南教區司鐸,並且也是《道原精粹》一書的主編。根據張偉在《西風東漸:晚清民初上海藝文界》中的介紹,[51]《道原精粹》成書於 1887 年,刻版工匠來自土山灣孤兒工藝院,其插圖代表了土山灣畫館的全盛時期。[52]並且張偉根據其購得的《教皇大慶倪主教貢獻略記》一文,推測《道原精粹》的完成很可能與當時的羅馬教皇利奧十三世(Pope Leo XIII, 1810—1903)聖鐸品後五十年大慶有關。[53]

　　1887 年 12 月 31 日是當時的羅馬教皇良第十三聖鐸品後五十年大慶,梵第岡爲之舉行聖典,世界各地都有禮物進獻。"普世善信皆竭誠孝敬之忱,貢獻禮物爲數甚巨,且珍奇奪目。中國各省主教悉隨本省土産方物預備爲貢獻者亦復不少。"當時的江南教區主教倪懷倫當然也有所表示。……另一件獨特的禮物就是《道原精粹》了。倪懷倫動員土山灣孤兒工藝院全院力量,以最高技藝水準彙刻成書,"裝以錦套綿匣",成爲一册卷帙浩繁、裝幀豪華、天下獨一無二的特裝本。所有這些禮物,都於 1887 年 8 月裝箱運往羅馬,參加聖典。今天的梵第岡官内,應該還保存着這些來自上海土山灣的精美禮物。[54]

而《徐甘第大傳》的完成也在這期間,因此筆者推測,成書於
1882 年的《許太夫人傳略》很有可能也和這次教皇的聖典有關。

此《徐甘第大傳》出版於徐匯益聞館,提到徐匯益聞館,便要
提到當時的一份重要刊物《益聞錄》。"《益聞錄》是中國天主教第
一報人李杕(1840—1911)主筆的天主教第一份機關刊物,清光緒
五年二月二十四日(1879 年 3 月 16 日)創刊於上海徐家匯。這一
時期既是外國傳教士在中國辦報活動的第二階段也是洋務運動後
'西學東漸'的第二階段……《益聞錄》創刊時期的社會因爲洋務
運動的興起已經轉型爲以求強求富爲核心內容,並進入了'西學東
漸'的第二階段。以此爲契機,中國自然科學傳播史進入了一個新
時期——西學翻譯"。[55]而 1882 年《許太夫人傳略》的作者許采白
亦是編輯者之一。因此筆者推測,當時甘第大傳的翻譯很有可能
也是這"西學東漸"的環節之一。

2. 1927 年沈錦標《許太夫人傳略》

第二個版本的漢譯《徐甘第大傳》則是 1927 年沈錦標翻譯的
《許太夫人傳略》。關於翻譯者沈錦標我們可以通過其編纂的《吳
興沈氏奉教宗譜》來瞭解其人以及其出生的家庭。[56]

沈錦標,字宰熙,洗禮名菲爾米諾,爲耶穌會司鐸。生於 1848
年 9 月 25 日,1867 年 9 月 7 日進入耶穌會,1878 年 4 月 8 日晉鐸,
1882 年 8 月 15 日大願,也就是發修道誓約。[57]其家譜以仁先公爲
先祖,沈錦標爲第七代。[58]沈錦標的祖先"僻處淀濱,世爲漁夫,無
名爵可傳",並且"自先祖仁先公奉聖教以來,至於今二百六十餘
年凡十代。其始由浙江遷於青溪之諸巷,再遷於滬瀆之董
家渡"。[59]

沈錦標的祖父名永茂(？—1833),洗禮名巴爾多洛末;祖母
沈氏(？—1859),洗禮名路濟亞。他們生有一女五男,其中沈錦
標的父親是長子。沈錦標的父親名懷瑾,字瑞全,洗禮名雅各伯,

生於 1810 年(嘉慶十五年),去世於 1903 年(光緒二十九年十二月十二日),享年 94 歲。其先後有六位妻子,誕下五男七女,沈錦標亦是長子。⑥

從沈錦標翻譯的《許太夫人傳略》的序可以知道,許采白翻譯的《許太夫人傳略》由於銷量很好,在沈錦標翻譯的時候已經銷售一空。沈錦標翻譯的版本較許采白的文言版本更加易讀,並且這個版本的傳記是在當時南京司教的姚的准許下在土山灣印書館出版的。

在介紹許采白版本的甘第大傳的時候,便略有提到土山灣。1859 年法國傳教士在上海董家渡設立印刷所,1864 年法國天主教會在徐家匯創立了土山灣孤兒工藝院,1869 年上海董家渡的印刷所移到徐家匯土山灣,成爲土山灣印書館。天主教徒在土山灣印書館出版了衆多的科學、文化書籍。其中便有龔若愚翻譯、許采白翻譯的《五洲圖考》。土山灣孤兒工藝院和土山灣印書館在中國的美術史、出版印刷史、近代文化史、中西文化交流史、上海公益事業史以及宗教史中都是重要的研究對象。⑥筆者認爲在考察《徐甘第大傳》的時候,土山灣同樣也是重要的調查對象之一。

沈錦標版本的《徐甘第大傳》除了文體更接近白話文以外,還給每個部分加上了小標題。但標題並不是加入文章之間,而是加在文章篇幅的上方。⑥

3. 1938 年徐允希《許母徐太夫人事略》

第三個版本的漢譯《徐甘第大傳》是 1938 年徐允希翻譯的《許母徐太夫人事略》。徐允希是徐光啓的十一世孫,洗禮名西滿,天主教司鐸,學者,1876—1922 年曾任上海徐家匯藏書樓主任。其於 1909 年(宣統元年)編輯《增訂徐文定公集》,於 1938 年翻譯甘第大傳,奉獻給中國公教進行會的會員。⑥ 1965 年,臺灣臺中的光啓社出版了此書;⑥ 2003 年,在紀念徐光啓逝世 370 週年之際,上海教區金魯賢主教爲號召信徒向徐光啓以及其孫女學習,再度出版了這個版本的《徐甘第大傳》。[65]

　　徐允希版本的《徐甘第大傳》在題目上便和之前的兩個版本有所不同,特意在標題上增加了甘第大父家的徐姓。封面是由大篆書寫的"許母徐太夫人事略",右邊則有副標題"一位中國奉教太太",左邊則有落款"後學林驑敬題",以及白文的印章。並且,此漢譯傳記的封面上寫有"中華公進模範"。此版本的《徐甘第大傳》使用了更爲白話的文體,並且每個部分都有詳細的小標題。[66]

　　中華公進模範指的是中華公教進行會的模範,當時的羅馬教宗庇護十一世(1922—1939年在位)特別曉諭中國公進會的會員,將徐甘第大奉爲模範。[67]公教進行會發源自意大利,教宗庇護十世(1903—1914年在位)首次使用此名稱,庇護十一世則將此組織定義爲"平信徒參與教會聖統的使徒工作",將平信徒看作司鐸的延伸,旨在使世俗化的社會恢復基督精神,培養平信徒擔負起使徒工作的責任。1912年左右雷鳴遠神父(V. Lebbe, 1877—1940)於天津成立公進會。當時的教廷駐華代表剛恒毅主教和兩位秘書共同編寫了《公進會臨時守則》,1932年9月15日確定公進會的章程,上海的陸伯鴻當選全國公進會主席。[68]而就像介紹譯者徐允希時提到的那樣,徐允希翻譯《徐甘第大傳》的目的之一,便是將此書奉獻給當時的公進會的會員,使其學習倣效。

　　從這個版本的序言可以知道以下的内容:首先,在柏應理之前,潘國光神父(Frarcuis Brancati)是甘第大的告解神父;其次,柏應理在歐洲滯留時寫下了這部傳記,並且呈獻給某位伯爵夫人;第三,許采白衹是翻譯了部分内容;第四,許采白和沈錦標都是爲了當時的需要而翻譯《徐甘第大傳》;第五,當時庇護十一世對中國公進會會員發出赦令,使甘第大成爲中華公進會的模範;最後,清末民初的中國歷史學家、宗教史研究專家陳垣使用1882年版本的甘第大傳來校對此版本。

最後，據目前所知，上海徐家匯圖書舘、臺北輔仁大學以及菲律賓的貝拉明大學均蒐藏有這個版本的《徐甘第大傳》。[69]

4. 其他

此外，還有 1946 年楊塞編輯的“靈修小叢書”第三集第十一種的《中華公進婦女的模範——許母徐太夫人甘第大小傳》。主編者是白德美紀念出版社，發行者爲慈幼印書館，印刷者爲聖母無原罪兒童工藝院。徐甘第大傳是這套靈修書籍的一册，其餘則是天主教諸聖徒的傳記。這部傳記雖然大部分承襲自 1938 年徐允希版本的《許母徐太夫人事略》，但可以看到内容以及順序被重新編排過。

四、徐甘第大傳記的研究展望

本論文討論了最初《徐甘第大傳》的成書經過，在歐洲的傳播以及被翻譯成中文版《徐甘第大傳》的經過。最初的《徐甘第大傳》由耶穌會會士柏應理（1623—1692）所著，他在 1671—1679 年擔任甘第大的告解神父。由於工作上的需要，1679 年柏應理回到了歐洲，並在此期間寫下了拉丁文版本的 *Historianobilis Feminae Candidae Hiu*，*Christinae Sinensisquae anno aetatis 70*，viduitatis 40 decessit anno 1680，之後獻給了某位侯爵夫人。其寫作的目的是向歐洲人介紹中國以及爲中國傳教尋求幫助。之後，《徐甘第大傳》被翻譯成法語、西班牙語、弗蘭芒語以及意大利語，在歐洲廣爲傳播。

目前所知的中文版《徐甘第大傳》都是翻譯自法文初版（1688年），參照了 1879 年吉爾埃赫米修女在巴黎抄寫的法語版《徐甘第大傳》。最初的中文版是許采白在 1882 年翻譯的《許太夫人傳略》。這衹是原書的部分翻譯，省略了原書中的中國習俗以及柏應理的傳教戰略。寫作目的可能和當時教皇利奧十三世（1810—1903）的聖鐸品後五十週年大慶有關,並且也有可能是以"西學東漸"爲目標的西學翻譯的一環。第二個中文版則是沈錦標（1848—?）於1927年翻譯的《許太夫人傳略》。因爲最初的中文版太過暢銷而告售罄,因此沈錦標發表這個更爲易讀的新譯本。第三個中文版則是徐允希（生卒年不詳）於1938年翻譯的《一位中國奉教太太許母徐太夫人事略》,目的是爲了將此書獻給中華公教進行會。

　　整理徐甘第大傳記的資料可以發現,此傳記貫穿了中國明代、清代、民國以及當代的歷史,見證了中國時代的更替以及變化,在時代的變遷中具有一定的重要性。並且這部傳記最初完成於歐洲,之後被翻譯成數種語言,在西方也具有一定的影響力。同時,這部傳記在近代又從西文被翻譯成漢文,也反映了當時西學中用的時代特點。因此徐甘第大傳記的研究無論在中國基督教歷史、中國福祉史、近代中國歷史,還是在中西文化交流史等方面都具有重要的意義,值得進一步研究和探討。

（作者单位：日本立教大學）

---

　　① 戚印平:《遠東耶穌會史研究》,中華書局2007年版;《日本早期耶穌會史研究》,商務印書館2003年版。

　　② 本論文的研究對象是《徐甘第大傳》這部傳記,而非甘第大本人。

　　③ 關於甘第大的誕生年份,有1607年和1608年兩種記載。藏於柏林國立圖書館的1688年法文版《徐甘第大傳》中有一張插圖,寫有徐甘第大去世的年月即1680年10月24日,享年73歲,但並沒有寫明徐甘第大的出生年月。而1886年由許采白翻譯成中文的最早漢譯《許太夫人傳略》的開頭則寫到甘第大"生於明萬曆三十六年戊申",萬曆三十六年是在1608年2月16日至1609年2月3日之間。並且1927年沈錦標翻譯的《許太夫人傳略》中則明確寫到甘第大"生於降生後一千六百零八年。時萬曆三十六

年"。而徐允希《一位中國奉教太太許母徐太夫人事略》一書的扉頁上則標注着
（1607—1680）。1946 年楊塞主編的靈修叢書中的《許母徐太夫人甘第大小傳》則直接寫
"於一六〇七年誕生"。關於以上幾個版本的《徐甘第大傳》將會在之後作詳細論述。

　　④ 筆者推測 1608 年比較合理，雖然從"1680 年去世，享年 73 歲"這點上可以計算出
甘第大生於 1607 年，但中國人有講虛歲的習慣，所以甘第大實際上誕生於 1608 年的可
能性更大。

　　④ 取自一世紀一位羅馬聖女的名字，意味着純潔、無垢。甘第大受洗那天正是這
位聖女的禮日。關於甘第大的詳細信息請參考矢澤利彦《西洋人の見た十六～ハヨ一
ヒハタシo、ホヨミ・ナヨミヤ》，東方書店，1990 年，第 122—137 頁；徐允希：《一位中
國奉教太太許母徐太夫人事略》，上海土山灣印書館 1938 年版。

　　⑤ 因爲時代以及地區的限制，當時在中國布教的祇有天主教耶穌會，因此甘第大
全家是以天主教徒的身份信奉基督教。筆者在此論文中更希望强調甘第大一家的基督
徒身份，而不是天主教徒的身份。

　　⑥ 在徐允希《一位中國奉教太太許母徐太夫人事略》的注中，有許家給徐家的聘
書，以及對許遠度及其家庭的介紹。徐允希：《一位中國奉教太太許母徐太夫人事略》，
第 12—13 頁。

　　⑦ 關於甘第大的生平請參考：許采白：《許太夫人傳略》，徐家匯益聞館 1882 年
版；沈錦標：《許太夫人傳略》，上海土山灣印書館 1927 年版；徐允希：《一位中國奉教
太太許母徐太夫人事略》；矢澤利彦：《西洋人の見た十六～ハヨ一ヒハタシo、ホヨ
ミ・ナヨミヤ》，第 122—137 頁。

　　⑧ 王成義：《徐光啓家世》，上海大學出版社 2009 年版。

　　⑨ 柏應理在傳記中記錄徐驥有四男四女，其中甘第大是最小的女兒。而徐允希則
考證徐驥應有五男四女，其中甘第大是次女。在此筆者採納徐允希的觀點。請參考徐
允希《一位中國奉教太太許母徐太夫人事略》。

　　⑩ Gail King, "Candida Xu and the Growth of Christianity in China in the Seventeenth
Century", in *Monumenta Serica* 46(1998), pp.41 – 42.

　　⑪ Ibid., pp.42 – 43.

　　⑫ 即中國天主教徒參與崇敬祖先和孔子的儀式。

　　⑬ Gail King, "Candida Xu and the Growth of Christianity in China in the Seventeenth
Century", in *Monumenta Serica* 46(1998), p.43.

　　⑭ Ibid., pp.43 – 45.

　　⑮ 筆者譯。*Historia nobilis Feminae Candidae Hiu, Christinae Sinensis, quae anno
aetatis 70, viduitatis 40 decessit anno 1680.*

　　⑯ Gail King, "Candida Xu and the Growth of Christianity in China in the Seventeenth
Century", in *Monumenta Serica* 46(1998).

　　⑰ Ibid., p.45.

　　⑱ 法文版本寫的是侯爵，但徐允希在其《一位中國奉教太太許母徐太夫人事略》的

序中則寫爲伯爵,應是徐允希的誤記。

⑲ 矢澤利彥:《グプレ<徐カンディダ伝>について》,《東洋學報》第 71 卷,東洋文庫,1989 年。

⑳ 卡洛斯·索莫沃爾(Carlos Sommervogel,1834 年 1 月 8 日—1902 年 3 月 4 日):法國耶穌會學者,《耶穌會士著作目録》(Bibliothèque de la Compagnie de Jésus)的作者,是《天主教百科全書》(The Catholic Encyclopedia: An International Work of Reference on the Constitution, Doctrine, Discipline, and History of the Catholic Church)的編輯者最重要的參考對象之一。

㉑ Gail King, "Candida Xu and the Growth of Christianity in China in the Seventeenth Century", in Monumenta Serica 46(1998).

㉒ Ibid., p.41.

㉓ Ibid., p.47.

㉔ 筆者譯. Histoire D'Une Dame Chrétienne De La Chine Où Par Occasion Les Usages de ces Peuples, l'établissement de la Religion, les manières des Missionnaires, & les Exercices de Piété des nouveaux Chrétiens sont expliquez.

㉕ 筆者譯。Pierre Joseoh d'Orléans(1642—1698),耶穌會士,法國歷史學家,1641 年 11 月 3 日出生於法國的布爾日(Bourges),去世於 1698 年 3 月 31 日,享年 56 歲。在數所大學教授純文學,之後轉向講道以及歷史研究。

㉖ Björn Löwendahl, Sino-western relations, conceptions of China, cultural influences and the development of sinology, Thailand: Hua Hin, The Elephant Press, 2008, p. 102. Gail King, "Candida Xu and the Growth of Christianity in China in the Seventeenth Century", in Monumenta Serica 46(1998).

㉗ Etienne Michallet(1639? —1699).

㉘ Ibid..

㉙ 請參考 http://resolver.staatsbibliothek-berlin.de/SBB00005AD900000000。

㉚ 矢澤利彥:《グプレ<徐カンディダ伝>について》,《東洋學報》第 71 卷,第 88 頁。

㉛ Antonio Roman.

㉜ Historia de una gran señora christiana de la China, llamada Doña Candida Hiù(偉大的中國基督徒徐甘第大的歷史——筆者翻譯).

㉝ José Lopez de Echaburuy Alcarazfan.同注⑬。並且據淺見雅一和安廷苑的論文可以知道,在中國國家圖書館善本室的北堂文庫藏有兩部 1691 年的西班牙語版本的《徐甘第大傳》。淺見雅一、安廷苑:《フィリップ·クプレ著<徐カンディダ伝>所收の肖像画について=,《近世印刷史とイエズス會系<絵入り本>=The history of Early Modern Printing and Jesuit Illustrated Books: EIRI 報告書》,慶應私塾大學文學部,2014 年,第 191 頁。

㉞ Historie van eene groote Christene mevrouwe van China met naeme mevrouw Candida

Hiu(中國偉大的基督徒女性許甘第大的歷史——筆者翻譯).

㉟ Franciscus Muller.

㊱ Björn Löwendahl, *Sino-western relations*, *conceptions of China*, *cultural influences and the development of sinology*, Thailand：Hua Hin, The Elephant Press, 2008, pp.105 - 106.

㊲ Van Knobbaert. Gail King, "Candida Xu and the Growth of Christianity in China in the Seventeenth Century", in *Monumenta Serica* 46(1998), p45.

㊳ Carlo Gregorio Rosignoli(1631—1707)：意大利耶穌會士、傳教士。

㊴ 同注⑬。

㊵ 淺見雅一、安廷苑：《フィリップ・クプレ著<徐カンディダ伝>所收の肖像画について》,《近世印刷史とイエズス會系<絵入り本>=The history of Early Modern Printing and Jesuit Illustrated Books：EIRI 報告書》, 第 189 頁以及第 198 頁的注⑩。

㊶ 淺見雅一、安廷苑：《フィリップ・クプレ著<徐カンディダ伝>所收の肖像画について=,《近世印刷史とイエズス會系<絵入り本>=The history of Early Modern Printing and Jesuit Illustrated Books：EIRI 報告書》; Gail King, "Candida Xu and the Growth of Christianity in China in the Seventeenth Century", in *Monumenta Serica* 46(1998).

㊷ 淺見雅一、安廷苑：《フィリップ・クプレ著<徐カンディダ伝>所收の肖像画について=,《近世印刷史とイエズス會系<絵入り本>=The history of Early Modern Printing and Jesuit Illustrated Books：EIRI 報告書》, 第 189 頁。

㊸ 同上書, 第 190 頁。

㊹ Gail King, "Candida Xu and the Growth of Christianity in China in the Seventeenth Century", in *Monumenta Serica* 46(1998), pp.47 - 48.

㊺ Ibid., p.48.

㊻ P. de Guilhermy.

㊼ Leopold Gain, SJ, to Mgr Garnier, Xuzhou, 22 March 1897, Lettres de Jersey, 16, No.2 (Nov. 1897)：230 - 231.

㊽ Concordance des Evangiles.

㊾ August M. Colombel, Histoire de la mission du Kiang-nan, t. 5：1879 - 1900, p. 1399.朱霓虹譯, 筆者校對。

㊿ Gail King, "Candida Xu and the Growth of Christianity in China in the Seventeenth Century", in *Monumenta Serica* 46(1998), p.46.

51 張偉：《西風東漸：晚清民初上海藝文界》, 要有光出版社 2013 年版。

52 同上書, 第 30—31 頁。

53 同上書, 第 31 頁。

54 同上。

55 孫瀟、姚遠、衛玲：《〈益聞錄〉及其自然科學知識傳播探析》,《西北大學學報》(自然科學版) 第 40 卷第 1 期, 2010 年 2 月, 第 173—174 頁。

56 沈宰熙：《吳興沈氏奉教宗譜》, 浙江湖州, 1917 年, 藏於上海圖書館。

㊐ 同上書,參考《道修家離》一頁。

㊏ 同上書,參考《先人傳略》的部分。

㊑ 同上書,參考《序》和《跋》。

㊐ 同上。

㊐ 李明毅:《徐匯故事》,《徐匯文脈》,上海錦繡文章出版社2015年版。

㊐ 小標題分別爲:出生、家訓、喪母、出閣、德表、西士來華、相國開教、壽終、繼起有人、濟貧、德化、教育、恕道、濟困、潘鐸、聖書、媳化、子仕、宣教、建堂、教難、雪冤、致仕、宣教崇明、恤貧、善舉、宣道、宮中、壽辰、善終。

㊐ 王成義:《徐光啟家世》,第226頁。

㊐ Gail King, "Candida Xu and the Growth of Christianity in China in the Seventeenth Century", in *Monumenta Serica* 46(1998), p.46.

㊐ 王成義:《徐光啟家世》,第226頁。

㊐ 文章分40個小標題,分別爲:1.相國開教;2.賢孫繼世;3.幼年出閣;4.始助傳教;5.教士入朝;6.閣老告終;7.慷慨濟施;8.善會領袖;9.長媳感化;10.父入鄉賢;11.救助司鐸;12.開教外省;13.光先教難;14.教士回省;15.家庭橫禍;16.長子回頭;17.崇明開教;18.敬禮神長;19.謙敬祈禱;20.愛恤貧人;21.救靈巧計;22.祈禱規式;23.教士墓塋;24.景教碑記;25.捐款印書;26.南公事略;27.后妃奉教;28.謹慎聖事;29.治家懿範;30.壽辰喜慶;31.週急濟困;32.參觀聖堂;33.佟夫人事;34.樂善好施;35.拯救煉靈;36.敬重聖物;37.喪靈雜談;38.預備臨終;39.安然逝世;40.終後情形。

㊐ 徐允希:《一位中國奉教太太許母徐太夫人事略》,參考敘言第Ⅱ頁。

㊐ 中國天主教圖書中心編:《神學辭典·公教進行會·天主教圖書中心》,http://www.tianzhujiao.online/book/html/131/7004.html,2017/02/24閲覽。

㊐ Bellarmine College. Gail King, "Candida Xu and the Growth of Christianity in China in the Seventeenth Century", in *Monumenta Serica* 46(1998), p.46.

《遠東時報》興衰小考

□ 徐錦華

　　1898 年,通過"美西戰爭",新興的美利堅合衆國從歐洲老牌列强西班牙手中獲得了加勒比海的完全控制權,還以 2 000 萬美元的"代價"拿到了西太平洋上的菲律賓地區的統治權。這場戰爭似乎印證了美國人的"昭昭天命"將通過太平洋繼續擴張到整個亞太地區。菲律賓和關島作爲美國在西太平洋重要基地的歷史,也由此展開。經過三年時間的鎮壓,美國清除之前在菲律賓反抗西班牙統治的起義軍勢力,正式建立了對菲律賓長達 40 多年的統治。1904 年,一位 35 歲正值壯年的前美國隨軍記者,在菲律賓首府馬尼拉的戈伊蒂廣場(Plaza de Goiti) 的麥卡洛大樓(McCullough Building) 租借了辦公室,[①] 創辦了《遠東時報》(Far Eastern Review) 雜誌。

　　這位後來被稱爲李亞(George Bronson Rea) 的美國記者,[②] 在發刊詞中宣稱:"欲知一人,先觀其友;欲知一報,觀其訂户及廣告品味……《遠東時報》將是遠東地區毫無爭議的最佳報刊,無論是内容、紙張還是發行管道……我們發行量衹有 3 000 份,[③] 但這 3 000位訂户都將是最佳人選。"[④] 這段文字多少有自我吹噓的成分在内。但當時這位發行人兼主編對於菲律賓和東亞的良好發展前景的預期也在發刊詞中展露無遺："接下來將是菲律賓和東亞大發展的時代了。遠東已經從數個世紀的睡夢中驚醒,火車機車的汽笛撕鳴、有軌電車的鈴鐺振動、工業機械嗡嗡作響,這些將快速驅趕走長久以來對西方觀念的偏見。"在描繪了遠東從城市到港口、鄉村一派忙碌的建設與發展景象後,李亞號召道:"對菲律賓和遠東的鐵路、工程、金融和貿易感興趣麼? 快訂閱《遠東時報》! 尋找在世界上最大的市場擴展自己業務的機會麼? 想要尋找遠東的買家麼? 想要爲自己的機器和産品尋找潛在的客户麼? 快在《遠東時報》上刊登廣告!"這樣的發刊詞,不難讓人聯想到 19 世紀美國西部"邊疆地區"充滿活力、機遇和挑戰並存的環境。也許在成長於美國南北戰爭後的李亞眼中,遠東正是下一個"邊疆"所在。

這是一個美國人眼中 20 世紀初的東亞,此時終結"不列顛和平"的"一戰""二戰"尚未發生,美國也還没有從英國手中接過"海神三叉戟"。這是殖民帝國主義的頂峰,也幾乎没有人想到終點將至。此時的李亞猶如那些"西進運動"的前輩,將自己看作是"文明"與"進步"的代表,前往"蠻荒的邊疆",試圖把"現代化"的福音傳遍世界各個角落。

"美、加、墨三國全年定價 2.5 美元,其他郵政聯盟加盟國全年定價 3 美元,每期零售價 0.25 美元。廣告費率歡迎來函接洽"。⑤ 1904 年 6 月,《遠東時報》的創刊號發行,發行人兼主編的李亞在"《遠東時報》的方針"中強調:"這是一份商貿與工程雜誌,不偏向某一政治立場或者利益集團……我們不刊登冗長的政論、流言蜚語、幽默故事或者是私人軼事。我們的版面不受收買,我們將免費刊登遠東相關的信譽良好的商業新聞。我們的目標是整合諸多的工商業資訊,展示各類業務發展的可能性。我們希望不僅是遠東,也能爲歐美的資本和製造業提供機遇。"⑥

　　雜誌創刊號的內容,在發刊詞之後,是"《遠東時報》的方針"和一些菲律賓當地新聞,之後是配有多幅地圖和照片的主題文章,包括《馬尼拉的島嶼制冰工廠招標出售》、工程師主管(Engineer in Charge)凱斯(J.F. Case)撰寫的《新近核准的馬尼拉供水系統擴建計畫》、菲律賓農業局水稻專家(Rice Culturist Bureau of Agriculture, P.I.)布德羅(Wilfred J. Boudreau)撰寫的《現代水稻文化》、礦業局主管(Chief of Mining Bureau)麥卡斯基(H. D. McCaskey)撰寫的《布拉幹省的昂阿特鐵礦區》。還有按照不同行業門類劃分的短訊與新聞,共100多條:"遠東建築新聞"(包括新的馬尼拉政府大樓的資訊)、"遠東鐵路資訊"(包括泰國、日本、菲律賓、中國、澳大利亞、馬來半島、朝鮮等地鐵路相關簡訊)、"遠東礦業評論"(菲律賓、馬來亞半島、斯里蘭卡、日本等地的礦業簡訊)、"遠東建設與工程新聞"(包括上海工程師與建築師協會年會資訊在內,涉及港口與海運、橋樑、有軌電車、個人資訊、電話與電報、道路、建築等諸多方面的新聞簡報與招標資訊)、"遠東金融評論"(銀行相關新聞、各類投融資專案資訊、公司財務狀況等)、"遠東及新加坡證券市場行情"、"工業速記"(製造業、工業相關新聞)、"遠東市場行情"(菲律賓、香港、上海、三藩市等地的現貨、期貨行情),以及各類"公告及聲明"和"航班資訊"、補白。

　　這些新聞報導與資訊,有的出自當時菲律賓官方機構人士的手筆,相信和李亞在菲律賓的人脈及活動有關;少量是從其他報刊轉載的消息,更多的則是沒有署名的新聞消息以及一些類似廣告的招投標資訊與業務需求。在48頁的篇幅中濃縮了大量的工商業、金融、礦產資訊,而沒有任何政治方面的社論、政論,恰如"《遠東時報》的方針"所強調的,和雜誌的副標題一致,其是一本"商貿、工程與財經"(commerce, engineering, finance)雜誌。

　　然而,當日的亞太地區尤其是東亞地區激流迭起,歐美新老列

强之間、殖民地與宗主國之間、殖民地與殖民地之間的矛盾，還有
獨立或半獨立的亞太國家嘗試或被迫進入全球化/現代化的大潮
中帶來的各種衝突。這些孕育着各類機遇，但不僅僅是屬於商人、
企業家、投資者的，更是屬於政客、投機者、冒險家的。

　　就在《遠東時報》創刊的同時，日俄戰爭正在中國東北地區酣
戰不已。雖然在前幾期中都沒有直接的相關報導，但《遠東時報》
的編輯部顯然是一直在關注戰爭的動向。在 1904 年 12 月號，題
爲《20 世紀的亞洲》的編者按，⑦認爲日本由於"過去三十年中明
顯的進步"，已經"可以與任何一個歐洲國家媲美"，是"現代亞洲
的代表"，這一切"可以用最近日俄戰爭中，日本取得的勝利作爲
證據"。《遠東時報》和它的主編李亞明確提出，亞洲今後將是一
個"迅速發展的、西方化的現代亞洲"。這段篇幅不小的編者按
語，顯然已經跨越了創刊號上"祇談經濟，不談政治"的界線。這
究竟是曾經以隨軍記者身份見證美國軍隊履行自己的"昭昭天
命"的李亞的一貫想法，還是在現代化大潮的裹挾中身不由己地改
變初心，現在已經很難斷定了。但無論如何，《遠東時報》的基調
和它原本宣稱的"純粹"雜誌已經開始漸行漸遠了。

　　在接下來的雜誌上，李亞不斷在編者按語裏鼓吹自己的政治
觀點：建立一個"現代化的西式的亞洲"。同時也開始了《遠東時
報》的業務擴張之旅。在 1905 年，雜誌社建立了中國辦事處，辦公
室位於當時上海外灘 5 號大樓内。並且和別發洋行（Kelly &
Walsh, Ltd.）等建立了代理關係，通過這些出版社的發行管道在上
海、香港、天津、長崎、橫濱、新加坡等地流通雜誌。同年内，中國辦
事處又多次遷移地址：九江路 9 號、北京路 4 號 A 座⋯⋯到 1906
年，位於橫濱的日本辦事處以及位於倫敦、三藩市的英、美辦事處
先後設立。整個雜誌的業務擴張態勢不可謂不良好。就連廣告業
務也是明顯增加，雜誌前後的廣告頁從第一卷的寥寥數版增加到

30 多版。1906 年的《北華案頭行名録》(North China Desk Hong List),已經刊登有《遠東時報》上海辦事處的資訊,中國業務負責人爲米德(C. W. Mead)。⑧

隨着業務的擴張,《遠東時報》上的專欄文章、通信簡訊越來越多地出現中國、日本、朝鮮等東北亞地區相關的内容,尤其是在晚清最後幾年的動盪中。因此在 1911 年 11 月號上,辛亥革命成爲頭條報導,袁世凱成爲題圖人物可謂是毫不令人意外。這一期雜誌用 16 版的篇幅配以大量清晰的人物照片,詳細報導了中國發生的事件。編輯部認爲"多年以來歐美一直期待的中國在政治和經濟上的覺醒",而現在正是轉變發生的時刻。此後連續數期,對中國的政治局勢,雜誌都以"The Chinese Situation"爲題做了專門報導。1912 年 4 月號上,李亞署名發表了《革命的金融史——通貨的威力》一文,⑨以 40 多版的篇幅,撰寫了他個人對辛亥革命從爆發到結束的政治經濟學視角的考察。

就在同一年,《遠東時報》雜誌社的總部從菲律賓遷往了中國上海。不管是對中國持續關注的熱情導致了這次遷移,還是從辛亥革命的劇烈震動中感受到了"昭昭天命"使然,李亞本人也隨同雜誌社一起在上海紮根。

從這一時期開始,中國的中文報刊上也不時出現明確是從《遠東時報》轉譯的文章:《協和報》《中華實業界》《鐵路協會會報》《直隸實業雜誌》《國貨月報》《時兆月報》……在 1915—1930 年間,有 200 多篇此類的文章,大多是和中國的工商業情況相關的報導。可以看出,此時《遠東時報》在中國的影響力正在逐步擴大。雜誌的發行地從最初的"Manila"到"Manila – Shanghai"再變爲"Shanghai",這也説明,整個雜誌社的重心已經從南向北遷移,正緊追着 20 世紀東亞全球化的步伐,尋找"現代化的亞洲"建立的時代脈搏。

在 1919 年 3 月號和 6 月號的《遠東時報》上,刊登了有孫中山英文簽名署名的文章《中國的國際化發展計畫》(The International Development of China),這似乎説明《遠東時報》與孫中山之間有着某種程度的聯繫。事實上,早在 1912 年,李亞就曾寫信給孫中山,希望能將《遠東時報》變爲由孫出資支持的刊物。⑩而就在同年,一位原澳大利亞記者——端納(William Henry Donald)加入了《遠東時報》的團隊。⑪這位原澳大利亞記者 1902 年以悉尼《每日電訊報》通訊員身份來遠東,後歷任《德臣報》《先驅報》駐滬記者,還曾擔任過孫中山的私人顧問。他的加入對於《遠東時報》的發展,顯然是頗有助力的,1912 年 4 月號上刊登的《中國的革命》一文的作者就很有可能是端納,也因此,他很快就成爲雜誌的主編,在雜誌社內的地位僅次於李亞。李亞也最終獲得了孫中山的認可,在孫中山建立的鐵路總公司中擔任了顧問。1919 年前後,喬治·索克思(George Sokolsky),一位美籍俄裔猶太記者,在這一時期和孫中山交往甚多,也逐步加入《遠東時報》的工作團隊中。看起來,李亞要把《遠東時報》變成孫中山支持的刊物的想法正在逐步實現。

可是,20 世紀東亞的歷史進程是如此的詭譎,一方面,《遠東時報》上不斷刊登關於孫中山和他的政治、經濟思想的報導:1923年 5 月號的封二,配以孫中山肖像畫的短文《孫博士向世界的宣告》;1924 年 1 月號第 9 頁,《孫和關税》闡述孫中山對於關税和建立中國統一政府的關係的看法;1926 年 4 月號第 145、146 頁,索克思的署名文章《孫逸仙主義》;1929 年 3 月號刊發了署名"呂彥直"(Lu Y. C.)的《紀念孫逸仙》……在孫中山去世時,《遠東時報》上《孫逸仙:中華民國首任總統,革命家與愛國者,古老民族現代化運動的領袖》一文,給予了孫中山高度評價,認爲他是"過去三十年裏中國事務中表現卓越的人",並且"有一套清楚的關於讓政府組織、社會生活、經濟生活現代化的建設性計畫","任何一個想要修正中國的外交關係、繁榮商貿和交通,讓中國擺脫混亂的領導,都必須遵循孫所指定的原則"。⑫另一方面,在 1920 年前後,端納和李亞發生了不合,而不合的原因在於,端納認爲《遠東時報》對於日本的態度過於親密。考慮到從《遠東時報》創刊起,包括三井物產公司這樣的大財閥在内的日本公司是雜誌重要的廣告收入來源,⑬以及在日俄戰爭期間,李亞流露出的對"可以代表現代化亞洲的日本"的好感。可以説李亞及《遠東時報》的親日立場是有其現實原因的,同時也反映了李亞一貫的思想:20 世紀的亞洲應當是一個現代化的亞洲,如果哪股勢力能夠展現出符合他心目中的"現代化"標準,他就願意支持誰,孫中山也好,日本也好,也許在李亞看來,都是能夠代表這種趨勢的。然而,端納對日本卻有着更爲複雜的認識,也許他已經從"一戰"的陰影中感受到了"現代化"對人類社會帶來的暴戾一面,也許是他在"二十一條"泄漏給媒體的事件中的經歷,讓他對日本的擴張野心與迷夢有所警惕,他最終選擇了離開《遠東時報》雜誌。

之後更換的新主編没能長期任職,最終李亞自己又一肩挑起主編與發行人的雙重職責。1912 年遷移到上海後,《遠東時報》上政論性的專題文章數量就明顯上升,以 1925 年上半年爲例,1 月號目録有 27 篇文章,前 9 篇都是政論性的文章;2 月號目録有 21 篇文章,有 6 篇屬於政論性文章;3 月號目録 19 篇文章,4 篇政論性文章;4 月號 22 篇文章,6 篇政論性文章;5 月號 28 篇文章,6 篇政論性文章;6—7 月合號爲一期,目録 47 篇文章,政論性的文章 4 篇,但超過 2/3 的文章是關於日本的,介紹日本在市政建設、工程技術、鐵路發展、工業領域取得的各類成就,猶如一期"日本專號"。同時,以往那類豐富的市場訊息、專案短訊則開始從《遠東時報》上逐漸消失。

當然,與此同時,《遠東時報》依舊保留了不少高品質的經貿、工程、金融類的專題報導,尤其是鐵路、礦產、建築等領域的報導,專題文章圖文並茂,內容翔實。李亞、端納、索克思等人複雜的人際關係網絡,對於提供此類資訊無疑是非常有説明力的。在建築方面,無論是上海、香港,還是東京、橫濱、馬尼拉等,舉凡當時比較有影響力的重大建築工程完工,都會有相關的資訊乃至專題報導,配以精美的外立面圖、內景圖,甚至是建築設計圖。比如1924年9月號上,介紹翻修後的外灘24號橫濱正金銀行上海分行的大樓,雜誌稱其爲"外灘建築皇冠上的明珠"。而對於1930年代,國民政府在江灣實行的大上海計畫中的幾幢標志性建築,以及新住宅區的規劃,雜誌都有相應的文章。

　　然而,隨着世界經濟形勢的日益惡化,《遠東時報》上也開始出現越來越多的市場不景氣的糟糕資訊。另一方面,它的政論性文章的立場也越發親日。在1926年11月號上,李亞發表署名文章,批駁抵制日貨運動;1929年,又發文指責英國破壞英日同盟;李亞一直鼓吹美日合作,攜手建設"現代化的亞洲"……1930年,《遠東時報》雜誌社的編輯部搬入了橫濱正金銀行上海分行大樓內。1931年,"九一八"事變爆發,1932年"一二八淞滬抗戰"發生,《遠東時報》的相關報導或明或暗地都在爲日本開脱責任,如此明顯的傾向性,當時的中國輿論也不會看漏。1935年的《報學季刊》上,一篇補白性質的短文《偏袒日本的〈遠東時報〉》,直接抨擊《遠東時報》,認爲"該報的編輯政策是反對早日取消在華之領事裁判權,並主張美日兩國在遠東方面之合作。美人在華所辦的報紙,要算該報是很明顯的偏袒日本了"。[14]一些後來的研究著作,比如《近代在華文化機構綜録》,認爲《遠東時報》此時已經被日本收買,淪爲日本在華的"宣傳工具"。[15]

　　僞滿洲國成立後,李亞走得更遠,出任了僞滿洲國外交部的顧問。1933年7月號上,李亞撰寫了"滿洲國真相"一文,爲僞滿洲國辯護。到了1935年,他又出版《滿洲國真相》一書,[⑯]在書的前言中,"作爲一個在東亞生活了三十多年的人;作爲因爲同情那些古巴革命中遭受痛苦的人們而從工程師變爲記者的人",李亞回顧了自己的一生,認爲他關於東亞的經驗總結,乃是"美國爲首的西方對東亞毫無章法的態度是導致東亞問題的原因",他直言不諱地承認自己的政治立場——"滿洲國的支持者"。他認爲"滿洲國的獨立",使其擺脱了當時中國其他部分的混亂與内戰;"滿洲國被指控是日本的傀儡",但在李亞看來,日本是"滿洲這塊土地獲得幸福的唯一機會"。[⑰]隨後,在書中,李亞將"滿洲國"描述爲日本在遠東抵抗蘇聯和"共産主義"的橋頭堡,還繼續提出,希望美國能夠和日本合作,維護這一橋頭堡的存在。這位曾經義氣奮發,和美國軍隊一起前往亞洲實現"昭昭天命"的隨軍記者,此時已經是一位垂暮老者。他曾爲日俄戰爭中日本/亞洲擊敗沙俄/歐洲而震動,也曾爲中國的辛亥革命鼓吹,還堅信"現代化的亞洲",游走於各色勢力之間,但最後選擇了日本。1936年去世的李亞大概未曾料想到,五年之後,他眼中的"現代化亞洲"的代表日本,將會和他負有"昭昭天命"的母國——美國之間爆發爭奪太平洋霸權的戰爭。如同40多年前美國從西班牙手中以戰爭的方式獲得殖民地菲律賓,隨後又殘酷鎮壓菲律賓的人民起義。"旭日帝國"的日本打着"東亞共榮"的旗號,宣稱要從"英美鬼畜"手中"解放"倍受壓迫的亞洲人民,實則給亞洲帶來了衆多的暴行與蹂躪。雖然歷史不能假設,但我們還是禁不住想要知道,如果李亞活到1941年以後,他又將如何解釋這場戰爭,將如何理解自己信念裏的"20世紀的現代化亞洲"不單有轟鳴的機器、延伸的鐵路與繁榮的市場,更有南京大屠殺、巴丹死亡行軍、"饑餓地獄"的瓜島、殘酷血腥的硫磺島……

　　李亞去世了,《遠東時報》還在出版,接任負責人的是之前長期擔任副主編的拉瓦爾(C.J. Laval),此後,《遠東時報》徹底成爲日本宣傳機構的一環,在掌控現代化的輿論導向上,日本學習西方的速度也同樣迅速。早在日俄戰爭期間,日本就注重營造自身在外國媒體的形象,同時嚴格掌控國內媒體的報導口徑與尺度。在"二戰"中,活躍的"筆部隊"更是炮製了一篇篇鼓吹"皇皇戰績"的報導,營造出全民狂熱的氛圍。從 1942 年起,雖然《遠東時報》的雜誌開本縮小了一號,但在文章中對於日本發動的侵略戰爭的辯解、對於美化日軍占領區下的社會生活經濟生活的文章卻增加了許多。館藏的 1943 年 1 月號也許也是最後一期,封面照是整齊行軍的日本 97 式中型坦克的編隊,刊物裏充斥着《過去一年日本帝國海軍的輝煌戰績》《重慶政府的財政瀕臨崩潰》這樣的文章。然而這種粉飾太平的日子不會太久了,此時太平洋上的戰爭局勢正向着日本失敗的局面演進:中途島戰役的失敗、瓜島的丢失……"定價上海地區中儲券 20 元,其他地區日本軍用票 20 元"。沒有向其他日本控制的媒體那樣,在戰爭的末期聲嘶力竭的叫囂"一億玉碎",而是戛然而止,對《遠東時報》而言也許不是最壞的結局。

　　另外兩位在《遠東時報》歷史上發揮過重要作用的人物:澳大利亞人端納,在離開《遠東時報》雜誌社後,在北洋政府、張學良、蔣介石等處擔任顧問類職務,參與了"西安事變"的協調,1938 年因和宋美齡的衝突而離開中國。在東南亞被日軍俘虜,被解救後,於 1946 年在上海去世,享年 61 歲。索克思則在 1935 離開中國回到美國,經營報紙和電臺,以社會活動家、評論家的身份活躍到他 69 歲的人生盡頭,在 1962 年因心臟病去世。他生前是麥卡錫的堅定支持者,終身反對共產主義和蘇聯。

　　李亞、端納、索克思,有着各自不同的人生經歷與故事,《遠東時報》成爲他們一個集合點。在將近 40 年的時間裏,這份雜誌的興衰與相關人物的經歷，也許不如其他同時期發生在西太平洋的故事那樣傳奇，但也足以成爲洶湧、詭譎的歷史浪潮中值得留意的一滴。誕生於交接西太平洋霸權的美西戰爭之後的菲律賓；終結於"二戰"，一次同樣血腥的轉移霸權嘗試中途的日本；與孫中山、蔣介石、張學良、宋子文等中國近代史上的重要人物有着千絲萬縷的聯繫，《遠東時報》的命運，值得我們進一步探究、講述。

即使拋開這本雜誌紛繁複雜的幕後故事，單純作爲一個經濟史、物流史、金融史、新聞史的原始史料文獻，《遠東時報》也有着相當重要的價值。比如廣告，不同於其他面向社會大衆的雜誌的廣告往往側重日常生活用品，《遠東時報》上每期少則數條，多則上百條的廣告，很大一部分是生產資料、生產機械、金融銀行方面的。造船業、機械製造業、火車製造業、建築業乃至軍火，從中可以發現，在20世紀早期有哪些相關領域的廠商試圖進入或者開始重視亞洲市場。而每月連續的期貨、股票行情資訊，可以和其他來源的相關資料進行互補、對比，從而更深入地瞭解當時西太平地區的經濟、金融的整體發展趨勢。鐵路、航運方面的文章、報導，則是反映相關領域在相應歷史時期進展的一手文獻。建築方面的圖片、圖紙，對於研究相關的老建築有所裨益。事實上，我們很欣喜地看到，近年來已經有越來越多不同領域的研究者注意到這份雜誌。希望這次的影印出版，能夠讓更多有需要的人更方便地使用《遠東時報》，我們也期待大家能從中發掘中更多的歷史資訊，還原更多的歷史現場。

（作者單位：上海圖書館）

---

① 創刊時的雜誌地址，參見 Far Eastern Review（Vol.1, No.1, p.4）的出版資訊。

② 此人生平,還可參見《上海名人辭典》,上海辭書出版社 2001 年版。

③ 在 1935 年的《報學季刊》第 1 卷第 2 期第 55 頁上的《偏袒日本的〈遠東時報〉》一文中稱,當時該刊物每月銷售數約 6 000 份。

④ 發刊詞,*Far Eastern Review*, Vol.1, No.1, p.1。

⑤ 同注①。

⑥ The "Far Eastern Review" its policy, *Far Eastern Review*, Vol.1, No.1, p.4.

⑦ Twentieth Century Asia, *Far Eastern Review*, Vol.1, No.7, pp.10－11.

⑧ North China Desk Hong List, 1906, p.54.

⑨ The Financial History of the Revolution: The Power of Money, *Far Eastern Review*, Vol.8, No.11, pp.337－381.

⑩ 鄧麗蘭:《臨時大總統和他的支持者——孫中山英文藏檔透視》,中國文史出版社 1996 年版,第 76 頁。

⑪ 端納的生平,還可參見《中國近現代史名人辭典》(檔案出版社) 1993 年的相關詞條,以及 Earl Albert Selle, Donald of China, Sydne: Invincible Press, 1948。後者作為傳記,有的地方明顯言過其實,閱讀時需辨別。

⑫ Sun Yat-Sen: First President of the Republic of China, Revolutionist and Patriot, the Leader of the Movement to Modernize an Ancient Nation, *Far Eastern Review*, Vol.21, No.3, pp.99－103.

⑬ 從菲律賓時代的第一卷第二期起,三井物產公司長期占據了《遠東時報》的廣告頭版。

⑭《偏袒日本的〈遠東時報〉》,《報學季刊》第 1 卷第 2 期,第 55 頁。

⑮ 郭衛東主編:《近代外國在華文化機構綜錄》,上海人民出版社 1993 年版,第 213 頁。

⑯ G.B. Rea, *The Case for Manchoukuo*, New York: D. Appleton-Century Co., 1935.

⑰ Ibid., Preface.

《震旦雜誌》：中西文化與教育交流的見證

□ 周仁偉

　　自從英人以堅船利炮轟開中華帝國的大門，西方文明與古老的東方文明以一種與以往截然不同的方式展開了全新的對話，前所未有的文化的衝撞與交匯由此發端。廣袤寧靜的華夏大地，在種種聞所未聞、見所未見的新鮮事物和理念的衝擊下，開始了一系列翻天覆地的變化。在這個過程中，中華民族的有識之士逐漸認識到了世界之廣闊，意識到了瞭解西方文明的必要性，而西人的殖民思想也原本就含有文化輸出的內容。雖然最初的戰爭可以說是由貿易糾紛而起，西人在華的擴張也終以政治經濟的利益爲核心，但文化教育領域的交流也在雙方的合力下悄然生長。中國近代教育就在這樣的背景下，產生了最早出現的新式學校機構。創立於1903年的震旦大學就是中華大地上較早的新式高等教育機構之一，《震旦雜誌》是震旦大學長期發行的一份刊物，既見證了一所高等學府的風雨變遷，又展示了在中西文化交流過程中留下的一個個堅實的足跡。

一、震旦大學概況

　　震旦大學是一所以法國耶穌會爲背景的高等學府，是舊中國建立的最早的新式教育機構之一，也是中法文化交流史上不可忽視的一座豐碑。

耶穌會歷來重視在傳教過程中與當地文化的深入交流，法國耶穌會自1840年代重返上海徐家匯之後，一直都有興辦學校的打算。早在1850年就創辦了徐匯公學，爲教會培養人才，馬相伯先生即爲校友之一。戊戌維新之時，梁啓超即提議請馬相伯負責在北京成立一翻譯學院，馬相伯則建議將學校設在上海。當然，這個計畫隨着百日維新的失敗也一並流産了。

1903年初，南洋公學部分師生因與校方發生矛盾憤然離校，造訪馬相伯請另建學校。馬公欣然應允，多方奔走籌措，成立新校，以徐家匯老天文臺爲校舍，定名"震旦學院"。學院邀請耶穌會教士擔任教席，課程以拉丁文和哲學爲主。1905年，耶穌會士南從周（F. Perrin）任總教習，試圖對學校進行變革，激起師生不滿，馬公退出震旦，與部分震旦師生另立復旦公學，即後來的復旦大學。震旦學院一度停辦。同年8月，震旦學院恢復開學，天主教會開始全面控制學校。

1908年學院遷至羅家灣呂班路五十五號（今重慶南路）新落成的校舍，之後隨着學校的擴張，校舍又屢經擴建，爲學校的工科、醫科提供了充足的實驗和教研設施。1915年還將徐家匯博物院移設學院內，30年代改稱"震旦博物院"。

學院最初分預科和高等科，高等科後分爲文學法政、算術工學和博物醫學，此後逐漸發展成擁有法學、工科、醫科，尤其以醫科著稱的綜合性高等學府。1932年學院正式向民國政府注冊，改名爲震旦大學，政府指派1908年畢業於震旦學院的校友胡文耀擔任校長，但實際上學校的控制權仍在教會手中。

上海解放後，學校由人民政府接管，天主教會退出學校。1952年，在全國高校院系調整中，震旦大學被撤銷，震旦大學醫學院與聖約翰大學醫學院、同德醫學院合并,在羅家灣的震旦大學原址成立了上海第二醫科大學,現已成爲交通大學醫學院。

二、雜 誌 概 況

《震旦雜誌》是震旦學院内部發行的一份期刊,創刊於 1909 年,至 1949 年停刊,歷經 40 年,從形式到内容都發生過很大的改變。根據雜誌的出版形式和卷期號的演變,可以將其分爲三個階段。

第一階段是 1909—1919 年上半年,共出 19 期。大部分年份爲一年兩期,個别年份爲一年一期。這個階段,尤其是最初幾年,可以説這還是一份相當簡單的學院内部刊物,排版設計顯得相對簡陋,甚至連封面上的卷期號都不止一次出現印刷錯誤。而且在這個最初階段,這份刊物可以説並没有一個正式的、統一的書刊題名。最初的刊物,在中文封面上印的題名爲"震旦學院",法文封面爲"Université l'Aurore",從第十一期(1913 年)開始,中文題名變爲"震旦大學院雜誌",法文不變。後來又有幾期的題名爲"震旦大學院課選",因爲這幾期雜誌的内容全部爲課選,没有校務方面的資訊和其他内容。

雜誌最初主要以中文編寫,内容主要包括學校章程、大事記、教職員名録、同學録、學生成績和課選,其中課選是指學生作業與作文之類的選登。部分科目的課選爲法文。由於雜誌中同時有中文和法文的内容,所以將兩種語言的内容分别以不同方式排版,用不同的頁碼,從書的兩頭向中間編頁裝訂。中文内容依照中文書籍的習慣豎排,漢字頁碼,向右翻頁,法文的内容橫排,阿拉伯數字頁碼,向左翻頁,書的兩面分别是中文和法文的封面。這是當時中西文雙語刊物或書籍常見的編排方式。

第二階段是 1919—1939 年。這個階段雜誌發生了重大的轉型。第十九期之後，刊物名稱變爲《震旦大學院文學法政雜誌》，總期號重新從"1"開始，直到 1939 年，共出了 40 期，基本上仍是一年兩期，偶有一年一期。同時還出版了《工科雜誌》和《醫科雜誌》，但這兩份衍生出來的雜誌並沒有出版很久，據後來雜誌發表的聲明解釋說，因無力支撐這樣的出版形式，在第十二期之後，還是將"文學法政雜誌"改爲了綜合性雜誌。從 1926 年的第十三期開始，雜誌名稱變爲《震旦大學院雜誌》，法文名稱爲《Bulletin de Université l'Aurore》。從 1933 年的第二十七期開始，中文名稱改爲《震旦雜誌》，這個最爲人所熟知的名字就是從這時開始的，一直沿用至雜誌終刊。也有一些資料上標明《震旦雜誌》的起始年份是 1933 年，可能也是以此爲依據。而且雜誌從這時起成爲完全的法文刊物，不再刊登中文文章。1934 年的刊物封面下方出現了"内政部登記證警字第二七四二號"和"郵政特准掛號認爲新聞紙類"，這可能是《震旦雜誌》從學校内部刊物變爲向政府相關部門登記注册的正式出版物的開端。1932 年震旦大學正式向民國政府注册，可能正是由於這個原因，所以《震旦雜誌》在 1933 年左右經歷了一種較爲明顯的"正式化"的過程。

這個階段，雜誌的主要内容也從課選變爲了更爲完整的、更具有學術性的各類文章，可以說是完成了從校内通訊向學術性期刊的轉型。雜誌中的中文内容逐年減少，最後改成了和西文一樣的排版，與西文混排，不再有逆向的中文書頁，成爲完全以法語主導的刊物。

第三個階段是 1940—1949 年。這一階段雜誌出版頻率增加，變爲季刊，十年間共出版 40 期，卷期編號與之前相比有幾處變化。首先，卷期號之前增加了"Série III"（第三系列）的字樣，1940 年的第三系列第一期雜誌中刊登了一篇聲明，將之前兩個階段的雜誌定義爲第一系列和第二系列，解釋了"第三系列"這個說法的由來。然後雜誌按年劃分卷號,以前的雜誌的卷期是以學年來劃分的,標識通常爲"Année scholaire 19xx–19xx",而"第三系列"的卷期是按西曆年劃分的,以每一年爲一卷,每一卷有四期。期號一開始是每卷獨立的,即每一年的期號都是從一到四,但 1948 年和 1949 年兩年改用了總期號,爲第三十三期到第四十期。同一卷内的頁碼是連續編號的,這樣做可能是爲後來編制索引提供方便。

這一階段的雜誌内容維持第二階段已經成型的風格,以大篇幅的學術性文章爲主,内容大大增加,不但出版頻率翻倍,單期的厚度也明顯增加。這時還有一個明顯的進步,即每一卷的最後一期附有一份本年度文章篇目索引。在 1949 年的最後一期,還做了一份整個第三系列的索引,包括三個部分: 作者名索引、主題分類索引和關鍵字索引,可以説大大提升了雜誌的實用價值。

如前所述,《震旦雜誌》曾在 20 年代演變爲三種並行的刊物,另兩種衍生出來的刊物也可以視作《震旦雜誌》的一個組成部分。

在雜誌第二系列的第一期(1919—1920 學年),刊登了一篇啓事,聲明雜誌進行了改版,不再刊登學生課選,而是改爲發表校友投稿的各類文章。並且根據學校的專業設置,將雜誌拆分爲三種:《文學法政雜誌》《工科雜誌》和《醫科雜誌》。原雜誌中的校務内容、大事記等保留在《文學法政雜誌》中,於是《文學法政雜誌》可以視爲《震旦雜誌》的主幹,而其餘兩種爲附刊。

雖然自然科學和工科方面在震旦大學的教育體系中占有很重要的地位,但《工科雜誌》似乎並沒有得到很好的發展。在徐家匯藏書樓的藏本中,《工科雜誌》祇有 1919—1923 年的五期,總共發表了約 30 篇各類論文,内容涉及從數學、物理學到鐵路、船舶、能源等工程學科。《文學法政雜誌》在第十三期(1926 年)發表啓事,將雜誌更名爲《震旦大學院雜誌》,内容將覆蓋法學、文學與理工,可以推想《工科雜誌》最晚於此時已壽終正寢。

《醫科雜誌》後來發展成了另一種很有影響力的專業期刊，但在萌芽階段出版的期數可能比《工科雜誌》更少，徐家匯藏書樓的館藏中有 1920 年的第一期和 1929 年的第三期雜誌，以及若干沒有封面和卷期資訊的殘本，第三期雜誌的中文封面題爲《震旦大學院雜誌醫科附刊》。由此可以大致推斷，《醫科雜誌》在 20 年代並沒有實現連續發行，也不具備相對獨立的地位。後來獨立刊行的《震旦醫刊》（Bulletin Médical），藏書樓所藏最早的有期號的一期爲 1932 年的第七期，很可能是延續了原《醫科雜誌》的期號。《震旦醫刊》一直出版到 1949 年，是上海的一種高水準的、有影響力的醫學專業刊物。

《震旦同學錄》也是隨《震旦雜誌》的成長而產生的。在最初的時侯，同學錄是雜誌中的一個欄目，第一期單獨發行的同學錄是 1917—1918 學年的，此後便成爲了一種連續出版的刊物，最後一期是 1949—1950 年的第三十八期。

1929 年，雜誌還出過一份二十五週年紀念刊，除了校慶活動和演出內容之外，還刊登了一篇震旦二十五年小史，和一份 1912—1928 年畢業生名錄。

三、雜誌的主要內容

在《震旦雜誌》第一系列的時代，即 1909—1919 年，這份刊物基本上是一份校內通訊，其內容主要是校務和課選。校務包括學校的大事記、教職員名單、學生名單、學生成績、文憑授予情況等等，有時候還會有一些照片，包括師生、校舍等等。

第一期雜誌起首的內容就是馬相伯先生手訂的學校章程，以及後來幾年之中修訂的章程。這是幾份非常有意思的史料，雖然雜誌始創於 1909 年，但是從這幾份章程當中，也能粗略看出馬公對興辦新式教育的構想和學校早年的一些發展變化的輪廓。

最早的一份章程是 1903 年馬相伯手訂的。當時明確的宗旨爲"廣延通儒，培成譯才"，[1]可見是戊戌時翻譯學院的構想的延續。功課以拉丁文爲先，一年學拉丁文，一年學其他國文（英、法、德、意任選一門）。課程分爲文學與質學（即科學）兩科，文學正課包括古文（希臘拉丁）、今文（英、法、德、意）、哲學，附課包括歷史、輿地、政治；質學正課包括物理學、化學、象數學，附課包括動物、植物、地質、農圃、衛生、簿記、圖繪、樂歌、體操。這就是馬相伯先生最早設想的震旦學院的藍圖，培養目標是精熟西方學術、博涉現代科學的人才。1904 的續訂章程仍爲馬公手訂，提出的宗旨爲以"格物致知""輔益區夏成材之士"，[2]以西方文明培養中華人才的大方向不變，但是去掉了單純的"譯才"的提法。課程進一步細分爲文學、致知、象數、形性、師範。文學仍是古文和今文，以拉丁文爲先，致知分爲原言、原物、原行，是以哲學爲主的內容。象數和形性是把原來的質學進行了進一步細分，師範則包括原來的簿記、圖繪、樂歌、體操等技能型的課程。

1905 年重訂章程由南從周等修訂，顯然是在馬公離開之後有了較大的變化。學校宗旨爲："便益本國學生，不必遠涉重洋留學歐美，而得歐美普通及高等程度之教育，不涉宗教。"[3]特意拈出"不涉宗教"是頗爲有趣的。課程分爲預科和本科，各兩年。預科爲西國普通學校課程，本科爲中學校與高等學校程度。科目設置與原來大同小異。第一年用中文教學，第三年開始全用法文。這一份章程還提出了將來開設法學、醫藥和工程等高等學科的構想。1908 年遷至羅家灣後有一份暫定章程，韓紹康訂。這份章程提出放緩初級課程，變爲四年，成績優秀者升入高級課程。[4] 1909 年的新章程，[5]確立了三年預備科、三年高等科的基本學制，之後長期沿用。以後學校的招生章程、學制規則等等有單獨印行的資料，一些重大變化也會在學校大事記中有所記載。

關於震旦校務的最主要的欄目最初叫作"記事珠",祇有中
文。到了第二系列時不再用這個欄目名稱,但還是經常有這個欄
目,以中文、法文同時記錄校園大事。1933 年雜誌改名《震旦雜
誌》之後,校園記事就祇有法文沒有中文了。這個欄目裏可以看到
學校一些重大校務的變更,每年常規的各類學術活動、慶典活動,
以及校園裏發生的重大事件,比如名人來訪或紀念活動等等。除
了這些與震旦校史相關的資料之外,校園外發生的重大歷史事件
通常也會在學校的記事中留下痕跡。比如,1919 年的五四運動,
因涉及學生運動,這一學期的記事中就對當時校外的背景和校内
的學生動向作了比較詳細的報導。⑥ 1932 年"一二八事變",震旦
醫學院的師生組成救護隊參與傷病員的救護,雜誌刊登了學生孫
忍德的救護日記的節選。⑦ 1937 年 8 月,上海抗戰爆發,之後幾個
月的記事内容,就不再是以學校爲中心,而是詳細報導了教會下屬
的幾所醫院的傷患救護和難民救助工作。

除了大事記之外,雜誌也有專門欄目追蹤震旦的校友。最初祇
是簡單的同學錄,後來隨着學校的發展和校友隊伍的壯大,雜誌有
了校友通信(Courrier des anciens)、校友近況(Nouvelles des anciens)
等欄目,爲當時的校友們提供聯絡平臺的同時,也留下了關於學校
和校友們的豐富的第一手史料。

在校務之外,最初雜誌的主要内容是課選,就是學生的作業選
刊。課選分爲中文和法文兩個部分。早期的中文課選内容非常傳
統,就是文言寫作。雜誌發行的頭兩年,時代仍是晚清,雖然科舉
已廢,不再寫八股文章,但文章從内容到形式,基本不出唐宋古文
的框架。形式均爲散文議論文,題目大致也是傳統義理的闡發或
是針對舊史的品鑒人物、議論成敗,例如:《大學以格物致知爲先
論》《信陵拒虞卿論》《鄭子産不毀鄉校論》(1910 年第三期),但在
這些非常傳統的題目之下,文章内容倒也不是完全刻板守舊的,來

自西方的哲學、政治、歷史的理論和觀念已經開始進入文章之中，舊瓶裏逐漸裝入新酒。也會有一些題目論及當時的時事，例如《論春秋列國同盟與今萬國平和會之異同》(1911年第五期)之類的題目，不免讓人眼前一亮。文章末尾一般會有一兩句點評，不過還是傳統塾師的手筆，沒有太多新意可言。總之可以看到新文化運動之前的國語教育，即便在西方人開辦的學校中依然是相對保守的，但從另一個角度看，這也確保了學生仍具備紮實的傳統文化根柢，而不是拋棄一切全盤西化。五四之後的大學生連基本典籍都看不懂，則是走到了另一個極端。進入民國之後，新式的文章開始增多，出現了更多着眼於現實的題目如《論全國幣制速籌統一》《論地方自治即當規復》《論强迫教育急宜實行》(1917年第十四期)等等。中文課選中偶爾還會有一些詩歌等文學創作。

法文課選內容比較多樣，因爲除國語以外的所有課程都是以法文教授的。文科有寫作、翻譯，理工的有數學、物理、化學、地理等各類課題的解題、論證等等。但是，由於震旦學院早年還沒有高等學科，很多課選祇能達到今天的中學生習題的水準，對後人來說是一種有意思的史料，而在其學科領域則談不上有學術價值。

早期雜誌中比較有分量的文章，是名人的演講。這類文章最早見於1912年第八期，登了兩篇，一篇爲律師休斯(M. Hughes)的英文演説《羅馬律與英律之比較》，另一篇是法國天文學家、當時徐家匯天文臺長蔡尚志司鐸(P. Chevalier)的演説《日球之體度構造及近狀等》。這類名家進校園的演説活動，後來發展到每個月都會舉辦兩三場，成了震旦學院的一種常規活動，參與演説的大多是各領域的科學家、工程師，也會有律師、銀行家等等。這類活動都會在大事記中有記錄，其中部分講稿會以中文或原文發表在雜誌上。

雜誌進入第二系列之後，不再刊登課選，代之以學術性更高的

一些文章,有些是論文,有些是翻譯。有些文章是同時以中文和法
文發表的。作者也不限於學生,有很多是震旦學院的教師或相關
機構如天文臺、博物院的專家。翻譯的文章最初有一些國外文章
的中譯,後來較多的是漢語文學或經典的西譯。韓愈、柳宗元、蘇
軾、王陽明、曾國藩家書都出現過法文翻譯。論文的論題多集中在
中國的歷史、地理、法律、經濟等領域。從這裏可以看出,學校雖然
是教會主導並全面引入西方的教育體制,但並不單純地是在爲西
方或者說爲教會培養人才,學生掌握的是西方的現代知識和學術
方法,而研究的方向,至少在文史社科方面,是以中國爲中心的。
而且也不祇是單純地學習套用西方人研究中國的方法,也會站在
中國人的立場,用自己的眼光觀察這個社會的變化和成長。比如
第八期(1923—1924 學年)有兩篇文章論及新文學運動,用法語書
寫、署名爲徐象樞的那篇表達了比較支持的態度,而漢語文言寫的
那篇則是明確的反對,在同一期雜誌中以兩種語言論戰,也可以看
得出雜誌對活躍的學術風氣的支援。

　　除了著述或翻譯的文章之外,雜誌中還有文摘和書評的欄目。
文摘會摘選一些其他雜誌的文章,書評是一些書目的推薦和介紹。
從總體上來說,進入第二系列之後的雜誌已經實現了轉型,從校務
性質的內部刊物轉變爲了一種學術型的刊物。

　　由於第二系列開始時,雜誌曾被分科拆爲三種,所以從學科範
圍來看,20 年代前半段雜誌的內容主要爲文史社科方面的,1926
年以後,工科的內容回歸,偶爾也會有醫科的內容,雜誌又成了綜
合性的雜誌。事務性的內容並沒有被剔除,常見的欄目如校友近
況、校友通信、校友會活動、校內的大事記等等,還有學校所屬的震
旦博物院和廣慈醫院的動態報導。

　　雜誌的第三系列,即 1940—1949 年,可以說是《震旦雜誌》的
巔峰期,雜誌內容激增,發行頻率翻倍。在 1949 年的最後一期,編

制了一份十年間雜誌内容的索引，整個雜誌的學術風格和特點可以從這份索引中略窺一二。

索引共分爲三部分：作者名索引、主題分類索引和關鍵字索引。從作者名索引來看，十年間在雜誌上發表過各類文章的作者近120位，各類文章及書評、書目等近300篇。

經常爲雜誌供稿的多爲耶穌會士及震旦大學的教員或校友。在這份作者名單中我們可以看到，有曾擔任震旦校長的胡文耀、才爾孟（G. Germain）、茅若虛（Louis Dumas），法學院的院長彭永年（Andre Bonninchon）、教務長喬典愛（Andre Gaultier）等等；也有來自耶穌會的著名學者，如《利瑪竇神父傳》的作者裴化行（Henri Bernard）、《在華耶穌會士列傳補編》的作者榮振華（Joseph Dehergne）、震旦博物院的主任鄭璧爾（O. Piel）、《江南傳教史》的作者史式徽（Joseph de la Serviere）等等；還有來自校外的專家，如雷士德醫藥研究院的主任伊博恩（Bernard Emms Read）、德籍猶太裔學者羅文達（Rudolf Lowenthal）等等。事實上，從第二系列中期開始，專家學者已經成爲《震旦雜誌》供稿的主力。

主題分類索引將各類文章分爲九個大類：哲學、宗教、文學、漢學、歷史、地理與中國經濟、法學、自然科學、教育。筆者對每個類別的篇數作了一個簡單的統計如下：

類　　　別	篇　　　數
哲學類	**12**
－哲學	6
－中國哲學	6
宗教類	**21**
－天主教	3
－伊斯蘭教	2

續表

類　　別	篇　　數
－猶太教	3
－新教	2
－道教	8
－其他	3
文學類	**14**
－中國當代文學	11
－雙語文本	3
漢學類	**39**
－藝術	2
－天文	2
－民謠	1
－醫學	3
－中國音樂	2
－語言學	11
－哲學	同第一大類第二小類
－其他	12
歷史類	**41**
－與西方的交流(尤指中俄關係)	15
－中國歷史	16
－歐洲歷史	5
－其他	5

類　　別	篇　　數
地理與中國經濟類	**29**
－中國經濟‚勘探	21
－中國以外‚綜述	8
法學類	**32**
－法學原理與法學教育	4
－公法	5
－私法	23
自然科學類	**55**
－天文學與地球物理學	
－A 中國天文學史	2
－B 天文學與地球物理學	17
－物理學	10
－數學	7
－土木工程學	2
－化學	5
－自然史‚生物學‚醫學	10
－古生物學	2
教育問題	**7**

　　從這個分類索引可以非常明顯地看出‚《震旦雜誌》的課題範圍是以文史爲主‚工科和醫科另有刊物‚所以在這裏會相對少一些。而其中占據非常重要地位的内容大都是關於中國的研究和介紹‚對中國的哲學、歷史、政治、法律、民俗、文學、藝術以及自然環境、科學思想的研究和介紹占據了雜誌的大部分版面。這些文章

當中,既有原創的論述,也有直接翻譯的中國著作,翻譯對象包括從老子、莊子到王陽明等的傳統典籍,也涉及當代文學(民國時期),如魯迅、巴金、茅盾、林語堂、曹禺的作品。還有相當數量的書目的整理和推薦。從第二系列時期已經體現出來的對中國學的關注,在這一時期得到了更明顯的發展和延伸。這一點可以説在很大程度上既反映了雜誌的趣旨,也折射出震旦大學在教育上的方向和成果。

總體而言,作爲一種連續出版整整40年的期刊,《震旦雜誌》在教育、學術、文化交流等方面都是一個相當漫長而重要的歷史時期的見證,其實料價值和學術價值都是不容忽視的。同時這些寶貴的學術資源長期深藏在圖書館的書庫中,未能得到充分的利用:一方面,作爲一種以法語爲主的資料,語言的阻礙使得能夠涉足這一領域的學者比能夠使用漢語、英語資料的人要少得多;另一方面,歷史文獻本身的稀缺性,使得很多有需要的讀者也不能便捷地接觸到這些文獻資料。這次《震旦雜誌》的影印出版,相信能給許多學者和研究人員帶來諸多便利,也會給相關領域的研究開拓出一些新的方向。

(作者單位:上海圖書館)

---

① 《震旦學院》第一期,1909年,第13頁。

② 同上書,第17頁。

③ 同上書,第20頁。

④ 同上書,第25頁。

⑤ 同上書,第1頁。

⑥ 《震旦大學院杂志》第十九期,1919年,第3頁。

⑦ 《震旦大學杂志》第二系列第二十五期,1933年,第1頁。

論中國近代中醫藥期刊的文獻價值

□ 袁嘉欣

中國近代出現中醫藥期刊始於清朝末年,近代中醫爲溝通交流資訊、謀求中醫發展出路而創辦期刊。近代中醫藥期刊多由名醫創辦及執筆,并刊載大量名家醫案,代表了這一時期較高的學術水準,動態地反映了近代中醫醫家的革新思想,具有重要的文獻價值。由陳虬創辦的《利濟學堂報》、周雪樵主編的《醫學報》、裘吉生主編的《紹興醫藥學報》,最先運用期刊的形式傳播醫學。至民國期間,國醫館、醫學學會及名醫大家多有創辦醫學雜誌之舉,這些期刊在推廣中醫學術、擴大中醫影響、培養中醫人才、提升國民對於中醫的信任度等方面,做出了重要的貢獻,對於傳承、繁榮中醫藥事業發揮了重要的作用。

一、近代中醫藥期刊不僅反映近代中醫藥
##　　狀況,同時也折射出近代中國社會、
##　　歷史、文化等多方面的現象

近代中醫藥期刊内容豐富,包括醫案驗方、經典闡釋、醫家介紹、醫籍連載、講義選登、醫事新聞、醫史、事件、行業動態、政府法

規、批評論説、學術團體、中醫文化、校社教育,全面反映了近代中醫藥的狀況,是中國近代中醫藥學術研究的寶庫,也是研究中國近代醫學不可或缺的資料。期刊展現了西學東漸對中醫藥的影響、中醫存廢之爭及中醫界爲謀求生存與發展所作的種種努力,同時亦折射出近代中國社會、歷史、文化等方面的現象。現選取中國近代中醫藥期刊所承載的近代中醫藥界爲生存、發展而努力奮鬬的三個引人關注的方面,進行概觀性的論述,以見其文獻價值之重要。

1. 在近代社會大變革的歷史進程中,中西醫之爭是很能反映近代中國知識、文化、社會互動關係的事件。熊月之先生在《西學東漸與晚清社會》(中國人民大學出版社 2011 年版,第 578 頁)中指出:“西醫最得西方古典科學重具體、講實證的精神,中醫最得中國傳統文化重整體、講聯繫的神韻,如果在各種學科中,舉出最能體現中西文化特徵的一種,我以爲醫學最爲合適。”清末至 1949 年間,隨着西方列强的入侵,海禁大開,西方科學與社會思潮涌入,對中國社會産生巨大影響,而西醫的大規模輸入則對中醫産生了巨大的衝擊和影響。1879 年,清末國學大師俞樾始撰《俞樓雜纂》,在第 45 卷專列《廢醫論》,首次對中醫理論加以否定。其後,貶斥中醫、推崇西醫的言論不絶於耳。李鴻章是晚清發展軍隊西醫的倡導者,還奏請創辦北洋醫學堂。1893 年 12 月 19 日中國最早的公立醫學堂——北洋醫學堂開辦,其前身是 1881 年李鴻章在北洋施醫館創辦的醫學館,這是中國舉辦西醫教育之始。至袁世凱當政時期,政府曾有取締中醫之議,余伯陶等人赴北京請願,中西醫之爭肇始於此。近代史上不少名人如嚴復、梁啓超、陳獨秀、魯迅、胡適等都是反對中醫的激進人士,中醫的存廢之爭波及社會各階層,政府奉行打擊、歧視中醫的政策,傳統中醫藥處於興衰危亡的關鍵時刻。改良中醫、廢除中醫、中西醫結合等各種觀點紛見迭出,超越了學術,涉及社會、民族和文化的各方面,古老的中醫經歷了歷史上最艱難的歲月。由各地名醫創辦的中醫藥期刊,真實記錄了這一歷史過程。所以,近代中醫藥期刊對探討中西醫衝突的文化背景,挖掘其根源,探求中醫始終"不廢"之因,對於全面解釋中醫的科學性、哲學性、人文性具有重要的文獻價值與現實意義。今天仍有人提出廢止中醫,2014年1月第一屆反中醫大會在上海開幕,這其實不過是歷史的重復。以史爲鑒,研究近代中醫藥期刊同樣具有現實的意義。當時中醫藥界的生存狀況是:上無政策與經濟的支持,外受西方文化的擠壓,内又學術紛爭不斷。中醫之所以還能在民間艱難生存,還是靠衆多名家的堅持與中醫的療效。他們創辦中醫學校以培養中醫人才,組織中醫學術團體以研究中醫藥學術,創建醫院以診治民衆疾患、維護中醫信仰,創辦報刊以宣揚中醫療效、論戰西醫之詆毀。其中,反對"廢止中醫案"鬥爭和《中醫條例》的頒布實施是近代中醫史上兩件事關中醫行業生死存亡的大事。

1929年2月,國民政府衛生部召開的第一屆中央衛生委員會議,通過了西醫余巖等人提出的《廢止舊醫以掃除醫事衛生之障礙案》,這就是近代中醫史上著名的"廢止中醫案"。曾留學日本學習西醫的余巖,是廢止中醫派的代表人物。他一向攻擊、貶低中醫學,把中醫等同於巫術,甚至直指"中醫是殺人的禍首",必欲廢止清除而後快。他對中醫的處置辦法是"廢醫存藥",即中醫廢止,而中藥作爲醫學研究資料尚可以加以利用。消息傳出,全國中醫界爲之震動,群情激奮,起而抗爭,形成空前大團結的局面。1929年3月17日,來自全國15個省市、132個團體的262位代表雲集上海,成立全國醫藥團體聯合會,在全國掀起了一場聲勢浩大的反廢止風潮。1929年4月,《醫界春秋》策劃出版號外"中醫藥界奮鬥號",在進行詳盡報導的同時,出版了《廢止中醫案抗爭之經過》,揭露某些西醫妄圖廢止中醫的陰謀,批評政府機關的草率與愚昧,在社會各界引起强烈反響。還刊登《中央衛生委員會議議決"廢止中醫案"原文》,并附載"編輯附識",予以批評,號召全國中醫藥界奮起抗爭,起到了組織與導向的作用。最終,中醫藥界獲得政府支持并取締了余巖的議案。

　　1931 年 3 月,胡漢民等人提議組織的中央國醫館成立,以科學方式整理中醫。焦易堂擔任館長,竭力維護中醫權利。當時國民政府的主流思想還是提倡、發展西醫,打擊和壓制中醫藥業,中醫藥界期盼公正對待中醫的行政條例頒布。1931 年 7 月,焦易堂主持立法院法制委員會第 43 次會議,草擬《國醫條例》,後更名爲《中醫條例》。1932 年 10 月 10 日《國醫公報》創刊於南京,該刊由中央國醫館秘書處編輯和發行,是中央國醫館的機關刊物。該刊刊載多篇文章,力爭《國醫條例》的制定、實施,如焦易堂的《爲擬訂國醫條例敬告國人書》(第 1 卷第 5 期)、《中央國醫館須由政府賦予管理權之説明》(第 1 卷第 8 期)等。1935 年,時任行政院院長的汪精衛致函立法院院長孫科,企圖阻止《中醫條例》的頒布。《醫界春秋》主編張贊臣獲得《汪精衛致孫科書》後,當即拍攝製版,刊載於該刊 105 期,并撰文《鳴鼓而攻》,發表於該刊封面,成爲爆炸性新聞。文章譏諷汪精衛"學上小老婆枕頭上告狀的本領。這麼黑裏來,黑裏去,做出不光明私請私托的事情",語氣辛辣,毫不留情。在輿論的壓力下,1936 年 1 月,《中醫條例》終於頒布實施,成爲中醫生存發展的保障。今天,我們通過近代中醫藥期刊去觀察這段歷史,更值得注意的是隱匿在抗爭背後的近代中國社會思潮的劇烈脈動。這一切已遠遠超出了醫學史研究的範圍,而是中西兩種哲學觀、文化觀、社會觀在我們這一文明古國中衝突與交融的過程,從事中國社會思想史研究的專家學者,完全可以從中窺一斑而見全豹。

2. 在近代中西文化相互碰撞、中西醫針鋒相對的歷史背景下,廣大中醫藥界同仁漸趨理性,開始反思,由恪守傳統中醫學到試圖中西醫匯通,由中西醫的比較匯通以謀改良,至五四運動後出現了"中醫科學化"運動。這個運動也可以作爲東西方文化融合的典型案例。

當時,許多中醫藥期刊提倡中西醫匯通和中醫科學化,主要探求中醫基本理論概念、療法、方藥與西醫解剖學、病理學之間的一致性與相關性,并嘗試將西醫的病證轉化爲中醫的病證,中西醫并重,復興中醫,謀求以西醫之長來改良中醫,目的在於振興中醫,保存國粹。如清光緒三十年(1904)創刊於上海的《醫學報》,創辦者周雪樵被視爲中國第一位中西醫結合醫生,其《中西醫淺論》(第49期,第2—3頁)一文,詳細臚列中西醫之六點不同,對中醫的積弊進行批判,并提出了一些相應的改良途徑。清宣統二年(1910)創刊於上海的《中西醫學報》,由兼通中西醫學的丁福保任主編,丁福保所創辦的上海中西醫學研究會編輯出版,丁福保强調中西醫各有所長,是中西醫匯通學派的代表人物之一,最早提出中醫科學化。他在《醫界之鐵椎緒言》(第18期)中説:"中西各有短長,不可偏廢。"1924年秋創刊於瀋陽《瀋陽醫學雜誌》的主編張錫純,是中西醫匯通學派的另一代表人物,上海的《中醫雜誌》《醫界春秋》及杭州的《三三醫報》《新加坡醫學雜誌》等均先後聘他爲特約撰稿人,他在這些報刊上發表了許多有創見的文章。如1921年6月創刊於山西太原的《醫學雜誌》第23期刊登他的《論中西之藥原宜相助爲理》一文,1931年1月創刊於廣州的《醫林一諤》第2卷第10期刊登他的《中西藥物有互相參用之必要》一文。後來,他彙集歷年的文章,並在醫方後綴以詮解與緊要醫案,又兼采西醫之説與醫方中義理相匯通,編成了《醫學衷中參西録》。1929年6月創刊於上海的《中醫世界》以中醫爲主體,確立了"化中醫爲世界

醫"的宏圖遠志。上海名醫陳存仁在《全世界注意中國醫藥記》
（第5卷第3期）中，說到世界各國對中醫的態度，美國藥業來華採
取中藥，德國藥業狂熱研究中藥，日本醫界偷譯中藥巨著，法國醫
界大力研究針灸術等，與國內恰成反差，令人警醒。1933年10
月，創刊於江蘇無錫的《針灸雜誌》提倡打破傳統中醫思維，借鑒
西醫解剖學、神經生理學的研究成果，進一步提升針灸治療水準，
提高療效；刊載中國針灸學研究社西醫解剖學、神經生理學教學講
義和社員研究成果，以西方科學之長彌補針灸研究之短，並強調學
醫須中西醫兼修。1935年8月創刊於上海的《中西醫藥》，爲國民
政府教育部電令全國醫藥衛生機關訂閱的刊物。在"中醫科學化
論戰特輯"裏，該刊編者將十餘年來有關中醫"不必科學化""可以
科學化"與"不可科學化"的文章，以刊物自身所處之中立態度，每
方面各選幾篇，分作兩個專號，意在爲各方提供公平的討論平臺。
連載的文字分三類：中醫不必科學化，代表人物爲顧惕生、陳無咎
等；中醫可以科學化，代表人物爲陳果夫、陸淵雷、譚次仲等；中醫
不可科學化，代表人物爲余巖、范守淵等。1937年7月創刊於上
海的《中國醫學》，其社長唐吉父即主張"衷中參西"。焦易堂在
《中西醫學有研究溝通之必要》（1卷1期）中提出溝通中西醫學的
八個方式、溝通中西藥學的四個方式，表明中西醫藥既有研究溝通
的必要，亦有研究溝通之基礎。1939年4月創刊於上海的《國藥
新聲》，總編丁福保在該刊《發刊詞》中指出："所謂科學化者非僅
徒托空言，必求之實際。即醫說須循生理、病理學之正軌，方劑須
循理化學、生物學之原則。"由於他兼通中西，所以在當時的醫學界
影響很大。

　　民國時期一些中西兼學者，如陸淵雷、施今墨等，也嘗試運用
西醫的實證分析方法來分析中醫，試圖使中醫更符合科學模式。
可見，取西醫之長補中醫之短是彼時中醫界的主流看法。1940年

1月創刊於上海的《復興中醫》,社長時逸人不僅是著名的中醫教育家,也是近代中醫史上積極主張中醫科學化的代表人物之一,提倡中西醫相互結合。該刊設立"論壇"欄目,對"復興中醫"等相關問題進行討論;設立"證治選粹""臨症紀驗"等欄目,收錄臨床驗案,進行辨證分析。不少文章融合了西方醫學理論,進行中西醫匯通的嘗試,反映該刊主張整理醫學,志在匯通中西的風格。可見,許多作者雖然積極投身於中西醫之争,爲捍衛中醫藥而努力,但其中絶少純屬意氣之争的憤激乃至於謾罵的文字,相反,絶大部分的文章不僅具有可讀性,還具有較高的學術價值,其觀點與材料,即便對於現在的醫學研究也足資參考。

3. 近代傳統醫學、西醫和中西醫學派各種觀點的交融、論争在客觀上促進了傳統中醫藥學的發展,在這歷史的轉折期,近代中醫藥期刊真實記録了這一歷史過程,特別是近代上海處於中西學術交流的中心,其中中醫藥學的發展更是體現出海派醫學的特點,海派醫學同時也是上海的地域文化中一個不可或缺的組成部分。2017年12月16日,上海社科院研究員周武在建投書局(上海浦江店)作了題爲"大上海的興起"的演講:"上海本身就是中西兩種文明交匯融合的産物,是上海把世界帶進中國,也是上海把中國帶入世界。世界上没有一個城市像上海這樣在一個國家的現代成長中扮演過如此重要的角色,也没有一個城市像上海這樣在中西文明的交匯融合過程中發揮過如此關鍵的作用。"中國醫學會、中華醫學會、中國醫藥研究所、神州醫藥學會等當時全國著名的中醫學術團體,其總部均設在上海。在中西兩法并舉方面,周雪樵、蔡小香、丁福保、陸淵雷、章次公、祝味菊等上海近代中西匯通大家,先後受到洋務思想、變法維新思想、新文化運動科學思想等影響,提倡發皇古義、融合新知的治學理念,崇古不泥、博采衆方的臨床實踐,革故鼎新、中西匯通的創新精神。臨床上,採用中西并舉,中西

兩法兼施,療效顯著。地理與氣候的差異,物種的不一,以及人們
一代代創造并積淀下來的,因住、吃、穿、説等不同而鑄就的千姿百
態的地域文化,其實也包含有前人已經凝煉出來的對生命、健康與
疾病的思考的智慧結晶。要成爲名醫,就要知地氣之異而致病不
同,明飲食之異而致病有別。而名醫是一地文化的有機組成,并能
夠引領地域文化的發展。中醫藥學發展至近代,正處於歷史的關
鍵時期,傳統中醫藥學經上千年的發展已日臻成熟,特別是以上海
爲中心的江浙一帶,是近代中醫名家薈聚之地。一方面,在近代開
埠之前,上海本土就已經存在諸多頗具影響的地方醫學流派,較著
名者如世居青浦,歷經宋、元、明、清、民國,綿延至今的何氏内科
學;創自明末,綿延至今的龍華張氏内科學;創於清代的江灣徐氏
兒科學以及蔡氏婦科學、浦東顧氏外科學等等。土生土長的上海
本土醫學,既是海派中醫得以形成的一個重要基礎,也是海派中醫
的一個重要組成部分,其中張驤雲、石筱山、顧伯華、陸瘦燕、朱小
南、丁季峰等中醫大家傳承岐黄,弘揚國醫,培養了大批中醫藥事
業接班人。而自上海開埠以來,來自全國各地的中醫闖蕩上海灘,
在這裏各逞家技,落地生根,形成了各領風騷的海派中醫流派,故
上海成爲中醫集中、名醫輩出之地,先後有陸懋修、王士雄、陳蓮
舫、余伯陶、唐宗海、丁福保、丁甘仁、汪蓮石、惲鐵樵、謝利恒等盛
譽卓著的醫生集聚於此,盛極一時。他們醫術高超,各有專攻;他
們個性鮮明,各有特色。如以擅治傷寒聞於時的張驤雲,在兒科領
域中形成自己獨特治療體系的徐小圃,更有孟河丁氏内科、上海張
氏内科、南通朱氏婦科等著名流派,都沉淀深厚,獨具特色,又交相
輝映,共同促進了上海近代中醫學術的繁榮和臨床優勢的發揮。
另一方面,近代以來,上海地區不僅全面吸納、融匯了週邊江浙各
大醫學流派(如孟河醫派、吳中醫派、錢塘醫派、永嘉醫派等)的人
才文化觀念及醫學理念、診療特色,還從全國各地其他醫學流派廣

泛汲取文化營養元素及臨證精華,如安徽新安醫學、四川蜀中醫學(火神派)、河北滄州佟氏王氏傷科、山東曹縣魏氏傷科等都曾深刻影響到海派中醫。具體如在吸納新知之臨床求變方面,號稱"祝附子"的祝味菊、善用蟲類藥的章次公等人,吸納新知,臨床求變,他們不拘泥刻板,或有異於前賢,或有悖於衆説,大膽實踐,勇於創新。上海中醫學曾一度呈現流派紛紜、學術争鳴的繁榮局面。這種海納百川的氣度和特殊的歷史機遇,不僅是海派中醫能夠獨領風騷而卓然成派的一個重要前提條件,更是從根本上決定了海派中醫薈萃百家之説而呈群芳争豔之勢的基本特點。總之,海派中醫實際上是基於地域範疇爲名稱基礎的一個中醫學派,近代上海之所以能夠逐漸形成聞名於世的海派中醫現象,根本上是因緣於一系列得天獨厚的社會歷史條件與因素:長期領先發達的物質經濟基礎,古今并存、中西交匯的多元文化環境,開放包容、積極進取的學術研究氛圍等等。上海又是近代中國出版重鎮,他們憑藉近代出版業在上海的發展,辦期刊,出醫書,帶來了一時的繁榮。如陳存仁編撰第一部300多萬字的《中國藥學大辭典》,這部辭典在抗日戰争爆發之前就重印了27版,其學術價值、經濟和社會效益同樣是國内第一。《中國近代中醫藥期刊彙編》(下文简稱《彙編》)中所選許多重要期刊均在上海編輯出版,占了此套書篇幅的百分之五十强。這些期刊反映了當時上海中醫界在全國醫學界的地位,特別是其海派醫學的特點有着十分鮮明的時代特徵,非常值得總結,并在很大程度上反映了上海地域文化的特點,是上海研究的重要文化資源。

二、中醫藥期刊是科技類期刊中唯一具有 應用和史料雙重價值的歷史文獻

中醫藥學與其他應用科學的發展有所不同,其他應用科學隨

着現代科技的發展、進步,歷史上的某些東西已少有實際應用價值,而中醫藥學則不然,一個世紀前的各家醫論、醫案、偏方、驗方對於今天的中醫臨床和醫藥研究仍有着重要的參考價值,一些方藥至今仍應用於臨床,仍有重要的醫學價值,有待後人去整理、發掘。所以,近代應用科學類期刊多因科學技術的迅猛發展,至今僅存史料價值,可供科技史研究。而中醫藥期刊則不然,它是科技類期刊中唯一具有應用和史料雙重價值的歷史文獻,影印出版近代中醫藥期刊爲後人研究中國醫藥學提供了寶貴的資料。

1. 中醫理論博大精深,然因中醫是個相對保守、自我封閉的學術領域,中醫幾千年來師徒相承的方式,導致學術思想各成一派,缺乏交流。西醫傳入後,中醫理論的探討、交流漸趨活躍,近代中醫藥期刊的出現更打破了中醫一脈相傳的沉寂局面。期刊促成全國範圍内中醫學術的研討,以内經闡釋爲核心,掀起基礎理論研究的熱潮;以傷寒研究爲特色,展現民國中醫學術風貌:以各科研究爲脈絡,探索了現代中醫學科建設,組織了"統一病名"的討論。期刊以徵集名家醫案促進了臨床經驗交流,以組織時疫診療促進了中醫防疫事業的發展,重視内科雜症,總結了疾病診療規律。期刊促進中醫學術傳承,推動了中醫流派的發展;兼容并蓄,激發了學術理論創新,陳虹、周雪樵、王問樵、何廉臣、裘吉生、丁福保等一批名中醫相繼創辦了中國近代史上第一批著名的醫學刊物。他們利用期刊這一平臺闡發學術思想,傳授醫技,獎掖後起之秀,鼓舞中醫士氣,全國各地的中醫藥愛好者和普通從業者可以就中醫藥行業内的一些熱點問題和具體疑難病案等進行充分的交流探討,傳播中醫藥知識,相互促進,開醫界風氣之先。陳虹的醫學名著《蜇廬診録》刊於由其創辦的《利濟學堂報》,記載了作者臨證的有效病案。周雪樵、王問樵主編的《醫學報》,刊登了《朱雅南先生醫案》《雪樵醫案》,并廣泛徵求秘方驗方、獨到偉論公之於衆。裘吉生主編的《紹興醫藥學報》亦號召中醫藥界把自己的診療經驗或心得以醫案的形式公之於衆。"大證質疑"是《國醫正言》獨具特色的一個欄目,第 3 期編者按:"凡吾同胞,如抱重要之病,歷經中西醫診治無效,憂疑不決者,請來敝會報告詳情,代爲公開研究,以資救治。"消息刊出,病家得實效者很多。還有醫家以書信方式與編者討論疑難雜症,如劉子霞來信詢問一例"畏水症"的治療方法,陳曾源在回信中認爲此症名爲縮膽風,并附以方藥。這些都是中醫藥歷史文獻的一個重要組成部分,對近代中醫藥學術的交流、研究發揮了重要的作用,具有較高的學術價值。經整理影印出版,其文獻價值表現爲適應和引導社會發展需求,對繼承、弘揚中醫藥學具有重要作用。

2. 中醫藥期刊以其時效性、廣泛性和真實性的特點,能夠根據時令多發病編選稿件,提供防治疫病的理論和經驗。近代中國戰亂頻仍,民不聊生,衛生條件極其惡劣,國民的衛生防疫知識極度缺乏,瘟疫肆虐。如 20 世紀 30 年代,霍亂、鼠疫、腦膜炎等疫病就曾大規模流行。在防治疫病的過程中,中醫中藥發揮了突出作用。而中醫藥期刊作爲及時報導疫情、介紹防治經驗、登載有關疫病的醫案和論文的重要載體,成爲中醫藥界防治疫病的重要陣地,爲民國流行病學研究提供了較爲翔實的資料,也對現代醫學的發展有着很重要的參考價值。1926 年 5 月創刊於上海的《醫界春秋》有對某一病種(如霍亂)診治方法的討論。如虞舜臣的《對於霍亂論之折中》(第 4 期)與張少波的《霍亂菌能單獨成病嗎?》(第 4 期),第 14 期開設霍亂"特載",章太炎、王一仁、張贊臣、陳無咎等聯繫當時疫病的流行情況,運用中西醫理論,深入闡述了霍亂的病因病機及其治法。以 1929 年 6 月創刊於上海的《中醫世界》爲例,該刊的"疫病專論"欄目刊登了許多文章,對疫病的預防、病機、方藥等方面的問題展開討論。如凌禹聲的《霍亂評議》討論霍亂的病原與種類、病狀與治法等（第 1 卷第 3 期）。嚴蒼山在《時疫瘟病之經驗談》中説："今春時疫瘟病流行一時，經治以來尚多應手。"介紹疫瘟的病因、病狀與治法（第 1 卷第 3 期），至今仍有借鑒意義。1934 年 1 月創刊於上海的《現代中醫》共登載防治疫病的相關文章 44 篇，涉及約 10 種常見傳染病。其中，1936 年夏秋之際江南爆發惡性瘧疾傳染病，引起全國民衆關注，第 3 卷第 7 期登載的徵文特輯"惡性瘧疾之研究"系列最有研究價值。1934 年 8 月創刊於上海的《中醫新生命》第 7 號刊載 6 篇有關黑熱病的論文，設立"黑熱病特輯"，系統地介紹該病的病源、症狀、中西診療、方藥與論説。陸淵雷的《流行病須知》（第 20—27 號）詳盡論述各種流行病的病因、症狀、分類、處方用藥。1939 年 1 月創辦於北京的《北京醫藥月刊》除了將第 4 期專設爲"時症專號"外，其他各期中與時症疾病有關的文章也占有較大比例。這些文章多論述各種時行病的病因病機、辨證論治及調攝護養等。近年以來，SARS、禽流感等相繼出現，中醫防治疫病理論和經驗的優勢逐步展現，這些文獻均具有重要的現實指導意義。

三、近代中醫藥期刊對於文化名人、
文學藝術、教育等多種學科研究
同樣具有一定的文獻價值

近代中醫藥期刊内容龐雜，近代中醫藥界一切有意義的事件、有影響的人物、有價值的思想幾乎都是它的記載内容，從各個側面反映了近代中醫藥界的真實面目，其文獻價值更是超越了中醫藥界。

1. 近代中國是東方文化與西方文化的撞擊點和交匯點，是中國歷史、文化、社會的大變革時期。這一時期，全國出版的中醫藥期刊保留了大量的原始文獻與圖片資料，不僅對於研究近代中醫

藥發展具有很高的文獻價值,對於社會人文學科研究同樣具有重要的文獻價值。筆者使用《中國近代中醫藥期刊彙編索引》(下文簡稱《彙編索引》)檢索,列舉些許圖片資料:《紹興醫藥學報星期增刊》刊登的《上海粹華製藥廠製造廠全圖》(第 100 號,第 9 頁),《醫學雜誌》刊登的《中醫改進研究會附設醫校醫院平面圖》(第 2 册,第 4 頁),《中醫世界》刊登的《清代名醫趙海仙氏之方案及日記真蹟》(第 1 卷第 6 期,第 7 頁)、《清代名醫秦又詞先生遺墨之一》(第 2 卷第 12 期,第 5 頁)、《宋明刻本之醫林寶笈》(第 3 卷第 14 期,第 5 頁)、《清代名醫何鴻舫氏墨蹟》(第 6 卷第 1 號,第 7 頁)、《日本漢醫名著聿修堂醫學叢書原刻本縮影》(第 8 卷第 4 號,第 3 頁),《神州國醫學報》刊登的《林琴南秋室研經圖》(第 1 卷第 5 期,第 3 頁)、林紓《秋室研經圖記》(第 1 卷第 5 期,第 20 頁)、胡適《秋室研經圖跋(一)》(第 1 卷第 5 期,第 21 頁)、蔡元培《秋室研經圖跋(二)》(第 1 卷第 5 期,第 22 頁)、黃右昌《秋室研經圖跋(三)》(第 1 卷第 5 期,第 22 頁)、張人傑《秋室研經圖跋(四)》(第 1 卷第 5 期,第 22 頁)、譚延闓《秋室研經圖跋(五)》(第 1 卷第 5 期,第 23 頁),《國醫公報》刊登的《國醫錢建民演講推拿醫術於中央國醫館攝影留念》(第 2 卷第 11 期,第 8 頁),《光華醫藥雜誌》刊登的錫君《近自日本攜歸之古本十四經發揮》(第 3 卷第 5 期,第 65 頁)、《江蘇省醫政學院藥物試植場鳥瞰》(第 3 卷第 6 期,第 1 頁)、《浙江新昌系立南明中心小學舉行春季種痘攝影》(第 3 卷第 6 期,第 77 頁)、《日本大阪漢方醫學院長今井氏演講攝影》(第 3 卷第 8 期,第 1 頁),《醫史雜誌》刊登的《呂留良先生遺方手蹟》(第 1 卷第 2 期,第 3 頁)、《明金陵刊本〈本草綱目〉書影四幀》(第 2 卷第 3、4 期合刊,第 3 頁)、《敦煌卷子本〈五藏論〉殘卷》(第 3 卷第 1 期,第 1 頁)、《道光八年江南雲峰居士勸種痘花招帖》(第 4 卷第 4 期,第 1 頁)。這些圖片資料的刊登,也使期刊的版面在視覺上顯得豐富多彩。

2. 許多期刊不僅刊登與中醫藥有關的內容,還刊登與醫藥相關的時政、政論、社會、教育,乃至逸聞、小說、詩詞、書法等多方面內容,如《醫界春秋》的"餘興"欄目刊載的小品有冰心的《醫藥趣話》(第 9 期)等,更是超越了純醫學的範疇。以白話小說爲例,新文化運動以來,"文學改良"之聲回蕩於神州大地,白話文的創作改變了中國文學前進的方向,出現了一大批文學巨匠。但是,今天我們的目光祇集中在了文學界的身上,對文化運動對普通大眾文學創作的影響瞭解不夠。部分近代中醫藥期刊中刊載了許多白話小說,這是近代文學史上丟失的一頁,對它們的關注和研究可以豐富我們對近代文學的認識和理解。如: 1913 年 5 月創刊於上海的《神州醫藥學報》的"小說"欄目中,蓮心的《燃犀》自第 2 卷第 4 期起連載了 9 期,包曼郎、程門雪的《醫林外史》(第 2 卷第 1—4 期)亦有刊載。《醫界春秋》的"餘興"欄目刊載的小說反映了當時醫界的眾生相,余擇明的《投機事業》(第 6 期)諷刺了"東洋留學生"開設醫院牟利;《醫學士與修髮匠》(第 7 期)諷刺新醫"醫學士"面臨急症不知所措,反不及修髮匠推拿急救的效果好;李壽芝的《特國博士》(第 20 期)諷刺了某些西醫的醜態。刊載的小品有冰心的《醫藥趣話》(第 9 期)等。1930 年秋創刊的香港《國醫雜誌》也連載小說,如石昆生的《怪症奇聞》(第 1—4 期連載),敍述爲富不仁的高建威得一怪病遍訪名醫的故事,情節跌宕起伏,背景交代詳細,主人公病情描述細膩,可讀性很強。《北京醫藥月刊》的"小說"欄目中,錢愚如執筆的《德報珠還記》(第 1—5 期)、《快馬夫妻》(第 6—10 期),以小說的形式敍述醫藥界的故事,讓讀者在休閒時瞭解中醫的妙術,覺悟做人的根本。

近代中醫藥期刊不僅是反映近代中醫藥界狀況的重要載體之一,也是研究近代中國社會的重要參考文獻。由於歷史的原因,現存的近代中醫藥期刊總數雖較多,但現今各大圖書館均收藏有限且藏品殘缺不全,存世的期刊除上海中醫藥大學圖書館等重要醫學圖書館外,中國國家圖書館、上海圖書館等大館也所藏有限,遑論其他圖書館。以上海圖書館爲例,該館近代中醫藥期刊藏量在省市圖書館中名列前茅,而《彙編》所收 49 種期刊的 12 萬餘頁資料中,上海圖書館館藏僅見 1 萬餘頁。上海辭書出版社與上海中醫藥大學歷時五年編成《彙編》,於 2011 年 3 月出版。爲方便使用,又於 2012 年 5 月編成出版《中國近代中醫藥期刊彙編總目提要》(下文簡稱《彙編總目提要》),2015 年 6 月編成出版《彙編索引》。《彙編》基本收齊了近代中醫藥史上所有的重要期刊,前文所列各種期刊均已收入其中。筆者爲《彙編》《彙編總目提要》《彙編索引》的責任編輯之一,并忝列《彙編索引》編委,略知近代中醫藥期刊的文獻價值,不忍其湮没於文獻翰海之中,草此小文,以作彰示。

（作者單位：上海辭書出版社圖書館）

圖書在版編目（CIP）數據

歷史文獻. 第 21 輯／上海圖書館歷史文獻研究
所編. —上海：上海古籍出版社，2019.5
　ISBN 978−7−5325−9178−7

　Ⅰ.①歷…　Ⅱ.①上…　Ⅲ.①中國歷史—文集　Ⅳ.
①K207−53

　中國版本圖書館 CIP 數據核字（2019）第 059123 號

歷　史　文　獻

第二十一輯

上海圖書館歷史文獻研究所　編

上海古籍出版社出版發行

（上海瑞金二路 272 號　郵政編碼 200020）

（1）網址：www.guji.com.cn

（2）E-mail：guji1@guji.com.cn

（3）易文網網址：www.ewen.co

啓東市人民印刷有限公司印刷

開本 850×1168　1/32　印張 13.625　插頁 4　字數 330,000

2019 年 5 月第 1 版　2019 年 5 月第 1 次印刷

ISBN 978−7−5325−9178−7

K·2630　定價：58.00 元

如有質量問題，請與承印公司聯繫